Der jüdische Friedhof in Freudental

Gewidmet

Simon Meisner
Lehrer der jüdischen Gemeinde in Freudental 1933 - 1939
geboren 1912 in Snyatin, Galizien
gestorben 1994 in Antwerpen

Herausgeber: Pädagogisch-Kulturelles Centrum
Ehemalige Synagoge Freudental e.V.
Ludwig Bez
Strombergstraße 19      74392 Freudental

Transkription: Dr. Haim Goren
Übersetzung der hebräischen Texte: Situtunga Michal Antmann  Dr. Haim Goren
Wissenschaftliche Beratung: Dr. Joachim Hahn
Texte:  Situtunga Michal Antmann  Ludwig Bez  Ulrich Gräf
Register: Ulrich Gräf
Fotos: Alexander Schrott  Ludwig Bez  Gerhard Feuerstein
Zeichnungen: Dan Rubinstein

# Der jüdische Friedhof in Freudental

von
Ludwig Bez
Haim Goren
Situtunga Michal Antmann
Ulrich Gräf

mit Zeichnungen von
Dan Rubinstein

Verlag W. Kohlhammer
Stuttgart Berlin Köln

# Dank

Die Unterstützung vieler Menschen
und Institutionen hat die Herausgabe dieses Buches ermöglicht.

Ihnen gilt unser besonderer Dank.

| | |
|---|---|
| Baden Württembergische Bank AG Stuttgart | Mitglieder, Förderer und Freunde des Pädagogisch-Kulturellen Centrums Ehemalige Synagoge Freudental |
| Robert Bosch GmbH Stuttgart | |
| | Seew Berlinger |
| Daimler Benz AG Stuttgart | Landesrabbiner Joel Berger |
| | Arno Fern |
| Dresdner Bank AG Stuttgart | Rabbiner Dr. Albert Friedlander |
| | Jan-Christian Gräf |
| Gemeinde Freudental | Auguste Hoffmann |
| | Dr. Gil Hüttenmeister |
| Kreissparkasse Ludwigsburg | Theobald Nebel |
| | Archivdirektor Dr. Wolfgang Schmierer |
| Landesdenkmalamt Baden Württemberg | Hanna Schrott |
| | Naser Ademi |
| Landesgirokasse Stuttgart Stiftung Kunst und Kultur | Qerim Jbraj |

Landeszentrale für politische Bildung
Baden-Württemberg, Gedenkstättenreferat

Landkreis Ludwigsburg

Regional Council Upper Galilee

Studio bkf
B. Kasparek-Feuerstein, Freudental

Wüstenrot Stiftung
Deutscher Eigenheimverein e.V.
Ludwigsburg

# Inhalt

| | |
|---|---:|
| Worte zum Geleit | 5 |
| Beth Olam - Stätte der Ewigkeit | 9 |
| Die Begräbnis- und Trauerriten | 11 |
| Der jüdische Friedhof im Alleenfeld | 13 |
| Der jüdische Friedhof am Fuße des Seeberges | 18 |
| Die Belegung der Grabfelder | 19 |
| Grabsuche von Julius Marx | 20 |
| Grabsteine im Wandel der Zeit | 22 |
| Symbole und Verzierungen auf den Grabsteinen | 23 |
| Die Inschriften | 32 |
| Quellen und Literatur | 38 |
| Zu den Übersetzungen | 41 |
| Dokumentation | 47 |
| Register | 284 |

# Zum Geleit

Bei der Gründung einer jüdischen Gemeinde wird in allen Zeiten zuerst ein Platz zur Beerdigung für die Toten ausgesucht und angelegt: Erst danach wird für die Synagoge gesorgt. Daraus kann man ersehen, welch hohen Stellenwert der Friedhof im Judentum hat.

Der erste in der Bibel erwähnte Kaufvertrag bezeugt den Kauf einer Grabstelle. In der Mischna Baba Batra 2 wird festgelegt, daß ein Friedhof 50 Ellen außerhalb der Stadt angelegt werden soll. Ausdrücklich weist der Talmud Magilas 29/1 darauf hin, daß der Friedhof, „das Haus des Lebends", in Ehren zu halten ist, denn die Totenruhe ist unantastbar.

In Freudental besteht keine jüdische Gemeinde mehr. Nur noch die Grabsteine können vom früheren jüdischen Leben in diesem Dorf berichten.

Die Grabdenkmale, vielfach aus Sandstein, verwittern mit der Zeit, dadurch wird es immer schwieriger, die Inschriften zu entziffern. So ist diese Dokumentation von großer Wichtigkeit.
Sie bewahrt einen wesentlichen Teil der Geschichte dieser Gemeinde für künftige Generationen. Dieses Buch soll nicht nur Nachschlagewerk sein für diejenigen, welche nach Spuren ihrer Vorfahren suchen, sondern allen Interessierten dazu dienen, diesen Teil der Dorfgeschichte kennenzulernen.

Dem Pädagogisch-Kulturellen Centrum Ehemalige Synagoge Freudental, seinen Mitgliedern und den Autoren sei dafür gedankt, diese nicht leichte Aufgabe übernommen und das Werk mit vorbildlicher Genauigkeit zusammengestellt zu haben.

Ich hoffe und wünsche diesem Buch, daß viele Menschen den Zugang zu ihm finden.

Arno Fern

Geschäftsführer
Israelitische Religionsgemeinschaft Württemberg

# Zum Geleit

Der von Moos und Gras überwachsene, steinlose Teil des jüdischen Friedhofs in Freudental ist Mahnmal für die jüdischen Menschen des Dorfes, die durch Vertreibung und Tod nicht hier ihre letzte Ruhestätte finden konnten. Sigmund Laser, der Synagogendiener, wurde am 4. Mai 1942 deportiert und im Konzentrationslager Maly Trestinec ermordet. Mit diesem tödlichen Schnitt endete eine 400-jährige Tradition von Juden in Freudental.

So sind die Grabsteine auf dem jüdischen Friedhof nicht nur die ältesten, sichtbaren und zugänglichen Zeugnisse deutsch-jüdischer Kultur in Freudental, sie öffnen auch eine Tür zu einer Welt, die nicht mehr ist. Neben den Fragmenten der Genisa, die bei der Renovierung der Synagoge auf deren Dachboden entdeckt wurden, sind sie wertvolle literarische Dokumente der jüdischen Gemeinde Freudentals. Sie erzählen von den Menschen, die hier jahrhundertelang in Treue zur jüdischen Religion, Kultur und Tradition gelebt haben, und sind eine Quelle zum Verständnis der Geschichte.

Die Grabsteine haben nahezu zwei Jahrhunderte und dazu jene zwölf Jahre überdauert. Heute droht Verwitterung diese Inschriften unleserlich zu machen.

Ein Schwerpunkt in den vergangenen zehn Jahren der Arbeit des Pädagogisch-Kulturellen Centrums Ehemalige Synagoge Freudental war das Bemühen um die Erstellung dieser Dokumentation. Neben der Bedeutung dieses Buches für die Historie ist es ein Leitfaden für viele Gruppen der schulischen Bildung und der Erwachsenenarbeit, die in die ehemalige Synagoge nach Freudental zu Lerntagen, Vorträgen und Seminaren kommen.

Viele Fragen zur Geschichte der jüdischen Gemeinschaft in Freudental sind noch offen.
So ist diese Publikation eine Chronik jüdischen Lebens - ein wichtiges Dokument zur Erhellung, gerade auch für Jüngere, sowie eine Anregung für weitere Forschungsarbeit.

Prof. Dr. Heinz Griesinger  Landrat Dr. Rainer Haas

Vorsitzender  Landkreis Ludwigsburg
Pädagogisch-Kulturellen Centrums
Ehemalige Synagoge Freudental

# Beth Olam – Stätte der Ewigkeit

Jüdische Friedhöfe gehören zu den eindrucksvollsten Hinterlassenschaften des Lebens und der Kultur der Juden in Deutschland.

Zu den fundamentalen Werten des Judentums zählen die Ehrung der Toten und die Unantastbarkeit der Totenruhe, sie bestimmen das Erscheinungsbild des jüdischen Friedhofs: Die Grabsteine sind verhältnismäßig einheitlich, oft verwittert, halb versunken oder schief geneigt durch das Alter. Grabeinfassungen und Grabhügel sind selten, die Erde ist mit Gras oder Efeu bewachsen und ohne Blumenschmuck. Aus der Pflicht, die Toten zu ehren, erwuchs im Laufe der Jahrhunderte ein umfassendes Regelwerk: Der Friedhof muß, um gegen Störung durch Tier und Mensch abgeschirmt zu sein, umfriedet sein. Das Grab ist Eigentum des Toten und darf ihm nicht genommen werden, die Gräber werden nicht wie auf christlichen Friedhöfen abgeräumt und wiederbelegt, sondern es ist für die Ewigkeit angelegt. Die Öffnung eines Grabes ist streng verboten, soweit nicht überaus wichtige Gründe zum Wohle des Toten oder der Allgemeinheit, z.B. kriminalistische Untersuchungen oder die Überführung des Leichnams nach Israel anstehen. Schon das unnötige Betreten eines Grabes, erst recht das Graben in der Erde über einem Grab, verletzen die Totenruhe.

Vom Toten und dessen Grab soll niemand materielle Vorteile haben. Dieser Pietätsgedanke wurde in Freudental so streng gehandhabt, daß auf mindestens einem Grab der alte durchaus wiederverwendbare Stein neben dem erneuerten Grabstein stehenblieb (Mina Stein, Nr. 404/413, evtl. Ella Ödheimer, Nr. 239/240). Holz und Gras des Friedhofes sollen nicht gesammelt werden, auf den Gräbern darf kein Vieh geweidet werden. Blumen wurden nicht gepflanzt, damit sie nicht um des eigenen Erfreuens willen gepflückt werden könnten.

Auf modernen jüdischen Friedhöfen ist Blumenschmuck zu Ehren des Toten teilweise üblich geworden, auch ist das Bedürfnis nach Abgrenzung zum Erscheinungsbild des christlichen Friedhofes heute weniger ausgeprägt. Essen, Trinken und zielloses Spazierengehen sind auf dem Friedhof verboten, dies wird als unziemlich empfunden, weil die Toten sich dieser Annehmlichkeiten nicht mehr erfreuen können.

Um die Totenruhe zu sichern, sind die jüdischen Gemeinden immer bestrebt gewesen, das Friedhofsgrundstück als Eigentum zu erwerben. Die Einebnung des ersten Friedhofs im Alleenfeld zeigt, daß das Eigentum des Friedhofs die Totenruhe nicht immer garantieren konnte. Da der Erwerb von Land zur Anlegung eines Friedhofs den Juden noch bis zur Mitte des 19. Jahrhunderts nur an wenigen Orten möglich, und für kleinere Gemeinden zudem unerschwinglich war, wurden viele Friedhöfe von jüdischen Gemeinden der näheren Umgebung mitbelegt.

In Freudental wurden auch Tote aus Zaberfeld, Ludwigsburg und Stuttgart beerdigt.

Die Begräbnis- und Trauerriten

## Das Kaddisch

ist eines der ältesten Gebete der jüdischen Liturgie und wird
unter anderem am Grab und zur Jahrzeit des Verstorbenen gesprochen.

Erhöht und geheiligt werde sein großer Name
in der Welt, die er geschaffen hat nach seinem Willen. Und sein
Reich herrsche in eurem Leben und euren Tagen und dem Leben
des ganzen Hauses Israel, bald und in naher Zeit; sprecht: Amen.
Es sei sein großer Name gepriesen in Ewigkeit und für alle
Ewigkeit.
Gepriesen und gerühmt, verherrlicht und erhoben, hochgehalten
und gefeiert, erhöht und bejubelt sei der Name des Heiligen,
gelobt sei er, weit erhaben ist er über jedes Lob und allen
Gesang, alle Verherrlichung und Trostverheißung, die in der
Welt gesprochen werden; sprecht: Amen.
Es komme der große Frieden vom Himmel, und Leben, auf uns
und ganz Israel; sprecht: Amen.
Er, der Frieden stiftet in den Himmelshöhen, er schaffe Frieden
für uns und ganz Israel; sprecht: Amen.

יתגדל ויתקדש שמה
רבא בעלמא די־ברא כרעותה וימליך
מלכותה בחייכון וביומיכון ובחיי דכל־בית־ישראל
בעגלא ובזמן קריב, ואמרו אמן.
יהא שמה רבא מברך לעלם ולעלמי
עלמיא.
יתברך וישתבח ויתפאר ויתרמם ויתנשא
ויתהדר ויתעלה ויתהלל שמה דקדשא
בריך הוא לעלא מן־כל־ברכתא ושירתא
תשבחתא ונחמתא דאמירן בעלמא
ואמרו אמן:
יהא שלמא רבא מן־שמיא וחיים עלינו
ועל כל־ישראל ואמרו אמן:
עשה שלום במרומיו הוא יעשה שלום
עלינו ועל־כל־ישראל, ואמרו אמן:

# Chewra Kaddischa – Die Beerdigungsgesellschaft

Die Chewra Kaddischa, „heilige Vereinigung", ist die Bruderschaft, deren vornehmster Zweck die Erweisung von Liebesdiensten im Krankheits- und Todesfall ist. Ihre Mitglieder besuchen die Kranken und stehen deren Angehörigen bei.

Wenn ein Kranker im Sterben liegt, sorgt sie dafür, daß er möglichst von zehn Männern, der Mindestzahl für einen öffentlichen Gottesdienst, umgeben ist, so wie beim Grab 153 des Rabbiners Josef Mayer aus Schnaittach beschrieben. Sie sprechen ihm bei seinem Dahinscheiden das Glaubensbekenntnis, das Schma Jisrael.

Nach dem Dahinscheiden wird der Tote von den Mitgliedern der Chewra Kaddischa umgebettet, gewaschen, mit den Sterbegewändern bekleidet und in einen einfachen Sarg gebettet. Dies geschieht entweder im Trauerhaus oder in einem Raum auf dem Friedhof. Da auf dem Freudentaler Friedhof keine Taharahalle (Ort der rituellen Waschung des Toten) bestand, wurden die Toten im Hause für das Begräbnis vorbereitet.

Der Brauch, den Leichnam binnen 24 Stunden nach seinem Ableben zu beerdigen, wurde in Württemberg durch ministerielle Verfügung vom 28. August 1820 verboten. Es wurde die bereits seit 1780 für die christlichen Gemeinden bestehende Vorschrift, erst 48 Stunden nach Stillstand der Lebenstätigkeit zu beerdigen, auch auf die jüdischen Gemeinden ausgedehnt.

Diese Verordnung entstand aus der Sorge, daß ein Scheintoter begraben werden könnte, und konnte nur in Ausnahmefällen umgangen werden. Tänzer merkt hierzu an, daß diese Pflichten zwar als belastend empfunden, aber als Ausdruck der Gleichstellung willig übernommen wurden.

Aus den Angaben zu den Sterbe- und Begräbnisdaten wird ersichtlich, daß auch in Freudental die Vorgaben der Behörden bis auf wenige Fälle beibehalten wurden. Nur die ersten Beerdigungen auf dem neuen Friedhof erfolgten noch am Sterbetag.

## Trauerbräuche

Zum Zeichen der Trauer reißen die Hinterbliebenen deutlich sichtbar das Gewand ein.

Der Tod und das Begräbnisdatum werden öffentlich mitgeteilt, damit der Verstorbene beim Begräbnis durch die Anwesenheit möglichst vieler Trauergäste gewürdigt werden kann.

Die Trauernden sind in der Zeit zwischen Tod und Bestattung von allen gottesdienstlichen Pflichten befreit, um die Bestattung würdig vorbereiten zu können.

Vor dem Begräbnis versammelt sich die Trauergemeinde in der Friedhofshalle zu Gebeten und der Trauerrede, die, ohne zu übertreiben, die Vorzüge des Verstorbenen rühmen und die Trauernden trösten soll.

Am offenen Grab erfolgt nach der Versenkung des Sarges ein kurzes Gebet. Nach dem zeremoniellen dreimaligen Erdwurf aller Teilnehmer des Begräbnisses wird das Grab von Mitgliedern der Chewra Kaddischa zugeschaufelt. Von den Hinterbliebenen wird das Kaddisch gesprochen. Mit weiteren Gebeten und Psalmenworten scheidet das Trauergefolge vom Grabe. Nach dem Begräbnis wird den Hinterbliebenen von Verwandten oder Nachbarn ein stärkender Imbiß gereicht.

In der Trauerwoche, die dem Begräbnis folgt, bleiben die Trauernden dem Alltags- und Erwerbsleben fern. Sie sitzen zum Zeichen ihrer Trauer sieben Tage lang auf dem Boden oder auf niedrigen Schemeln (Schiwe-Sitzen), Nachbarn und Freunde besuchen sie, um Trost zu spenden. Es werden nur die religiösen Schriften studiert, die der Trauerstimmung entsprechen, zweimal täglich findet im Trauerhaus ein Gottesdienst statt.

Die Trauerzeit um alle Verwandten, mit Ausnahme der Eltern, schließt mit dem Ende des Trauermonats. Die männlichen Leidtragenden scheren sich in dieser Zeit weder Haare noch Bart. Nach dem Tode der Eltern wird ein Trauerjahr eingehalten. Elf Monate lang spricht der Sohn täglich das Kaddisch, von allen Vergnügungen hat sich der Trauernde in dieser Zeit fernzuhalten.

Ein Jahr nach der Beisetzung des Verstorbenen erfolgt die Grabsteinsetzung. Dazu versammelt sich nochmals die Trauergemeinde und enthüllt, begleitet von Gebeten und einer Ansprache zu Ehren des Toten, den Grabstein.

Nach dem Tode der Eltern spricht der Sohn ferner zu jeder Jahrzeit, der Wiederkehr des Todestages, das Kaddisch und entzündet Jahrzeitlichter.

# Der jüdische Friedhof im Alleenfeld

Die unten abgebildete Urkunde vom 20. September 1544 bezeugt, daß nach dem Ausschließungsgesetz des Herzogtums Württemberg von 1498, wonach in Württemberg „keine Juden wohnen und darin Handel treiben" durften, in Freudental, einem Ort der niederen Reichsritterschaft, Juden gegen die Bezahlung von Schutzgeld leben konnten. Wo sich ein Begräbnisplatz befand, ist nicht bekannt. Vermutlich wurden die Toten auf dem „Judenkirchhof" in Höpfigheim bestattet.

Mit dem vorläufigen Aufenthalts- und Schutzvertrag vom 8. September 1723 traf Verwalter Kellerlen von der Zobelschen Herrschaft in Freudental mit der Großfamilie von Seligmann Wolffen eine Vereinbarung, in der es heißt: „Ferner wird man auch Einen Platz ausfindig machen, Ihnen Ein Begräbnuß zu ahsigniren, worgegen sie aber daraus wie man sich noch mit ihnen vergleichen wird, Einen billigen Zinnß zu reichen, schuldig seyn sollen; welchen accord man dann biß zu ausfertigung Eines andern und ausführlichen Schutzbrihfs indessen projectiren und aufsetzen wollen."

Zwei Wochen später, am 22. September 1723, wurde ein ausführlicherer zweiter Schutzvertrag aufgesetzt.

„Sollen Ihnen die Jüdische Ceremonien zu gebrauchen sowohl die Synagog alß Gemeine Schulhaltung in ihrer Bewohnung, wie auch das kalte Baad und eine Begräbnuß für ihre Todten (welches Ihnen bereits an einem gewißen ort auff hießiger Markung assignirt worden) und waß weitters solche ceremonien erfordern werden wie bei Gemeiner Judenschaft bräuchlich ist doch dergestalten erlaubt seyn, daß Sie sich alles Gotteslästern so wohl in ihrer eigenen alß andern Sprachen bey Einer hohen ohnnachläßigen Straf enthalten sollen."

Aus dem Schutzvertrag ist zu entnehmen, daß die Zobelsche Herrschaft für den jüdischen Friedhof pro Familie noch einmal zwei Gulden zu den übrigen Schutzgebühren verlangte, was für die 6 Familien des Seligmann Wolffen mit der Abgabe von 15 Gulden für den Gottesdienst und der allgemeinen Schutzgebühr, 108 Gulden, eine jährliche Schutzgebühr von 135 Gulden ausmachte, die in vierteljährlichen Raten ab dem 28. November 1723 zu entrichten war und für die damalige Zeit einen schwer zu verdienenden Betrag ausmachte.

„Ich Sara Jakob Juden von Freudental" . . . gefangen wegen Wanderns durch das Herzogtum Württemberg mit ihrem Handel, verpflichtete sich, ihre Gefängniskosten zu bezahlen und „mein Leben lang seiner fürstlichen Gnaden Fürstenthumb Würtemperg oder Oberkhaitt vermeiden und darein one Beglaidt nimermer komen passiren noch wandern soll".

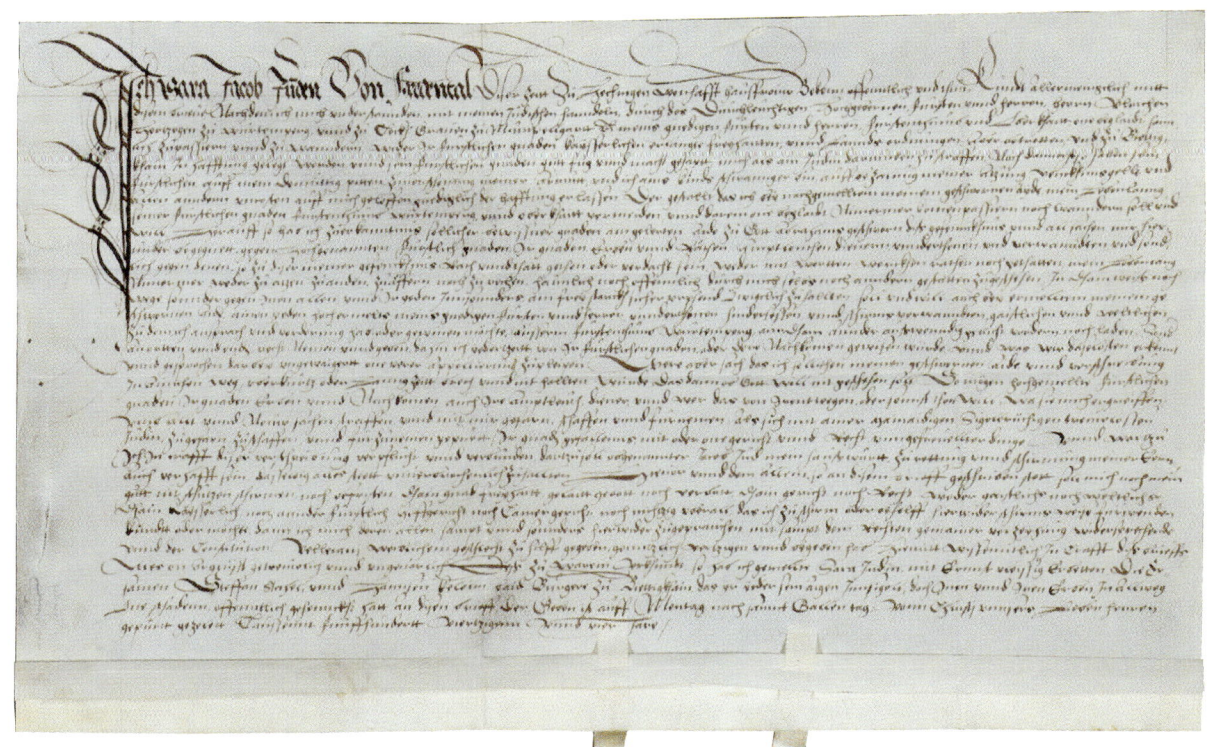

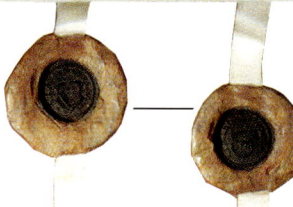

## Der erste jüdische Friedhof

1731 erlaubte die neue Ortsherrin Christiane Wilhelmine Friederike Gräfin von Würben geb. Grävenitz, volkstümlich „die Grävenitz" bezeichnet, weiteren 24 jüdischen Familien den Zuzug, wo es im abgeschlossenen Schutzbrief vom 1. Oktober 1731 heißt:

„2. demselben die Erlaubnis gegeben 24 Juden Familien, ohneingerechnet die allenfallsig auch Verheuratete Vier Bediente, den Rabbiner, Vorsinger, Todtengräber und Schulenklopfer allda aufzunehmen, also zwar, daß derselbe ein- oder den andern nach seinem Gefallen ausschaffen und die bestimmte Zal wieder mit andern - ihne beliebigen Juden Familien ergänzen kann, jedoch mit der Mas und Limitation, daß solche Ausschaffung allein von denen jetzigen oder künftigen Juden alsdann zu verstehen seye, wann dieselbe ihme dazu billigen Anlaß geben sollten. Was auch 3. Ermelter Levin Fränckel, oder dessen Mandatarius in Sachen der Juden Gottes-Dienst, Synagog, Beschneidung, Copulationes, Kirchhof, Begräbnis und alle andern jüdische Ceremonien, auch Civil-Prozeße und in Summa alle Differenzien in Gelt oder andern unter sich habende Strittigkeiten, wie es immer Nahmen haben möge, betreffend, anordnen und anbefelen wird, darinnen wolle Wir besagte Judenschaft an ihren Vorgesetzten angewiesen, und dißfalls von der Jurisdiction Unsers Staabs Freudenthal, vorbehaltlich der hohen Landes- und hochfraischlichen obrigkeit, gänzlich eximirt, auch keine appelation gestattet ..."

Auch hier wird für den „Kirchhof und Begräbnis jährlich Grundzinns vier Gulden und von der Synagog sechs Gulden" zusätzlich zu den Schutzgebühren verlangt. Und weiter unten heißt es: „von Todtenbegräbnis von Fremden solle eine Person, die über 15 Jahre alt, dem Amt Einen Gulden, und was unter 15 Jar alt ist, 30 Kreuzer bezalen, die Schutzjuden samt deren Brodgenossen und Bedienten aber hievon befreit seyn, was aber die Judenschaft über dieses von Fremden zum Allmosen erlangen kan, soll ihnen zu nehmen frei stehen".

Die Grävenitz hatte die Zobelschen Schutzjuden nach dem Kauf von Freudental 1727 übernommen und ihnen mit dem in Teilen zitierten Schutzbrief eine für die damalige Zeit liberale und aufgeklärte Rechtsform gegeben, die die württembergische Judengesetzgebung zu Beginn des 19. Jahrhunderts maßgeblich beeinflußt hat. In den folgenden Jahren bestätigten Herzog Carl Alexander 1735 und Herzog Carl Eugen 1747 die Privilegien dieses Schutzbriefes.

Der Begräbnisplatz, in den Schutzbriefen seit 1723 angegeben, lag im Gewann Alleenfeld, östlich des Ortes, in Richtung Bietigheim, und umfaßte eine 1239 qm große Fläche. Die Parzelle 421 ist heute wieder im Besitz der Israelitischen Religionsgemeinschaft Württemberg.

Im Schutzbrief der Grävenitz wird die Umzäunung des Friedhofes gestattet. Und bereits am 29. August 1740 erteilte die Herrschaft die Erlaubnis, „statt des alten verfaulten und völlig eingegangenen Thilzauns um ihren Kirchhof ein geringes Mäuerlein aufführen zu dürfen, da erwiesen war, daß diese Schutzjuden allschon zu den Zobelischen Zeiten einen mit einem weit höheren Thilzaun beschlossenen Kirchhof gehabt, der gemeine Wohlstand auch die beschlossene

## Der erste jüdische Friedhof

Fragment Nr. 3 vom Allenfeld-Friedhof

Friedhof Alleenfeld, Aufnahme von 1932
Aus: Friedhöfe 76

Machung und hinlängliche Verwahrung eines solchen Kirchhofs vor Menschen und Vieh erfordere."

Am 15. Februar 1741 genehmigte die Herrschaft, „eine 6-7 Schuh hohe und anderthalb bis zwei Schuh breite Mauer aufzuführen" unter der Auflage, „daß solches Vorhaben der Wildfurth und den daselbst sich aufhaltenden Fasanen sonst schädlich wäre". Die Mauer dürfte demnach bis ca. 1,80 m hoch und ca. 50 cm breit gewesen sein.

Ab 1743 gestattete Herzogadministrator Carl Friedrich die Bestattung von Stuttgarter und Aldinger Juden in Freudental. In den Akten, die einen Zeitraum von 1743 bis 1802 umfassen, werden mehrere Personen genannt, die aus Stuttgart stammten, so Kinder der Hoffaktoren David Ulmann und Callmann Seligmann. Bemerkenswert ist die Nachricht von der Beerdigung einer Witwe eines Cannstatter Bürgers und Metzgers, der Christ geworden war. Zwistigkeiten zwischen der Freudentaler Gemeinde und ihrem ehemaligen Vorsteher David Uhlman führten dazu, daß sich die Freudentaler 1782 gegen seine Beerdigung wehrten, sie aber nicht verhindern konnten.

Bis zur Anlage eines Begräbnisplatzes in Hochberg (=Remseck-Hochberg) am 30. Mai 1795 bestatteten die Hochberger ihre Verstorbenen in Freudental.

Auch die Zaberfelder beerdigten in Freudental, da sie sich keinen eigenen Friedhof leisten konnten, wie sie selbst gegenüber der Herrschaft bekundeten.

Die herzogliche Verordnung, Tote erst nach 48 Stunden zu beerdigen, mußte durch viele Ermahnungen bei den jüdischen Gemeinden durchgesetzt werden.

Mit dem Ausbau des Freudentaler Schlosses zur königlichen Sommerresidenz 1811 und der Anlage einer neuen Straße in schnurgerader Form vom Schloß zur Bietigheimer Straße kam König Friedrich I. auf die Idee, eine Fasanerie anzulegen. Er verfügte am 5. Dezember 1811, daß „zu Freudenthal bei dem Hinfahren rechter Hand liegenden Wald, wo ehemals der Juden Kirchhof war" eine Fasanerie eingerichtet werden solle.

Die Friedhofsfläche wurde eingeebnet, Grabstelen sowie die Steine der Ummauerung wurden als Baumaterial genutzt.

Davon kamen 1986 auf verschlungenen Wegen vier Grabsteinfragmente in die rekonstruierte Mikwe der ehemaligen Synagoge von Affaltrach. Die Steine sind sorgfältig gearbeitet und nicht

# Friderich der Zweite,
## Von Gottes Gnaden
### Herzog von Wirtemberg und Tek ꝛc.

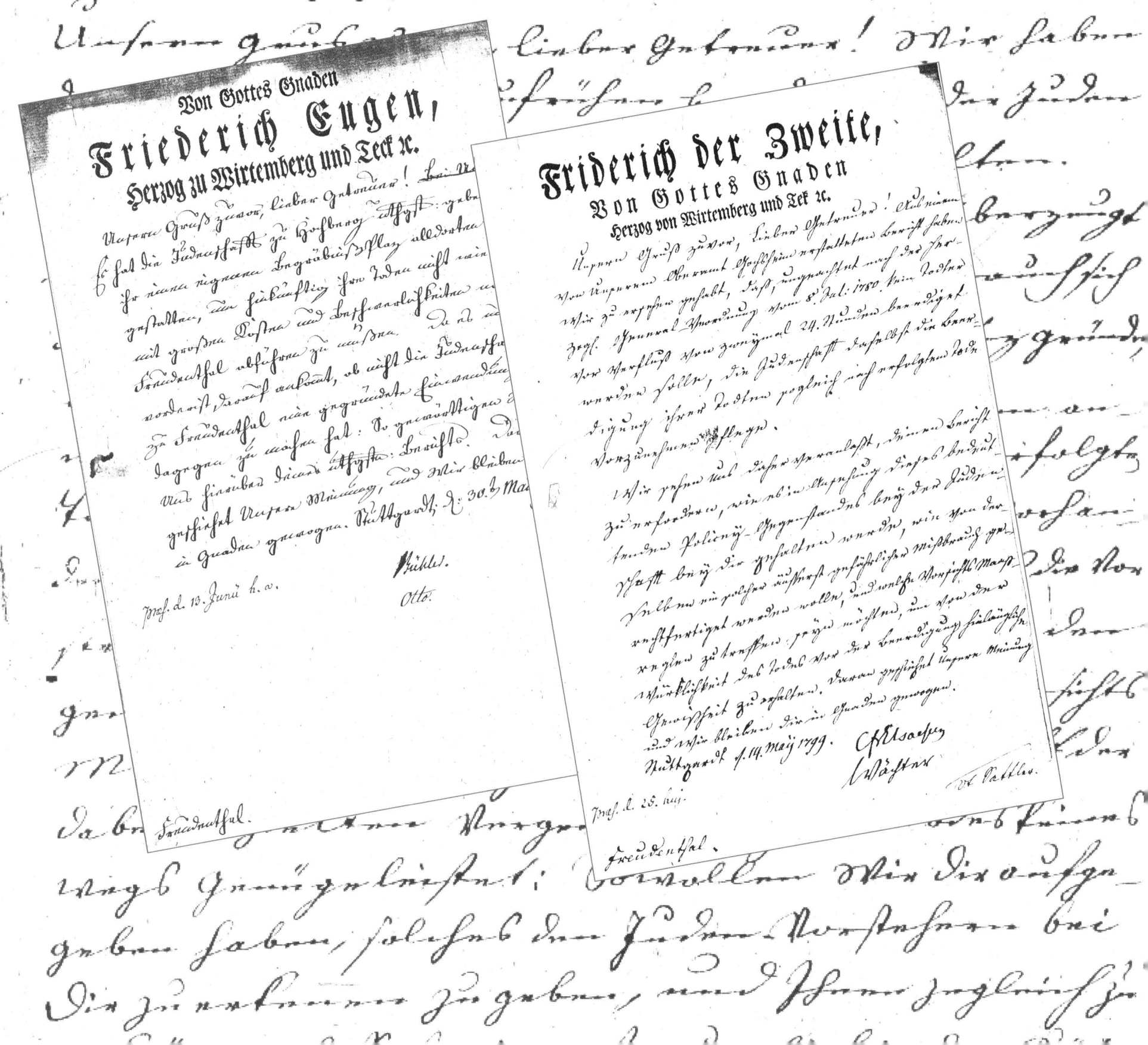

Der erste jüdische Friedhof

verwittert. Die Schrift ist auf allen Steinen in ähnlich geschwungenen Lettern gehalten, Abkürzungen werden durchweg durch Punkte über den Lettern gekennzeichnet, ebenso die zur Gematria zu rechnenden Buchstaben der letzten zwei Zeilen der Nr. 1.

Alle Stelen sind aus dem gleichen Sandstein gearbeitet

Von Nr. 1, der Stele des Jizchak Eisik aus A., fehlt der obere Abschluß. Jizchak Eisik ist am Freitag, dem 11. Tischri gestorben und am 13. Tischri begraben worden. Aus den Resten der letzten Zeile ist lediglich die Schlußformel aus dem Kontext zu rekonstruieren, die verschlüsselte Jahreszahl ist nicht erkennbar.

Von Nr. 2 ist nur ein Teil des unteren Drittels erhalten, vorhanden sind das Sterbedatum Donnerstag 15. Schwat 5573 (23.1.1777) und die Schlußformel.

Nr. 3 ist oben, unten und an der rechten Seite abgeschlagen. Es ist der Grabstein des Anschel, Sohn des Jizchak Eisik aus Stuttgart. Er starb am 27. Tammus 5561 (8.7.1801)
Die letzte Zeile der Inschrift fehlt, ist jedoch anhand der Abkürzungspunkte als Datumsformel und Schlußformel zu rekonstruieren.

Nr. 4 ist der eingezogene Rundbogenabschluß einer Stele. Lediglich das Anfangskürzel und das Symbol des Schofars sind erhalten. Das Bild eines heute nicht mehr vorhandenen

Abbildung linke Seite:
Begräbnisvorschrift von 1795 für die Hochberger Juden (links) und Anordnung Herzog Friedrichs II. von 1799, Beerdigungen erst nach 48 Stunden zuzulassen.

Sandsteinfragments eines Grabsteins ist in der Publikation. „Die Geschichte der Freudentaler Juden" von Theobald Nebel auf S. 31 abgebildet.

Bei der Schlußredaktion dieses Buches erhielten wir den Hinweis, daß neben der Mauer der Eingangshalle auf dem Friedhof am Fuße des Seebergs ein weiteres Fragment eines Steines vom alten Friedhof abgelegt worden ist.
Die Bergung dieses Steines, von dem nur die Jahreszahl 547 n.d.kl.Z. (= 1786/1787) und die Schlußformel erhalten sind, brachte außerdem zwei Teile einer Inschriftenplatte aus Marmor ans Licht, sie stammen vom Grab der 1910 verstorbenen Jette Levi (Grab 394).

Fragmente Nr. 2 (oben) und Nr. 1 (unten) vom Alleenfeld-Friedhof

## Der zweite jüdische Friedhof

### Der jüdische Friedhof am Fuße des Seeberges

1811 erfolgte die Anlage des neuen Friedhofs außerhalb des Dorfes am Fuße des Seebergs im Wald auf der Gemarkung Bönnigheim. Die jüdische Gemeinde Freudental konnte von der Stadt Bönnigheim ein Grundstück erwerben, das aber schon nach einer Generation nicht mehr ausreichte, um die damals rasch wachsende Gemeinde zu versorgen. Sie war von 236 Personen im Jahr 1815 auf 377 im Jahr 1862 angewachsen. Hinzu kamen noch weitere Beerdigungen aus Zaberfeld, Stuttgart und Ludwigsburg.

Mit dem Kaufvertrag vom 15.2.1858 erwarb die jüdische Gemeinde Freudental von der Stadt Bönnigheim weitere 1720 qm. Diese behielt sich dabei ein immerdauerndes Vorkaufsrecht vor. 1895 und 1908 folgten Erweiterungen auf den heutigen Umfang mit der umlaufenden Mauer.

Schon 1938 wollte die Stadt Bönnigheim den Friedhof an sich bringen, der Freudentaler Bürgermeister antwortete jedoch: „Gegen den Antrag der Überlassung des derzeitigen Judenfriedhofes an die Gemeinde Bönnigheim läßt sich grundsätzlich nichts einwenden. Der jüdische Friedhof liegt von drei Seiten vom Gemeindewald Bönnigheim umgeben und ist es nicht mehr wie recht und billig, daß die Gemeinde Bönnigheim einmal wieder in den Besitz des sr. Zt. abgetretenen Geländes kommt.

Insolange aber noch Juden in Freudental wohnen bzw. die dort noch wohnenden Juden einmal eine Begräbnisstätte benötigen, halte ich den Übergang des Eigentums bzw. die Verwendung desselben nicht für notwendig. Die vom Bürgermeister von Bönnigheim gewünschte Aufstockung des Friedhofes sowie die Verwendung der Friedhofsmauer und der Grabsteine als Vorlage für Waldwege halte ich für verfrüht. Es würde nach meiner Ansicht dem Ansehen des Staates wie auch der Partei nur schaden, wenn man mit derartigen in Deutschland keineswegs bis heute gebräuchlichen Mitteln gegen die Juden vorgehen würde. Im Laufe der Zeit wird der Zahn der Zeit so an den Friedhofssteinen und der Friedhofsmauer arbeiten, daß dieselben nicht mehr ihre Zwecke erfüllen und läßt sich dann einmal gegen die Verwendung der Steine nichts einwenden."

Zu dieser Zeit wohnten 51 jüdische Bürger in Freudental.

Die offizielle Belegung des Friedhofs endete 1943. Der Ort war nach der damaligen Lesart judenfrei. Die Stadt Bönnigheim kaufte den Friedhof für 500 RM, zahlbar nach Auflassung an die Reichsvereinigung.

Im Jahre 1948 übernahm die JRSO (Jewish Restitution Successor Organization) als jüdische Vermögensverwaltung das Grundstück und übergab es ihrerseits am 10.1. der Israelitischen Kultusvereinigung Württemberg und Hohenzollern (heute: Israelitische Religionsgemeinschaft Württemberg).

# Die Belegung der Grabfelder

Männer und Frauen sind in Freudental, bis auf wenige Ausnahmen, in getrennten Reihen beerdigt worden. Es gibt keine halachische (religionsgesetzliche) Regel, die dies gebietet.
In Freudental wurde die Bestattung von Frauen neben Männern erst in den 30er Jahren unseres Jahrhunderts üblich. Eine Ausnahme bildet die Stuttgarter Familie Benedikt, deren Familienangehörige 1820 und 1832 nebeneinander beerdigt wurden.

Die Wöchnerinnen haben am Ende der ersten drei Reihen einen eigenen Platz, der als Ehrenfeld betrachtet wird.

Kindergräber werden meist in gesonderten Feldern am Rand angelegt. Einerseits geschieht dies aus Platzgründen, da Kindergräber schmaler und kürzer sind, zum anderen haben sie nach jüdischer Tradition noch keinen Platz in der Gemeinschaft erworben. Die Kindergräber liegen in Freudental jeweils am Ende eines Belegungsabschnittes.

Die ältesten Gräber befinden sich hinten rechts.

Ab 1911 wurde der neuangekaufte linke Teil belegt. 1945 und 1946 sind zwei polnische Juden begraben worden. Sie starben im Freudentaler Sanatorium an den Folgen von Deportation, Zwangsarbeit und Mißhandlung im Konzentrationslager Vaihingen/Enz. Neben Julius Marx sind dies die jüngsten Gräber.

Vergleiche hierzu die Ausklapptafel im hinteren Einband.

Neuer Friedhof am Fuße des Seeberges

# Grabsuche

## Grabsuche von Julius Marx (1888 - 1970)

Ich fahre durch das Dorf bis zum Waldrand, zum "Hain der Buchen", zum alten jüdischen Friedhof. Nach 1945 bin ich nicht selten durch Deutschland gefahren, der Geschäftsmann, der ich wurde.
Das Tempo steigerte sich von Reise zu Reise. Der Zeitgeist gab immer stärkeren Rückenwind. Reisen wurde zur Raserei. Wie ein Vielfraß schluckte die Motorhaube vor meinen Augen das Band der Autobahnen in sich hinein. Doch hinter Stuttgart bog ich dann doch immer wieder ab und hielt schließlich den Wagen allemal vor dem "Hain der Buchen". Dort stand jetzt der Wagen, dampfend und heiß wie ein Pferd nach scharfem Ritt, die Zügel übergeworfen, während ich wieder einmal durch die Grabreihen ging und nach einer besonderen freien Stelle suchte, die mir bestimmt war. Ich hatte dabei stets die Vorstellung, meine Mutter begleite mich, vielmehr: als suchte ich sie, als wollte ich wieder zu ihr zurück. Der Lebenskreis sollte sich wieder dort schließen, wo er begann.

Julius Marx im Gespräch mit Theodor Heuss

# Grabsuche

Ich suchte den Ort meines Grabes. Ich ließ mir Zeit, weil ich noch Zeit habe. Doch vielleicht steht einem die Zeit plötzlich nicht mehr zur Verfügung. Deshalb sollte man rechtzeitig verfügt haben, solange man zu verfügen vermag.

Heute will ich die Entscheidung treffen. Wie man sich bettet, so liegt man. Ich will gut liegen, wenn ich einmal endgültig liegen muß. Ich will dann zu Hause sein, ich, der Ausländer, der Emigrant, der seine Remigration vorbereitet. Der Verwalter des Friedhofs ist der "junge" Fritz Bleil, Sohn des längst verstorbenen "alten" Fritz Bleil, der einst als Faktotum meines Vaters fungierte. Wir duzen uns. Es hat seine Vorteile, mit dem Hausverwalter der letzten Wohnung auf Du und Du zu stehen. Ich zog ihn während meiner früheren Besuche dieses Ortes, während meiner Wohnungssuche für den Remigranten Julius Marx gern zu Rate. Er begleitete mich, dieser Gräbermakler. Er zeigte mir die Grabsteine, die einmal umgestoßen und beschmiert worden waren, als man sich auch im Sinne der "Volksgemeinschaft" bewähren wollte und keine Synagoge zum Anzünden, keine Geschäfte zum Plündern und keine Menschen zum Schänden mehr fand. Synagogen, Geschäfte, Menschen und Grabsteine, ein Katalog der Vernichtung. Synagogen, Geschäfte und Grabsteine sind reparierbar. Menschenleben bleiben unwiderruflich.

Vor dem Friedhof steht Fritz Bleil. Er klopft mit flacher Hand auf die Kotflügel des Dreihunderters, als wären es die Schenkel eines stattlichen Pferdes.

"Na, endlich was gefunden?"
"Nein", sage ich.
"Da, diese Rasenfläche, nicht weit vom Grab Deiner Urgroßeltern, noch dazu mit bester Aussicht ringsum in die Gegend. Aber Dich kann man eh' nicht überzeugen, bis Du nicht glaubst, es selbst gefunden zu haben."

Er hat recht. Ich bin ein Querkopf, erst recht bei solcher Entscheidung.

"Du wirst eh' der letzte sein, der hier einzieht!"

Ja, er hat wieder recht! Ich werde der letzte sein. Alle anderen sind vorausgegangen oder wurden vorausgeschickt. Dann, wenn es soweit ist, werde ich wieder unter ihnen sein, in der Lebensgemeinschaft der Toten, bei ihnen, von denen ich komme, mit denen ich lebte, selbst bei denen, die ich nicht kannte und die dennoch zu den Meinen zählen.

Ich schreite das Geviert ab, das Fritz Bleil mit seinem Stock bezeichnet hat, schreite es ab wie ein Bauer, der einen neuen Acker erwirbt. Also hier! Gut! Wir gehen zum Bürgermeister und machen den Kauf perfekt. Die Sache wird registriert. Es ist mein erster und letzter Landerwerb. Der Nomade entschließt sich somit für das Projekt einer Dauersiedlung.

Julius Marx 1965
(Julius-Marx-Archiv Freudental)

Grabstein von Julius Marx

Der Grabstein

## Grabsteine im Wandel der Zeit

Die frühen Grabmale sind meist flache Stelen mit eingezogenem Rundbogenabschluß oder Giebel. Da sie ohne Sockel gesetzt wurden, sind viele eingesunken und durch Feuchtigkeit stark verwittert. Der einzige Schmuck war die Schrift.

Zu diesen Grundformen kommen erste klassizistische Stilelemente hinzu. Inmitten der einfacheren Stelen hebt sich der klassizistische Grabpfeiler des Stuttgarters Baruch Benedikt von 1821 deutlich ab. Dieser Typ des hohen, leicht konisch zulaufenden Steines mit fast quadratischer Grundfläche ist für die nächsten Jahrzehnte für die Gräber der Familien Benedikt und Horkheimer bestimmend. In Konkurrenz zur einfachen und schmucklosen Grundform, die auch als Zeichen der Zurückhaltung und Demut aufgefaßt werden kann, werden immer mehr Formen aus dem klassizistischen Repertoire aufgenommen.

Ab den 30er Jahren des 19. Jahrhunderts werden die Grabstelen allgemein größer, die Formen und Ornamente vielfältiger, wobei das Formenrepertoire weiterhin dem Klassizismus entlehnt ist. Wie in der Architektur folgt ab der Mitte des 19. Jahrhunderts auch die formale Gestaltung der Grabmäler den stilistischen Strömungen des Historismus. Eine neue Qualität der handwerklichen Bearbeitung findet sich 1869 zunächst auf dem Grab des Lehmann Mayer. Sie ist stilbildend für einen großen Teil des Friedhofes: eine hohe Stele aus feinem gelben Sandstein, von fast quadratischer Grundfläche mit Dreiecksgiebel. Das Giebelfeld ist meist durch einen reichverzierten Kranz geschmückt, später kommen Palmetten und Akroterien mit floralen Elementen dazu. Unter dem Kranzgesims befindet sich eine hohe Frieszone, die häufig mit einem stark plastischen, überaus fein und qualitätvoll ausgearbeiteten Feston geschmückt ist. Ende des 19. Jahrhunderts sind in der Ornamentik Elemente des Jugendstils zu finden.

Einzelne Steine behalten den schlichten Charakter der Grabstele aus örtlichem Sandstein bei. Es sind dies vor allem Gräber der Zaberfelder und die von Kindern.
Anfang des 20. Jahrhunderts - im zeitgenössischen Vergleich eher spät - wurden die ersten Granitobelisken gesetzt. Man kann den Obelisken als die bevorzugte Form auf den städtischen Friedhöfen des assimilierten Judentums am Ende des 19. Jahrhunderts bezeichnen. Daß er in Freudental so wenig geschätzt wurde, mag als Abgrenzung der traditionstreuen und konservativen Freudentaler Juden gegenüber eben dieser Assimilation zu verstehen sein.

Ab den 60er Jahren des 19. Jahrhunderts werden außer dem bis dahin verwendeten gelblichen Sandstein aus dem Stromberg vereinzelt auch rötliche Sandsteine, häufig mit eingelegten Marmorplatten, verwendet. Seit der Jahrhundertwende kommen neben den weiterhin typischen Sandsteinstelen und Grabpfeilern vermehrt auch Steine aus Hartgestein wie Granit, Diabas und Syenit vor. Wenige Steine sind aus Kunststein, einem Material, das kostengünstig herstellbar war.

Ab 1910 überwiegen die industriell gefertigten dunklen, teils polierten oder geschliffenen Hartsteine.

# Symbole und Verzierungen auf den Grabsteinen

Neben den religiösen Symbolen gibt es auf den Grabsteinen eine Vielzahl von Symbolen und Ornamenten, deren Bedeutungen heute nicht mehr sicher zu erschließen sind.

Auf dem Freudentaler Friedhof gibt es im Gegensatz zu vielen anderen keine Tierdarstellungen als Kennzeichen des Namens oder des Berufes. Ebenso fehlt die sonst verbreitete Darstellung einer Krone für den guten Namen.

Unter den zahlreichen Symbolen, die auf den Grabsteinen erscheinen, sind fünf zu nennen, die spezifisch jüdischen Ursprungs sind. Sie verdeutlichen die Stellung sowie die Aufgaben des Bestatteten innerhalb der religiösen Gemeinschaft.

Unsere Interpretation der Symbole ließ sich leiten durch deren Verortung in der Bibel und der jüdischen Tradition, die eine Möglichkeit der Deutungsvielfalt in sich birgt.

Die Erklärung der allgemeinen Symbole stellt nur ausschnittartig die Bedeutungsvielfalt einzelner, oft jahrtausendealter symbolischer Formen dar.

Religiöse Symbole

### Segnende Hände

Die segnenden Hände sind Zeichen für die Angehörigen des Priestergeschlechts (Kohanim). Num. 6, 22 ff. enthält die Verpflichtung für Aron und seine Söhne, die Kinder Israels zu segnen.
Der aronitische Segen, in Israel täglich, in der Diaspora am Schabbat gesprochen, kann nur vom Kohen erteilt werden. Vor der Erteilung des Segens wird den Kohanim von Leviten Wasser aus einer Kanne zur Reinigung der Hände gereicht.

Der aronitische Segen:

Es segne und behüte dich der Herr. יברכך יי וישמרך:
Er lasse sein Angesicht leuchten über dir und sei dir gnädig. יאר יי פניו אליך ויחנך:
Er halte sein Angesicht über dich und gebe dir Frieden. ישא יי פניו אליך וישם לך שלום:

### Levitenkanne

Eine Kanne mit Schale ist auf Grabsteinen der Bestatteten vom Stamme Levi zu finden.

### Das Buch

Das Buch ist ein Symbol für Weisheit und Gelehrsamkeit, aber auch für frommes und regeltreues Leben.

(Bild dargestellt im Hintergrund)

Religiöse Symbole

### Schofar

Das Schofar ist das Horn eines Widders. Es wird geblasen wie eine Posaune, in der Regel an und zwischen den höchsten Feiertagen Rosch haSchana (Neujahr) und Jom Kippur (Versöhnungstag). Das Schofarblasen erfordert eine hohe Geschicklichkeit, als Ehrenamt ist es den Angesehensten der Gemeinde vorbehalten.

„Am ersten Tage des siebten Monats soll bei euch ein Ruhetag sein, ein Gedenktag mit Posaunenschall, eine Festversammlung am Heiligtum." (Lev 23,24)

„Ferner am ersten Tage des siebten Monats soll bei euch eine Festversammlung am Heiligtum stattfinden; da dürft ihr keinerlei Werktagsarbeit verrichten: der Tag des Posaunenblasens soll es euch sein".
(Num 29,1)

### Beschneidungsmesser

Das Beschneidungsmesser ist Symbol für den Mohel (Beschneider). Am achten Tag nach der Geburt wird ein männlicher Jude zum Zeichen des Bundes zwischen Gott und seinem Volk beschnitten. Dieses hohe Ehrenamt ist durch genaue Vorschriften geregelt und wird verdienstvollen Männern übertragen.

„Dies aber ist mein Bund, den ihr halten sollt und der zwischen mir und euch und deinen Nachkommen nach dir besteht: Alles Männliche soll bei euch beschnitten werden! Und zwar sollt ihr am Fleisch eurer Vorhaut beschnitten werden: das soll das Zeichen des Bundes zwischen mir und euch sein! Alles Männliche soll im Alter von acht Tagen bei euch die Beschneidung empfangen".
(Gen 17,10-12)

# Allgemeine Symbole

| Amphoren, Gefäße, Vasen | Abgebrochene Säule | Kreismotive |

Amphoren, Gefäße und Vasen sind klassizistische und historische Dekorationen und deuten auf den sterblichen Leib hin, der als Gefäß der Seele betrachtet werden kann.

Die abgebrochene Säule steht für ein frühzeitiges Sterben, ein unvollendetes Leben.

Drei konzentrische Kreise bedeuten Vergangenheit, Gegenwart und Zukunft.

Ein Kreis mit einem Punkt in der Mitte kann einen vollständigen Zyklus symbolisieren. Der Kreis kann auch Symbol für die Sonne sein.

Allgemeine Symbole

### Dreieck mit Auge im Strahlenkranz

### Sonne mit Strahlenfächer und Strahlenkranz

### Mond

Ein Dreieck mit Auge im Strahlenkranz gilt als Symbol der Aufklärung.

„Aber Euch, die ihr meinen Namen fürchtet, wird die Sonne der Gerechtigkeit aufgehen, und Heil ist in ihren Strahlen". (Mal 3, 20). Die Sonne steht auch für die Offenbarung Gottes und symbolisiert die messianische Erwartung und die Auferstehung.

Der Mond wird durch eine zunehmende Mondsichel symbolisiert. „Da machte Gott die beiden großen Lichter: das größere Licht zur Herrschaft über den Tag und das kleinere Licht zur Herrschaft über die Nacht, dazu auch die Sterne." (Gen 1,16) „Er hat den Mond gemacht zur Bestimmung der Zeiten". (Ps 104,19)

Allgemeine Symbole

## Sterne

Sterne sind Kennzeichen des Ewigen und symbolisieren das Unsterbliche. Sterne gehorchen nach der Auffassung der Thora dem Willen Gottes. In Genesis 15,2-6 wird Abraham eine Nachkommenschaft verheißen so zahlreich wie Sterne am Himmel.

Erst seit den zwanziger Jahren dieses Jahrhunderts kommt auf den württembergischen jüdischen Friedhöfen auch der Davidstern vor.

In Freudental kommt er zweimal vor. Er soll zwei Männer auf ihren Grabsteinen als Juden kennzeichnen, die 1945 und 1946 im Freudentaler Sanatorium an den Folgen von Deportation, Zwangsarbeit und Mißhandlung im Konzentrationslager Vaihingen/Enz starben.

Symbol-Varianten

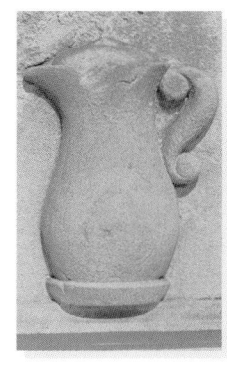
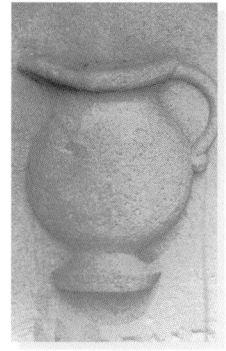

Pflanzensymbolik

## Pflanzen

Zum allgemeinen Schmuck auf den Grabsteinen gehören Akanthusranken, Lorbeerzweige, Laubwerk, Eichenblätter, Palmetten, Blüten, Vasen oder Töpfe mit Blumen und der Feston.

| Feston | Palmzweig | Mohnkapseln |
|---|---|---|
|  | 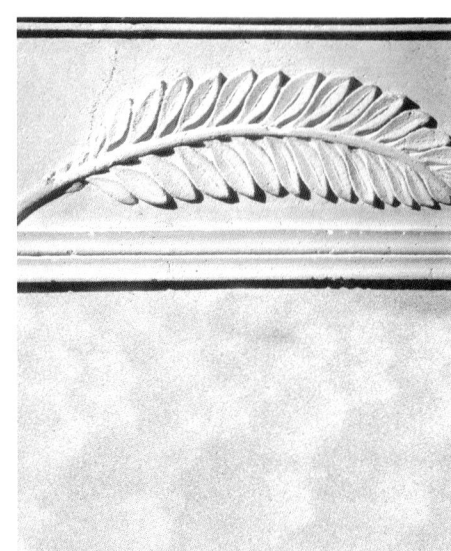 |  |

Der Feston ist ein girlandenartiges Gehänge aus Blumen und Früchten hellenistischen Ursprungs. Er ist ein häufiger Bestandteil der Grabsteine des Historismus. Von etwa 1850 bis um 1900 wird auf dem Friedhof in Freudental das Blumengebinde in vielfältiger Form und immer neuen Blütenkombinationen auf den Steinen dargestellt.

„Der Palmzweig ist in der klassizistischen Symbolik ein Siegeszeichen. In der orientalischen Tradition ist die Palme ein Baum des Lebens, sie ist durch Dürre, Hitze und Sturm fast nicht zu zerstören. Die Palme steht auch für das lange Leben des Gerechten.

„Der Gerechte wird blühen wie die Palme, wie die Zeder des Libanon wird er wachsen. Die gepflanzt sind im Hause des Herrn, werden in den Höfen unseres Gottes blühen. Noch im Alter werden sie frisch sein, und voller Saft sprossen". (Psalm 92,12)

Auf zahlreichen Grabsteinen sind Mohnkapseln dargestellt, die für die Vorstellung vom Tod als Schlaf stehen. Mohn auf dem Schabbatbrot (Challa, Berches) symbolisiert Ruhe.

### Sanduhr

Die geflügelte Sanduhr symbolisiert die Flüchtigkeit der Zeit und das Verrinnen des Lebens.

Allgemeine Symbole

| Abgeknickte Rose | Lilie | Kranz |
|---|---|---|
|  |  |  |

Die abgeknickte Rose symbolisiert den Tod in der Blüte des Lebens, sie erscheint auf Gräbern von Kindern und Jugendlichen.

Die Lilie ist ein Symbol der Schönheit, der Fruchtbarkeit und des Reichtums. „Ich bin eine Narzisse in Saron, eine Lilie im Tal. Wie eine Lilie der Täler. Wie eine Lilie unter den Dornen, so ist meine Freundin inmitten der Mädchen." (Hl 2,1-2)
„Ich will für Israel werden wie der Tau: blühen soll es wie eine Lilie und Wurzeln schlagen wie die Zedern des Libanon". (Hos 14,6)

Ein immer wiederkehrendes Motiv auf den Grabsteinen ist der Kranz, der Ehre, aber auch Trauer anzeigt.

# Inschriften

## Der Aufbau und die Gestaltung der Grabinschriften

Die Inschriften der jüdischen Grabsteine sind, zumindest solange sie rein hebräisch sind, fast ausnahmslos nach folgendem Formular gegliedert:

1. Die oberste Zeile trägt die Abkürzung פ״נ „hier ist begraben", oder פ״ט „hier ist geborgen".

2. hierauf folgt die Eulogie (s.u.)

3. der Name, der des Vaters bzw. des Gatten und dessen Wohnort.

4. die Angabe von Sterbe- und Begräbnisdatum.

5. Die Inschrift schließt mit dem Siglum תנצב״ה , hier immer wiedergegeben als T.N.Z.B.H. oder Varianten T.N.Z.B.H.CH. Amen Sela: „Möge seine/ihre Seele eingebunden sein in den Bund des Lebens".

## Eulogie

Die Eulogie bildet den Hauptbestandteil des Textes und wird oft aus standardisierten Textelementen zusammengesetzt, bisweilen wurde sie aber auch höchst individuell und sehr poetisch gestaltet. Viele Elemente sind Zitate aus biblischen Texten. Die Eulogie für Frauen enthält häufig Zitate aus den Proverbia, üblich sind:

„Eine tüchtige Frau, die Krone ihres Gatten".
„<glücklich,> wer eine tüchtige Frau gefunden,... auf sie kann sich ihres Gatten Herz verlassen... ,

ihren Mund öffnet sie in Weisheit und gütige Unterweisung ist auf ihrer Zunge". „Sie reicht ihre Hand dem Armen und streckt ihren Arm dem Hilfsbedürftigen aus".

Die hier beschriebene Mildtätigkeit beschränkte sich nicht auf das Spenden von Almosen, sondern umfaßte ein weites Feld des sozialen Gemeindelebens: Unterhaltung von Armenkassen und Armenspeisungen, die Versorgung Kranker, Verwaister und Verwitweter, Mitgiftausstattungen mittelloser Bräute, und die Chewra Kaddischa, die Begräbnisvereinigung.

Daß „sie die Gebote Gottes hielt", bedeutet in erster Linie, daß sie die Gebote der rituellen Reinheit des Hauses, das sind u.a. Speisetrennung und deren Zubereitung, genau achtete, also einen koscheren Haushalt führte.

Ferner sind die häufigsten Attribute der Frauen: tugendhaft, vornehm, angenehm, geehrt, und fromm. Beiden Geschlechtern zugeordnet sind ein untadeliger Lebenswandel, der gute Name, Gottesfurcht, Aufrichtigkeit und Bescheidenheit.
Männer werden ferner charakterisiert durch: „rechtschaffen", „rein", „treu", „freigiebig" und „gerecht". Die Übersetzung „gerecht" ist nur ein Näherungswert für die Tiefe der Bedeutung dieses Wortes, das unter anderem auch meint: fromm, mildtätig, gelehrt.

Größere oder kunstvollere Inschriften sind oft als Gedicht mit Endreim gestaltet, häufig mit Akrostichon, d.h. die Anfangsbuchstaben der Zeilen ergeben den Namen des Verstorbenen.

Sowohl einige aus Bibelzitaten komponierte Inschriften, mehr aber noch viele der frei gedichteten Inschriften, sind von hoher poetischer Qualität und starker Aussagekraft. Sie geben die Liebe und den Schmerz der Hinterbliebenen wieder. Andere geben einen Einblick in die tägliche Arbeit von engagierten Rabbinern, Gemeindeleitern, Wohltätigkeitsfunktionären und Lehrern.

## Die Inschriften im Wandel der Zeit

Der Tradition folgend sind die Inschriften auf den Grabsteinen fast ausschließlich in hebräischer Sprache. Bis in die 30er Jahre des 19. Jahrhunderts zeigen die Steine und ihre Inschriften ein einheitliches Bild. Die hebräischen Texte auf der Vorderseite der Grabsteine sind ihr einziger Schmuck.

Bereits 1817 erfolgte an die Freudentaler Juden eine erste Aufforderung, Familiennamen anzunehmen und 1828 wurden im Gesetz zum „Betreff der öffentlichen Verhältnisse der israelitischen Glaubensgenossen" im § 3 alle württembergischen Juden zur Annahme von Familiennamen verpflichtet.

Diese bürgerlichen Namen waren erst Jahrzehnte später bedeutend genug, um zusammen mit den bürgerlichen Geburts- und Sterbedaten auf der Rückseite der Grabsteine verzeichnet zu werden. Auffallend sind die Grabsteine der Familie Horkheimer, die schon früh rückseitige Inschriften mit bürgerlichen Familiennamen tragen, als erster der Grabstein des Simon Isak Horkheimer von 1815. Es handelte sich dabei offensichtlich um eine ungewöhnlich assimilierte Familie.

Mit fortschreitender Assimilation erscheint 1885 die erste zweisprachige Inschrift auf der Vorderseite, wobei nach wie vor das Hebräische im Vordergrund steht und den Toten beschreibt, während sich der deutsche Textteil auf der unteren Hälfte der Steine auf Namen und Lebensdaten beschränkt. Verstärkt treten zweisprachige Texte erst nach der Jahrhundertwende auf, im Vergleich zu städtischen Friedhöfen wie in Ludwigsburg und Stuttgart sehr spät.

In den 30er Jahren des 20. Jahrhunderts tritt die Inschrift auf Deutsch immer mehr in den Vordergrund, die Texte werden zunehmend allgemeiner und kürzer, wobei sich die Grabsteine von den christlichen Grabsteinen dieser Zeit nur noch durch die Einleitungsformel und das Schlußsiglum T.N.Z.B.H. unterscheiden.

Religiöse Familien bewahrten die traditionellen Formen und Inschriften bis zum Schluß.

Namen

## Namensgebung

Beim Vergleich der Grabsteine und der Sterberegister fällt auf, daß die Personennamen der Grabsteine sich von denen der Register unterscheiden. Mit dem Aufkommen der zweisprachigen Grabsteine ist eine Trennung in einen bürgerlichen - sprich deutschen - und einen hebräischen bzw. jüdischen Namen am Stein selbst festzustellen.

Ein jüdischer Mann bekommt bei der Beschneidung am achten Lebenstag einen hebräischen Namen - und damit seine kultische Identität, mit diesem Namen wird er zur Thoralesung gerufen, er steht auch in der hebräischen Inschrift des Grabsteins. Es sind biblische Namen, insbesondere die der Stammväter, der zwölf Stämme und der Propheten. Der erstgeborene Junge bekam den Vornamen seines väterlichen Großvaters.

Als Rufname wird oft eine abgewandelte oder eingedeutschte Form des hebräischen Namens verwendet oder das dem Stamm entsprechende Wappentier:
Mosche > Masus,
Me`ir > Meier,
Elieser > Laser,
Mordechai > Marx,
Dow > Bärle,
Naphtali und Zwi > Hirsch,
Ze`ew > Wolf,
Jehuda > Löw.

Zu Beginn des 19. Jahrhunderts entsprechen diese eingedeutschten Formen auch den bürgerlichen Namen, die in den Sterbe- und Familienregistern erscheinen. Mit zunehmender Assimilation werden diese als jüdisch erkennbaren Namen durch deutsche, dem Zeitgeschmack entsprechende Namen ersetzt oder ergänzt, wobei die jüdisch-deutschen Namen als Rufnamen im täglichen Leben wahrscheinlich beibehalten wurden, in einigen Fällen auch an den Grabsteinen erkennbar (z.B. „Jehuda genannt Löb"). Die neuen bürgerlichen Namen haben oft eine Klangähnlichkeit oder Sinnentsprechung zum hebräischen Namen, z. B.: Mordechai: Max, Jehuda: Julius, Aharon: Albert usw. oder Gabriel (wörtl.: Mann Gottes): Herrmann.

Die Frauennamen sind teilweise biblisch, oft auch als mundartlich gefärbte Diminutive wie: Hännle (Hanna), Sarle (Sara), Rechle (Rachel), zum größeren Teil sind die Frauennamen mittelhochdeutschen Ursprungs und auch hier meist Koseformen, z.B.: Krönle, Fradche/ Fradle (Freude), Blimle, Sprinzle (Esperanza), Madel (Mädel), Feile (Veilchen).

Im Zuge der Assimilation werden auch die jüdischen Frauennamen durch zeitgenössische bürgerliche ersetzt oder ergänzt:
Breinle > Babette,
Krönle > Karoline,
Rechele > Regina,
Blimle > Bertha usw.

Bürgerliche Nachnamen, die in Württemberg zu Beginn des 19. Jhs. Pflicht wurden, sind in Freudental - zumindest in manchen Familien - erst Mitte der vierziger Jahre fest etabliert, bis dahin wird das Patronym als Familiennamen getragen.

# Wahl der Namen

War das Familienoberhaupt ein Angehöriger der Priesterschaft, ein Kohen, wurde der Nachname meist Kahn, Cahn oder Katz. Angehörige der Leviten nannten sich Levi. Zu Familiennamen wurden ferner Herkunftsorte der Familien wie hier in Freudental: Horkheimer, Berlinger (aus Berlichingen), Oedheimer, Wertheimer.
Ehemalige Patronyma sind: Marx, Hirsch, Hirschmann, Mayer, Berufsbezeichnung war Kaufmann.

Da in Freudental sehr viele Levitenfamilien ansässig waren, beschlossen einige Familien, den Nachnamen nochmals zu ändern, so wurde aus Levi beispielsweise Löwe, Strauß oder Rothschild.

Moses Joseph Levi
der erstgeborene Sohn Joseph hat mit früherer Bewilligung vom 1. Oct. 1839 an seinen Familien-Namen „Levi" in Löwe geändert.

Durch Regierungs-Entschließung vom 16. Juli 1844 ist auch dem Vater Moses Joseph Levi und seinen sämtlichen Kindern die Erlaubniß erteilt worden, künftig den Familien-Namen „Löwe" führen zu dürfen.

5. Samuel erhielt Erl. des Großen Stadtamts Mannheim d. 17. Nov. 1862 Erlaubniß statt Samuel den Vornamen Emil führen zu dürfen.

Aus RSA 3 925, Seite 83

## Ehrentitel und Gemeindeämter

Die Stellung, die ein Verstorbener innerhalb der Gemeinde innehatte, kann durch die Titulaturen auf dem Grabstein ersichtlich sein, zumeist wurden die Titel in der Inschrift abgekürzt (siehe Abkürzungsverzeichnis Seite 40).

Höchste (geistige) Autorität kam dem Rabbiner zu, sein Titel lautet in voller Form „unser Lehrer, der große Meister". Die andernorts zu beobachtende inflationäre Verwendung dieses Titels für angesehene, gelehrte Männer ist in Freudental unüblich.

Attribute wie Rabbi (Meister), großer Rabbi und ehrwürdiger großer Rabbi, haben ihre ursprüngliche Bedeutung zur Bezeichnung eines Rabbiners eingebüßt, und sind als Ehrentitel für gelehrte oder wichtige Männer zu verstehen.

Chawer kann sowohl Titel für einen Gelehrten sein, wie auch die Bezeichnung für ein Mitglied einer Vereinigung, insbesondere der Chewra Kaddischa, der Begräbnisbruderschaft.

Eine herausragende Stellung hatten ferner der Vorsteher und Leiter der Gemeinde sowie die übrigen Gemeindevorstände, Kassenwarte der Gemeinde und der Almosenkasse und Treuhänder.

Für den religiösen Bereich kommen Vorbeter, Vorsänger, Beschneider (Mohel), Schächter und Schofarbläser hinzu.
Weniger geachtet, aber für den Gemeindebetrieb unerläßlich, waren der Kinderlehrer und der Gemeindediener.

Für die Stellung in der Gemeinde weitgehend unerheblich ist die Abstammung vom aharonischen Priestergeschlecht (Cohen, Kohn, Kahn etc., „Priester" oder Katz, „gerechter Priester") oder vom Stamme der Leviten ( Levi u.ä. oder Segal, „Fürst der Leviten").
Im täglichen Leben sind die Kohanim einem Reinheitskodex unterworfen, der deutlich strenger ist als der der anderen Juden. Die Leviten fungieren als Kultbedienstete des Priesters.

# Zeitrechnung

Der jüdische Kalender unterscheidet sich vom bürgerlichen Kalender sowohl in der Jahreszählung wie in der Monatseinteilung.

Er ist ein Mondkalender, d.h. der Monat beginnt mit dem Neumond und hat 29 oder 30 Tage, das Jahr hat zwölf Monate. Schon nach wenigen Jahren differiert der Mondkalender mit seinen 354 Tagen zum Sonnenjahr mit 365 Tagen beträchtlich. Die wichtigsten jüdischen Feste, nämlich die drei Wallfahrtsfeste Sukkot, Pessach und Schawuoth, haben einen Bezug zur Landwirtschaft; damit sie durch die Fixierung im Mondkalender nicht den Bezug zum Sonnenjahreszyklus verloren, wurde schon im Altertum ein Schaltmonat, der Adar II, eingeführt. Die jüdischen Monate korrespondieren zu den bürgerlichen ungefähr folgendermaßen:

| | |
|---|---|
| Nissan: | März / April |
| Ijjar | April / Mai |
| Siwan: | Mai / Juni |
| Tammus: | Juni / Juli |
| Aw (Menachem): | Juli / August |
| Elul: | August / September |
| Tischri: | September / Oktober |
| Cheschwan (Marcheschwan): | Oktober / November |
| Kislew: | November / Dezember |
| Tewet: | Dezember / Januar |
| Schewat: | Januar / Februar |
| Adar: | Februar / März |
| Adar II (Weadar): | Schaltmonat |

(Namensvarianten sind in Klammern gesetzt)

Die Jahreszahl wird nach der Erschaffung der Welt berechnet, d.h. die Generationsangaben und Lebensalter aller biblischen Gestalten nach der Schöpfung werden zurückgerechnet. Das Datum wird zumeist in Kurzform angegeben, d.h. die Tausender werden ausgelassen.

So entsprach der 1. Juli 1900 dem 4. Tammus 5660 oder 660 nach der kleinen Zeitrechnung.

Das kalendarische Neujahr (Rosch haSchana) beginnt am 1. Tischri, das ist etwa Mitte September-Mitte Oktober. Eine andere Art des Neujahrs erfolgt nach Ex. 12, 2: Der Monat des Auszugs aus Ägypten, der Nationwerdung Israels, sei der Jahresbeginn. Beide Arten des Jahresbeginns sind auch mit dem Vegetationszyklus verbunden: Nach Rosch haSchana beginnt die Zeit der Aussaat und die Regenzeit, an Pessach beginnt der Frühling. Kultur- und religionshistorisch gesehen ist das Neujahr im Frühjahr die ältere semitische Tradition, das babylonische Neujahr war ebenfalls im Frühjahr.

# Quellen und Literatur

## Standesregister

Die auf den Grabsteinen vorgefundenen Informationen wurden durch die Gräberliste, das Sterberegister und die Familienbücher ergänzt. Die Originale dieser Quellen sind verschollen oder vernichtet. Das Reichssippenamt (RSA) in Berlin hat 1943 alle jüdischen Personen- und Standesregister und sonstigen Verwaltungsakten eingezogen, im Verlauf des Krieges sind die Akten von Berlin nach Thüringen ausgelagert worden. Ab 1944 hat das Reichssippenamt die Firma Gatermann aus Duisburg mit der Verfilmung der Unterlagen beauftragt. Die letzten Aufnahmen wurden im März 1945 gemacht, dann ist der Photograph mit den unentwickelten Filmen vor der einrückenden Roten Armee geflüchtet. In den Firmenkellern in Duisburg haben die Filme die Kriegszerstörungen überdauert, die Standesregister sind in den Kriegshandlungen verschollen. Nach dem Krieg entwickelte Gatermann die Filme und bot sie ab 1947 interessierten Stellen zum Kauf an. Heute lagern sie im Hauptstaatsarchiv in Stuttgart, Abzüge der Filme liegen ferner der Israelitischen Religionsgemeinschaft Württemberg in Stuttgart vor.

### RSA 3 931

Film des 1887 angelegten Gräberbuches des jüdischen Friedhofs von Freudental, das bis 1942 fortgeführt wurde. Die Zählung der Gräber erfolgte von hinten rechts in Reihen, der Zählung dieser Arbeit weitgehend entsprechend. Nicht aufgenommen wurden die Kindergräber. Einige wenige Grabsteine, die 1887 noch standen, sind heute verloren, einige Grabsteine waren auch schon zu diesem Zeitpunkt so verwittert, daß sie nicht mehr zugeordnet werden konnten, ferner wurden einzelne Steine falsch gelesen oder verwechselt. Dieses Gräberbuch ist die wichtigste Quelle zur Ermittlung der bürgerlichen Namen. Es war gut erhalten und sehr leserlich.

### RSA 3 929

Das Sterberegister, Film unter RSA 3 929 archiviert, wurde 1811, zeitgleich mit der Belegung des neuen Friedhofes, begonnen und bis 1873 geführt, die Freudentaler Sterbefälle wurden weitgehend vollständig aufgezeichnet. Ab 1873 wurden die jüdischen Bürger in den allgemeinen bürgerlichen Personenregistern geführt. Einige Seiten des Originals wurden in einer annähernd unleserlichen Handschrift geführt, einige Seiten scheinen auch stockfleckig gewesen zu sein. Der Film ist gut erhalten.

### RSA 3 925 und RSA 926

Eine weitere Quelle waren die Familienbücher RSA 3 925 und 926, letzteres, die ältere Fassung, geht teilweise bis 1795 zurück und wurde bis 1869 geführt. Das neue Familienbuch, RSA 3 925, basiert auf dem alten und ist bis zur Vernichtung der Gemeinde geführt worden. Die Filme beider Versionen sind gut erhalten.

Quellen und Literatur

## RSA 3 3362

Das Sterberegister der Zaberfelder Juden, RSA 3 3362, ist unvollständig geführt worden. Die Handschrift ist stellenweise unleserlich, die Seiten waren fleckig, und die Filme sind von sehr schlechter Qualität. Zudem sind die rechte und linke Seite eines Doppelblattes auf einem jeweils anderen Film aufgenommen und nicht immer einander zuzuordnen. Soweit nicht die Freudentaler Gräberliste zumindest den bürgerlichen Namen des Verstorbenen aufführt, kann das Register wenig herangezogen werden.

Für Verstorbene aus anderen Orten (Stuttgart, Ludwigsburg, Jebenhausen) wurden, soweit vorhanden, die Filme der Sterberegister und Familienbücher aus diesen Orten eingesehen.

## Weitere Archivalien

Die Akten mit Hinweisen zu jüdischen Familien und einzelnen Personen der jüdischen Gemeinde in Freudental, sowie Mitteilungen, Verordnungen oder auch Streitigkeiten, die die jüdische Gemeinde direkt betreffen, sind in den umfangreichen Beständen des Hauptstaatsarchivs in Stuttgart (HStAS) und im Staatsarchiv Ludwigsburg (StAL) weit gestreut. Besonders die Akten HStAS E 201c enthalten zahlreiche Hinweise zu den Rabbinern und Lehrern in Freudental, die Akten HStAS A 213 viele Einzelheiten Personen oder die Gemeinde betreffend, die Stabsamtsakten von Freudental HStAS A 434 L mit wichtigen Verordnungen zum Friedhofswesen und zu Begräbnisvorschriften, ebenso allgemeinere Aktenbündel wie A 21 (Oberhofmarschallamt, Residenzen, Hofjuden), A 56 (Juden: Urkunden und Akten), A 211 (Registratur Oberrath), A 213, A 396 und A 248 (jüngere Akten der Ämter Freudental und Großsachsenheim sowie der Rentkammer). Im StAL sind vor allem die umfänglichen Aktenbündel E 1 (Allgemeines von König Friedrich) und E 212 (Ämter ab 1811) interessant. Im Freudentaler Gemeindearchiv gibt es viele Hinweise auf Personen mit Rechtsgeschäften, Streitigkeiten, das Zusammenleben zwischen den Glaubensgemeinschaften. Die Gemeinderatsprotokolle geben außerdem Aufschluß über die örtliche Entwicklung innerhalb der politischen Strömungen bis hin zur Deportation der letzten jüdischen Menschen aus Freudental. Julius Marx - Archiv Freudental: Archivalien im P.K.C. Freudental zu Leben und Werk des Julius Marx. Nicht ausgewertet wurden das in Jerusalem gelagerte Archiv der jüdischen Gemeinde Freudental und EA 99/001 Judendokumentation HStA Stuttgart.

# Literatur

Die Bibelzitate sind Übersetzungen
aus der Biblia hebraica Stuttgartensis

### Allgemeine Literaturangaben zur jüdischen Geschichte in Freudental und Württemberg:

Jüdische Gotteshäuser und Friedhöfe in Württemberg, Stuttgart 1932.
Herausgegeben vom Oberrat der Israelitischen Religionsgemeinschaft Württemberg.
Kurz: Friedhöfe

Joachim Hahn: Erinnerungen und Zeugnisse jüdischer Geschichte in Baden-Württemberg, (Hrsg.,die Kommission für geschichtliche Landeskunde in Baden-Württemberg und das Innenministerium Baden Württemberg), Stuttgart 1988.

Theobald Nebel: Die Geschichte der Freudentaler Juden. Ludwigsburger Geschichtsblätter 34/1982, 35/1983 und 36/1984 (gebunden im P.K.C. Freudental erhältlich).
Kurz: Nebel, Geschichte.

Paul Sauer: Die jüdischen Gemeinden in Württemberg und Hohenzollern. Denkmale, Geschichte, Schicksale (Hrsg. von der Archivdirektion Stuttgart. Veröffentlichungen der Staatl. Archivverwaltung Baden-Württemberg Bd. 18) Stuttgart 1966.

Aron Tänzer: Die Geschichte der Juden in Württemberg, Frankfurt 1937.
(Reprint Frankfurt 1983).

Alfred U. Theobald: Der jüdische Friedhof. Zeuge der Geschichte - Zeugnis der Kultur, Karlsruhe 1984.

M. Zelzer: Weg und Schicksal der Stuttgarter Juden, Stuttgart 1964. Kurz: Zelzer.

### Aus den zahlreichen Publikationen zu jüdischen Friedhöfen seien nur die zu Freudental in direktem Bezug stehenden genannt:

Naftali Bar-Giora Bamberger: Die jüdischen Friedhöfe Jebenhausen und Göppingen, Göppingen und Jerusalem 1990. Kurz: Bamberger, Jebenhausen,

Joachim Hahn: Friedhöfe in Stuttgart. Veröffentlichungen des Archivs der Stadt Stuttgart, Band 40 1988, Band 2 Hoppenlau-Friedhof, israelitischer Teil; Band 57 1992, kurz: Hahn, Hoppenlau; Band 3 Pragfriedhof, israelitischer Teil; Band 60 1995, kurz: Hahn, Pragfriedhof; Band 4 Steigfriedhof, israelitischer Teil, kurz: Hahn, Steigfriedhof.

### Zu den Kapiteln Grabsteinformen und Symbole auf den Grabsteinen:

W. Bauer, I. Dümotz, S. Golowin: Lexikon der Symbole, Wiesbaden $^{15}$1994

Adolf Hüppi: Kunst und Kult der Grabstätten, Olten 1968

Gerd Heinz-Mohr: Lexikon der Symbole. Bilder und Zeichen der christlichen Kunst, Freiburg $^{2}$1991

Franz Sales Meyer (Hrsg.): Handbuch der Ornamentik. Zum Gebrauch für Musterzeichner, Architekten, Schulen und Gewerbetreibende sowie zum Studium im Allgemeinen, Stuttgart 1995 (reprint der Ausgabe von 1888)

F.C. Endres, Annemarie Schimmel: Das Mysterium der Zahl. Zahlensymbolik im Kulturvergleich, München 1995 (Diederichs Gelbe Reihe 52)

A. de Vries, Lexicon of Symbols, Amsterdam/New York 1986

S. PH.de Vries: Jüdische Riten und Symbole, Wiesbaden $^{7}$1994

# Zu den Übersetzungen

Das Dilemma jedes Übersetzers ist bekannt: Entweder bleibt er möglichst nahe am wörtlichen Text, transponiert also geradezu von einer Sprache in die andere, oder er versucht, auf Kosten einzelner Worte, zu übersetzen, den Text den Gepflogenheiten der Zielsprache anzupassen. Je fremder der Sprachtyp des Originals ist, um so weniger ist es möglich, wörtlich am Text zu bleiben.

Wir sind von unserer ursprünglichen Absicht, die Texte der hebräischen Inschriften möglichst wort- und zeilengenau zu übersetzen, abgekommen. Grundsätzlich ließ die völlig andere Stellung der hebräischen Syntax (das Verb steht am Anfang des Satzes) eine zeilengleiche Übersetzung gar nicht zu. Ferner wirkt manches Stilmittel, das seine Wurzeln im biblischen Hebräischen hat, das im Hebräischen sehr elegant ist, in der wörtlichen deutschen Übersetzung sperrig.

Wir haben versucht, den Charakter der Inschrift, ihren Tenor, im Deutschen nachzubilden. Bei Bibelzitaten oder den Psalmen nachgeahmten Inschriften haben wir uns am Stil zeitgenössischer Bibelübersetzungen orientiert, ohne sie zu plagiieren.

Viele Grabinschriften sind Schöpfungen im Stile der Zeit, teilweise innerhalb des Kanons der jüdischen Grabinschrift, teilweise sehr frei und überaus literarisch. Auch hier haben wir uns in der Übersetzung am Tenor der wenigen deutschen Inschriften und Gedichte auf dem Friedhof selbst und an den nicht sehr zahlreich überlieferten oder erhaltenen Grabinschriften aus dem letzten Jahrhundert orientiert, ohne sie direkt nachahmen zu wollen.
Bisweilen sind einzelne Partikel oder Worte, die in mehrfacher Weise ausgedrückt wurden, in der Übersetzung zugunsten des Verständnisses und des Duktus im Deutschen geopfert worden.

**Als Beispiele seien genannt:**

Das moderne Deutsche unterscheidet nicht zwischen אשה Frau, oder im Deutsch der Zeit Weib und der Anrede מרת Frau vor dem Namen. Wenn im Hebräischen nun beide aufeinander folgen, wird in der Übersetzung bisweilen eines der beiden wegfallen, die Übersetzung Weib für ersteres schien uns der modernen Sprache zu fremd.

Die Abkürzung ה"ה = היא / הוא הלא diese/r ist es welche/r, als Hervorhebung des Namens, ist in den allermeisten Fällen für das Verständnis nicht nur entbehrlich, sondern eher hinderlich, da im Deutschen eine vergleichbare Hervorhebung fehlt. Sie ist in der Übersetzung ausgelassen.

Abkürzungen im hebräischen Text sind in der Übersetzung, soweit sie aufgeschlüsselt werden konnten, ausgeschrieben. Ausnahme ist Schlußformel T.N.Z.B.H., die aus Raumgründen so belassen wurde.
Zusammengesetzte Abkürzungen sind in der Transkription mit ″ gekennzeichnet, Verkürzungen eines Wortes mit ′, auch wenn die Abkürzungszeichen im Text fehlen. Vielfach sind die Abkürzungen auf den Steinen mit Punkten, kunstvollen Schnörkeln, oder gar Ranken und Blüten gekennzeichnet.
Erläuterungen innerhalb des Textes sind in runden Klammern ( ) gehalten. Ergänzungen von verlorenen Textteilen sind in der Transkription und in der Übersetzung in eckige Klammern [ ] gesetzt. Innerhalb der Grabsteininschrift und der Übersetzung deuten spitze Klammern < > auf ein versehentlich ausgelassenes Wort, das ergänzt wurde. In den Anmerkungen deuten die spitzen Klammern < > auf Informationen, die den Personenstands- und Sterberegistern oder der Gräberliste entnommen wurde.
Die vor der Dudenschen Rechtschreibreform stark schwankende Orthographie der Quellen wurde in den Angaben beibehalten, orthographische Varianten gibt es häufig auch bei Eigennamen.

## Abkürzungen

| | | |
|---|---|---|
| 1 | א׳ – 1 | א |
| Mann | א׳ / אי׳ – איש | |
| Frau | א׳ – אשת | |
| eins / einer | א׳ – אחד | |
| Gott | א׳ – אלוהים | |
| Adar | א׳ – אדר | |
| letzter | אח׳ – אחרון | |
| eine tüchtige Frau[1] | א״ח – אשת חיל | |
| eine tugendhafte Frau | א״ח – אשה חשובה | |
| ein aufrechter Mann | א״י – איש ישר | |
| ein gottesfürchtiger Mann / eine gottesfürchtige Frau | אי״א – איש(ה) ירא(ת) אלוהים | |
| Amen selah | א״ס – אמן סלה | |
| Adar II | א״ש – אדר שני | |
| | | |
| 2 | ב׳ – 2 | ב |
| Sohn | ב׳ – בן | |
| Junggeselle | ב׳ / בח׳ – בחור | |
| Herr, Meister | ב׳ / בע׳ – בעל | |
| Wohltäter | בג״ח – בעל גמילות חסד | |
| Im Garten Eden | בג״ע – בגן עדן | |
| Im Garten Eden Amen | בגע״א – בגן עדן אמן | |
| Synagoge | בה״כ – בית הכנסת | |
| Kleinkindlehrer (?) | ב״ח – בעל חדר(?) | |
| Wohltäter | ב״ח – בעל חסד | |
| ein vornehmer Jüngling | ב״ח – בחור חשוב | |
| Bund der Ewigkeit | ב״ע – ברית העלם | |
| Talmudkundiger | ב״ת – בעל תורה | |
| Schofarbläser | ב״ת – בעל תרועה | |
| | | |
| 3 | ג׳ – 3 | ג |
| Gaon, Gelehrter | ג׳ – גאון | |
| Gelehrter der Generation | ג״ה – גאון הדור | |
| Wohltat | ג״ח – גמילות חסד | |
| Garten Eden | ג״ע – גן עדן | |
| | | |
| 4 | ד׳ – 4 | ד |
| Gottesname | ד׳ – השם | |
| | | |
| 5 | ה׳ – 5 | ה |
| Gottesname | ה׳ – השם | |
| er / sie | ה׳ – הוא/היא | |
| der Herr | ה׳ – הרבי | |
| dieser ist es, welcher (Hervorhebung des nun folgenden Namens, bleibt meist aus stilistischen Gründen unübersetzt) | ה״ה – הלא הוא | |
| der große Rabbi / Meister | הר״ר – הרב רבי | |

[1] א״ח ist aufzulösen als אשת חיל wenn Prov. 12, 14 zitiert wird, wenn auf א״ח צנועה folgt, ist aufgrund der Steine Nr. 68, 75, 79, 103 u.v.a. אשה חשובה zu lesen

# Abkürzungen

| | | |
|---|---|---|
| ו | ו' – 6 | 6 |
| ז | ז' – 7 | 7 |
| | ז"ל – זכרונו לברכה | sein Andenken gereiche zum Segen (kurz: seligen Andenkens) |
| | זצ"ל – זכר צדיק לברכה | das Andenken eines Gerechten gereiche zum Segen (in der Regel nur bei hohen Autoritäten) |
| ח | ח' – 8 | 8 |
| | ח' – חבר | Chawer, Mitglied einer Bruderschaft |
| | ח' – חודש | Monat |
| | חה"ס – חג הסוכות | das Fest Sukkot (Laubhüttenfest) |
| ט | ט' – 9 | 9 |
| | ט' – טוב | gut |
| י | י' – 10 | 10 |
| | י' יו' – יום | Tag |
| | י"א – ירא / יראת אלוהים | gottesfürchtig, Gottesfurcht |
| | י"ט – יום טוב | Feiertag |
| | יצ"ו – ישמרה(ו) צורה(ו) וגואלה(ו) | sein Schöpfer und Erlöser möge sie (ihn) erhalten |
| כ | כ' – 20 | 20 |
| | כ' – כל | alle(s), jede(r) |
| | כ' – כבוד | ehrwürdig, ehrbar |
| | כ"א – כל איש | jedermann |
| | כא"ו – כל אחד ואחד | (für) jedermann |
| | כאו"א – כבד אב ואם | Vater und Mutter ehren |
| | כהר"ר – כבוד הרב רבי | der ehrwürdige Herr und Meister |
| | כ"ח – כתר חכמה | Krone der Weisheit |
| | כ"י – כל ימיו / ימיה | all seine / ihre Tage |
| | כי"ע – כימי עלם | auf ewig |
| | כמה(ר)"ר – כבוד מורנו הרב (רבי) | der ehrwürdige Herr und Meister |
| | כמ"ר – כבוד מר | der ehrbare Herr (siehe Abschnitt Ehrentitel und Ämter S.36) |
| | כ"ץ – כהן צדק | gerechter Priester |
| ל | ל' – 30 | 30 |
| | ל' – למד | lernen |
| | ל"ב – | Ludwigsburg |
| | לפ"ק – לפרט קטן | nach der kleinen Zählung (n.d.kl.Z.) |
| | לשש"מ – לשם שמים | um des Namens des Himmels willen |

# Abkürzungen

| | |
|---|---|
| מ' – 40 | 40 |
| מ' – מרת | Frau |
| מהר"ר – מורנו הרב רבי | unser Lehrer, Herr und Meister (Rabbiner) |
| מהור"ר – מורנו הרב ורבינו רבי | unser Lehrer, Herr und Meister (Rabbiner) |
| ממ"ר – ? | (Nr. 194) ? |
| מש"ק – מוצאי שבת קדש | Schabbatausgang |
| | |
| נ' – 50 | 50 |
| נ' / נפ' – נפטר | gestorben |
| נ' / נק' – נקבר | begraben |
| נו"נ – נפטר ונקבר | gestorben und begraben |
| נ"י / נר"י – נרו יאיר | sein Licht möge leuchten |
| נע"ר – נפל עטרת ראשנו | es fiel die Krone unseres Hauptes |
| | |
| ס' – 60 | 60 |
| סג"ל – סגן לוי | Anführer der Leviten |
| ס"ת – ספר תורה | Buch der Thora |
| | |
| ע' – 70 | 70 |
| ע' – ערב | (Vor-)Abend |
| ע"ה – עליו (עליה) השלום | Friede sei mit ihm (ihr) |
| עי"ט – ערב יום טוב | Vorabend des Feiertags |
| עי"כ – ערב יום כפור | Vorabend von Jom Kippur |
| ע"פ – ערב פסח | Vorabend von Pessach (Versöhnungsfest) |
| ער"ח – ערב ראש חדש | Vorabend des Neumondtages |
| ע"ש / עש"ק – ערב שבת קדש | Vorabend des (heiligen) Schabbat |
| עש"צ – עם שער צדיקים | mit den anderen Gerechten |
| | |
| פ' – 80 | 80 |
| פ' – פסח | Pessach |
| פו"מ – פרנס ומנהיג | Vorsteher und Gemeindeleiter |
| פ"ט – פה טמון | hier ist geborgen |
| פ"נ – פה נקבר | hier ist begraben |
| פת"נ – פה תחת נקבר | hierunter ist begraben |
| | |
| צ' – 90 | 90 |
| צ' – צנועה | tugendhaft |
| צ"ג – צום גדליה | Fasten Gedaljas, Halbfeiertag am 3. Tischri |
| צ"פ – | Zaberfeld |

Abkürzungen

| | |
|---|---|
| 100 | ק׳ – 100 ק |
| Gemeinde | ק׳ / קה׳ – קהילה |
| lesen | ק״י – קרי |
| heilige Gemeinde | ק״ק – קהילה קדושה |
| | |
| 200 | ר׳ – 200 ר |
| groß | ר׳ – רב |
| Rabbi, wörtl.: Mein Meister, wiedergegeben: Herr | ר׳ – רבי |
| Neumond, Monatsbeginn | ר״ח – ראש חדש |
| | |
| 300 | ש׳ – 300 ש |
| Schabbat | ש׳ – שבת |
| guter Name | ש״ט – שם טוב |
| Stuttgart - u.ä. | שטו / שט״ג / שטט״ג |
| ewig soll sie leben | ש״נ – שתחיה נצח |
| Vorbeter | ש״ץ – שליח צבור |
| heiliger Schabbat | ש״ק – שבת קדש |
| um des Namens des Himmels willen | ש״ש – שם שמים |
| | |
| 400 | ת׳ – 400 ת |
| Schofar | ת׳ – תרועה |
| Thora | ת׳ – תורה |
| seine / ihre Seele sei eingebunden im Bund des Lebens | תנצב״ה – תהי נפשו / נפשה צרורה בצרור החיים |
| siehe oben | תנצבה״ח – |
| Talmud - Thora(-Vereinigung) | ת״ת – תלמוד תורה |

45

25.3.1996

# Grab 2

## Jordan Götsch

**Inschrift: oberer Teil des Grabsteines**

|  | |  | |
|---|---|---|---|
| יום א' | 1' | am Sonntag dem | |
| י"ח | 2' | 18. | |
| תמוז | 3' | Tammus | |

| | | | |
|---|---|---|---|
| נפטר | 1 | Gestorben am | |
| עש"ק | 2 | Vorabend des Heiligen Schabbat | |
| ונקבר | 3 | und begraben | |

תקע"ב לפ"ק    2"    572 n.d.kl.Z.

פ"נ
4 ה"ה הר"ר געטש מלוד¹ב'
5 שהי' בעל צדקה וגומל
6 חסדים משביע לרעבים
7 לרחוקי' ולקרובי' חלקך

8 יהי' עם צדיקם בג"ע בשכ'
9 זה תנצב"ה

Hier liegt begraben
der große Herr Götsch aus Ludwigsburg. 4
Er übte Mildtätigkeit und stiftete 5
Wohlfahrt, er sättigte die Hungrigen, 6
die Fernen und die Nahen. 7
Dein Los (für ihn)
sei zu sein mit dem Gerechten im 8
Garten Eden als Lohn
dafür, T.N.Z.B.H. 9

Reihe I

gest. 28.06.1812

**Quellen:**
RSA 3: 929, 1f. Nr. 13; 931, 3 Nr. 2:
< Jordan Götsch aus Ludwigsburg, gest. am 18. Februar 1811 (!), 43 Jahre alt, Sohn des Mayer Götsch >
Vermutlich ein Sohn des Moses Götsch, Hoffaktor in Ludwigsburg, dieser war verheiratet mit Marianne, geb. Seligmann.

**Anmerkungen:**
Sterberegister und Gräberliste nennen übereinstimmend den unten genannten Jordan Götsch, aber die Sterbedaten auf dem Stein und in den Registern differieren deutlich.

¹ Das Zeichen ד ist aus Platzgründen stark gequetscht.

Stein: H: 165, B: 100, T: 14 cm

## Grab 1, 4 und 14

### Pesle Ballenberg

▲ Grab 1

Reihe I

gest. 04.12.1811

מ"ק
1 הא"ח מ' פעסלא
2 אשת כ' אברהם
3 מפה נפטרת יו' ד'
4 [           ]
5 [           ]

Stein: H: 64, B: 66, T: 8 cm

Grabstele
1 der vornehmen Frau Pesle,
2 Gattin des ehrbaren Avraham
3 von hier, sie ist gestorben am Mittwoch
4 [           ]
5 [           ]

Quellen:
RSA 3: 929, 3f. Nr. 17; 931 S. 3 Nr. 1;
925, 13.49; 926, 14:
< Pesle Ballenberg, geb. Juni 1742, gest. 4.12.1811, Tochter v. Jacob Bayerdal und Schönle, Gattin d. Abraham Elias Ballenberg(er) (Grab 6) >

### Joseph Levi

▲ Grab 4

Reihe I

gest. 13.10.1813

פ"נ
1 איש [   ] אה
2 [           ]
3 [           ]
4 [           ]

Symbol: Levitenkanne

Stein: H: 82, B: 65, T: 12 cm

Hier liegt begraben
1 Ein Mann [           ]
2 [           ]
3 [           ]
4 [           ]

Quellen:
RSA 3: 929, 3f. Nr. 24; 931, 3 Nr. 4; 926, 37:
< Joseph Levi, geb. April 1744, gest. 13. Oktober 1813, Sohn v. Jacob Levi und Brendel, Gatte der Ittel, Tochter des Hirsch Thalheimer (Grab 53) >

### Maier Aron

▲ Grab 14

Reihe I

gest. 04.10.1822

פ"נ
1 הח' כ' אהרן בן כמ"ר
2 מאיר מפה נ' עש"ק
3 י"ט תשרי ונ' יום
4 א' כ"א תשרי
5 תקפ"ג לפ"ק
6 תנצב"ה

Stein: H: 97, B: 73, T: 11 cm

Hier liegt begraben
1 der Chawer, der ehrbare Aharon, Sohn des ehrbaren Herrn
2 Meir von hier. Er ist gestorben am Vorabend des Heiligen Schabbat,
3 19. Tischri und wurde begraben am Sonntag,
4 tag, dem 21. Tischri
5 583 n.d.kl.Z.
6 T.N.Z.B.H.

Quellen:
RSA 3: 929, 11f. Nr. 91;
925, 1; 926, 2; 931, 4 Nr. 14:
< Maier Aron, geb. 1734, gest. 4.10.1822, Sohn v. Nathan Mayer Abraham u. Ellenore, in erster Ehe Gatte d. Elichie, geb. Kahn, in zweiter Ehe d. Fradel, geb. Maier >

## Grab 31, 32 und 34

| | | |
|---|---|---|
| פ"ט | Hier liegt geborgen | **Hanna Ulmann** |
| 1 הא"ח הצנועה מ' | 1 Die vornehme und tugendhafte Frau | |
| 2 חנה א' כ"ה ליב כ"ג | 2 Channa, Gattin des ehrbaren Herrn Löb, Ehre sei seiner Größe, | |
| 3 [נו"נ י"ח ניסן | 3 [sie ist gestorben und wurde begraben am 18. Nissan | Grab 31 ▲ |
| 4 תקע"ח לפ"ק תנצב"ה][1] | 4 578 n.d.kl.Z. T.N.Z.B.H.][1] | Reihe I |
| | | gest. 24.04.1818 |

Quellen:
RSA 3: 929, 7 Nr. 60; 925, 277:
< Hanna Ulmann, geb. 1771, gest. und begraben 24. April 1818, Tochter des Kusel von Neckarsulm, zweite Gattin des Löb Gabriel Ulmann (Grab 16) >

Anmerkung:
[1] ergänzt nach dem Sterberegister

Stein: H: 65, B: 61, T: 8 cm

| | | |
|---|---|---|
| [פ"נ] | [Hier liegt begraben] | **Eleonora (Ella) Wertheimer** |
| 1 האח' צנועה וחס' | 1 eine vornehme Frau, tugendhaft und fromm. | |
| 2 מ' עלא א' כ' זלמן | 2 Frau Ella, Gattin des ehrbaren Salman | |
| 3 מפה נו"נ עש"ק | 3 von hier, ist gestorben und wurde begraben am Vorabend des Heiligen Schabbat, | Grab 32 ▲ |
| 4 י"ב אב תקע"ד לפ"ק | 4 dem 12. Aw 574 n.d.kl.Z. | Reihe II |
| 5 תנצב"ה | 5 T.N.Z.B.H. | gest. 29.07.1814 |

Quellen:
RSA 3: 929, 5 Nr. 41; 925, 300; 926, 90:
< Elenora Wertheimer, geb. 1782, gest. 29. Juli 1814, erste Gattin des Salomon Immanuel Wertheimer (Grab 27), Tochter des Wolf Majer von Lehrensteinsfeld und der Fradel >

Stein: H: 86, B: 65, T: 10 cm

| | | |
|---|---|---|
| פ"ט | Hier liegt geborgen | **Fradche „         "** |
| 1 הא"ח' ביתה פתוח | 1 eine vornehme Frau, deren Haus offen war | |
| 2 לכל מ' פראדכה א' | 2 für alle. Frau Fradche, Gattin | |
| 3 ה' איצק ליב ז"ל שט"ג | 3 des Herrn Itzik Löb, seligen Andenkens, aus Stuttgart, ist | Grab 34 ▲ |
| 4 נ' יו' א' כ"ב ונ' יום ב' ו"ג[1] | 4 gestorben am Sonntag, dem 22., und wurde begraben am Montag, dem 6+3[1]. | Reihe II |
| 5 כסליו תקע"ט לפ"ק | 5 Kislew 579 n.d.kl.Z. | |
| 6 [תנצב"ה] | 6 [T.N.Z.B.H.] | gest. 20.12.1818 |

Anmerkung:
[1] fehlerhaft geschrieben statt כ"ג

Stein: H: 98, B: 65, T: 11 cm

## Grab 3 und 10

### Marx Jacob (Mordechai) Ansbacher

▲ Grab 3

Reihe I

gest. 28.02.1813

פ"נ
1 ה"ה התורני ה' מרדכי
2 אנשבאך מפה שהי'
3 בעל תוקע ומוהל מומח'
4 נו"נ כ"ח אדר תקע"ג לפ"ק
5 תנצב"ה:

Hier liegt begraben
1 der thorakundige Herr Mordechai
2 Ansbach von hier. Er war
3 Schofarbläser und sachverständiger Beschneider.
4 Er ist gestorben und wurde begraben am 28. Adar 573 n.d.kl.Z.
5 T.N.Z.B.H.

Symbol: Beschneidungsmesser und Schofar

Stein: H: 143, B: 73, T: 12 cm

Quellen:
RSA 3: 931, 3 Nr. 3, 926, 26:
< Marx Jacob Ansbacher, geb. 1732, Beschneider, Sohn v. Jacob Ansbacher und Sprinz, Gatte der Fradel, Tochter des Salomon aus Fürth >

### Hirsch Hirschmann

▲ Grab 10

Reihe I

gest. 30.01.1820

פ"נ
1 הח'[ ]
2 [ ] היה [ ]
3 שנ[ ] נא[מן?] קה[ו]לתנו? [ ]
4 [ ] עסק בצד' כ'[ ] צבי? בן] ר'
5 כא[ ] ה נפטר ונ[ק]ב[ר
6 ביו' [ב'] טו' שב[ט]
7 תק"פ לפ"ק: תנצב"ה

Hier liegt begraben
1 der Chawer
2 [ ] war [ ]
3 [ ] Treuhänder [unserer Gemeinde?]
4 [ ] übte Mildtätigkeit. Der ehrbare [Zwi?, Sohn des] Herrn
5 [ ] ist gestorben [und wurde begrab]en
6 am [Montag], dem 15. Schewat
7 580 n.d.kl.Z. T.N.Z.B.H.

Symbol: Strahlenkranz

Stein: H: 122, B: 46, T: 22 cm

Quellen:
RSA 3: 931, 4 Nr. 10; 929, 9f. Nr. 74; 925, 55; 926, 30: < Hirsch Hirschmann, geb. Dez. 1743, gest. 30.1.1820, Schuldheiß aus Mingolsheim, Sohn v. Wolf Mingolsheim und Rösle, Gatte d. Krönle, Tochter d. Samuel (Grab 64) >

## Simon Isak Horkheimer

Grab 7 ▼

Reihe I

gest. 24.07.1815

| | | |
|---:|---:|:---|
| | פ"נ | Hier liegt begraben |
| 1 | אי' זקן ושבע | ein Mann, der alt und satt war |
| 2 | ימי' כל ימי' הולך | an Tagen. All seine Tage lebte er |
| 3 | בתמי' הר"ר שמעון | ohne Makel. Herr Schimon, |
| 4 | ב"כ איצק הארקה' | Sohn des ehrbaren Itzik Horkheimer |
| 5 | מפה נ' יו' ב' ונקב' יו' | von hier, ist gestorben am Montag und wurde begraben |
| 6 | [ג י"ז] תמוז תקע[ה] לפ"ק | [am Dienstag, dem 17.] Tammus 57[5] n.d.kl.Z. |
| 7 | תנצב"ה | T.N.Z.B.H. |

Auf der Rückseite des Steines steht:
Hier ruht
Isak
Horkheimer

Stein: H: 135, B: 67, T: 11 cm

Quellen:
RSA: 929, 5f. Nr. 51; 925, 58; 931, 4 Nr. 7:
< Simon Isac Horkheimer, geb. März 1737, gest. 24.7.1815, Sohn v. Isac Machuel Horkheimer u. Röß, Gatte d. Jachet, Tochter des Samuel Abraham >

## Baruch Benedikt

Grab 11 ▲

Reihe I

gest. 16.05.1821

| | | |
|---:|---:|:---|
| | פ"[ט] | Hier liegt [geborgen] |
| 1 | איש צדיק ונדיב ב[ג"ח] כי' | ein gerechter und freigiebiger Mann, [der Wohlfahrt stiftete] alle seine Tage, |
| 2 | אשר הלך בדרך טובים | und auf dem Wege der Guten wandelte. |
| 3 | מעשיו היו באמנה ואהובי' | Seine Taten erfolgten im Glauben und waren Liebesdienste |
| 4 | לאל עליון ואנשי' חביבים | am höchsten Gott und geliebten Menschen[1]. |
| 5 | החבר ר' ברוך בן החבר | Der Chawer Herr Baruch, Sohn des Chawer |
| 6 | ר' בנימין ראש למשפחת | Herr Benjamin, Haupt der Familie |
| 7 | בענעדיק בשטוטגאארט | Benedik<t> in Stuttgart, |
| 8 | הלך לעולמו ביום ד' | ging ein in seine Welt am Mittwoch, dem |
| 9 | י"ד אייר [תקפ"א לפ"ק] | 14. Ijjar [581 n.d.kl.Z.] |
| 10 | תנצב"ה א"ס | T.N.Z.B.H. Amen Selah |

Anmerkung:
[1] Die Übersetzung dieses Satzes geschieht nach dem ungefähren Wortsinn, der Satz ist syntaktisch nicht erklärbar.

Stein: H: 181, B: 61, T: 34 cm

Quellen:
Hahn, Hoppenlauffriedhof 36;
RSA 3: 931 S. 4 Nr. 11:
< Baruch Benedikt aus Stuttgart, geb. 1734, gest. am 16. Mai 1821, Sohn des Wolf Seligmann aus Kriegshabo und der Delzel aus Offenbach a.M., seit ca. 1770 als Schutzjude in Stuttgart, Gatte d. Josetta Isaac >

# Grab 8

## Rabbiner Alexander Nathan Elsäßer

▲ Grab 8

Reihe I

gest. 17.04.1816

| | |
|---|---|
| פ"ט | Hier liegt geborgen |
| [    ] כמה"ר [ה]צדיק [ש] [  ]ילות | 1 [    ] unser ehrwürdiger Lehrer und Rabbiner, der Gerechte [    ] |
| [    ] הגדת צדק בעדתך | 2 [    ] du lehrtest Gerechtigkeit in deiner Gemeinde |
| ששים שנים: ובן המשה | 3 sechzig Jahre lang. Ein Mann von fünfund- |
| ושמונים ביום שערך מלאו | 4 achtzig Jahren warst du am Tage, als du entrissen wurdest. Voll waren |
| שנותינו [  ]ים: כבור ה' | 5 unsere Jahre [    ]. Die Ehre Gottes |
| אספהו: תלך לפניו צדקה | 6 hat ihn eingesammelt. Wohltätigkeit möge vor ihm wandeln. |
| [    ] | 7 [                                                ] |

Symbol: Buch

Stein: H: 105, B: 87, T: 15 cm

Quellen:
RSA 3: 929, 7f. Nr. 56;
925, 3; 926, 1; 931, 4 Nr. 8:
< Alexander Nathan Mayer (Elsäßer), geb.
19.4.1731, gest. 17.4.1816, Freudentaler Rabbiner
1776-1816, Sohn v. Nathan Isaac Elsäßer und Feile,
geb. Csandrin,
1. Ehe unbekannt,
2. Ehe mit Brissichen,
3. Ehe mit Kella (Grab 55),
die Familie hat den Namen Mayer angenommen >

Rabbiner Alexander Nathan Elsäßer

Grab 8
Reihe 1

gest. 17.04.1816

# Baruch Alexander Elsäßer

▲ Grab 22

Reihe I

gest. 10.03.1835

Hier liegt geborgen
1. ein Mann, der fromm war und ohne Tadel, er lernte die Thora
2. bei Tag und Nacht, und ging auf dem Weg der Guten.
3. Seine Taten erfolgten im Glauben und waren Liebesdienste,
4. am höchsten Gott und geliebten Menschen[2]. Auch
5. war er Lehrer der Kinder für 18 Jahre.
6. Früh [ ] die Güte des Himmels
7. [ ] Baruch, Sohn des Rabbiners
8. [Herr Ale]xan[der], das Andenken eines Gerechten sei zum Segen. Er ging
9. [in seine Welt am Dienstag,] dem 9. Adar, und wurde begraben am
10. [Donnerstag, dem 11. Adar 595 n.d.kl.Z. ]
11. [ ] [fünfundfünfzig Jahre]
12. [ es wandle ] vor ihm Wohltätigkeit[3]
13. [ ]
14. [ ]

Symbol: Beschneidungsmesser

Stein: H: 148, B: 66, T: 15 cm

**Quellen:**
RSA 3: 929, 25 Nr. 5; 925, 37; 926, 87; 931, 6 Nr. 22; Nebel, Geschichte 51, 57, 58:
< Alexander Baruch Elsäßer, geb. 2.8.1779, gest. 10.3.1835, jüdischer Schulmeister, Sohn v. Rabbiner Alexander Nathan Elsäßer (Grab 8) und Kella (Grab 55), erster Gatte d. Jüttle, Tochter des Hayum (Grab 109) >

**Anmerkungen:**
[1] verschrieben für צדיק
[2] siehe Anmerkung zu Stein 11 (Seite 51)
[3] ergänzt nach Stein 8

פ"ט
1. איש צתיק[1] תמים בתרה למד
2. לילת וימים והלך בדרך טובים
3. מעשיו היה באמונה ואהובים
4. לאל עליון ואנשים חבבים גם
5. היה מלמד תורות ח"י שנים
6. יש[כים ] בטוב שמים
7. הר[ ] ברוך בן הרב
8. [ ר' אל]כסנ[דר] זצ"ל הלך
9. לעלמו יו' ג'] ט' אדר ונ' יו' ה'
10. [י"א אדר תקצ"ה לפ"ק]
11. אחרי חמשים וחמש
12. [ ] תלך ל[פניו צדקה
13. [ ]
14. [ ]

## Kela Elsäßer

Grab 55

Reihe III

gest. 02.04.1821

| | |
|---|---|
| Hier liegt begraben | פ״נ |
| 1 die Rabbinersgattin Kela, Tochter des Herrn Jitzchak, Gattin des | 1 הרבנית קילא בת הח׳ ר׳ יצחק אשת |
| 2 verehrtesten der Generation, unseres Lehrers und Rabbiners | 2 הג״ה המה״ר |
| 3 Alexander - das Andenken eines Gerechten sei zum Segen. | 3 אלכסנדר זצ״ל |
| 4 Sie war eine gottesfürchtige Frau und wurde gepriesen, | 4 אשה יראת ד׳ היא תתהלל |
| 5 ihre Söhne stehen auf und preisen sie, die Mutter[1], die gütig in ihren Taten war. | 5 קמו בניה ויאשר׳ אם[1] הטובה במעשי׳ |
| 6 Denn aufrichtig und rechtschaffen war sie alle Tage ihres Lebens, | 6 כי ישר ותמים היה כל ימי חייה |
| 7 die geliebte Dame, deren Mann vom Himmel her | 7 גברת האהובה בעלה ממעל הוא יהלל |
| 8 die Wohltätigkeit seiner reinen, tugendhaften und frommen Geliebten in den Toren rühmt, | 8 בשערים צדקת מחברתו הטהור׳ צ׳ וחסוד׳ |
| 9 ging ein in ihre Welt, um dort die Früchte ihrer Hände entgegenzunehmen[2]. | 9 הלכה לעולמה לקבל שמה פרי ידיה[2] |
| 10 Sie ist gestorben am Montag, dem 29. Adar II, und wurde begraben am Neumondtag des Nissan | 10 נ׳ ביום ב׳ כ״ט אדר ש׳ ונ׳ בר״ח ניסן |
| 11 581 n.d.kl.Z. T.N.Z.B.H.CH. | 11 תקפ״א לפק תנצבה״ח |

**Quellen:**
RSA 3: 929, 9 Nr. 81; 925, 36; 926, 1; 931, 12 Nr. 59:
< Kela Elsäßer, gestorben mit 80 Jahr am 2. April 1821, Rabbinerin, Tochter des Isac Joseph Manheim und der Hendle Seligmann, zweite Gattin des Rabbiners Alexander Nathan Elsäßer (Grab 8) >

**Anmerkungen:**
[1] Zitat Prov. 31,28
[2] nach Prov. 31,31

Stein: H: 152, B: 84, T: 11 cm

## Grab 15 und 16

**Löb (Jehuda) Mayer Brill**

▲ Grab 15

Reihe I

gest. 04.01.1823

Stein: H: 109, B: 70, T: 14 cm

| | | |
|---|---|---|
| פ״נ | | Hier liegt begraben |
| איש נאמן[ן] | 1 | ein zuverlässi[ger] Mann. |
| יהודא בן כמ״ר | 2 | Jehuda, Sohn des ehrbaren Herrn |
| מאיר מפה נ׳ ש״ק | 3 | Meir von hier, ist gestorben am heiligen Schabbat, dem |
| כ״א ונ׳ יום ב׳ כ״ג | 4 | 21., und wurde begraben am Montag, dem 23. |
| טבת תקפ״ג לפ״ק | 5 | Tewet 583 n.d.kl.Z. |
| תנצב״ה | 6 | T.N.Z.B.H. |

Quellen:
RSA 3: 931, 5 Nr. 15; 926, 53 und 69:
< Löb Mayer Brill, geb. 1738, gest. 4. Jan. 1823, Sohn v. Lehrer Mayer Gerson und Bälle, Gatte d. Rachel, Tochter des Isaac. Der Sohn Moses Löb Brill nimmt den Familiennamen „Löwenthal" an (Grab 139). >

**Löb Gabriel Ulmann**

▲ Grab 16

Reihe I

gest. 27.01.1824

Symbol: Schofar und drei gekreuzte Mohnkapseln

Stein: H: 162, B: 85, T: 11 cm

| | | |
|---|---|---|
| פ״נ | | Hier liegt begraben |
| האיש ישר בעל תוקע | 1 | ein aufrechter Mann, der Schofarbläser |
| ובעל תפילה כמ״ר ליב ב״כ | 2 | und Vorbeter war. Der ehrbare Herr Löb, Sohn des ehrbaren |
| גבריאל ז״ל מפה נ׳ יום ד׳ | 3 | Gavriel seligen Andenkens, von hier, ist gestorben am Mittwoch, |
| כ״ח ונ׳ יום ה׳ כ״ט שבט | 4 | dem 28. und wurde begraben am Donnerstag, dem 29. Schewat |
| תקפ״ד לפ״ק | 5 | 584 n.d.kl.Z. |
| תנצב״ה | 6 | T.N.Z.B.H. |

Quellen:
RSA 3: 929, 11f. Nr. 98; 925, 277; 926, 54; 931, 5 Nr. 16:
< Löb Gabriel Ulmann, geb. 1766, gest. 27.1.1824, Sohn v. Gabriel Löb und Fradel von Oppenheim, in erster Ehe Gatte d. Größle Simon (verstorben vor 1804), in zweiter Ehe d. Hanna, Tochter des Kusel von Neckarsulm (Grab 31) >

## Rabbiner Samuel Mayer

Grab 13

Reihe I

gest. 01.01.1821

| | |
|---|---|
| [ ] | 1 |
| [ ] | 2 |
| [ ] | 3 |
| [ ברית ] [ ] | 4 |
| [ ] | 5 |
| תורת חסד [ ] | 6 |
| ה'ה הרב המובהק הע?[ניו ]פק"ק | 7 |
| [ ] יורה יורה ידין ידין | 8 |
| מהור"ר שמואל בן מהור"ר | 9 |
| [ ] כ"ז תבט] תק[פ"א] לפ"ק | 10 |

| | |
|---|---|
| [ ] | 1 |
| [ ] | 2 |
| [ ] | 3 |
| [ ] Bund [ ] | 4 |
| [ ] | 5 |
| gütige Weisung [ ] | 6 |
| D.i. der ausgezeichnete und bescheidene Rabbiner, [ ] hier in der heiligen Gemeinde | 7 |
| [ ] der das Gesetz lehrt, und Urteile fällt, | 8 |
| unser Lehrer und Rabbiner Schmuel, Sohn unseres Lehrers und Rabbiners, Rabbi | 9 |
| [ 27. Tewet] 5[81] n.d.kl.Z. | 10 |

Quellen:
RSA 3: 929, 9f. Nr. 77; 925, 173; 931, 4 Nr. 13:
< Samuel Mayer, geb. 1757, gest. 1.1.1821,
Rabbiner, Sohn v. Mayer Samuel u. Bela Abraham,
in erster Ehe Gatte d. Beißle, geb. Elsäßer
(gest. vor 1802), in zweiter Ehe d. Rachel, geb.
Elsäßer (Grab 100) >

Symbol: vierblättrige Rose, Amphora

Stein: H: 143, B: 82, T: 12 cm

# Grab 17 und 18

## Moses Jsaac Mayer

▲ Grab 17

Reihe I

gest. 06.03.1824

| | |
|---|---|
| | פ"נ |
| 1 | האיש משה ב"ה אייזק ז"ל |
| 2 | מפה הי' עניו ובעל ג"ח ידו |
| 3 | פתוחה לעניי: כמוהו לא הי' |
| 4 | בקהילותינו ועושה דבר |
| 5 | טוב לפני עניי' לעולם |
| 6 | נפטר יום ש"ק ו' א"ש ונקבר |
| 7 | יו' ב' ח' א"ש תקפ"ד לפ"ק תנצב"ה |

Anmerkung:
Der Stele fehlt unter dem Aufsatz
ein ausgesägter Quader.

Symbol: Kranz, zwei vierblättrige Blüten

Stein: H: 163, B: 48, T: 41 cm

Hier liegt begraben
1 der Mann Mosche, Sohn des Herrn Eisik,
   seligen Andenkens
2 von hier. Er war bescheiden und
   wohltätig, seine Hand
3 war offen für die Armen;
   niemand war wie er
4 in unseren Gemeinden. Er richtete eine
   Stiftung ein
5 für die Armen für alle Zeiten.
6 Er ist gestorben am heiligen Schabbat,
   dem 6. des II. Adar und wurde begraben
7 am Montag, dem 8. des II. Adar 584
   n.d.kl.Z. T.N.Z.B.H.

Quellen:
RSA 3: 929, 11f. Nr. 99; 926, 46; 931, 5 Nr. 17:
< Moses Isaac Mayer, geb. 22.6.1790,
gest. 6.3.1824 in Stuttgart, Sohn v. Isaac Mayer
und Hanna (Grab 66), ledig >

## Veit Kahn

▲ Grab 18

Reihe I

gest. 02.04.1824

| | |
|---|---|
| | פ"נ |
| 1 | א"י וכשר כל ימיו הולך |
| 2 | בדרך ישרה כמ"ר פייס |
| 3 | בן כמ"ר דוד כ"ץ ז"ל מפה |
| 4 | נ' עש"ק ד' ניסן ונ' יו' |
| 5 | א' ו' ניסן תקפ"ד לפ"ק |
| 6 | תנצב"ה. |

Symbol: Segnende Hände

Stein: H: 155, B: 73, T: 13 cm

Hier liegt begraben
1 ein aufrechter und reiner Mann,
   er wandelte all seine Tage
2 auf rechtem Weg. Der ehrbare Herr Feis,
3 Sohn des ehrbaren Herrn David Katz
   seligen Andenkens von hier,
4 ist gestorben am Vorabend des Heiligen
   Schabbat, dem 4. Nissan und wurde
   begraben am Sonn-
5 tag, dem 6. Nissan 584 n.d.kl.Z.
6 T.N.Z.B.H.

Quellen:
RSA 3: 929, 11f. Nr. 102; 925, 66;
926, 22; 931, 5 Nr. 18:
< Veit Kahn, geb. 2.12.1757, gest. 2.4.1824,
Sohn v. David und Esther Kahn, Gatte d. Esther,
geb. Levi (Grab 67) >

## Jacob Levi

Grab 19 ▲

Reihe I

gest. 16.10.1825

פ"ט
1 איש ישר ונאמן אוהב
2 תורה ורודף שלום והוא
3 בעל ג"ח כמ"ר יעקב בן
4 כמ"ר יוסף סג"ל מפה נפטר
5 ביום א' ד' מרחשון ונקבר
6 בי' ג' ו' בו תקפ"ו לפ"ק
7 תנצב"ה

Symbol: Levitenkanne und Strahlenkranz

Stein: H: 129, B: 51, T: 13 cm

Hier liegt geborgen
1 ein aufrechter und zuverlässiger Mann, der die
2 Thora liebte, dem Frieden nachjagte und
3 Wohlfahrt stiftete. Der ehrbare Herr Jaakow, Sohn
4 des ehrbaren Herrn Josef Segal von hier, ist gestorben
5 am Sonntag, dem 4. Marcheschwan und wurde begraben
6 am Dienstag, dem 6. desselben, 586 n.d.kl.Z.
7 T.N.Z.B.H.

Quellen:
RSA 3: 929, 13f. Nr. 117; 931, 6 Nr. 19; 925, 80:
< Jacob Levi, geb. 25.5.1776, gest. 16.01.1825, Sohn v. Joseph Levi u. Ittel Hirschlin, Gatte d. Gnendel, Tochter d. Seligmann v. Stein (Grab 80) >

## Gabriel Mendel Dötelbach

Grab 20 ▲

Reihe I

gest. 08.05.1832

פ"נ
1 האיש הישר הזקן מז' כ"ד
2 שני' ש"ץ ושוחט ונאמן
3 הקהיל' ס"ד שני' פה פ"ט
4 בעל ת' בג"ח החבר כ"ה
5 גבריאל ב"כ מנח' סג"ל נ' ח'
6 ונ] אייר קצ"ב לפ"[ק
7 [ תנצב"ה ]

Stein: H: 152, B: 72, T: 12 cm

Hier liegt begraben
1 ein aufrechter, hochbetagter Mann, der seit 24
2 Jahren Vorbeter war. Er war Schächter und Treuhänder
3 der Gemeinde für 64 Jahre lang, hier in Freudenthal.
4 Er war Schofarbläser und pflegte Wohltätigkeit. Der ehrbare Chawer Herr
5 Gavriel, Sohn des ehrbaren Menachem Segal, ist gestorben am 8.
6 und wurde begraben [am Ijjar 592 n.d.kl.]Z.
7 [ T.N.Z.B.H. ]

Quellen:
RSA 3: 929, 19f. Nr. 1; 925, 22; 931, 6 Nr. 20:
< Gabriel Mendel Dötelbach, geb. 1750, gest. 8. Mai 1832, Vorsänger, Sohn v. Mendel aus Fürth u. Vogel, Gatte d. Sara, geb. Kahn (Grab 54) >

# Grab 23

## Hayum Löb Horkheimer

▲ Grab 23

Reihe I

gest. 24.06.1835

| | |
|---|---|
| פ"נ | Hier liegt begraben |
| הנעלה איש תם ויקר רוח | ein erhabener Mann, rechtschaffen und geehrt ob des Verstandes, |
| כמ"ר חיים אריה (ליב) | der ehrbare Herr Chajim Arie (Löb), |
| בן המנוח מהור"ר משה זצ"ל ממשפחת | Sohn unseres verstorbenen Lehrers und Rabbiners[1] Herr Mosche, - das Andenken eines Gerechten sei zum Segen, - aus der Familie |
| הארקהיימער | Horkheimer. |
| עלתה לשמים נשמתו ביום ד' כ"ז סיון | Seine Seele stieg auf zum Himmel am Mittwoch, dem 27. Siwan |
| וקבורתו היתה ביום ה' כ"ח בו בשנת | und seine Beerdigung war am Donnerstag, dem 28. desselben im Jahre |
| תקצ"ה לפ"ק | 595 n.d.kl.Z. |
| תנצב"ה | T.N.Z.B.H. |

---

| | |
|---|---|
| הוא היה נבון דעת מתהלך בתומו | Er war ein ausgezeichneter Kundiger, wandelte in Vollkommenheit, |
| אהוב במשפחתו נכבד באנשי מקומו | geliebt von seiner Familie und geehrt bei den Menschen am Orte. |
| ואם כי אחזוהו צרי הזמן והרמו[2] | Wenngleich ihn die Plagen der Zeit erfaßt hatten, erhob er sich doch darüber[2], |
| כל נמר ריחו עוד עמד בו טעמו[3] | wenn auch sein ganzer Geruch verändert war, blieb doch sein Geschmack[3]. |
| כגבר אזר חלציו כבחור[4] עצמו | Wie ein Held gürtete er seine Lenden, wie ein junger Krieger[4] seinen Leib, |
| להדריך בניו על נתיב היושר כצלמו | um seine Söhne auf den rechten Pfad zu leiten nach seinem Vorbilde. |
| והיה זה שכרו עת בא פקודת יומו | Möge dies sein Lohn sein am Tage der Vergeltung: |
| כי יתלונן בצל שדי שם בשמי מרומו | Im Schatten des Allmächtigen zu weilen, dort in des Himmels Höhen. |

Auf der Rückseite des Steines steht:

HIER RUHET IN FRIEDEN
HAYUM LÖB
HORKHEIMER
GESTORBEN DEN 24. JUNY 1835*
IM ALTER VON 58 JAHREN.
-.-
EIN ZÄRTLICHER GATTE
EIN LIEBENDER VATER
EIN TREUER FREUND
WANDELTE ER SEINE TAGE IN
REDLICHKEIT.
-----
SEGEN SEINEM ANDENKEN

Symbol: Sanduhr mit Flügeln

Stein: H: 192, B: 56, T: 44 cm

Quellen:
RSA 3: 929, 25; 925, 57; 926, 32; 931, 6 Nr. 23:
< Hayum Löw Horkheimer, geb. Februar 1777, gest. 23.6.1835, Schacherhändler, Sohn v. Moses Isaak u. Riffeka Benjamin Gatte d. Hendle, Tochter des Moses Massenbacher (Grab 166) >

Anmerkungen:
[1] Moses Isaak Horkheimer ist im Familienbuch allerdings nicht als Rabbiner benannt.

[2] Die Zeilen 11 und 12 sind am Stein nur mit Mühe zu erkennen. והרמו: vermutlich als Hifil von רום (הרימו) zu verstehen, das Objektsuffix, das sich wohl auf צרי bezieht, ist aus Gründen des Reimes im Singular.

[3] nach Jeremia 48, 11 (siehe rechts)

[4] Erste Vershälfte nach Hiob 38, 1. Das ר von בחור ist sehr gequetscht, als Parallelismus zu גבר der ersten Vershälfte ist die Lesung jedoch sehr wahrscheinlich.

## Hayum Löb Horkheimer

Grab 23
Reihe I

gest. 24.06.1835

**Anmerkungen:**

Der zweite Abschnitt (Zeilen 9-16) ist ein Gedicht mit Endreim.
Bemerkenswert sind an diesem Stein sowohl die klassizistische Form wie auch die deutsche Inschrift auf der Rückseite, beides war zu dieser Zeit, und auch lange Zeit später, auf dem Freudentaler Friedhof völlig unüblich. Abgesehen vom offensichtlichen Reichtum der Familie, der die Errichtung dieses so groß dimensionierten Grabsteines ermöglichte, scheint die deutsche Inschrift auf der Rückseite die Familie Horkheimer auch als Anhänger der bürgerlichen Assimilation und des Reformjudentums auszuweisen. Möglicherweise beziehen sich die schwer verständlichen Zeilen 11 und 12 auf die zu dieser Zeit erbitterte Auseinandersetzung zwischen den Anhängern des Reformjudentums - vertreten vom (württembergischen) Israelitischen „Oberkirchenrat" Rabbiner Mayer in Stuttgart - und den Anhängern der Orthodoxie, wie sie in Freudental unter dem „Wunderrabbi" Schnaittacher vertreten wurde.
Wir danken für diesen Interpretationsvorschlag herzlich Herrn Landesrabbiner Joel Berger.

Das Zitat Jer. 48,11 stammt aus Jeremias Weissagung gegen das Volk Moab: Moab war bisher in seinem Land ungestört, es ist nie von fremden Völkern erobert und beherrscht worden, es ist niemals deportiert worden, es hat bisher all seine Eigenschaften bewahren können, „darum ist sein Geschmack ihm geblieben, sein Geruch ist nicht verändert worden". Wenn nun Horkheimers Geruch verändert ist, nicht aber sein Geschmack („Geschmack" hat im Jiddischen auch die Bedeutung „Verstand"!), so deutet das möglicherweise auf eine wechselvolle persönliche Geschichte, die ihn vielleicht von seinen Ursprüngen entfernt, nicht aber entwurzelt hat.

# Grab 24 und 25

## Elias Abraham (Ascher) Ballenberg

▲ Grab 24

Reihe I

gest. 11.07.1836

| | | |
|---|---|---|
| פ"נ | | Hier liegt begraben |
| האיש אשר הלך כ"י בדרך | 1 | ein Mann, der alle seine Tage auf dem Weg |
| הישר אשר ב"כ אברהם | 2 | der Aufrichtigkeit wandelte. Ascher, Sohn des ehrbaren Avraham |
| ז"ל מפה נפטר יום ב' כ"[ו] | 3 | seligen Andenkens von hier, ist gestorben am Montag, 2[6] |
| [תמז    תקצ"ו] לפ"ק | 4 | [Tammus    596] n.d.kl.Z. |
| תנ[צ]ב"ה | 5 | T.N.Z.B.H. |

Symbol: Feston (?) mit Schleife, darinnen drei konzentrische Kreise

Stein: H: 132, B: 70, T: 11 cm

Quellen:
RSA 3: 931, 6 Nr. 24; 925, 13:
< Elias Abraham Ballenberg, geb. 2.3.1770, gest. 11.7.1836, Schacherhändler, Sohn v. Abraham Elias u. Besle Gatte d. Genendel (gest. vor 1812), in zweiter Ehe d. Hanna, Tochter des Moses Löb aus Affaltrach (Grab 223) >

## Abraham (Jekutiel) Kaufmann

▲ Grab 25

Reihe I

gest. 27.01.1837

| | | |
|---|---|---|
| פ"נ | | Hier liegt begraben |
| איש זקן הלך | 1 | ein hochbetagter Mann, er ging |
| בדרך טובים ה' יקתיאל | 2 | auf dem Weg der Guten. Jekutiel, |
| בר אברהם ז"ל | 3 | Sohn des Avraham, seligen Andenkens, |
| מפה נפטר ביו' ש"ק | 4 | von hier, ist gestorben am Tag des Heiligen Schabbat, |
| כ"ב שבט ונקבר כ"ג | 5 | dem 22. Schewat, und wurde begraben am 23., |
| תקצ"ז לפ"ק | 6 | 597 n.d.kl.Z. |
| תנצבה"ח | 7 | T.N.Z.B.H.CH. |

Symbol: fünfzackiger Stern

Stein: H: 145, B: 75, T: 14 cm

Quellen:
RSA 3: 925, 189; 926, 50:
< Abraham Kaufmann, geb. August 1761, gest. 27. Januar 1837, Metzger, Schacherhändler, Sohn v. Abraham u. Genendel, Gatte der Esther Horkheimer (Grab 99) >

# Grab 26 und 27

## Immanuel Levi

Grab 26

Reihe 1

gest. 15.08.1837

| | | |
|---|---|---|
| פ״ט | | Hier liegt geborgen |
| איש הישר הלך בדרך | 1 | ein aufrechter Mann, er ging den Weg |
| טובים כל ימיו עוסק בתורה | 2 | der Guten alle seine Tage, beschäftigte sich mit der Thora |
| וגמ״ח ועושה צדקה. ולא סר | 3 | und mit Wohlfahrt, übte Mildtätigkeit und wich nicht |
| ממצות ה׳ החבר ר׳ מנחם ב׳ | 4 | von Gottes Gebot. Der Chawer Herr Menachem, Sohn des |
| כ״ה מאיר הלוי ז״ל פה נפט׳ | 5 | ehrbaren Chawer Meir Halevi, seligen Andenkens, < von >hier, ist gestorben |
| בש״ט יום ג׳ י״ד אב ונקבר | 6 | mit gutem Namen am Dienstag, dem 14. Aw, und wurde begraben |
| ט״ו תקצ״ז לפ״ק | 7 | am 15. 597 n.d.kl.Z. |
| תנצב״ה [ ] | 8 | T.N.Z.B.H. [ ] |

Symbol: Levitenkanne

Stein: H: 114, B: 72, T: 14 cm

Quellen:
RSA 3: 929, 29 Nr. 4; 931, 7 Nr. 26; 925, 115; 926, 18:
< Immanuel Levi, geb. 17.1.1768, gest. 15.8.1837, Krämer, Sohn v. Mayer Levi u. Jochebet, Gatte d. Rösle, geb. Levy (Grab 81) >

## Salomon Immanuel Wertheimer

Grab 27

Reihe 1

gest. 05.10.1837

| | | |
|---|---|---|
| פ״נ | | Hier liegt begraben |
| האיש ישר כל ימיו | 1 | ein aufrechter Mann, all seine Tage |
| הולך בדרך הטוב אי״א | 2 | wandelte er auf gutem Wege, er war ein gottesfürchtiger Mann. |
| כ׳ זלמן בן מנחם ז״ל מפה | 3 | Der ehrbare Salman, Sohn des Menachem, seligen Andenkens, von hier, |
| נ׳ יום ה׳ ו׳ תשרי ונ׳ יום א׳ | 4 | ist gestorben am Donnerstag, dem 6. Tischri und wurde begraben am Sonntag, |
| עי״כ ט׳ תשרי תקצ״ח לפ״ק | 5 | Vorabend des Versöhnungsfestes, dem 9. Tischri, 598 n.d.kl.Z. |
| תנצב״ה | 6 | T.N.Z.B.H. |

Symbol: zwei konzentrische Kreise

Stein: H: 143, B: 70, T: 13 cm

Quellen:
RSA 3: 925, 300; 926, 90:
< Salomon Immanuel Wertheimer, Schacherhändler, geb. 24.5.1772, gest. 5.10.1837, Sohn v. Immanuel Salomon und Guttel, in erster Ehe Gatte d. Elenore, Tochter des Wolf Maier aus Lehrensteinsfeld, in zweiter Ehe d. Hanna (Grab 301) >

## Grab 28 und 29

**Isaak Moses (Sekel) Herrmann**

▲ Grab 28

Reihe I

gest. 29.05.1841

| | | |
|---|---|---|
| פ"נ | 1 | Hier liegt begraben |
| האיש י"א כל ימיו הולך | | ein gottesfürchtiger Mann, all seine Tage wandelte er |
| בדרך הישר אוהב תורה | 2 | auf rechtem Weg, er liebte die Thora. |
| כ' זעקל ב"כ משה הורמין | 3 | Der ehrwürdige Sekel, Sohn des ehrbaren Moses Hurmin |
| ז"ל מפה נו"נ יום א' יוד | 4 | seligen Andenkens von hier, ist gestorben und wurde begraben am Sonntag, dem 10. |
| סיון תת"א לפ"ק | 5 | Siwan 801[1] n.d.kl.Z. |
| תנצב"ה | 6 | T.N.Z.B.H. |

Symbol: fünfzackiger Stern in einem Kreis

Stein: H: 153, B: 59, T: 10 cm

Quellen:
RSA 3: 929, 37 Nr. 1; 931, 7 Nr. 28;
925, 84; 926, 44:
< Isaak Moses Herrmann, geb. Juli 1773, gest. 29.5.1841, Handelsmann, Sohn v. Moses Maier Hurmin u. Rößel, Gatte d. Riffeke, geb. Horburg (Grab 108) >

Anmerkung:
[1] Es muß korrekt 601 תר"א heißen.

---

**Rechel Wertheimer**

▲ Grab 29

Reihe I

gest. 17.05.1821

| | | |
|---|---|---|
| היולדת אשת חיל החסודה | 1 | Eine Wöchnerin, sie war eine tüchtige und fromme Frau. |
| אשר בנדבת לבה פרשה | 2 | Sie öffnete in herzlicher Freigiebigkeit |
| כפה לעני וידיה שלחה | 3 | ihre Hand dem Armen, und reichte sie dem |
| לאביון | 4 | Bedürftigen. |
| רעכל בת כ' וואלף ז"ל | 5 | Rechel, Tochter des ehrbaren Wolf, seligen Andenkens, |
| אשת כ' יוזפא ב"מ' נ"נ ביום ה' | 6 | Gattin des ehrbaren Jospa, des Sohnes des M.[1] ist gestorben am Donnerstag, |
| ט"ו ונ' ביום ו' עש"ק ט"ז אייר | 7 | dem 15. und wurde begraben am Freitag, dem Vorabend des Heiligen Schabbat, 16. Ijjar, |
| תקפ"א לפ"ק תנבצה"ח | 8 | 581 n.d.kl.Z. T.N.Z.B.H.CH. |

Stein: H: 102, B: 76, T: 11 cm

Quellen:
RSA 3: 925, 299; 926, 38;
929,9 Nr. 83; 931, 7 Nr. 29
< Rechel, geb. 1776, gest. 17.5.1821, Tochter v. Wolf Aaron u. Genendel, geb. David, erste Gattin d. Joseph Immanuel Wertheimer (Grab 46) >

Anmerkung:
[1] Der Name des Vaters des Gatten ist Immanuel Salomon Wertheimer, Kurzform Mendel.

## Grab 30 und 42

|  | |  |
|---|---|---|
| יולדת | 1 | Eine Wöchnerin |
| פ"ט | 2 | liegt begraben. |
| הא"ח הצנועה מ' | 3 | Die vornehme und tugendhafte Frau |
| אסתר א' כ' משה ב"כ | 4 | Esther, Gattin des ehrbaren Mosche, des Sohnes des ehrbaren |
| ליב נ' יו' א' ז' אייר ונ' | 5 | Löb, ist gestorben am Sonntag, dem 7. Ijjar und wurde begraben |
| יו' ב' ח' אייר תקע"ה! לפ"ק | 6 | am Montag, dem 8. Ijjar 575[1] n.d.kl.Z. |
| תנצב"ה | 7 | T.N.Z.B.H. |

**Esther Löwenthal**

Grab 30 ▲

Reihe I

gest. 02.05.1819

Quellen:
RSA: 929, 7; 925, 121; 926, 69:
< Esther Löwenthal, geb. 1784, gest. 2. May 1819, Tochter v. Rabbiner Jechiel u. Rachel Majer, erste Gattin des Moses Löw (Brill) Löwenthal (Grab 139) >

Anmerkung:
[1] Im hebräischen Jahresdatum steht 5 (ה) statt 9 (ט).

Stein: H: 108, B: 65, T: 10 cm

---

|  | |  |
|---|---|---|
| [    ] [לעי] ל | | [                ] |
| פ"נ | | Hier liegt begraben |
| הבח' כמ"ר ליב בערלא | 1 | ein Jüngling, der ehrbare Herr Löb Bärle, |
| ב"כ מרדכי ז"ל בעל [ג]מל' חסד | 2 | Sohn des ehrbaren Mordechai seligen Andenkens, er stiftete Wohlfahrt und |
| פועל טוב נ' יום ד'] [ | 3 | tat Gutes. Er ist gestorben am Mittwoch, dem [ ] |
| [      ונ' י] [      ] | 4 | [       ] und wurde begraben am [ ] |
| [                    ] | 5 | [                                  ] |
| תנצב"ה | 6 | T.N.Z.B.H. |

**Löb Bär Marx**

Grab 42 ▲

Reihe II

gest. 29.06.1831

Symbol: sechsblättrige Blüte in einem Kranz

Stein: H: 107, B: 68, T: 11 cm

Quellen:
Die Gräberliste RSA 3: 931 S. 10 nennt:
< Löb Bär Ullmann >, wobei es sich um einen Irrtum handeln muß, ein Löb Bär Ullmann, der im Zeitraum von 1829 (Grab 41) und 1835 (Grab 43) verstorben ist, erscheint weder im Sterberegister noch im Familienbuch, möglicherweise handelt es sich um den unter RSA 3: 929 S. 17 Nr. 2/2 genannten < Löb Bär Marx aus Wasserdreilingen in Bayern, gest. am 29. Juni 1831 >

## Rösle Benedikt

▲ Grab 35

Reihe II

gest. 03.08.1832

| | |
|---|---|
| פ״ט | |
| האשה אשר הלכה בדרך | 1 |
| תמים. גומלת חסד לעניים | 2 |
| ואביוני׳, מ׳ ריזלה אשת | 3 |
| כ״ה ברוך ז״ל ממשפחות | 4 |
| בענעדיקט משטוטגאארט | 5 |
| שהלכה לעלמ׳ דקושטא | 6 |
| ביום ה׳ ו׳ אב תקצ״ב לפ״ק | 7 |
| תנצב״ה | 8 |

Symbol: Kranz und zwei vierblättrige Rosen

Stein: H: 168, B: 52, T: 36 cm

Hier liegt geborgen
1 eine Frau, die auf dem Weg
2 der Redlichkeit wandelte. Sie stiftete Wohlfahrt für die Armen
3 und Elenden. Frau Rösle, Gattin
4 des ehrbaren Herrn Baruch, seligen Andenkens, aus den Familien
5 Benedikt aus Stuttgart,
6 ging in die Welt der Wahrheit
7 am Donnerstag, dem 6. Aw 592 n.d.kl.Z.
8 T.N.Z.B.H.

## Aaron Moses Jordan

▲ Grab 37

Reihe II

gest. (nicht bekannt)

| | |
|---|---|
| פ״נ | |
| הח׳ כמ״ר אהרן | 1 |
| ב״כ משה מצפ׳ | 2 |
| נ׳ יום ב׳ כ[״ד] א[ב ונ׳] | 3 |
| [ ] | 4 |
| [ ] | 5 |

Stein: H: 72, B: 73, T: 11 cm

Hier liegt begraben
1 der Chawer, der ehrbare Herr Aharon ,
2 Sohn des ehrbaren Mosche aus Zaberfeld.
3 Er ist gestorben am Montag, dem 24. A[w und wurde begraben]
4 [                              ]
5 [                              ]

Quellen :
RSA 3: 931, 9 Nr. 39; 925, 62:
< Aaron Moses Jordan aus Zaberfeld und Fögely, Tochter des Joseph Jordan (Grab 157) sind die Eltern des auf dieser Seite aufgeführten Joseph Aaron Jordan >
Das Sterbedatum war wohl schon bei der Erstellung des Gräberbuches von Freudental im Jahre 1885 nicht mehr erhalten.

## Seligmann (Hoffaktor)

Grab 39

Reihe II

gest. 29.05.1825

פ"נ
1 איש הישר אש[ר]
2 הלך בדרך טובים
3 וכל ימיו לא סר
4 ממצות ד' החח' כ"ה

5 זעליגמאן האפפאקטאר
6 בכ"ה קלמן שטוטט
7 גארט נפטר ביו' א' י"ב
8 ונ' יו' ג' י"ד סיון תקפ"ה לפ"ק

9 תנצבה"ח

Hier liegt begraben
1 ein aufrechter Mann, der
2 auf dem Weg der Guten wandelte,
3 und alle seine Tage nicht wich
4 von Gottes Geboten. Der Chawer, der ehrbare Herr
5 Seligmann, Hoffaktor,
6 Sohn des ehrbaren Herrn Kalman, Stutt-
7 gart, ist gestorben am Sonntag, dem 12.,
8 und wurde begraben am Dienstag, dem 14. Siwan 585 n.d.kl.Z.
9 T.N.Z.B.H.CH.

Symbol: Topf mit Blumen

Stein: H: 148, B: 75, T: 14 cm

**Quellen:**
Es handelt sich nach Zelzer 20 um den Stuttgarter Hoffaktor Seligmann, der schon um 1800 in Stuttgart in einem eigenen Haus in der Kronprinzenstraße lebte.

## Isaak Benedikt

▲ Grab 36

Reihe II

gest. 16.12.1820

| | | |
|---|---|---|
| פ"נ | | Hier liegt begraben |
| הבח' המושלם בתורה | 1 | ein Jüngling, vollkommen in der Thora |
| ובמעשים | 2 | und in Taten, |
| גומל חסד אמת לענים | 3 | er stiftete aufrichtige Wohlfahrt für die Armen |
| ורשים | 4 | und Elenden. |
| ה' יצחק בן כ"ח ברוך | 5 | Herr Jitzchak, Sohn des ehrbaren Chawer Baruch |
| ממשפחת בענעדיקט | 6 | aus der Familie Benedikt |
| בשטוטגארט הלך | 7 | in Stuttgart, ging ein |
| לעולמו ביום ש"ק י"א טבת | 8 | in seine Welt am Tag des Heiligen Schabbat, 11. Tewet |
| תרפ"א[1] לפ"ק תנצב"ה | 9 | 681[1] n.d.kl.Z. T.N.Z.B.H. |

Quelle:
RSA 3: 931 S. 9 Nr. 38:
< Isaak Benedikt, gest. am 16. Dezember 1820 >

Symbol: Kranz

Anmerkung:
[1] Jahresdatum um 100 Jahre verschrieben, es steht תרפ"א 681 statt 581 תקפ"א

Stein: H: 182, B: 51, T: 34 cm

## Jaakow Ehrenheimer

▲ Grab 38

Reihe II

gest. 05.03.1824

| | | |
|---|---|---|
| פ"נ | | Hier liegt begraben |
| ה"ה הר"ר יעקב בכ"ה זלמן ז"ל ארענהיימר | 1 | der Herr Jaakow, Sohn des ehrbaren Herrn Salman Ehrenheimer, seligen Andenkens, |
| משטוטגארט אי' אוהב צדקה | 2 | aus Stuttgart, ein wohltätigkeitsliebender Mann. |
| ביתו פתוח לכל נפטר [עש"ק] | 3 | Sein Haus war für alle offen. Er ist gestorben [am Vorabend des Heiligen Schabbat]. |
| ה' אדר שני ונקבר יום א' ז' אדר | 4 | 5. Adar II, und wurde begraben am Sonntag, dem 7. Adar |
| שני תקפ"ד לפ"ק | 5 | II 584 n.d.kl.Z. |
| תנצב"ה | 6 | T.N.Z.B.H. |

Symbol: Kranz

Quelle:
RSA 3: 931,9 Nr. 40 nennt fälschlich
< Salomon Ottenheimer aus Stuttgart >

Stein: H: 140, B: 76, T: 11 cm

## Götsch Lazarus

Grab 40

Reihe II

gest. 20.10.1827

| | | |
|---|---|---|
| פ״נ | | Hier liegt begraben |
| אליוק׳ ב״א נ׳ ש״ק | 1 | Eljokim, Sohn des E. |
| | | Er ist gestorben am Heiligen Schabbat, |
| כ״ט תשרי ונ׳ יום | 2 | 29. Tischri und wurde begraben am |
| א׳ א׳ דר״ח מרחשון | 3 | Sonntag, dem ersten Neumondtag des Marcheschwan |
| תקפ״ח לפ״ק | 4 | 588 n.d.kl.Z. |
| תנצב״ה | 5 | T.N.Z.B.H. |

Quellen:
RSA 3: 929, 15 Nr. 129; 925, 105; 926, 27:
< Götsch Lazarus (Straus), geb. im December 1766, gest. 20.10.1827, Sohn des Lazarus Hayum und der Ittle, Gatte der Merle, geb. Lewin (Grab 79) >

Anmerkung:
Lazarus ist die deutsche Form des hebräischen Eliezer, hier wirklich abgekürzt zu E.
Der Name Eljokim wird im Deutschen oft als „Götsch" oder „Götz" wiedergegeben.

Symbol: Kranz

Stein: H: 98, B: 70, T: 10 cm

## Löb Mayer

Grab 41

Reihe II

geb. 04.06.1784
gest. 30.04.1829

| | | |
|---|---|---|
| פ״נ | | Hier liegt begraben |
| האיש ליב | 1 | der Mann Löb |
| מאיר משטג׳ | 2 | Meir aus Stuttgart, |
| נולד ט״ו סיון תק | 3 | geboren am 15. Siwan 5 |
| מ״ד לפ״ק: והלך | 4 | 44 n.d.kl.Z. Er ging |
| לעלמא כ״ז אייר | 5 | in seine Welt am 27. Ijjar |
| תקפ״ט לפ״ק | 6 | 589 n.d.kl.Z. |
| תנצב״ה | 7 | T.N.Z.B.H. |

Symbol: Kranz mit Schleife, darin ein Kreis mit Punkt in der Mitte

Quelle:
RSA 3: 931 S. 10 Nr. 44 :
Löb Mayer von Stuttgart

Stein: H: 151, B: 70, T: 16 cm

# Grab 5, 9, 21 und 86

„ "

☐ Grab 9

Reihe I

gest. (nicht bekannt)

Symbol: Levitenkanne
Stein: H: 67, B: 87, T: 14 cm

Quelle:
RSA 3: 931 Nr. 9 ohne Angaben

Anmerkung:
Name des Verstorbenen nicht bekannt

## Isaak Löb Stein

Grab 5 ☐

Reihe I

gest. 04.02.1814

Stein: H: 53, B: 63, T: 5 cm

Quellen:
RSA 3: 929, 3f. Nr. 29; 931, 3 Nr. 4:
< Isaak Löb Stein, geb. August 1739, gest. 4. Februar 1814, Sohn v. Löb Isaak und Genendel, Gatte der Hössele, Tochter des Löb Berwangen >

## Hindl

▲ Grab 86

Reihe IV

gest. 28.10.1833

פ״נ
1 האשה כשרה מרת
2 הינדל אשת כ' שמעון
3 מצפ' נ' ביט ב' ונקבר בי'
4 ט"ו חשון תקצ"ד לפ"ק
5 תנצב״ה

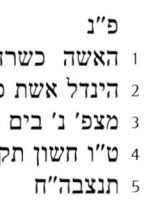

Stein: H: 115, B: 70, T: 10 cm

Quelle:
RSA 3: 931, 17 Nr. 90 ohne Angaben

Hier liegt begraben
1 die reine Frau
2 Hindl, Gattin des ehrbaren Schimon
3 aus Zaberfeld. Sie ist gestorben am Montag und wurde begraben
4 am 16. Cheschwan 594
5 T.N.Z.B.H.CH.

## Salomon Ulmann

Grab 21 ▲

Reihe I

gest. 30.05.1832

פ״נ
1 האי[ש] כל ימ[י]ו הולך
2 בדרך [ישרה] [קה
3 ] [פ
4 [ ]
5 נ' י"ח סיון ונ' יו' [
6 תקצ״ב לפ״ק תנצב״ה

Stein: H: 109, B: 72, T: 13 cm

Quellen:
RSA 3: 929, 19f. Nr. 3; 925, 280; 931, 6 Nr. 21:
< Salomon Ulmann, geb. 1763, gest. 30.5.1832, Handelsjud, Sohn v. Gabriel Ulmann u. Fradel von Oppenheim, Gatte d. Gelle (Grab 110) >

Hier liegt begraben
1 Ein Mann [ ] wandelte [all seine Tage]
2 [auf rechtem] Weg
3 [ ]
4 [ ]
5 er ist gestorben am 18. Siwan und wurde begraben am [ ]
6 592 n.d.kl.Z. T.N.Z.B.H.

# Grab 6, 12 und 172

## Abraham Elias Ballenberg

Grab 6 ▲

Reihe I

gest. 31.10.1814

1 אברהם ב' א[ליהו ]
2 איש [ה ] מפה נו"נ
3 יום ב' [י"ז מר]חשון
4 תקע[ו"ה לפ"ק]
5 [תנצב"ה]

1 Avraham, Sohn des E[liahu]
2 Ein Mann [ ] von hier. Er ist gestorben und wurde begraben
3 am Montag, [dem 17. Mar]cheschwan
4 57[5 n.d.kl.Z.]
5 [T.N.Z.B.H.]

Quellen:
RSA 3: 929, 5f. Nr. 45;
926, 3; 925, 13f.; 931, 3 Nr. 6:
< Abraham Elias Ballenberg, geb. Nov. 1735, gest. 31.10.1814, Sohn v. Elias u. Marianne, Gatte d. Pesle, Tochter d. Jacob Bayerdal (Grab 1) >

Stein: H: 65, B: 56, T: 10 cm

## Juda Maier

Grab 12 ▲

Reihe I

gest. (nicht bekannt)

[פ"]נ
1 אי[ש]
2 [         ]

[Hier] liegt begraben
1 Ein Mann
2 [                    ]

Quelle:
RSA 3: 931 S. 4 Nr. 12: < Juda Maier >

Stein: H: 86, B: 64, T: 10 cm

## Gitel Steinteker

Grab 172 □

Reihe IX

gest. 30.12.1863

Quellen:
RSA 3: 931, 32 Nr. 178;
929, 99f. Nr. 12; 925, 237:
< Gittel/Gutel Steintecker, geb. 1780, gest. 30. December 1863, Tochter des Daniel und der Bella aus Meseritz bey Frankfurt a.d.O., Wittwe des Jakob Wolf Steinteker (Grab 121) >

Stein: H: 106, B: 52, T: 16 cm

# Grab 43 und 44

## Hayum Joseph Isaak Mosbacher

▲ Grab 43

Reihe II

gest. 28.03.1835

| | |
|---|---|
| פ"נ | |
| 1 האיש הישר פעל יש' | |
| 2 חיים יוסף ב"כ יצחק מפה | |
| 3 נפטר יום ש"ק כ"ז אדר ונ' | |
| 4 יום ב' כ"ט אדר תקצ"ה לפ"ק | |
| 5 [תנצב"ה] | |

Stein: H: 72, B: 66, T: 10 cm

Hier liegt begraben
1 ein aufrechter Mann, der aufrecht handelte.
2 Chajjim Josef, Sohn des ehrbaren Jitzchak von hier, ist
3 gestorben am Tag des Heiligen Schabbat, 27. Adar, und wurde begraben
4 am Montag, dem 29. Adar 595 n.d.kl.Z.
5 [T.N.Z.B.H.]

Quellen:
RSA 3: 929, 25; 925, 179
< Hayum Joseph Isaak Mosbacher, geboren im October 1768, gest. 28. März 1835, Sohn des Isak Hajum, Freudental, und der Jendele, Tochter d. Löb Majer von Moßbach, Gatte der Rösle (Grab 170) >

## Veit Isaak (Uri Schraga) Stein

▲ Grab 44

Reihe II

gest. 29.08.1837

| |
|---|
| פ"ט |
| 1 האיש אשר הלך כ"י |
| 2 בדרך הישר אורי שרגא |
| 3 ה' פייס ב"כ יצחק ה' אייזק ז"ל |
| 4 מפה נ' יום ג' כ"ח אלול ונ' יו' ד' |
| 5 ער"ח אלול תקצ"ז לפ"ק תנצב"ה |

Symbol: achtzackiger Stern, zwei Lilien

Stein: H: 157, B: 70, T: 17 cm

Hier liegt geborgen
1 ein Mann, der all seine Tage
2 auf rechtem Weg wandelte. Uri Schraga,
3 genannt Feis, Sohn des ehrbaren Jitzchak, genannt Isaak, seligen Andenkens,
4 von hier, ist gestorben am Dienstag, dem 28. Elul[1], und wurde begraben
am Mittwoch, dem
5 Vorabend des Neumond Elul 597 n.d.kl.Z. T.N.Z.B.H.

Quellen:
RSA 3: 929, 29 Nr. 5; 925, 232; 926, 23; 931, 10 Nr. 48:
< Feit Isaak Stein, geb. am 8. August 1777, auf dem Katharinenplaisir bey Heilbronn todt umgefallen am 29. August 1837, Schacherhändler, Sohn des Isaak Löw und der Heffele, war verheiratet mit Riele aus Berwangen (Grab 69) >

Anmerkung:
[1] Richtig müßte es heißen: Aw.

## Mayer Gumpel Levi

Grab 45  
Reihe II

gest. 16.06.1841

פ"נ  
1 האיש אשר הלך כל ימיו  
2 בדרך הישר אוהב תורה  
3 מאיר ב"כ גומפל ז"ל סג"ל  
4 מפה נ[פטר] יום ה' כ"ח סיון  
5 ונ' ע[ש"]ק כ"ט סיון תר[א"]  
6 [תנצב"ה]

Symbol: Levitenkanne

Stein: H: 125, B: 56, T: 11 cm

Hier liegt begraben
1 ein Mann, der all seine Tage
2 auf rechtem Weg ging, der die Thora liebte.
3 Meir, Sohn des ehrbaren Gumpel Segal seligen Andenkens
4 von hier, ist gestorben am Donnerstag, dem 28. Siwan,
5 und wurde begraben am Vorabend [des heiligen Schabbat, dem 29.] Siwan 6[01]
6 [T.N.Z.B.H.]

Quellen:  
RSA 3: 931, 11 Nr. 49; 925, 113; 926, 84:  
< Mayer Gumpel Levi, geb. 1764, gest. am 16. Juny 1841, Viehhändler, Sohn von Gumpel Levi und Heffele, war verheiratet mit Rachel, Tochter des Kusiel aus Steinsfurt (Grab 68) >

## Joseph Immanuel Wertheimer

Grab 46  
Reihe II

gest. 10.04.1842

פ"ט  
1 האיש ישר זקן כל ימיו  
2 הולך בדרך הישר כ"ח של  
3 נערי' כ' יוזפא ב"כ מנחם  
4 ז"ל מפה נפטר יום א' בלילה  
5 ונ' יום ג' ב' דר"ח אייר  
6 תר"ב לפ"ק תנצב"ה

Symbol: fünfzackiger Stern

Stein: H: 158, B: 54, T: 11 cm

Hier liegt geborgen
1 ein aufrechter und hochbetagter Mann, all seine Tage
2 wandelte er auf rechtem Weg, die Krone der Weisheit war er für
3 die Jungen. Der ehrbare Jospa, Sohn des ehrbaren Menachem
4 seligen Andenkens, von hier. Er ist gestorben am Sonntag des nachts
5 und wurde begraben am Dienstag, dem 2. des Neumondtag des Ijjar
6 602 n.d.kl.Z. T.N.Z.B.H.

Quellen:  
RSA: 931, 11 Nr. 50; 925, 299; 926, 38; 929, 39 Nr. 3 (1842):  
< Joseph Immanuel Wertheimer, geb. 12.1.1767, gest. am 10. April 1842, Schacherjude, Sohn von Immanuel und Guttel, verheiratet in erster Ehe mit Rechel, geb. Aron (Grab 29), in zweiter Ehe mit Vogel (Grab 177) >

## Genendel Levi

▲ Grab 48

Reihe II

gest. 23.08.1841

| | |
|---|---|
| פ' יולדת ט' | 1 |
| הא"ח הצנועה והחסודה כל | 2 |
| ימיה הולכה ועוסק בגמילות | 3 |
| חסד: כפיה פרשה לעני וידיה | 4 |
| שלחה לאביון תנו לה מפרי | 5 |
| ידיה[ | 6 |

Symbol: Mohnkapseln und drei fünfzackige Sterne

Stein: H: 70, B: 52, T: 17 cm

1 Hier liegt eine Wöchnerin geborgen.
2 Eine vornehme Frau, tugendhaft und fromm, die all
3 ihre Tage ging und Wohltätigkeit
4 übte. Ihre Hand streckte sie dem Armen aus und ihre Hände
5 reichte sie dem Dürftigen, gebt ihr von den Früchten
6 [ihrer Hände[1]                    ]

**Quellen:**
RSA 3: 931, 15 Nr. 78; 925, 84; 929, 39 Nr. 3:
< Genendel Levi, geb. 1801, gest. 23. August 1841, Tochter von Abraham Kaufmann und Esther, Gattin des Machuel Levi (Grab 142) >

**Anmerkung:**
[1] Zitat ergänzt nach Prov. 31,31

## Breinle Mayer

▲ Grab 49

Reihe II

gest. 18.07.1840

| | |
|---|---|
| יולדת | |
| פ"ט | |
| האשה חשובה | 1 |
| הצנוע' וחסודה | 2 |
| מ' ברײנלה בת כ' | 3 |
| יעקב סג"ל ז"ל | 4 |
| אשת כ' פײפר | 5 |
| יצ"ו מפה נפטר | 6 |
| יום א' י"ח תמ[וז] | 7 |
| [                ] | 8 |
| ת"ר לפ"ק תנצב"ה | 9 |

Symbol: drei fünfzackige Sterne

Stein: H: 140, B: 75, T: 15 cm

Eine Wöchnerin
liegt hier geborgen.
1 Die vornehme,
2 tugendhafte und fromme
3 Frau Breinle, Tochter des ehrbaren
4 Jaakow Segal, seligen Andenkens,
5 Gattin des ehrbaren Feijfer
6 - sein Gott und Erlöser möge ihn erhalten - von hier, ist gestorben
7 am Sonntag, dem 18. Tamm[us]
8 [                ]
9 600 n.d.kl.Z.  T.N.Z.B.H.

**Quellen:**
RSA 3: 929, 35; 925, 181; 931, 11 Nr. 53:
< Breinle Mayer, geb. 2.1.1812 in Freudental, gest. 18. Juli 1840, Tochter von Jakob Levi und Genendel, geb. Stein, Gattin des Nathan Samuel Mayer (Grab 291) >

## Chaja Sara Dötelbach

Grab 54 ▲

Reihe III

gest. 16.08.1819

פ"ט
1 הא"ח צנוע[ה] וחסוד[ה] שרה אשת
2 הר"ר גבריאל ש"ץ
3 מפה נפטרת ליל
4 ב' ונקברת יום ג' כ"ו

5 אב תקע"ט לפ"ק
6 תנצב"ה

Hier liegt geborgen
1 die vornehm[e, tugendhaft]e und fromme Frau Sara, Gattin
2 des Herrn Gabriel, Vorbeter
3 von hier. Sie ist gestorben in der Nacht des
4 Montag und wurde begraben am Dienstag, dem 26.
5 Aw 579 n.d.kl.Z.
6 T.N.Z.B.H.

Stein: H: 99, B: 63, T: 10 cm

Quellen:
RSA 3: 929, 7 Nr. 73; 925, 22; 926, 26; 931, 12 Nr. 58:
< Chaja Sara Dötelbach, geb. 1750, gest. 16. August 1819, Tochter des Samuel Kahn und der Therese, Tochter d. Jacob, Gattin des Vorsängers Gabriel M. Dötelbach (Grab 20) >

## Gittiche Daußge

Grab 56 ▲

Reihe III

gest. 05.07.1821

פ"נ
1 אשת חיל
2 אשר צדקה
3 והטיבה במעשיה את
4 החיים ועשתה חסד
5 ואמת את המתים היא
6 האשה החכמה גיטכה
7 א' כ' אברהם מפה
8 נ' ביו' ה' ונ' עש"ק ו'

9 תמות¹ תקפ"א לפ"ק
10 תנצבה"ח

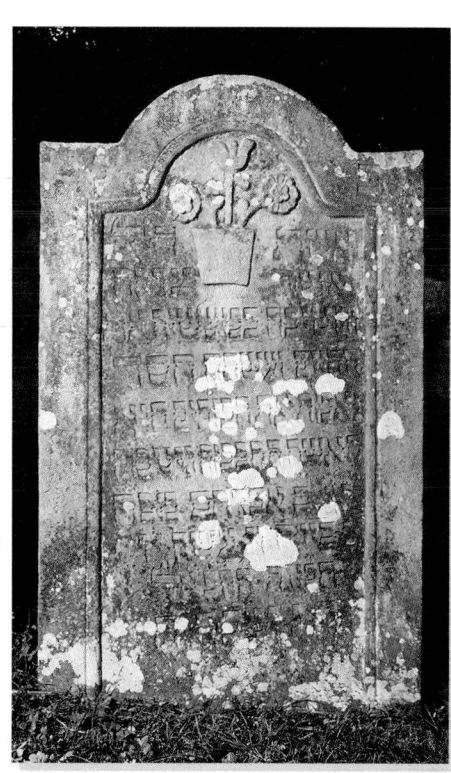

Hier liegt begraben
1 eine tüchtige Frau,
2 die wohltätig war
3 und Gutes mit ihren Taten wirkte für
4 die Lebenden, und Frömmigkeit erwies
5 und Treue den Verstorbenen. Sie war
6 die weise Frau Gitche,
7 Gattin des ehrbaren Avraham von hier,
8 sie ist gestorben am Donnerstag und wurde begraben am Vorabend des Heiligen Schabbat, 6.
9 Tamut¹ 581 n.d.kl.Z.
10 T.N.Z.B.H.CH.

Anmerkung:
¹ Tamut: „Du wirst sterben" in aschkenasischer Aussprache gleichlautend wie Tammus.

Symbol: Topf mit drei Blumen

Stein: H: 132, B: 80, T: 13 cm

Quellen:
RSA 3: 929, 9 Nr. 84; 925, 29; 926, 4:
< Gittiche Daußge (Dausco), geb. 1731, gest. 5. Juli 1821, Tochter von Joseph Landau und Hanna, Gattin des Abraham Daußge >

## Grab 47 und 94

### Löb (Jehuda Arie) Simon

▲ Grab 47

Reihe II

gest. 02.09.1842

| | |
|---|---|
| 1 | מצבת קברת |
| 2 | איש חיל מראשי הקהילה |
| 3 | כ"י הולך בדרך תמים אי"א אוהב |
| 4 | תורה א' מחברה של ג"ח ות"ת |
| 5 | גם נתן ס"ת לבה"כ ונר לתורה זיין |
| 6 | לקי' ול': החבר ר' יהודא ארי' |
| 7 | ב"ח ר' שמעון ז"ל מפה נפטר |
| 8 | יום ש"ק כ"ח אלול ונ' יו' א' ער"ה |
| 9 | תר"ב לפ"ק תנצבה"א |

Anmerkung:
[1] Der Ausdruck איש חיל „tüchtiger Mann" ist sehr ungewöhnlich, חיל ist sonst als Epitheton ornans für Frauen üblich.

Symbol: Strahlenkranz
Stein: H: 159, B: 56, T: 17 cm

1 Grabstein
2 eines tüchtigen[1] Mannes, einer der Vorstände Gemeinde.
3 All seine Tage wandelte er auf makellosem Wege, war ein gottesfürchtiger Mann, und liebte
4 die Thora. Er war Mitglied einer Wohltätigkeitsgesellschaft und der Talmud-Thora<-Gesellschaft>,
5 auch stiftete er eine Thorarolle für die Synagoge und ein Licht für die Thora als Schmuck
6 für das Lesen und Lernen. Der Chawer Herr Jehuda Arie,
7 Sohn des Chawer Herr Schimon seligen Andenkens, von hier, ist gestorben
8 am Tag des Heiligen Schabbat, dem 28. Elul, und wurde begraben am Sonntag, dem Vorabend des Neujahrs,
9 602 n.d.kl.Z. T.N.Z.B.H. Amen

Quellen:
RSA 3: 929, 39 Nr. 6; 926, 55; 931, 11 Nr. 51: < Löb Simon, geb. 20.11.1776, gest. am 2. Sept. 1842, Handelsmann, Sohn des Simon Isaac Horkheimer und der Jachet, Gatte der Rösle, Tochter des Moses (Grab 71) >

### Grösle Stein

▲ Grab 94

Reihe IV

gest. 26.04.1840

| | |
|---|---|
| | פ"ט |
| 1 | הילדה הבתולה כ"י |
| 2 | הולכה בצניע' כבדה |
| 3 | את אביה ואמה מרת |
| 4 | גרעסלא בת כ' אייזק ב' |
| 5 | יעקב ז"ל שטיין מפה נ' |
| 6 | יום א' כ"ג ניסן ונ' יו' ג' כ"ה |
| 7 | ניסן ת"ר לפ"ק תנצב"ה |

Symbol: Amphora
Stein: H: 125, B: 60, T: 12 cm

Hier liegt geborgen
1 ein Mädchen, eine Jungfrau. All ihre Tage
2 wandelte sie tugendhaft, ehrte
3 ihren Vater und ihre Mutter. Frau
4 Grösle, Tochter des ehrbaren Eisik, des Sohnes des
5 Jaakow Stein seligen Andenkens von hier, ist gestorben
6 am Sonntag, dem 23. Nissan, und wurde begraben am Dienstag, dem 25.
7 Nissan 600 n.d.kl.Z. T.N.Z.B.H.

Quellen:
RSA 3: 929, 35 Nr. 4; 931, 19 Nr. 98; 925, 236: < Größle Stein, geb. 15.2.1820, gest. 26. April 1840, Tochter des Isaak Jacob Stein (Grab 130) und der Fradel, geb. Ulmann (Grab 112), ledig >

## Grab 283 und 284

| |  |  |
|---|---|---|
| | פ"נ | Hier liegt begraben |
| 1 | הילד הונא בן | das Kind Huna, Sohn |
| 2 | כמ"ר גרשון ליב | des ehrbaren Herrn Gerschon Löb |
| 3 | מפה נ' יום ד' ונ' יום | von hier. Er ist gestorben am Mittwoch und wurde begraben am |
| 4 | ה' ה' סיון תקפ"ו/ז¹ | Donnerstag, dem 5. Siwan 587[1] |
| 5 | לפ"ק תנצב"ה | n.d.kl.Z. T.N.Z.B.H. |

**Huna „ "**

Grab 283 ▲

Reihe XIV

gest. 30.05.1827

Stein: H: 96, B: 52, T: 10 cm

**Anmerkung:**
[1] Graphisch sieht es eher nach 586 aus, nach dem Kalender müßte es der 5. Siwan 587 gewesen sein, das war ein Donnerstag, im Jahre 586 war der 5. Siwan ein Samstag.

---

| |  |  |
|---|---|---|
| 1 | ביום ג' ט' אדר תרט"ו | Am Dienstag, dem 9. Adar 615 |
| 2 | לפ"ק עלה מות בחלו | n.d.kl.Z. ist der Tod hineingestiegen in unsere Fen- |
| 3 | נינו לקחת את מחמד | ster, um die Freude |
| 4 | עינינו את הילד אשר | unserer Augen zu rauben, das Kind das |
| 5 | אהבנו [כמונו    ] | wir liebten [wie uns selbst    ], |
| 6 | אליעזר בר יצחק | Elieser, Sohn des Jitzchak |
| 7 | מצפ' תנצב"ה | aus Zaberfeld, T.N.Z.B.H. |

**Lazarus (Elieser) Strauß**

Grab 284 ▲

Reihe XIV

gest. 27.02.1855

Symbol: Strahlenkranz

Stein: H: 106, B: 34, T: 21 cm

**Quellen:**
RSA 3: 929, 87f. Nr. 1 (1855); 925, 251b: < Lazarus Strauß, geb. 18. Febr. 1853 in Zaberfeld, gest. 27. Febr. 1855, Sohn des Isaac Strauß (Grab 290) und der Jeanette (Scheindel) (Grab 297) >

## Fradel Benedikt

**Grab 51**
Reihe III
gest. 08.05.1816

| | |
|---|---|
| ה"ה הבתולה הכלה, בחכמה פתחה פיה | 1 D.i. die Jungfrau, die Braut. In Weisheit öffnete sie ihren Mund, |
| רודפת צדקה וחסד, ולעני פשטה ידיה. | 2 Wohltätigkeit und Barmherzigkeit verfolgte sie und den Armen streckte sie ihre Hände aus, |
| חן ויופי יחדו נפגשו, מ' פראדל בת יחדה | 3 Anmut und Schönheit trafen zusammen. Frau Fradel, einzige Tochter, |
| אשר נפשה קשורה בנפש אביה, | 4 deren Seele mit der Seele ihres Vaters verbunden war, |
| הרב זעליגמן ליב ממשפחת בענעדיקט | 5 des Rabbiners Seligmann Löb aus der Familie Benedikt |
| משטוטגרט הלכה לעלמא דקשטא | 6 aus Stuttgart, ging ein in die Welt der Wahrheit |
| ביום ד' יוד אייר תקע"ו לפ"ק. | 7 am Mittwoch, dem 10. Ijjar 576 n.d.kl.Z. |
| תנצב"ה | 8 T.N.Z.B.H. |

Auf der Rückseite des Steines steht:

| | |
|---|---|
| נחל שוטף מות שטף עירנו | 1 Wie ein reißender Fluß stürmte der Tod durch unsere Stadt |
| גזר חוט החיים, נאסף תפארת עמנו, | 2 und schnitt den Lebensfaden ab. Eingesammelt wurde die Zierde unseres Volkes. |
| חוטר מגזע ישרה, פה קבר ינחה, | 3 Der Sproß aus aufrechtem Stamm ruht hier im Grab. |
| עפר שב אל עפר, אל אל שב הרוח, | 4 Staub kehrte zurück zu Staub, zu Gott kehrte die Seele zurück. |
| יושבי חלד על מות העלמה בכו | 5 Die Erdbewohner beweinen den Tod des Mädchens, |
| מלאכי מרום לקראת הכלה שמחו, | 6 die Engel oben jubeln der Braut entgegen, |
| פרי מעלליה יאכלה צחצחות ישבעה, | 7 die Frucht ihrer Taten wird sie nähren, ihre Reinheit[1] wird sie sättigen, |
| צדקה לפניה ילך כבוד ה' יאספה: | 8 Wohltätigkeit geht ihr voran. Gottes Ehre wird sie einsammeln. |

Symbol: Kranz, zwei vierblättrige Blüten

Stein: H: 188, B: 51, T: 37 cm

**Quelle:**
RSA 3: 931, 12 Nr. 55:
< Fradel Benedikt, Tochter des Seligmann Löb Benedikt (Grab 52) von Stuttgart >

**Anmerkung:**
[1] צחצחה, abgeleitet vom Verb צחה, ist ein Hapax legomenon in Jes. 58,11, dort mit der Bedeutung „dürre Gegend, Wüstenei". Das Verb hat jedoch zwei Bedeutungsnuancen, einerseits nämlich „dürr, heiß sein" und andererseits „hell, rein, licht sein". Die Pilelform bedeutet im Hebräischen „sehr dürre sein", im Aramäischen „glänzend, hell machen", und auf diese Bedeutung stützt sich vermutlich der Autor dieser Zeilen.

## Fradel Benedikt

Grab 51 ▼

Reihe III

gest. 08.05.1816

## Grab 52

**Seligmann Löb Benedikt**

▲ Grab 52

Reihe III

gest. 13.07.1860

| | | |
|---|---|---|
| פ"ט | | Hier liegt geborgen. |
| מצבת קברת | 1 | Dies ist der Grabstein eines |
| איש חיל רב פעלים וענות לב | 2 | tüchtigen Mannes, tatenreich und herzensbescheiden |
| כל ימי חיתו | 3 | war er all seine Lebenstage. |
| זרע צדקה ונדב נדיבות להניח ברכה | 4 | Er hat Wohltätigkeit gesät und spendete Almosen, um Segen zu hinterlassen |
| אף אחרי מותו | 5 | auch nach seinem Tode. |
| זעליגמן ליב בענעדיקט | 6 | Seligmann Löb Benedikt |
| עלה למעלה ביום ויו כ"ג תמוז | 7 | stieg hinauf am Freitag, dem 23. Tammus, |
| שנת תר"כ לפ"ק | 8 | im Jahr 620 n.d.kl.Z. |
| תנצב"ה | 9 | T.N.Z.B.H. |

Symbol: Kranz

Stein: H: 203, B: 62, T: 47 cm

Quellen:
RSA 3: 931, 12 Nr. 56:
< Seligmann Löb Benedikt, Sohn des Baruch Benedikt (Grab 11) von Stuttgart >
Er war um 1800 Mitbegründer des Stuttgarter Bankgeschäftes Gebr. Benedict, das 1869 in der Württembergischen Vereinsbank aufging (Hahn, Hoppenlaufriedhof 36).

Grab 52

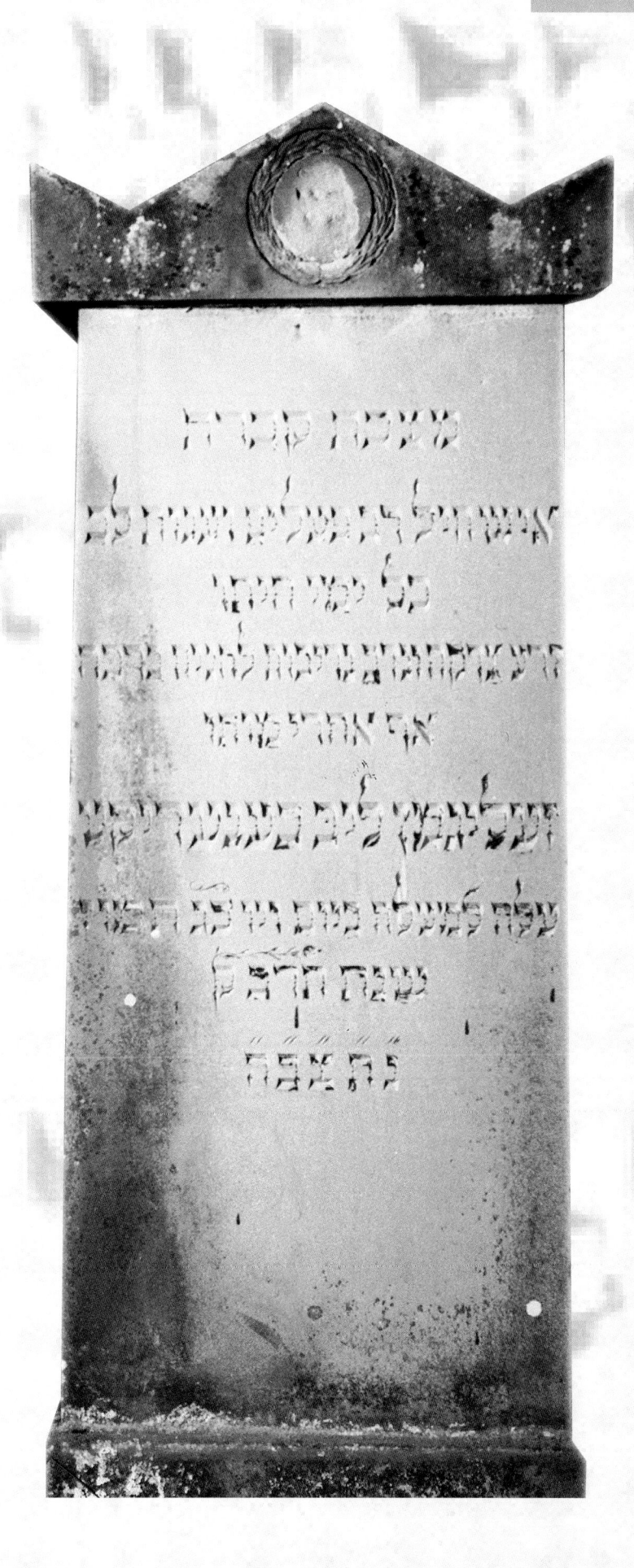

**Seligmann Löb Benedikt**

Grab 52 ▲

Reihe III

gest. 13.07.1860

## Grab 58 und 59

**Jitle Uhlmann**

▲ Grab 58

Reihe III

gest. 07.07.1822

1 הבתו|לה    יטלא ע"ה
2 בת [  ] כ"ה דוד אולמן
3 משטו' נ' יו' ב' י"ח [ונ']

4 [   ] תמוז תקפ"ב לפ"ק
5 [תנצב"ה]

Symbol: vierblättrige Buschwindrose

Stein: H: 93, B: 70, T: 10 cm

1 Die Jung[frau Jitle] - Frieden sei ihr -
2 Tochter des ehrbaren David Uhlmann
3 aus Stuttgart, ist gestorben am Montag, dem 18. und [wurde begraben]
4 [am   ] Tammus 582 n.d.kl.Z.
5 [T.N.Z.B.H.]

**Quelle:**
Tochter des Stuttgarter Hoffaktors David Uhlmann, der ab 1747 Vorsteher der jüdischen Gemeinde in Freudental war (Nebel, Geschichte 35).

**Anmerkung:**
Der 18. Tammus 582 war kein Montag, sondern ein Sonntag, vorausgesetzt alle Lesungen am Stein sind korrekt.

---

**Fradel „        "**

▲ Grab 59

Reihe III

gest. 24.01.1824

  פ"ט
1 הא"ח צנועה מ' פראדיל
2 בת כ' מאזוס ז"ל מצפ' אשת
3 כ' מאיר כ"ג ז"ל מפה נ' ש"ק

4 כ"ד ונ' יום ב' ד"ו¹ שבט
5 תקפ"ד לפ"ק
6 תנצב"ה

Symbol: Topf mit drei Blüten

Stein: H: 165, B: 66, T: 12 cm

Hier liegt geborgen
1 die vornehme und tugendhafte Frau Fradel,
2 Tochter des ehrbaren Moses, seligen Andenkens, Zaberfeld, Gattin
3 des verehrten Meir - Ehre sei seiner Größe, seligen Andenkens - von hier. Sie ist gestorben am Heiligen Schabbat, dem
4 24. und wurde begraben am Montag, dem 26. Schewat
5 584 n.d.kl.Z.
6 T.N.Z.B.H.

**Quelle:**
RSA 3: 929, 11:
< Fradel, gest. mit 71 Jahr am 24. Jänner 1824, Tochter des Moses (aus) Zaberfeld, Gattin des Mayer Löb >

**Anmerkung:**
¹ fehlerhaft geschrieben für כ"ו

## Grab 61 und 62

**פ״נ**
1. אשת חיל זקנה מרת
2. שרה בת כ׳ שמחה כהן
3. מצפ׳ אשת כ׳ יעקל ז״ל
4. מפה הלכה לעלמה ביו׳
5. ש״ק כ״ג ונקברת כ״ד סיון
6. תקפ״ד לפ״ק
7. תנצב״ה

Symbol: sechsblättrige Blüte

Stein: H: 119, B: 85, T: 9 cm

Hier liegt begraben
1. die tüchtige und hochbetagte Frau
2. Sara, Tochter des ehrbaren Simcha Cohen
3. aus Zaberfeld, Gattin des ehrbaren Jekel, seligen Andenkens,
4. von hier. Sie ging in ihre Welt am Tag des
5. Heiligen Schabbat, dem 23., und wurde begraben am 24. Siwan
6. 584 n.d.kl.Z.
7. T.N.Z.B.H.

Quellen:
RSA 3: 929, 11 Nr. 104; 926, 41; 931, 13 Nr. 65:
< Sara Stein, gest. 19. Juny 1824, Tochter von Simon Cahn aus Zaberfeld und Külle, Gattin des Jakob Löw Stein >

**Sara Stein**

Grab 61 ▲

Reihe III

gest. 19.06.1824

---

**פ״ט**
1. הא״ח הצנוע׳ וחסודה
2. כל ימי׳ עוסק׳ בג״ח מ׳
3. שינלא א׳ כ׳ יהושע
4. ז״ל מפה נ׳ עש״ק ג׳ סיון ונ׳
5. ע׳ שבועת תקפ״ה לפ״ק
6. תנצב״ה

Symbol: sechsblättrige Blüte in einem Kreis

Stein: H: 134, B: 64, T: 11 cm

Hier liegt geborgen
1. eine vornehme, tugendhafte und fromme Frau,
2. die all ihre Tage Wohltätigkeit übte, Frau
3. Scheinle, Gattin des ehrbaren Jehoschua
4. seligen Andenkens, von hier. Sie ist gestorben am Vorabend des Heiligen Schabbat, 3. Siwan, und wurde begraben
5. am Vorabend des Wochenfestes, 585 n.d.kl.Z.
6. T.N.Z.B.H.

Quellen:
RSA 3: 929, 13; 931, 13 Nr. 66:
< Scheinle Levi, Tochter des Abraham Cahn von Mönzenheim, gest. am 20. Mai 1825, Gattin des Josua Löw >

**Scheinle Levi**

Grab 62 ▲

Reihe III

gest. 20.05.1825

## Grab 63 und 64

### Breindl Levi

▲ Grab 63

Reihe III

gest. 28.05.1825

| | |
|---|---|
| פ״ט | |
| הא״ח הצנוע׳ והחסודה | 1 |
| [מ׳] בריינדל אשת כ׳ | 2 |
| יהודא סג״ל מפה | 3 |
| נ׳ ש״ק י״א סיון | 4 |
| ונ׳ יו׳ ב׳ י״ג סיון | 5 |
| תקפ״ה לפ״ק | 6 |
| תנצב״ה | 7 |

Symbol: sechsblättrige Blüte in einem Kranz

Stein: H: 107, B: 58, T: 10 cm

Hier liegt geborgen
1 die vornehme, tugendhafte und fromme
2 [Frau] Breindl, Gattin des ehrbaren
3 Jehuda Segal von hier.
4 Sie ist gestorben am Heiligen Schabbat, dem 11. Siwan
5 und wurde begraben am Montag, dem 13. Siwan
6 585 n.d.kl.Z.
7 T.N.Z.B.H.

Quellen:
RSA 3: 929, 13 Nr. 113; 925, 119; 926, 190; 931, 14 Nr. 67:
< Breindl Levi, gestorben 28. Mai 1825, Tochter von Jechiel Neuburg und Beierle, erste Gattin des Judas Seligmann Levi (Grab 137) >

### Kreinle Hirschmann

▲ Grab 64

Reihe III

gest. 20.06.1825

| | |
|---|---|
| פ״ט | |
| הא״ח צנועה והחסוד׳ כל | 1 |
| ימיה עוסק׳ בג״ח ביתה | 2 |
| פתוחה לעניי׳ ולעשיר׳ | 3 |
| מרת קרינלא א׳ פ״ו כ״ה | 4 |
| הירש ז״ל מפה נ׳ יום ב׳ ד׳ | 5 |
| תמוז ונ׳ יו׳ ג׳ ה׳ תמוז תקפ״ה לפ״ק | 6 |
| תנצב״ה | 7 |

Symbol: drei konzentrische Kreise

Stein: H: 140, B: 72, T: 15 cm

Hier liegt geborgen
1 die vornehme, tugendhafte und fromme Frau, die all
2 ihre Tage Wohltätigkeit übte, ihr Haus
3 war für die Armen und Reichen offen.
4 Frau Kreinle, Gattin des Vorstehers und Leiters, des ehrbaren Herrn
5 Hirsch, seligen Andenkens, von hier, ist gestorben am Montag, dem 4.
6 Tammus, und wurde begraben am Dienstag, dem 5. Tammus 585 n.d.kl.Z.
7 T.N.Z.B.H.

Quellen :
RSA 3: 929, 13 Nr. 116; 925, 55; 926, 30. 49. 55. 98; 931, 14 Nr. 68 :
< Kreinle/Krönle, geb. 1759, gest. 20 Juny 1825, Tochter des Samuel Abraham und der Größle, Gattin des Hirsch Wolf (Grab 10), die Familie nahm später den Nachnamen Hirschmann an >

# Grab 65 und 66

## Michael Simon Horkheimer

Grab 65 ▲

Reihe III

gest. 26.04.1827

| | |
|---:|:---|
| | פ"נ |
| 1 | הנער בעל ג"ח עורק[1] |
| 2 | במצות כ' מיכאל |
| 3 | בן כ"ה שמעון ז"ל |
| 4 | [מפה נ'] יום ה' ער"ח |
| 5 | אייר ונ' עש"ק א' דר"ח |
| 6 | אייר תקפ"ז לפ"ק תנצב"ה |

Symbol: drei konzentrische Kreise

Stein: H: 142, B: 62, T: 12 cm

1. Hier liegt begraben
   ein Junge,
   der Wohlfahrt stiftete und sich
2. mit dem Gesetz beschäftigte.
   Der ehrbare Michael,
3. Sohn des ehrbaren Herrn Schimon,
   seligen Andenkens,
4. [von hier, ist gestorben] am Donnerstag,
   dem Vorabend des Neumonds des
5. Ijjar, und wurde begraben am Vorabend
   des Heiligen Schabbat, dem ersten
   Neumondtag des
6. Ijjar 587 n.d.kl.Z. T.N.Z.B.H.

Quellen:
RSA 3: 929, 15 Nr. 126; 931, 14 Nr. 69; 925, 58;
926, 3, 86:
< Machuel Simon Horkheimer, geb. 20.11.1788,
gest. 3. Mai 1827, Sohn des Simon Isac
Horkheimer (Grab 7) und der Jachet, ledig >

Anmerkungen:
Sterbedaten auf dem Stein und in den Registern
stimmen nicht überein.

[1] verschrieben für עוסק

## Hanne Levi

Grab 66 ▲

Reihe III

gest. 14.06.1827

| | |
|---:|:---|
| 1 | אישה צנועה ונעימה הלכה |
| 2 | בדרך ישרה אוהב שלום |
| 3 | מצות ה' שמרה מ' חנה אשת |
| 4 | כמ"ר וואלף סג"ל <ז"ל> ונפטרה |
| 5 | בשם טובות[1] {ז"ל}[2] יום ה' י"ט |
| 6 | ונקברה יום עש"ק כ' סיון |
| 7 | תקפ"ז לפ"ק תנצב"ה |

Anmerkungen:
[1] Die Pluralform hier ist unerwartet,
zu erwarten wäre בשם טוב

[2] Beim Abschreiben der Vorlage auf den Stein
versehentlich eine Zeile zu tief gerutscht.

Symbol: Sonne mit Strahlenkranz

Stein: H: 142, B: 53, T: 12 cm

1. Eine tugendhafte und wohlgefällige Frau,
   sie wandelte
2. auf rechtem Weg, war friedensliebend
3. und hielt die Gebote Gottes.
   Frau Channa, Gattin
4. unseres ehrbaren Lehrers Herrn Wolf
   Segal < seligen Andenkens >,
   ist gestorben
5. mit gutem Namen, {seligen Andenkens}[2],
   am Donnerstag, dem 19.
6. und wurde begraben am Vorabend des
   Heiligen Schabbat, dem 20. Siwan
7. 587 n.d.kl.Z. T.N.Z.B.H.

Quellen:
RSA 3: 929, 15 Nr. 128; 931, 14 Nr. 70;
926, 46 (Isaac Mayer):
< Hanne Levi, geb. 1754, gest. 14. Juny 1827,
Tochter des Isac David, in erster Ehe Gattin des
Isac Mayer, in zweiter Ehe des Wolf Levi >

## Mehrle Ulmann

▲ Grab 50

Reihe II

gest. 26.12.1830

יולדת
1 [                    ]
2 [                    ]
3 [       ] הלכה לעולמה
4 [   ] נפ' יו' א' ונקברה
5 יום ג' י"ב טבת תקצ"א
6 תנצב"ה

Symbol: Kranz, Herz

Stein: H: 89, B: 73, T: 12 cm

Wöchnerin
1 [                    ]
2 [                    ]
3 [       ] sie ging ein in ihre Welt
4 [       ] sie ist gestorben am Sonntag und wurde begraben
5 am Dienstag, dem 12. Tewet 591
6 T.N.Z.BZ.H.

Quellen:
RSA 3: 929, 17 Nr. 2 (1830); 925, 279; 931, 11 Nr. 54:
< Mehrle Ulmann, geb. am 12. Dez. 1804, gestorben mit 26 Jahren im Wochenbett am 26. Dezember 1830, Tochter von Liebmann Bär Bamberger aus Neidenstein/Baden und Reichele, Tochter d. Abraham, erste Gattin des Isaak Löb Ulmann >

## Ittel Levi

▲ Grab 53

Reihe III

gest. 05.03.1819

פ"ט
1 הא"ח צנוע' וחסודה
2 מ' יטל א'כ' יוזפא סג"ל
3 נ' יו' עש"ק ח' אדר
4 [ תקע"ט לפ"ק ]
5 [                    ]

Stein: H: 82, B: 67, T: 10 cm

Hier liegt geborgen
1 eine vornehme Frau, tugendhaft und fromm.
2 Frau Jettel, Gattin des ehrbaren Jospa Segal,
3 ist gestorben am Tag des Vorabends des Heiligen Schabbat, 8. Adar
4 [ 579 n.d.kl.Z. ]
5 [                    ]

Quellen:
RSA 3: 931, 12 Nr. 57; 926, 37:
< Ittel Levi, geb. 1750, gest. 5.3.1819, Tochter von Hirsch Talheimer und Breinle, Gattin des Joseph Levi (Grab 4) >

## Channa Goldschmidt

▲ Grab 57

Reihe III

gest. 03.03.1822

פ"נ
1 אשת חיל צנועה וחסודה כל
2 ימיה הלכה בדרך ישרה היא
3 האשה מ' חנה אשת ה"ה ר'
4 קאפיל ג'שט' שטוטגאַרט
5 נפטרת בשם טוב יוד ונ' י"ב
6 אדר תקפ"ב לפ"ק
7 תנצב"ה

Symbol: vierblättrige Rosenblüte

Stein: H: 92, B: 66, T: 10 cm

Hier liegt begraben
1 eine tüchtige, tugendhafte und fromme Frau, all
2 ihre Tage wandelte sie auf rechtem Wege. Sie war
3 die Frau Channa, Gattin des Herrn
4 Koppel G'St'[1], Stuttgart,
5 sie ist gestorben mit gutem Namen am 10. und wurde begraben am 12.
6 Adar 582 n.d.kl.Z.
7 T.N.Z.B.H.

Quelle:
RSA 3: 931, 13 Nr. 61 ohne Angaben
Anmerkung:
[1] Auflösung der Abkürzung wahrscheinlich Goldstein oder Goldschmidt

Grab 60, 75 und 85

## Hanna Herrmann

1 הא[״ח]
2 [ ] חנה
3 [אש]ת כ׳ מרדכי הורמין
4 ז״ל מפה נ׳ יו׳ ג׳ ט׳ אדר
5 ש׳ ונ׳ יו׳ ד׳ י׳ א״ש ת״ק
6 פ״ד לפ״ק תנצב״ה

Symbol: Kranz

Stein: H: 96, B: 76, T: 10 cm

1 Eine [vornehme] Frau
2 [                    ] Channa,
3 Gattin des ehrbaren Mordechai Hurmin
4 seligen Andenkens, von hier, ist gestorben am Dienstag, 9. Adar
5 II., und wurde begraben am Mittwoch, dem 10. Adar II., 5
6 84 n.d.kl.Z. T.N.Z.B.H.

Quellen :
RSA 3: 929, 11 Nr. 100; 926, 60; 931, 13 Nr. 64:
< Hanna Herrmann, geb. 1740, gest. 9. März 1824, Tochter von Samuel Mendel und Sophie Seligmann, Gattin des Marx-Mayer Hurmin/Herrmann >

Grab 60 ▲

Reihe III

gest. 09.03.1824

## Gnendel Kahn

פ״ט
1 אשת חיל הא״ח הצנועה
2 וחסוד׳ כ״י עוסק׳ בג״ח כא״ו
3 מ׳ גנענדל אשת כ׳ ליזר
4 כהן ז״ל מצפ׳ נפ׳ יום עש״ק
5 ונ׳ יו׳ א׳ ט״ז אייר תר״י לפ״ק
6 תנצבה״א

Stein: H: 138, B: 60, T: 10 cm

Hier liegt geborgen
1 eine tüchtige, vornehme, tugendhafte
2 und fromme Frau, all ihre Tage übte sie Wohltätigkeit für jedermann.
3 Frau Gnendel, Gattin des ehrbaren Leiser
4 Cohen seligen Andenkens aus Zaberfeld, ist gestorben am Tag des Vorabends des Heiligen Schabbat
5 und wurde begraben am Sonntag, dem 16. Ijjar 610 n.d.kl.Z.
6 T.N.Z.B.H. Amen

Quelle:
RSA 3: 931 S. 16 Nr. 79:
< Gnendel Kahn von Zaberfeld >

Grab 75 ▲

Reihe III

gest. 26.04.1850

## Gitel Jordan

פ״ט
1 הא״ח הצנוע׳ וחוסדה כל
2 ימיה עוסק׳ בג״ח מ׳ גיטל
3 א׳ כמ״ר מאזוס מצפ׳: נ׳ יו׳
4 א׳ כ״ח ונ׳ יו׳ ב׳ כ״ט שבט
5 תקצ״ג לפ״ק
6 תנצב״ה

Symbol: Mondsichel

Stein: H: 90, B: 57, T: 10 cm

Hier liegt geborgen
1 eine vornehme, tugendhafte und fromme Frau, all
2 ihre Tage übte sie Wohltätigkeit. Frau Gitel,
3 Gattin des ehrbaren Herrn Masos aus Zaberfeld, ist gestorben
4 am Sonntag, dem 28. und wurde begraben am Montag, dem 29. Schwat
5 593 n.d.kl.Z.
6 T.N.Z.B.H.

Quelle :
RSA 3: 931, 17 Nr. 89:
< Gitel Jordan von Zaberfeld >

Grab 85 ▲

Reihe IV

gest. 17.02.1833

# Grab 67 und 68

## Esther Kahn

▲ Grab 67

Reihe III

gest. 01.03.1842

פ"ט
1 הא"ח הצנוע' וחסודה כל ימי'
2 הולכה ועוסקה בג"ח כל מעשי'
3 לשש"מ כפיה פרשה לעני ויד'
4 שלחה לאביון¹ תנו לה מפרי
5 ידיה יהללוה בשערי' מעשי'²
6 אסתר אשת כ' פייס כ"ץ ז"ל מפה
7 נ' יום ב'³ י"ט אדר ונ' יו' ד' כ' אדר
8 תר"ב לפ"ק תנצב"ה

Anmerkungen:
¹ Prov. 31, 20
² Prov. 31, 31
³ Verschrieben ב statt ג, es muß korrekt Dienstag heißen.

Symbol:
Sonne mit Strahlenkranz, darinnen Dreieck mit Auge
Stein: H: 156, B: 51, T: 18 cm

Hier liegt geborgen
1 eine vornehme, tugendhafte und fromme Frau, all ihre Tage
2 ging sie und übte Wohltätigkeit, alle ihre Taten
3 erfolgten im Namen des Himmels, sie breitete ihre Hände den Armen aus, und die Hand
4 reichte sie dem Bedürftigen¹. Gebt ihr von den Früchten
5 ihrer Hände, in den Toren sollen sie ihre Werke loben.²
6 Esther, Gattin des ehrbaren Feis Katz - seligen Andenkens - von hier,
7 ist gestorben am Montag³, dem 19. Adar, und wurde begraben am Mittwoch, dem 20. Adar
8 602 n.d.kl.Z. T.N.Z.B.H.

Quellen:
RSA 3: 929, 39 Nr. 1 (1842);
931, 14 Nr. 71; 925, 66:
< Esther Kahn, geb. 1767, gest. 1. März 1842, Tochter des Judas Levi, Wittwe des Veit Kahn (Grab 18) >

## Riele (Rachel) Levi

▲ Grab 68

Reihe III

gest. 01.12.1842

פ"ט
1 האשה חשוב[ה] - הצנועה
2 וחסודה - כ"י עוסק' - בג"ח מ'
3 רילא - א' מאיר - ב' ג' - ז"ל
4 סג"ל - מפה - [נפ]טר' יו' - עש"ק
5 כ'ט - כסלו ונ' - יו' א' ב' דר"ח
6 טבת תר"ג לפ"ק
7 תנצב"ה - א'

Symbol: fünfzackiger Stern

Stein: H: 137, B: 60, T: 12 cm

Hier liegt geborgen
1 eine vornehme, tugendhaft[e]
2 und fromme Frau, alle ihre Tage übte sie Wohltätigkeit. Frau
3 Riele, Gattin des Meir, Sohn des G. seligen Andenkens
4 Segal von hier, ist gestorben am Tag des Vorabends des heiligen Schabbat,
5 dem 29. Kislew, und wurde begraben am Sonntag, dem zweiten Neumondtag des Monats
6 Tewet 603 n.d.kl.Z.
7 T.N.Z.B.H. Amen

Quellen:
RSA 3: 929, 41 Nr. 9; 931, 15 Nr. 72;
925, 113; 926, 84:
< Rachel Levi, geb. 1770, gest. 1. December 1842, Tochter des Kusel von Steinfurt und der Schönle, in erster Ehe verheiratet mt Samson Samson, in zweiter Ehe mit Mayer Gumpel Levi (Grab 45) >

Anmerkung:
Die Inschrift verwendet kleine Querstriche als Worttrenner.

## Grab 69 und 70

### Riele Stein

Grab 69 ▲

Reihe III

gest. 04.05.1843

פ"ט
1 הא"ח הצנוע' והחסוד' כל
2 ימיה הולכה בדרך טוב גומל
3 חסד מ' רילה אשת כ' שרגא
4 יצ"ו ז"ל מפה נ' יום ו' עש"ק
5 ה' אייר ונ' יום א' ז' אייר
6 תר"ג לפ"ק תנצב"ה

Symbol: fünfzackiger Stern

Stein: H: 150, B: 57, T: 10 cm

Hier liegt geborgen
1 eine vornehme, tugendhafte und fromme Frau, all
2 ihre Tage wandelte sie auf gutem Wege und stiftete
3 Wohlfahrt. Frau Riele, Gattin des ehrbaren Schraga seligen Andenkens
4 von hier, sein Schöpfer und Erlöser behüte ihn, ist gestorben am Freitag, dem Vorabend des Heiligen Schabbat,
5 dem 5. Ijjar und wurde begraben am Sonntag, dem 7. Ijjar
6 603 n.d.kl.Z. T.N.Z.B.H.

Quellen:
RSA 3: 931, 15 Nr. 73; 925, 232;
929, 41 Nr. 3; 926, 23:
< Riele Stein, geb. Aug. 1790, gest. 4. May 1843, Tochter von Gerson und Veilchen aus Berwangen, Wittwe d. Veit Isaak Stein (Grab 44) >

---

### Marianne (Miriam) Kahn

Grab 70 ▲

Reihe III

gest. 19.05.1844

פ"ט
1 הא"ח הצנוע' וחסוד' כ"י היתה
2 עוסקת בג"ח כל מעשיה
3 היה בכשרות מ' מרים א'
4 כ' שמואל כהן נפטר' ב' סיון
5 ונ' יו' ג' דסיון תר"ד לפ"ק
6 תנצב"ה א'

Symbol: achtzackiger Stern im Kreis

Stein: H: 130, B: 60, T: 12 cm

Hier liegt geborgen
1 eine vornehme, tugendhafte und fromme Frau, all ihre Tage
2 übte sie Wohltat, all ihre Taten
3 waren in Reinheit. Frau Miriam, Gattin des
4 ehrbaren Schmuel Cohen ist gestorben am 2. Siwan
5 und wurde begraben am 3. Siwan 604 n.d.kl.Z.
6 T.N.Z.B.H. Amen

Quellen:
RSA 3: 929, 43 Nr. 3 (1844); 931, 15 Nr. 74;
925, 68; 926, 94:
< Marianne Kahn, geb. 1776, gest 19. May 1844, Tochter des Rabbiners Salomon aus Lehrensteinsfeld und der Sara, Tochter des Wolf, Gattin des Viehhändlers Samuel Marx Kahn (Grab 131) >

# Grab 71 und 72

## Rösle Simon

▲ Grab 71

Reihe III

gest. 09.08.1848

|  | |  |
|---|---|---|
| פה טמונה אשה הגונה | 1 | Hier liegt eine ehrenwerte Frau geborgen, |
| מר' ריזלה א' כ"א יהודה | 2 | Frau Rösle, Gattin des ehrbaren Herrn Jehuda. |
| תמים עם ה' היתה לבה | 3 | Ihr Herz war makellos mit Gott, |
| ולטוב נשמתה כל | 4 | und um die Güte ihrer Seele willen waren alle |
| פעלתה | 5 | ihre Werke erfolgt. |
| ע'. ל'. י' מ"ם תר"ח לפ"ק | 6 | Sie stieg hinauf am 10 Menachem, 608 n.d.kl.Z. |
| תנצבה"א | 7 | T.N.Z.B.H. Amen |

Stein: H: 203, B: 59, T: 41 cm

Quellen:
RSA 3: 929, 51 Nr. 6; 925, 229; 931, 15 Nr. 75:
< Rösle Simon, geb. 1782, gest. 9. August 1848, Tochter des Moses Isak und der Riffeke, Tochter des Benjamin, Wittwe des Löb Simon, gen. Juda Löb Horkheimer (Grab 47) >

## Sara Löwe

▲ Grab 72

Reihe III

gest. 04.11.1848

|  | |  |
|---|---|---|
| פה טמונה | 1 | Hier liegt geborgen |
| **ש**רה אשת חיל, צדק' עשת' כאביגיל | 2 | Sara, eine tüchtige Frau, sie übte Mildtätigkeit wie Avigail, |
| **ר**ב טוב פעל' בחייה, לעני פרשה כפיה | 3 | und tat viel Gutes in ihrem Leben, für die Armen breitete sie ihre Hand aus. |
| **ה**"ה יבכוה אביוני', רוחה פרח' לעליוני' | 4 | Sie ist es, die die Bedürftigen beweinen, ihr Geist enteilte zum Höchsten. |
| הלא היא האשה החשובה | 5 | Wahrlich, sie war eine vornehme Frau! |
| בני' ובנותי' הדריכ' בדרך טובה | 6 | Sie führte ihre Söhne und Töchter auf guten Weg. |
| שרה אשת כה"ר משה | 7 | Sara, die Gattin des ehrbaren Herrn Mosche, |
| מוהל מק"ק פריידענטהאל | 8 | des Beschneiders aus der Heiligen Gemeinde Freudenthal, |
| נפטרת מש"ק ט' מרחשון | 9 | ist gestorben am Schabbatausgang, dem 9. Marcheschwan |
| תר"ט לפ"ק | 10 | 609 n.d.kl.Z. |
| תנצב"ה א"ס | 11 | T.N.Z.B.H. Amen Sela! |

Anmerkung:
Die Anfangsbuchstaben der Zeilen 2, 3 und 4 bilden ein Akrostichon mit dem Namen „Sara".

Stein: H: 200, B: 58, T: 40 cm

Quellen:
RSA 3: 929, 51 Nr. 8; 925, 131, 111; 926, 70; 931, 15 Nr. 76:
< Sara Löwe, geb. 1794, gest. 4. November 1848, Tochter des Hirsch Wolf (Grab 10) und der Kreinle (Grab 64), Gattin des Moses Joseph Löwe (Grab 213). Der Familienname lautet seit 1839 Löwe, zuvor Levi. >

## Gnendel Strauß

Grab 74
Reihe III
gest. 22.11.1848

| | | |
|---|---|---|
| פ"ט | | Hier liegt geborgen |
| אשת חיל עטרת בעלה כ"י | 1 | eine tüchtige Frau, ihres Mannes Krone, alle Tage ihres |
| חיי' עוסק בג"ח האשה חשו' | 2 | Lebens übte sie Wohltätigkeit, die vornehme |
| הצנוע' וחסודה מ' גנענדל | 3 | tugendhafte und fromme Frau Gnendel, |
| בת כ' יצחק ז"ל מפה א' כ' שמשון | 4 | Tochter des ehrbaren Jitzchak, seligen Andenkens, von hier, Gattin des ehrbaren Schimschon |
| הלוי נפט' יום ה' כ"ז ונ' עש"ק | 5 | Halevi. Sie ist gestorben am Donnerstag, dem 27., und wurde begraben am Vorabend des Heiligen Schabbat, |
| כ"ח מרחשון תר"ט לפ"ק | 6 | dem 28. Marcheschwan, 509 n.d.kl.Z. |
| תנצבה"א | 7 | T.N.Z.B.H. Amen |

Stein: H: 116, B: 60, T: 12 cm

Quellen:
RSA 3: 929, 53 Nr. 10; 925, 239:
< Gnendel Strauß, geb. Dez. 1780, gest. 22. November 1848, Tochter des Isak Löb und der Hefle, Gattin des Samson Levi Strauß (Grab 133) >

## Gnendel Levi

Grab 73
Reihe III
gest. 18.11.1848

| | | |
|---|---|---|
| פ"ט | | Hier liegt geborgen |
| אשת חיל מי ימצא בטח בה לב | 1 | <Glücklich,> wem eine tüchtige Frau beschert ist, auf sie verläßt sich das Herz |
| בעלה גמלתהו טוב ולא רע כ"י | 2 | ihres Mannes, sie tut ihm Liebes und kein Leid alle Tage ihres |
| חיי' ידה פרשה לעני היא אם צנוע' | 3 | Lebens[1], dem Armen breitet sie ihre Hand aus[2], sie war eine tugendhafte und fromme |
| וחסוד' מ' גנענדל בת כ' מאיר נ"י ז"ל | 4 | Mutter. Frau Gnendl, Tochter des ehrbaren Meir – sein Licht soll leuchten, seligen Andenkens –, |
| אשת כ' מניס סג"ל מפה עלתה | 5 | Gattin des ehrbaren Manes Segal von hier, stieg |
| למעל' יום ש"ק כ"ב ונק' יו' ב' כ"ד | 6 | hinauf am Tag des Heiligen Schabbat, dem 22. und wurde begraben am Montag, dem 24. |
| מרחשון תר"ט לפ"ק תנצבה"א | 7 | Marcheschwan 609 n.d.kl.Z. T.N.Z.B.H. Amen |

Anmerkungen:
[1] Prov. 31,10f.
[2] Prov. 31,20

Quellen:
RSA 3: 929, 53 Nr. 9; 925, 109; 926, 31; 931 S. 15 Nr. 77:
< Gnendl Levi, geb. 1780, gest. 18.11.1848, Tochter von Mayer Löb und Fradel Moses, in erster Ehe Gattin des Hayum Samson, in zweiter Ehe Gattin des Manasse Levi (Grab 146) >

Stein: H: 162, B: 72, T: 24 cm

## Rösle Löwenthal

▲ Grab 77

Reihe III

gest. 24.03.1851

| | |
|---|---|
| 1 | מצבת קברת |
| 2 | הא"ח צנועה [ ] |
| 3 | [ ] מעשיה] |
| 4 | [ ] |
| 5 | [ ] |
| 6 | [א] שלמה ז"ל נפט' יו[ן |
| 7 | אדר ש' ונ' יו' י"ט א"ש |
| 8 | תר"י לפ"ק תנצב"ה א' |

Symbol: sechsblättrige Blüte

Stein: H: 134, B: 48, T: 11 cm

1 Grabstein
2 einer vornehmen, tugendhaften Frau,
3 [    ] ihre Taten
4 [    ]
5 [    ]
6 Schlomo seligen Andenkens. Sie ist gestorben am [    ]
7 Adar II und wurde begraben am 19. Adar II
8 610[1] n.d.kl.Z.  T.N.Z.B.H.  Amen

**Quelle:**
RSA 3: 925, 123:
< Rösle Löwenthal, geb. 1804 in Freudental, gest. 24.3.1851, Tochter von Jakob Wolf Steinteker (Grab 121) und Greßle, Tochter d. Hirsch Wolf (gest. 1806), erste Gattin des Majer Salomon Löwenthal (Grab 318) >

**Anmerkungen:**
[1] verschrieben für 611

## Genendel Levi

▲ Grab 80

Reihe III

gest. 22.07.1856

| | |
|---|---|
| | פ"נ |
| 1 | אשת חיל גענענדעל ב' פ' |
| 2 | אשת יעקב הלוי כל ימיה |
| 3 | הלכה בדרך ישרה אוהב |
| 4 | שלום ומצות ה' שמרה |
| 5 | נפטר בי' ג' י"ט ונקבר בי' ה' |
| 6 | כ"א תמוז. תרי"ו לפ"ק |
| 7 | תנצב"ה א' |

Stein: H: 152, B: 52, T: 18 cm

Hier liegt begraben
1 die tüchtige Frau Genendel, Tochter des P.[1]
2 Gattin des Jaakow Halevi. All ihre Tage
3 wandelte sie auf rechtem Wege, liebte
4 den Frieden und hielt Gottes Gebote.
5 Sie starb am Dienstag, dem 19. und wurde begraben am Donnerstag,
6 dem 21. Tammus 616 n.d.kl.Z.
7 T.N.Z.B.H.  Amen

**Quellen:**
RSA 3: 929, 75 Nr. 5; 925, 80; 926, 45; 931, 16 Nr. 84:
< Genendel Levi, geb. 1784, gest. 22. July 1856, Tochter des Seligmann aus Stein im Großherzogthum Baden und der Maille, Wittwe des Jacob Levi (Grab 19) >

**Anmerkungen:**
[1] Wohl Pinchas. Der Vater lautet dem Sterberegister nach Seligmann, Pinchas ist die hebräische Entsprechung.

## Kehla Stein

Grab 78

Reihe III

gest. 04.04.1851

| | |
|---|---|
| פ״ט | |
| [אשר  ] | 1 |
| [          ] | 2 |
| [          ] | 3 |
| [          ] | 4 |
| נפט' יום ג' ונק' יום ו' ניסן | 5 |
| תרי״א לפ״ק | 6 |
| תנצב״ה א' | 7 |

Symbol: vierblättrige Blüte in einem Kreis

Stein: H: 124, B: 48, T: 11 cm

1 Hier liegt geborgen
2 [                    ]
3 [                    ]
4 [                    ]
5 Sie ist gestorben am 3. und wurde begraben am 6. Nissan
6 611 n.d.kl.Z.
7 T.N.Z.B.H. Amen

**Quellen:**
RSA 3:929, 661 Nr. 4; 931, 16 Nr. 82:
< Keila (Kehla) Stein, geb. 8.3.1788 in Michelfeld, gest. 4. April 1851, Tochter von Lazarus Hirsch Traub aus Michelfeld und Rebekka, Gattin des Abraham Jakob Stein (Grab 145) >

## Rösle Levi

Grab 81

Reihe III

gest. 30.01.1857

| | |
|---|---|
| פ״ט | |
| השושנה מהוללה ויקרה | 1 |
| מכתרת בכל מדה ישרה | 2 |
| האשה צנועה מרת ריזלה | 3 |
| אשת כ״ה מנחם הלוי ז״ל נפטרה | 4 |
| בליל ש״ק ו' שבט ונקברה | 5 |
| בי' א' ז' שבט תרי״ז ליצירה | 6 |
| אהה גדול כ[י]ום שברנו [ ] | 7 |
| [ ] יחזק אל [ ] | 8 |

Stein: H: 133, B: 46, T: 27 cm

1 Hier liegt geborgen eine Rose, eine gepriesene und teuere,
2 gekrönt mit aller redlichen Tugend.
3 Die tugendhafte Frau Rösle,
4 Gattin des ehrbaren Menachem Halevi, seligen Andenkens, ist gestorben
5 in der Nacht des Heiligen Schabbat, dem 6. Schewat, und wurde begraben
6 am Sonntag, dem 7. Schewat 617 nach der Schöpfung

Auf dem Sockel des Grabsteins steht:
7 Wehe, unser Schaden ist groß wie das Meer [         ]
8 Gott wird stärken [         ].

**Quellen:**
RSA 3: 929, 77 Nr. 2;
925, 115; 926, 18; 931, 17 Nr. 85:
< Rösle Levi, geb. 1779, gest. 30.1.1857, Tochter von Judas Levi und Vogel, Witwe des Krämers und Wirthes Immanuel Levi (Grab 26) >

# Grab 76

## Mathilde (Matele) Horkheimer

▼ Grab 76

Reihe III

gest. 25.05.1850

1. מצבת קברת
2. א"ח עטרת הבית עטרת בעל'
3. תפארת בניה כפה פרשה לעני
4. וידה שלחה לאביון היא
5. האשה מאטילה א' בנימן
6. הארקהיימר מפה אשר
7. מתה ונאספה אל עמה בש"ט
8. במוצאי ש"ק ט"ו סיון שנת
9. תר"י לפ"ק תנצב"ה עש"צ
10. ש"נ ג"ע. א"ס

Auf der Rückseite des Steines steht:

Hier Ruht
Mathilde
Horkheimer

Stein: H: 187, B: 57, T: 39 cm

1. Grabstein
2. einer tüchtigen Frau[1], sie war die Krone ihres Hauses, Krone ihres Gatten[1],
3. und Zierde ihrer Söhne. Den Armen breitete sie ihre Hand aus
4. und ihre Hand reichte sie den Bedürftigen[2].
5. Frau Matele, Gattin des Benjamin
6. Horkheimer von hier,
7. starb und wurde zu ihrem Volk versammelt in gutem Namen
8. am Ausgang des Heiligen Schabbat, 15. Siwan, im Jahre
9. 610 n.d.kl.Z. T.N.Z.B.H., mit den anderen gerechten Frauen
10. soll sie ewig leben im Garten Eden, Amen Sela

**Quellen:**
RSA 3: 929, 59 Nr. 5; 925, 63; 931, 16 Nr. 80:
< Mathilde (Madele) Horkheimer, geb. 19. Nov. 1821 in Jebenhausen, gest. 25. May 1850, Tochter von Jonathan Regensburger und Vögele geb. Löbstein (Gräber siehe Bamberger, Jebenhausen Nr. 4.15.), Gattin des Benjamin Horkheimer (Grab siehe Hahn, Hoppenlaufriedhof 52) >

**Anmerkungen:**
[1] Prov. 12,4
[2] Prov. 31,20

## Merle Lazarus

Grab 79 ▲

Reihe III

gest. 03.06.1856

| | |
|---|---|
| פ"נ | Hier liegt begraben |
| 1 האשה ח' האלמנה כ"י | 1 eine vornehme Frau, eine Witwe, alle Tage |
| 2 חייה צנועה וחסודה | 2 ihres Lebens war sie tugendhaft und fromm |
| 3 עוסקת בג"ח מ' מערלי אשת | 3 und übte Wohltätigkeit. Frau Merle, Gattin des |
| 4 המנוח כ' געטץ ז"ל מפה | 4 verstorbenen ehrbaren Götz, seligen Andenkens, von hier, |
| 5 נפטר יום ג' ער"ח ונ' יום ה' ב' | 5 ist gestorben am Dienstag, dem Vorabend des Neumondtages, und wurde begraben am Donnerstag, dem 2. |
| 6 סיון תרט"ו לפ"ק | 6 Siwan 616 n.d.kl.Z. |
| 7 תנצבה"א | 7 T.N.Z.B.H. Amen |

Symbol: neunblättrige Blüte und zwei Blumen

Stein: H: 146, B: 56, T: 13 cm

Quellen:
RSA 3: 931, 16 Nr. 83; 929, 75 Nr. 3; 925, 105; 926, 27:
< Merle Lazarus, geb. 1775, gest. 3. Juny 1856, Tochter von Seligmann Löb Levi (gest. 1805) und Frummet (Grab 91), Wittwe des verstorbenen Handelsmannes Götsch Lazarus (Grab 40) >

## Grab 82 und 83

### Elisa (Elkana) Löwenthal

▲ Grab 82

Reihe III

gest. 21.10.1857

1 פ' יולדת נ'
2 אשת חיל כל ימיה הלכה
3 בדרך ישרה ומצות ה' שמרה
4 עלילא אשת מאיר בר
5 שלמה נפטר ג' מרחשון
6 ונקבר ד' בו תרי"ח לפ"ק
7 תנצב"ה אמן

Symbol: sechszackiger Stern, achtzackiger Stern, darinnen eine achtblättrige Blüte

Stein: H: 124, B: 42, T: 13 cm

1 Hier liegt eine Wöchnerin begraben.
2 Eine tüchtige Frau war sie, alle ihre Tage wandelte sie
3 auf rechtem Weg und hielt Gottes Gebot.
4 Elisa[1], Gattin des Meir, des Sohnes des
5 Schlomo, ist gestorben am 3. Marcheschwan
6 und wurde begraben am 4. desselben, 618 n.d.kl.Z.
7 T.N.Z.B.H. Amen

Quellen:
RSA 3: 931, 17 Nr. 86; 929, 81 Nr. 8; 925, 123:
< Elise (Elkana) Löwenthal, geb. 8. 3. 1812 in Unterschwandorf, gest. 21. October 1857, Tochter von Simon Rödelsheimer von Unterschwandorf und Gela, zweite Gattin des Maier Salomon Löwenthal (Grab 318) >

Anmerkungen:
[1] Elila verschrieben für Elisa

### Blümche Benedikt, geb. von Geldern

▲ Grab 83

Reihe IV

geb. 18.04.1771
gest. 30.06.1828

1 פה
2 חצבה
3 קבר
4 מרת בלימכה פאן געלדערן
5 מדיסעלדארף, אשת
6 ה' משה בענעדיקט משט"ג:
7 נולדה יום ה' ד' אייר תקל"א
8 מתה יום ב' ח"י תמוז תקפ"ח לפ"ק.
9 כל ימיה הקדישה לה', והיו קדש
10 לעליון ולמשפחתה. שם
11 תתענג זיו כבוד אל, ותאכל
12 פרי מעלליה.

Symbol: Kranz mit vierblättriger Rosenblüte

Stein: H: 178, B: 66, T: 46 cm

1 Hier
2 ist ausgehauen
3 das Grab
4 der Frau Blümche von Geldern
5 aus Düsseldorf, Gattin des
6 Herrn Mosche Benedikt aus Stuttgart,
7 geboren am Donnerstag, dem 4. Ijjar 531,
8 gestorben am Montag, dem 18. Tammus 588 n.d.kl.Z.
9 Alle ihre Tage weihte sie Gott, und sie waren gewidmet
10 dem Höchsten und ihrer Familie. Dort
11 möge sie sich erfreuen am Glanz und der Ehre Gottes,
12 und möge die Frucht ihrer Werke genießen.

Quellen:
RSA 3: 931, 17 Nr. 87:
< Flora (Blümchen) von Geldern aus Stuttgart, Gattin des Moses Benedikt, Bankier, Bildhauer und Maler (Grab siehe Hahn, Hoppenlauffriedhof 37) >

## Grab 87 und 88

| | | Hanna Marx |
|---|---|---|
| פ"נ | Hier liegt begraben | |
| 1 אשה כשרה וישרה | 1 eine reine und aufrichtige Frau, | |
| 2 תפארת ביתה ועטרת | 2 die Pracht ihres Hauses und die Krone | |
| 3 בעלה כפה פרשה | 3 ihres Mannes, sie breitete ihre Hand | Grab 87 ▲ |
| 4 לעני וידיה שלחה | 4 den Armen und reichte ihre Hände | Reihe IV |
| 5 לאביון מ' הינלה בת | 5 dem Bedürftigen. Frau Hännle, Tochter des | |
| 6 כ' משה הירש | 6 ehrbaren Mosche Hirsch | gest. 21.03.1834 |
| 7 מאלנהויזין אשת | 7 aus Olnhausen, Gattin des | |
| 8 כ' מענדלא מפה נ' | 8 ehrbaren Mendle von hier, ist gestorben | |
| 9 יוד ונק' י"ב אדר שני | 9 am 10. und wurde begraben am 12. Adar II. | |
| 10 תקצ"ד לפ"ק | 10 594 n.d.kl.Z. | |
| 11 תנעבצה"ח¹ | 11 T.N.Z.B.Z.HCH. | |

Symbol: drei Zweige in einer Vase, achtblättrige Blüte im Kreis

Stein: H: 179, B: 65, T: 17 cm

Quellen:
RSA 3: 929, 21 Nr. 3; 925, 176; 926, 47; 931, 18 Nr. 91:
< Hanna Marx, geb. May 1787, gest. 21.3.1834, Tochter von Moses Hirsch aus Olnhausen und Idel, Gattin des Immanuel Marx (Grab 155) >

Anmerkungen:
¹ ע statt צ geschrieben

---

| | | Lea " " |
|---|---|---|
| פ"נ | Hier liegt begraben | |
| 1 הבתולה הטובה אשר | 1 eine gute Jungfrau, die | |
| 2 הלך כ"י בדרך ישרה מ' | 2 alle ihre Tage auf gutem Wege wandelte. Frau | |
| 3 לאה בת כ' יעקב ז"ל מצפ' | 3 Lea, Tochter des ehrbaren Jakob, seligen Andenkens, aus Zaberfeld, | Grab 88 ▲ |
| 4 נ' יום [ז'?] תשרי ונ' יו' ג' עי"כ: | 4 ist gestorben am [7?]. Tischri und wurde begraben am Dienstag, dem Vorabend des Versöhnungsfestes | Reihe IV |
| 5 תקצ"ז לפ"ק תנצב"ה | 5 597 n.d.kl.Z. T.N.Z.B.H. | gest. 19.09.1836 |

Symbol: fünfzackiger Stern in einem Kranz

Stein: H: 143, B: 65, T: 14 cm

Quelle:
RSA 3: 931, 18 Nr. 92:
< Lea, ledig, von Zaberfeld >

## Grab 90 und 91

### Gudel Hirschmann

▲ Grab 90

Reihe IV

gest. 23.09.1837

פ"ט
1 הא"ח הצנועה וחסו' כל ימי'
2 עוסק בג"ח מ' גודעל אשת
3 כ' יחיאל יצ"ו מפה נ' יום ו'
4 עש"ק בלילה כ"ג אלול ונ' יום
5 א' כ"ד אלול תקצ"ז לפ"ק
6 תנצב"ה

Symbol: zwei Blumen in einer Vase,
auf der Vase Kreis mit fünfzackigem Stern

Stein: H: 152, B: 71, T: 16 cm

Hier liegt geborgen
1 eine vornehme, tugendhafte und fromme Frau, alle ihre Tage
2 übte sie Wohltätigkeit. Frau Gudel, Gattin des
3 ehrbaren Jechiel, sein Schöpfer und Erlöser möge ihn erhalten, von hier, ist gestorben am Freitag,
4 dem Vorabend des Heiligen Schabbat, nachts, dem 23. Elul, und wurde begraben am Sonn-
5 tag, dem 24. Elul 597 n.d.kl.Z.
6 T.N.Z.B.H.

Quellen:
RSA 3: 931, 18 Nr. 94; 925, 55; 929, 31 Nr. 6:
< Gudel Hirschmann, geb. 1792, gest. 22. Sept. 1837, Tochter von Lazarus Etlinger und Bela, Gattin des Jechiel Hirschmann (Grab 202) >

### Frummet Levi

▲ Grab 91

Reihe IV

gest. 07.04.1839

פ"ט
1 האשה צנוע' וחסודה
2 כ"י עוסקה בג"ח מ' פרומיט
3 א' המנוח כ' זעליגמן ליב
4 סג"ל מפה נ' יו' א' אח'
5 דפסח ונ' יו' ג' כ"ה ניסן תק
6 צ"ט לפ"ק תנצב"ה

Symbol: Sterne, acht- und sechszackig,
Topf mit Blumen

Stein: H: 147, B: 65, T: 12 cm

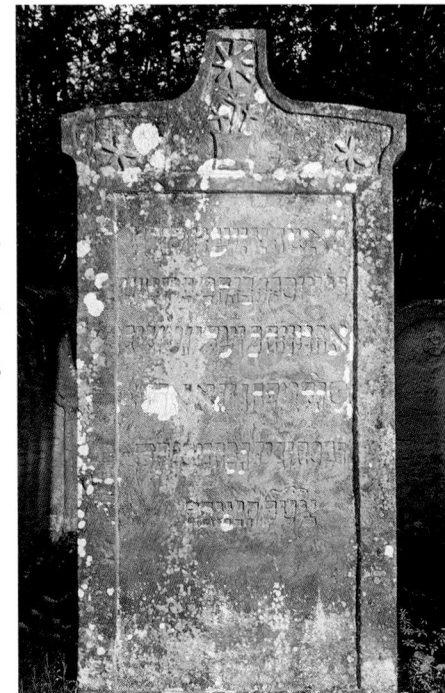

Hier liegt geborgen
1 eine vornehme, tugendhafte und fromme Frau,
2 alle ihre Tage übte sie Wohltätigkeit. Frau Frumet,
3 Gattin des verstorbenen ehrbaren Seligmann Löb
4 Segal von hier, ist gestorben am Sonntag, dem letzten Tag des
5 Passahfestes und wurde begraben am Dienstag, dem 25. Nissan
6 599 n.d.kl.Z. T.N.Z.B.H.

Quellen:
RSA 3: 929, 33 Nr. 1; 925, 88; 926, 85; 931, 18 Nr. 95:
< Frummet Levi, geb. 1754, gest. 7. April 1839, Tochter von Marx Isak und Riffike, Wittwe des Seligman Löb Levi (gest. 1805) >

## Grab 92 und 93

### Hefele Aron

Grab 92
Reihe IV

gest. 13.11.1839

פ"ט 1
האשה חשובה הצנועה
2 החסוד' כ"י עוסקה בדרך

3 טוב העפילע אשת כ'
4 מאיר ליב מפה נ' יום ד'

5 ז' ונ' יום עש"ק ט' כסליו

6 ת"ר לפ"ק תנצב"ה

Symbol: sechsblättrige Blüte

Stein: H: 135, B: 70, T: 16 cm

Hier liegt geborgen
1 eine vornehme, tugendhafte,
2 und fromme Frau, alle ihre Tage übte sie den guten
3 Weg. Hefele, Gattin des ehrbaren
4 Meir Löb von hier, ist gestorben am Mittwoch,
5 dem 7. und wurde begraben am Tag des Vorabends des Heiligen Schabbat, 9. Kislew
6 600 n.d.kl.Z. T.N.Z.B.H.

Quellen:
RSA 3: 929, 33 Nr. 3 (1839); 925, 3;
926, 71; 931, 18 Nr. 95:
< Hefele Aron, geb. Aug. 1788, gest. 13. Nov. 1839, Tochter von Samuel Dreifuß und Kele, Gattin des Maier Löb Aron (Grab 152) >

### Breinle Ballenberg

Grab 93
Reihe IV

gest. 26.01.1840

פ"ט 1
הא"ח הצנוע' והסודה
2 כל ימיה עוסקה בג"ח מ'
3 ברריינלא אשת כ' יעקב בא'
4 [ללענבערג] נ' יום
5 ב' כ"ב [ונ'] יום ג' כ"ד שבט
6 ת"ר לפ"ק תנצב"ה

Anmerkungen:
Der Stein ist auf Photographien des Jahres 1991 noch fast vollständig zu entziffern, heute aber weitgehend verwittert.
יעקב ב' א' (באללענבערג) :andere Lesung [1]
Jakob, Sohn des A. (Ballenberg)
[2] Da der 22. Schwat in der Tat ein Montag war, muß der 24. Schwat folgerichtig der Mittwoch und nicht Dienstag gewesen sein.

Symbol: fünfzackiger Stern im Kreis

Stein: H: 123, B: 75, T: 13 cm

Hier liegt geborgen
1 eine vornehme, tugendhafte und fromme Frau,
2 all ihre Tage übte sie Wohltätigkeit. Frau
3 Breinle, Gattin des ehrbaren Jaakow Ba-
4 [llenberg][1] ist gestorben am
5 Montag, dem 22. [und wurde begraben am] Dienstag[2], dem 24. Schwat
6 600 n.d.kl.Z. T.N.Z.B.H.

Quellen:
RSA 3: 931, 19 Nr. 97; 929, 35 Nr. 1;
925, 93; 926, 42:
< Breinle Ballenberg, geb. 1774, gest. 26. Januar 1840, Tochter von Moses Steppach und Madel, Tochter des Jacob, Gattin des Jacob Abraham Ballenberg (Grab 129) >

## Grab 84, 89 und 96

### Zartel Ottenheimer

▲ Grab 84

Reihe IV

gest. 04.03.1830

פ"ט
1 האשה אשר הלכה בדרך
2 תמים מעשיה הי' באמנה
3 שלמים מרת צרטל אשת
4 כ"ה יעקב אטטענהיימער
5 משטוטגאארט שהלכה לעלמ'
6 דקושטא ביום ה' ט' אדר תק"ץ לפ"ק

7 תנצב"ה

Symbol: Kranz

Stein: H: 180, B: 65, T: 40 cm

Hier liegt geborgen
1 eine Frau, die auf makellosem Wege
2 ging,
3 ihre Taten waren in Redlichkeit
4 vollkommen. Frau Zartel, Gattin des
5 ehrbaren Herrn Jaakow Ottenheimer
6 aus Stuttgart, ging in die Welt
   der Wahrheit am Donnerstag,
7 dem 9. Adar 590 n.d.kl.Z.
   T.N.Z.B.H.

Quelle:
RSA 3: 931 S. 17 Nr. 88:
< Ottenheimer, Zartel >

### Zippora Stein

▲ Grab 89

Reihe IV

gest. 27.03.1837

פ"ט
1 הא"ח הצנוע' וחס' כ"י
2 עבג"ח ידיה פשרה
3 לעני מ' ציפור' א' יהוד'
4 הירש יצ"ו מפה נפטר ב'
5 [כ' אדר שני תקצ"ז לפ"ק]

Anmerkung: [1] Datum nach den Registern ergänzt

Symbol: drei verschiedene Blumen in einer Vase

Stein: H: 92, B: 69, T: 10 cm

Hier liegt geborgen
1 eine vornehme, tugendhafte und
   fromme Frau, all ihre Tage
2 übte sie Wohltätigkeit, ihre Hände
   reichte sie
3 den Armen hin. Frau Zippora,
   Gattin des Jehuda
4 Hirsch, sein Schöpfer und Erlöser möge
   ihn erhalten, von hier, ist gestorben am
   Montag,
5 [dem 20. Adar II 597[1] n.d.kl.Z.].

Quellen:
RSA 3: 931, 18 Nr. 93; 929, 29 Nr. 2; 925, 236:
< Zippora Stein, geb. Sept. 1783, gest. 27. März 1837, Tochter von Samuel Jonathan Levi und Merle, erste Gattin des Judas Hirsch Stein >

### Jettel Aron

▲ Grab 96

Reihe V

gest. 08.09.1843

פ"ט
1 הבתולה הזקינה כל ימיה הולכה
2 בדרך הטוב מ' יטלה בת כ' אהרן
3 ז"ל מפה נפט' יו' ו' עש"ק י"ג אלול
4 ונ' יו' א' ט"ו אלול תר"ג לפ"ק
5 תנצב"ה

Symbol: Mondsichel

Stein: H: 90, B: 55, T: 14 cm

Hier liegt geborgen
1 eine hochbetagte Jungfrau,
   all ihre Tage wandelte sie
2 den Weg des Guten. Frau Jettel,
   Tochter des ehrbaren Aharon
3 seligen Andenkens von hier, ist
   gestorben am Freitag, dem Vorabend
   des Heiligen Schabbat, 13. Elul,
4 und wurde begraben am Sonntag,
   dem 15. Elul 603 n.d.kl.Z.
5 T.N.Z.B.H.

Quellen:
RSA 3: 931, 19 Nr. 100;
929, 43 Nr. 6; 925, 1; 3 926, 2:
< Ittel, geb. im Juni 1783, gest. 8. September 1843, Tochter von Maier Aron und Elisie, ledig >

# Grab 95, 97 und 106

## Grab 95 — Lea Jendle " "
Reihe IV  
gest. 12.10.1842

פ"ט  
1 הא"ח הצנוע' וחסודה מרת  
2 לאה יענדלא א' כ' משה יצ"ו  
3 מצפ' נפטר יום ד' ח' מרחשון  
4 ונ' יום ה' ט' מרחשון  
5 תר"ג לפ"ק תנצב"ה א'

Symbol: Mondsichel

Stein: H: 119, B: 53, T: 13 cm

Hier liegt geborgen  
1 eine vornehme, tugendhafte und fromme Frau:  
2 Lea Jendle, Gattin des ehrbaren Mosche, sein Schöpfer und Erlöser möge ihn erhalten,  
3 aus Zaberfeld ist gestorben am Mittwoch, dem 8. Marcheschwan,  
4 und wurde begraben am Donnerstag, dem 9. Marcheschwan  
5 603 n.d.kl.Z. T.N.Z.B.H. Amen

Quelle:  
RSA 3: 931, 19 Nr. 99 ohne Angaben

## Grab 97 — Golda " "
Reihe V  
gest. 26.12.1845

פ"ט  
1 הא"ח וחסודה עוסק' בג"ח  
2 מרת גאלדה א' כ' איצק  
3 ז"ל מצפ' נ' כ"ז כסלוי  
4 ונ' יו' א' כ"ט כסליו  
5 תר"ו לפ"ק תנצב"ה

Symbol: achtzackiger Stern in einem Kreis

Stein: H: 146, B: 58, T: 14 cm

Hier liegt geborgen  
1 eine vornehme und fromme Frau, die Wohltätigkeit übte.  
2 Frau Golda, Gattin des ehrbaren Itzik  
3 seligen Andenkens aus Zaberfeld, ist gestorben am 27. Kislew,  
4 und wurde begraben am Sonntag, dem 29. Kislew  
5 606 n.d.kl.Z. T.N.Z.B.H.

Quelle:  
RSA 3: 931, 19 Nr. 101 ohne Angaben

## Grab 106 — Babet (Bela) Stein
Reihe V  
gest. 01.08.1851

פ"ט  
1 הא"ח] חס[וד' כ"י  
2 ש[מרה ]תה  
3 [ ]  
4 [ ]  
5 [ ]

Symbol: achtblättrige Blüte

Stein: H: 88, B: 63, T: 10 cm

Hier liegt geborgen  
1 eine vornehme Frau [ fr]omm, all ihre Tage  
2 wa[hrte sie ]  
3 [ ]  
4 [ ]  
5 [ ]

Quellen:  
RSA 3: 931, 21,110; 929, 61; 925, 233:  
< Babet (Bela) Stein, Tochter v. Nathan Eisenmann, Meckesheim und Mirjam, geb. 28.12.1799, gest. 1.8.1851, Gattin d. Kifer Isaak Stein (Grab 132) >

# Grab 99 und 100

## Esther Kaufmann

▲ Grab 99

Reihe V

gest. 24.11.1846

פ״ט
1 אשת חיל עטרת בעלה גמלתהו טוב
2 ולא רע כל ימי חיי' יראת ה' בלבבה
3 היא האשה הצנועה וחסודה מ'
4 אסתר א' [אברהם¹?] ז״ל ב' א' ז״ל
5 מפה נפטר יו' ג' ה' ונ' יו' עש״
6 ק ח' כסליו תר״ז לפ״ק
7 תנצב״ה בגע״א

Anmerkung:
¹ Die Lücke scheint für den Namen Abraham zu klein zu sein.

Stein: H: 97, B: 61, T: 13 cm

Hier liegt geborgen
1 eine tüchtige Frau, die Krone ihres Mannes. Sie tat ihm Liebes
2 und kein Leid all ihre Lebenstage, Gottesfurcht war in ihrem Herzen.
3 Sie war die tugendhafte und fromme Frau
4 Esther, Gattin des[ ¹] seligen Andenkens, des Sohnes des A. seligen Andenkens
5 von hier. Sie ist gestorben am Dienstag, dem 5. und wurde begraben am Tag des Vorabends des
6 Heiligen Schabbat, dem 8. Kislew 607 n.d.kl.Z.
7 T.N.Z.B.H. im Garten Eden Amen

Quellen:
RSA 3: 929, 47 Nr. 4 (1846); 926, 50; 925, 89; 931, 20 Nr. 103:
< Esther Kaufmann, geb. 1774, gest. 24. Nov. 1846, Tochter von Machuel Horkheimer und Hanna, Wittwe des Abraham Kauffmann (Grab 25) >

## Rachel Maier

▲ Grab 100

Reihe V

gest. 18.12.1847

פ״ט
1 אשה צנוע' וחסודה כ״י חי[י]ה]
2 עוסק' בג״ח כל מעשי 'לש״ש
3 מ' רעכלא אשת הרב מהור״ר
4 שמואל נר״ו מפה נפט' יום א'
5 י״ב טבת ונ' יו' ב' י״ג ט' תר״ח לפ״ק
6 תנצבה״א

Stein: H: 106, B: 76, T: 16 cm

Hier liegt geborgen
1 eine tugendhafte und fromme Frau, all [ihre] Lebenstage
2 übte sie Wohltätigkeit, all ihre Taten geschahen um des Namens des Himmels willen.
3 Frau Rechle, Gattin des Rabbiners, unseres Lehrers und Rabbiners Rabbi
4 Schmuel, Gott bewahre und rette ihn, von hier, ist gestorben am Sonntag,
5 dem 12. Tewet, und wurde begraben am Montag, dem 13. Tewet 608 n.d.kl.Z.
6 T.N.Z.B.H. Amen

Quellen:
RSA 3: 929, 49 Nr. 6; 925, 173; 931, 20 Nr. 104:
< Rachel Maier, geb. 11.7.1762, gest. 18. December 1847, Tochter von Rabbiner Alexander Nathan Elsäßer (Grab 8) und Kela (Grab 55), Gattin des hiesigen Rabbinatsverwesers Samuel Maier >

# Ella Maier

Grab 98
Reihe V

gest. 13.03.1846

| | | |
|---:|---:|:---|
| פ"ט | | Hier liegt geborgen |
| אשת חיל עטרת בעלה | 1 | eine tüchtige Frau, ihres Mannes Schmuck. |
| אהה כי נפלה | 2 | Wehe, da sie gefallen ist, |
| נזרו כתרו לו ולא לה | 3 | sein Diadem, für ihn war sie die Krone, nicht für sich[1]. |
| פיה פתחה בחכמה | 4 | Sie öffnete ihren Mund in Weisheit, |
| ותורת חסד וטוב לכל עמה | 5 | und lehrte Milde und Güte ihrem ganzen Volk |
| בשערי' מעשי' שערי | 6 | in den Toren. Ihre Taten werden sie an die Tore |
| ג"ע יוליכו החשובה עלה | 7 | des Garten Eden führen. Die vornehme Ella, |
| אשת הרב מהור"ר יוסף נר"ו | 8 | Gattin unseres großen Lehrers und Rabbiners Herrn Joseph, sein Licht möge leuchten, |
| נ' ט"ז ונ' י"ז אדר תר"ו לפ"ק | 9 | ist gestorben am 15. und wurde begraben am 17. Adar 606 n.d.kl.Z. |
| תנצב"ה א' | 10 | T.N.Z.B.H. Amen |

**Quellen:**
RSA 3: 929, 47 Nr. 3 (1846);
925, 174; 931, 19 Nr. 102:
< Ella Maier, geb. 1787, gest. 13. März 1846, Tochter von Abraham Hirsch Levi (Grab 136) und Rebecca, geb. Jomdof (Grab 163), zweite Gattin des quietierten Rabbiners Joseph Maier Schnaittacher >

**Anmerkung:**
[1] Die Übersetzung geschah nach dem Wortsinn, da die Konstruktion syntaktisch nicht ganz durchschaubar ist.

Symbol: Dreieck im Strahlenkranz

Stein: H: 155, B: 60, T: 14 cm

## Grab 101 und 102

### Esther Löwenthal

▲ Grab 101

Reihe V

gest. 30.12.1847

פ"ט 1
האשה חשובה הצנוע' 2
וחסידה כ"י עוסק' בג"ח מ'
אסתר א' כ' שלמה בר 3
יהודה ז"ל [מפה] נפטר יום 4
ה' כ"ג טבת ונ' יום ו עש"ק 5

תר"ח [לפ"]ק 6
ת[נצב"]ה 7

Stein: H: 130, B: 57, T: 11 cm

Hier liegt geborgen
1 eine vornehme, tugendhafte
2 und fromme Frau, all ihre Tage übte sie Wohltätigkeit. Frau
3 Esther, Gattin des ehrbaren Schlomo, des Sohnes des
4 Jehuda, seligen Andenkens, [von hier], ist gestorben am Donners-
5 tag, dem 23. Tewet, und wurde begraben am Freitag, dem Vorabend des Heiligen Schabbat
6 608 [n.d.kl.]Z.
7 T.[N.Z.B.]H.

Quellen:
RSA 3: 929, 49 Nr. 7; 925, 120; 931, 20 Nr. 105:
< Esther Löwenthal, geb. 1776, gest. 30. December 1847, Tochter von Marx Jakob Anspach (Grab 3) und Fradel Salomon, Wittwe des Salomon Löb Löwenthal (Grab 114) >

### Sara Hermann

▲ Grab 102

Reihe V

gest. 23.06.1848

פ"ט 1
האשה חשוב' הצנוע' וחסוד'
כ"י עוסק' בי"א מ' שרלה א' 2
כ' גבריאל הירש ז"ל מפה 3
נפטר יו' עש"ק ונ' יום א' כ"ב 4

סיון תר"ח לפ"ק תנצבה"א 5

Stein: H: 143, B: 60, T: 10 cm

Hier liegt geborgen
1 eine vornehme, tugendhafte und fromme Frau,
2 all ihre Tage übte sie Gottesfürchtigkeit. Frau Sarale, Gattin des
3 ehrbaren Gavriel Hirsch seligen Andenkens von hier,
4 ist gestorben am Tag des Vorabend des Heiligen Schabbat und wurde begraben am Sonntag, dem 22.
5 Siwan 608 n.d.kl.Z. T.N.Z.B.H. Amen

Quellen:
RSA 3: 929, 51 Nr. 4; 926, 26; 931, 20 Nr. 106:
< Sara Hermann, geb. 1775, gest. 23. Juny 1848, Tochter von Judas Levi und Vogel, Wittwe des Gabriel Hirsch Herrmann (Hurmin) (Grab 123) >

## Grab 103 und 104

| | | |
|---|---|---|
| פ"ט | Hier liegt geborgen | **Hanna " "** |
| 1 האשה חשוב' צנועה וחסו' | 1 eine vornehme, tugendhafte und fromme Frau, | |
| 2 כ"י עוסק' בג"ח מ' הנה אשת | 2 all ihre Tage übte sie Wohltätigkeit. Frau Hanna, Gattin des | Grab 103 ▲ |
| 3 כ' הירץ ז"ל מצפ' נפטר' יום | 3 ehrbaren Herz seligen Andenkens aus Zaberfeld, ist gestorben am Donnerstag, | Reihe V |
| 4 ה' ו' ונק' יו' א' ו"ג ניסן תר"ט | 4 dem 6. und wurde begraben am Sonntag, dem 9. Nissan 609 | gest. 29.03.1849 |
| 5 לפ"ק תנצבה"א | 5 n.d.kl.Z. T.N.Z.B.H. Amen | |

Stein: H: 146, B: 53, T: 9 cm

Quelle:
RSA 3: 931, 20 Nr. 107 ohne Angaben

| | | |
|---|---|---|
| פ"ט | Hier liegt geborgen | **Babette (Bella) Levi** |
| 1 א"ח מי ימצא ובטח בה לב בעל'¹ | 1 eine tüchtige Frau,<glücklich,> wem sie beschert ist, denn auf sie darf sich ihres Mannes Herz verlassen¹, | |
| 2 גמלתהו טוב ולא רע כ"י חייה² | 2 sie tut ihm Liebes und kein Leid alle ihre Lebenstage², | Grab 104 ▲ |
| 3 אשה י"א היא תתהללל³ הא"ח מ' | 3 ein Weib, das den Herrn fürchtet, soll man loben³. Die vornehme Frau | Reihe V |
| 4 בילא א' החבר ר' פנחס זעליגמן | 4 Bella, Gattin des Chawer Herr Pinchas Seligmann, | gest. 05.02.1850 |
| 5 בן יוספ' הלוי ז"ל נפ' יום ג' כ"ג ונ' יו' | 5 des Sohnes des Juspa Halevi seligen Andenkens, ist gestorben am Dienstag, dem 23., und wurde begraben am | |
| 6 ה' כ"ה שבט ר"י לפ"ק | 6 Donnerstag, dem 25. Schewat 610 n.d.kl.Z. | |
| 7 תנצבה"א | 7 T.N.Z.B.H. Amen | |

Anmerkungen:
¹ Zitat Prov. 31,11
² Zitat Prov. 31,12
³ Zitat Prov. 31,30

Stein: H: 120, B: 63, T: 10 cm

Quellen:
RSA 3: 931, 20 Nr. 108; 929, 57 Nr. 2; 925, 110; 926, 96:
< Babette (Bella) Levi, geb. April 1791, gest. 2. Februar 1850, Tochter von Maier Nathan in Heidelsheim und Eva, Wittwe des Seligmann Joseph Levi (Grab 118) >

# Grab 105 und 181

## Jendle Marx

▲ Grab 105

Reihe V

gest. 11.02.1850

1 מצבת קברת
2 אשת חיל מי ימצא בטח
3 בה לב בעלה׳ גמלתהו טוב
4 ולא רע כ״י חיי² עוסקת בג״ח
5 אשה י״א היא תתהלל׳³ הא״ח
6 הצנוע׳ וחסוד׳ מ׳ יענדלא א׳ כ׳
7 מאיר בן מרדכי ז״ל מפה נפ׳
8 יו׳ ב׳ ער״ח ונ׳ יו׳ ד׳ בדר״ח אדר
9 תר״י לפ״ק תנצבה״א

Anmerkungen:
1 Zitat Prov. 31,11
2 Zitat Prov. 31,12
3 Zitat Prov. 31,30

Stein: H: 131, B: 56, T: 11 cm

1 Grabstein
2 einer tüchtigen Frau, <glücklich,> wem sie beschert ist, denn verlassen
3 auf sie darf sich ihres Mannes Herz[1], sie tut ihm Liebes
4 und kein Leid[2], alle ihre Lebenstage übt sie Wohltätigkeit,
5 ein Weib, das den Herrn fürchtet, soll man loben[3]. Die vornehme,
6 tugendhafte, fromme Frau Jendl, Witwe des ehrbaren
7 Meir, des Sohnes des Mordechai seligen Andenkens von hier, ist gestorben am
8 Montag, dem Vorabend des Neumondtages, und wurde begraben am Mittwoch, dem zweiten Neumondtag des Adar
9 610 n.d.kl.Z. T.N.Z.B.H. Amen

Quelle:
RSA 3: 925, 177:
< Jendle Marx, geb. 1786, gest. 11.2.1850, Tochter von Judas Levi in Eppingen und Guttel, Gattin des Mayer Marx (Grab 116) >

## Riele Levi

▲ Grab 181

Reihe IX

gest. 07.02.1867

פ״[נ]
1 הבתולה רילה בת אברם
2 צבי הלוי צנועה וענוה ויראת
3 שמים בלבה נפטר׳ ביום
4 [י״ח טבת] ונקבר עש״ק בו
5 תרכ״[ז לפ״ק תנצב״ה]

Symbol: stilisierter Schmetterling (?)

Stein: H: 108, B: 62, T: 13 cm

Hier [liegt begraben]
1 die Jungfrau Riele, Tochter des Avram
2 Zwi Halevi. Sie war tugendhaft und bescheiden und Gottes-
3 furcht war in ihrem Herzen. Sie ist gestorben am
4 [18. Tewet] und wurde begraben am Vorabend des Heiligen Schabbat desselben,
5 62[7 n.d.kl.Z. T.N.Z.B.H.]

Quellen:
RSA 3: 931, 34 Nr. 187; 929, 107f. Nr. 2; 925, 117; 926, 6:
< Riele Levi, gest. 7. Februar 1867, Tochter des Abraham Hirsch Levi (Grab 136) und der Rebekka, geb. Jomdof (Grab 163), ledig >

## Jüttle Elsäßer

Grab 109

Reihe V

gest. 11.07.1855

| | |
|---|---|
| פ״נ | |
| אשת חיל כל ימיה הלכה | 1 |
| בדרך ישרה ומצות ה' | 2 |
| שמרה יטלה אשת | 3 |
| הר' ברוך ז״ל עלתה | 4 |
| למעלה בי' ד' כ״ו תמוז | 5 |
| ונ' עש״ק כ״ח תמוז תרט״ו | 6 |
| לפ״ק תנצב״ה אמן | 7 |

Stein: H: 119, B: 48, T: 16 cm

Hier liegt begraben
1 eine tüchtige Frau, all ihre Tage wandelte sie
2 auf rechtem Weg und hielt Gottes Gebote.
3 Jittle, Gattin des
4 Herrn Baruch seligen Andenkens, stieg
5 hinauf am Mittwoch, dem 26. Tammus,
6 und wurde begraben am Vorabend des Heiligen Schabbat, dem 28. Tammus 615
7 n.d.kl.Z. T.N.Z.B.H. Amen

Quellen:
RSA 3: 929, 71 Nr. 6; 925, 37; 926, 87; 931, 21 Nr. 113:
< Jüttle Elsäßer, geb. 1766, gest. 11. Juli 1855, Tochter von Hayum Wolf aus Mingolsheim und Rösle, in erster Ehe verheiratet mit Samuel Scholl (gest. 1811), in zweiter mit dem Schulmeister Baruch Alexander Elsäßer (Grab 22) >

## Fradel (Riwka) Stein

Grab 112

Reihe V

gest. 27.09.1856

| | |
|---|---|
| פ״נ | |
| אשת חיל פראדעל | 1 |
| רבקה אשת יצחק בת | 2 |
| יהודא כל ימיה הלכה | 3 |
| בדרך ישרה ומצות ה' | 4 |
| שמרה נפטר' בי' כ״ח אלול | 5 |
| ונקבר' בי' כ״ט תרי״ו | 6 |
| לפ״ק: תנצבה״א | 7 |

Symbol: drei konzentrische Kreise

Stein: H: 152, B: 47, T: 36 cm

Hier liegt begraben
1 die tüchtige Frau Fradel
2 Riwka, Gattin des Jitzchak, Tochter des
3 Jehuda. All ihre Tage wandelte sie
4 auf rechtem Weg und hielt die Gebote
5 Gottes. Sie ist gestorben am 28. Elul,
6 und wurde begraben am 29., 616
7 n.d.kl.Z. T.N.Z.B.H. Amen

Quellen:
RSA 3: 931, 22 Nr. 116; 925, 239; 929, 75 Nr. 7:
< Fradel Stein, geb. 1797, gest. 27. September 1856, Tochter von Löb Gabriel Ulmann (Grab 16) und Größle Simon, Wittwe des Handelsmannes Isaac Jacob Stein (Grab 130) >

# Grab 107, 134 und 193

## Ittle Levi

▲ Grab 107

Reihe V

gest. 26.01.1853

פ"ג
1 אשת חיל כל ימיה הלכה
2 בדרך ישרה יטלה אשת
3 פנחס הלוי נפטרת בי' ד' י"ז
4 ונ' בי' ו' עש"ק י"ט שבט

5 תרי"ג לפ"ק
6 תנצב"ה

Symbol: sechsblättrige Blüte

Stein: H: 150, B: 62, T: 11 cm

Hier liegt begraben
1 eine tüchtige Frau, all ihre Tage wandelte sie
2 auf rechtem Weg. Jüttle, Gattin des
3 Pinchas Halevi, ist gestorben am Mittwoch dem 17.,
4 und wurde begraben am Freitag, dem Vorabend des Heiligen Schabbat, dem 19. Schewat
5 613 n.d.kl.Z.
6 T.N.Z.B.H.

Quellen:
RSA 3: 931, 21 Nr. 111; 929, 65 Nr. 1; 925, 107; 926, 88:
< Ittle Levi, geb. 1773, gest. 26.1.1853, Tochter von Lippmann Judas und Zipper, Tochter d. Marx, Wittwe d. Seligmann Levi (Grab 122) >

## Simon Weinsberger

▲ Grab 134

Reihe VII

gest. 26.11.1854

פ"נ
1 האיש אשר הלך כל
2 ימיו בדרך הטוב יהושע
3 שמעון ב"כ שמחה ז"ל
4 מצפ' נפטר ביום ה' ונקבר
5 ביום ו' כסליו תרט"ו לפ"ק
6 [תנצב"ה]

Stein: H: 93, B: 61, T: 12 cm

Hier liegt begraben
1 ein Mann, der all
2 seine Tage auf gutem Wege wandelte. Jehoschua
3 Schimon, Sohn des ehrbaren Simcha seligen Andenkens,
4 aus Zaberfeld, ist gestorben am 5. und wurde begraben
5 am 6. Kislew 615 n.d.kl.Z.
6 [T.N.Z.B.H.]

Quellen:
RSA 3: 931, 26 Nr. 139; 3362, 85f.:
< Simon Weinsberger, gest. mit 56 Jahren am 26. November 1854, Sohn des Simon Seligmann aus Affaltrach >

## Moses Hirsch Dötelbach

▲ Grab 193

Reihe X

gest. 13.10.1843

פ"נ
1 הבחור אשר הלך כל
2 ימיו בדרך הטוב כ' משה
3 צבי ב' החבר ר' גבריאל ש"ץ
4 ז"ל מפה נ' ג' שחה"ס ונ' י' ד'
5 [בו תר"ד לפ"ק]

Anmerkung:
[1] Der dritte Zwischenfeiertag ist der 19. Tischri.

Symbol: Mondsichel

Stein: H: 83, B: 52, T: 11 cm

Hier liegt begraben
1 ein Jüngling. Er wandelte all
2 seine Tage auf gutem Wege. Der ehrbare Mosche
3 Zwi, Sohn des Chawers Herr Gavriel, Vorsänger
4 seligen Andenkens, von hier, ist gestorben am 3. Zwischenfeiertag des Laubhüttenfestes[1] und wurde begraben am 4. Tag
5 [desselben 604 n.d.kl.Z. ]

Quellen:
RSA 3: 931, 36 Nr. 199; 929, 43f. Nr. 7:
< Moses Hirsch Dödelbach, geb. 15.1.1780, gest. 13.10.1843, Sohn v. Gabriel Mendel Dödelbach (Grab 20) u. Sara, geb. Kahn (Grab 54), ledig >

## Rebekka Herrmann

Grab 108 ▲

Reihe V

gest. 04.12.1853

| | |
|---|---|
| פ"נ | 1 |
| אשת חיל כל ימיה הלכה | 1 |
| בדרך ישרה רבקה אשת | 2 |
| יצחק נפטרת בי' ג' כסליו | 3 |
| ונ' בי' ד' תרי"ד לפ"ק | 4 |
| תנצב"ה | 5 |

Symbol: sechsblättrige Blüte

Stein: H: 116, B: 57, T: 8 cm

Hier liegt begraben
1 eine tüchtige Frau, alle ihre Tage wandelte sie
2 auf rechtem Weg. Riwka, Gattin des
3 Jitzchak, ist gestorben am 3. Kislew
4 und wurde begraben am 4. 614 n.d.kl.Z.
5 T.N.Z.B.H.

Quellen:
RSA 3: 931, 21 Nr. 112; 929, 65 Nr. 4; 925, 84; 926, 44:
< Rebekka Herrmann, geb. 1779, gest. 4.12.1853, Tochter von Israel Horburg und Teichel, Wittwe des Isaac Moses Hermann (Grab 28) >

## Gella Uhlmann

Grab 110 ▲

Reihe V

gest. 18.11.1855

| | |
|---|---|
| פ"נ | 1 |
| אשה חשובה גלא אשת | 1 |
| שלמה עלתה למעלה | 2 |
| ר"ח כסליו ונקברה ג' כסליו | 3 |
| תרי"ו לפ"ק: תנצב"ה | 4 |

Symbol: achtblättrige Blüte

Stein: H: 148, B: 60, T: 13 cm

Hier liegt begraben
1 die vornehme Frau Gella, Gattin des
2 Schlomo. Sie stieg hinauf in die Höhe
3 am Neumondtag des Monats Kislew, und wurde begraben am 3. Kislew
4 616 n.d.kl.Z. T.N.Z.B.H.

Quellen:
RSA 3: 931, 21 Nr. 114; 929, 73; 925, 280:
< Gella Uhlmann, geb. 1779, gest. 18. Nov. 1855, Tochter von Marx Baer und Gelche, Tochter des Isaac, Wittwe des Salomon Ulmann (Grab 21) >

Anmerkung:
Die Umrechnung des hebräischen Datums ergibt den 11. November als Sterbedatum.

## Hindel Stein

Grab 111 ▲

Reihe V

gest. 06.01.1856

| | |
|---|---|
| [          ] | 1 |
| [     [ר]     ] | 2 |
| [    ]נפטרה בי' ב' כ"ט | 3 |
| טבת ונקבר בי' ג' ר"ח שבט | 4 |
| תרט"ז לפ"ק | 5 |
| תנצב"ה אמן | 6 |

Stein: H: 122, B: 48, T: 18 cm

1 [                    ]
2 [                    ]
3 [ ] Sie ist gestorben am Montag, dem 29.
4 Tewet, und wurde begraben am Dienstag, dem Neumondtag des Monats Schwat
5 616 n.d.kl.Z.
6 T.N.Z.B.H. Amen

Quellen:
RSA 3: 931, 22 Nr. 115; 929, 73 Nr. 1; 925, 236; 1469, 1 (Familienbuch Hochberg):
< Hindel Stein, geb. 1785, gest. 6. Januar 1856, Tochter von Judas Anschel von Hochberg und Tölzele, geb. Samuel, Wittwe des Judas Hirsch Stein >

## Grab 113 und 114

### Sara Löwenthal

▲ Grab 113

Reihe V

gest. 02.06.1857

1 פ"נ
2 [אש]ה חשובה מרת שר[ה]
3 בת כ' מוהר"ר יחיאל אש[ת]
4 [כ'] משה מפה כל ימיה הל[כה]
5 בדרך ישרה ומצות ה' שמרה
6 נפטרה י' סיון ונקברה י"א סיון
7 תנצב"ה אמן:

Symbol: Strahlenkranz

Stein: H: 155, B: 64, T: 16 cm

Hier liegt begraben
1 eine vornehme Frau, Frau Sa[ra],
2 Tochter unseres ehrbaren Lehrers und Rabbiners, Herrn Jechiel, Gatt[in]
3 [des ehrbaren] Moses von hier. All ihre Tage wandel[te] sie
4 auf rechtem Weg und hielt die Gebote Gottes.
5 Sie ist gestorben am 10. Siwan und wurde begraben am 11. Siwan
6 T.N.Z.B.H. Amen

Quellen:
RSA 3: 931, 22 Nr. 117; 929, 75:
< Sara Löwenthal, geb. im April 1791, gest. 2. Juni 1857, Tochter von Rabbiner Jechiel und Rachel Majer, zweite Gattin des Moses Löb (Brill) Löwenthal (Grab 139) >

### Salomon Löb Löwenthal

▲ Grab 114

Reihe VI

gest. 28.09.1842

1 פ"נ
2 האיש ישר בכל דרכיו
3 ב"ת של נערי' מתפלל בכוונה
4 עוסק במצות: כ' שלמה בן
5 כ' יוהדא ז"ל מפה נ' יום ד' א'
6 ח' של סוכת ונ' עש"ק כ"ו תשרי
7 תר"ג לפ"ק תנצבה"א

Symbol: achtzackiger Stern

Stein: H: 124, B: 52, T: 13 cm

Hier liegt begraben
1 ein Mann, der aufrecht war in all seinen Wegen,
2 er war Thoralehrer von Knaben, betete andächtig,
3 und beschäftigte sich mit guten Taten. Der ehrbare Schlomo, Sohn des
4 ehrbaren Jehuda seligen Andenkens, von hier, ist gestorben am Mittwoch, dem
5 letzten Tag des Laubhüttenfestes, und wurde begraben am Vorabend des Heiligen Schabbat, dem 26. Tischri
6 603 n.d.kl.Z. T.N.Z.B.H. Amen

Quellen:
RSA 3: 931, 22 Nr. 117; 929, 41 Nr. 8; 925, 120:
< Salomon Löb Löwenthal, geb. 12.7.1772, gest. 28.9.1842, Sohn von Löb Mayer und Rachel Gatte d. Esther, geb. Anspacher (Grab 101) >

## Grab 115 und 116

| | |
|---|---|
| 1 | האיש ישר כל ימיו הולך |
| 2 | בדרך טוב בג"ח כמ"ר יצחק |
| 3 | בן כ' יקותיאל יצ"ו ז"ל מצפ' |
| 4 | נפטר יום ד' כ"ב א"ר ונ' יום |
| 5 | ה' כ"ג א"ר תר"ב' לפ"ק |
| 6 | תנצבה"א |

Stein: H: 118, B: 54, T: 10 cm

1 Ein aufrechter Mann, der all seine Tage
2 auf rechtem Weg wandelte, ein Wohltäter war der ehrbare Herr Jitzchak,
3 Sohn des ehrbaren Jekutiel, sein Schöpfer und Erlöser möge ihn erhalten, seligen Andenkens, aus Zaberfeld.
4 Er ist gestorben am Mittwoch, dem 22. Adar I. und wurde begraben am Donners-
5 tag, dem 23. Adar I. 602[1] n.d.kl.Z.
6 T.N.Z.B.H. Amen

Quelle:
RSA 3: 3362 S. 4:
< Isaak Kaufmann, geb. 19. August 1771, gest. 21. Februar 1843, Sohn des Kusel Kaufmann >

Anmerkung:
[1] richtig sollte es heißen: 603

### Isaak Kaufmann

Grab 115 ▲

Reihe VI

gest. 21.02.1843

---

| | |
|---|---|
| | פ"נ |
| 1 | האיש ישר בכל דרכיו הזקן |
| 2 | אי"א מתפלל באמונה בג"ח: |
| 3 | אוהב תורה א' מחבר' קדישא |
| 4 | כ' מאיר יצ"ו בן המנוח כהר"ר |
| 5 | מרדכי ז"ל מפה נ' יום א' אח' |
| 6 | של פסח כ"ג ניסן ונ' יו' ב' כ"ד |
| 7 | ניסן תר"ג לפ"ק תנצבה"א |

Stein: H: 124, B: 54, T: 10 cm

Hier liegt begraben
1 ein Mann, aufrecht in allen seinen Wegen, ein hochbetagter,
2 gottesfürchtiger Mann, der mit Glauben betete, und wohltätig war.
3 Er liebte die Thora und war ein Mitglied der Beerdigungsgesellschaft.
4 Der verehrte Meir, sein Schöpfer und Erlöser möge ihn erhalten, Sohn des verstorbenen, ehrbaren großen Herrn
5 Mordechai, seligen Andenkens, von hier, ist gestorben am Sonntag, dem letzten
6 Tag des Passahfestes, dem 23. Nissan, und wurde begraben am Montag, dem 24.
7 Nissan 603 n.d.kl.Z. T.N.Z.B.H. Amen

Quellen:
RSA 3: 931, 22 Nr. 120; 925, 177; 929, 41 Nr. 2:
< Maier Marx, geb. 1771, gest. 23.4.1843, Metzger, Sohn v. Marx Hurmin u. Hanna (Grab 60), Gatte d. Jendle, geb. Levi aus Eppingen (Grab 105) >

### Maier Marx

Grab 116 ▲

Reihe VI

gest. 23.04.1843

# Grab 117 und 118

## Samuel Marx

▲ Grab 117

Reihe VI

gest. 26.10.1845

| | |
|---|---|
| 1 | פ"נ |
| 1 | צדיק תמים נפשו [ ] |
| 2 | [א] [ולבו ] [ש] [רו ] |
| 3 | [ ]לם גע[ו ]ו[ן ] [ ] |
| 4 | איש חסיד הי' א[ ] ב[ ] ותיו[ |
| 5 | בשלו' ינוח ורוחו תשיב אל אל |
| 6 | ירא ה' מנעור' הר"ר שמואל |
| 7 | בן כ"ה מרדכי ז"ל נפט' כ"ה ונ' כ"ו |
| 8 | תשרי תר"ו לפ"ק תנצבה א' |

Symbol: Dreieck im Strahlenkranz

Stein: H: 155, B: 52, T: 27 cm

Hier liegt begraben
1 ein gerechter unter den Rechtschaffenen, seine Seele [ ]
2 [ ]und sein Herz [ ]
3 [ ]
4 Er war ein frommer Mann [ ] in seinen [ ]
5 in Frieden ruhe er und seine Seele kehre zu Gott zurück,
6 gottesfürchtig war er von Jugend an. Herr Schmuel,
7 Sohn des ehrbaren Herrn Mordechai seligen Andenkens, ist gestorben am 25. und wurde begraben am 26.
8 Tischri 606 n.d.kl.Z.  T.N.Z.B.H.  Amen

Quellen:
RSA 3: 931, 23 Nr. 121; 925, 178; 929, 45 Nr. 4:
< Samuel Marx, geb. 14. Jan. 1775, gest. 26. Oct. 1845, Metzger, Sohn v. Marx Hurmin und Hanna (Grab 60), Gatte der Madel, geb. Hirsch Wolf (Grab 165) >

## Seligmann Levi

▲ Grab 118

Reihe VI

gest. 08.01.1846

| | |
|---|---|
| 1 | פ"נ |
| 1 | האיש ישר בכל דרכיו בג"ח |
| 2 | אוהב תורה א' מראשי הק' |
| 3 | בשלו' ינוח החבר ר' זעליגמן נ"י |
| 4 | הלוי מפה נ' עשרה בטבת |
| 5 | ונ' י"ג טבת תר"ו לפ"ק |
| 6 | תנצב"ה אמן |

Symbol: Levitenkanne

Stein: H: 135, B: 60, T: 18 cm

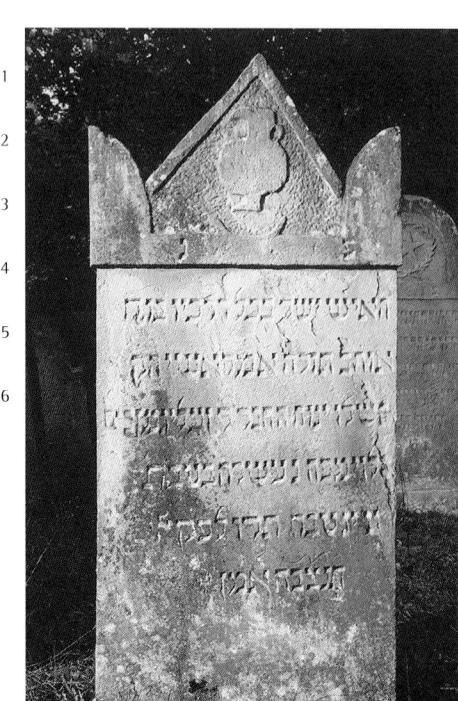

Hier liegt begraben
1 ein Mann, der aufrecht war in all seinen Wegen, er war ein Wohltäter,
2 liebte die Thora und war einer der Leiter der Gemeinde.
3 Er ruhe in Frieden. Der Chawer Herr Seligmann Halevi, sein Licht soll leuchten,
4 von hier, ist gestorben am zehnten des Tewet,
5 und wurde begraben am 13. Tewet 606 n.d.kl.Z.
6 T.N.Z.B.H.  Amen

Quellen:
RSA 3: 931, 23 Nr. 122; 925, 110; 926, 96; 929, 45 Nr. 1 (1846):
< Seligmann Joseph Levi, geb. 3. Nov. 1780, gest. 8. Jänner 1846, Synagogenvorsteher und Goldwarenhändler, Sohn v. Joseph Levi (Grab 4) und Ittel (Grab 53), Gatte der Babette (Belle), geb. Maier (Grab 104) >

## Judas Kahn

Grab 119 ▲

Reihe VI

gest. 13.01.1846

1 [ ]
2 ידי]ו פר]ש לעניי]ם לקרוב]ים
3 ולרחקי' כל זה יעי]דו וי]גידו
4 [ ] ותרן הי' כממ]ן ש]לו'
5 ינוח ורוחו תשיב אל אל כמ"ר
6 יהודא ב"כ שרגא פייס הכהן ז"ל
7 מפה נפט' ביו' ג' ט"ו טבת בשתג'
8 ונ' יו' ה' י"ז טבת בפ"ט תר"ו לפ"ק
9 תנצבה"א

Symbol: Segnende Hände

Stein: H: 137, B: 53, T: 14 cm

1 [ ]
2 [sei]ne Hände [brei]tete er den Arm[en von Nahe und]
3 Ferne aus, all dies bez[eugen und erzä]hlen
4 [ ] war er wie [ ] in Frieden
5 möge er ruhen und seine Seele kehre zu Gott zurück. Der ehrwürdige Herr
6 Jehuda, Sohn des ehrwürdigen Schraga Feijs Hacohen seligen Andenkens,
7 von hier, ist gestorben am Dienstag, dem 15. Tewet, in Stuttgart,
8 und wurde begraben am Donnerstag, dem 17. Tewet in Freudental, 606 n.d.kl.Z.
9 T.N.Z.B.H. Amen

Quellen:
RSA 3: 931, 23 Nr. 123; 925, 87; 929, 45 Nr. 2 (1846):
< Judas Kahn, geb. 2. Jan. 1794, gest. in Stuttgart 13. Jan. 1846, Handelsmann, Sohn von Veit Kahn (Grab 18) und Esther, geb. Levi (Grab 67), Gatte der Lisette, geb. Aron (Grab 171) >

## Michael Levi

Grab 120 ▲

Reihe VI

gest. 08.01.1847

1 מצבת קברת
2 האיש הישר בכל מעשיו
3 בג"ח איש י"א מנעוריו נדיב
4 [ ]א
5 [ ]י"ט
6 [ טבת]
7 תר"ז לפ"ק תנצבה"א

Symbol: Levitenkanne, sechsblättrige Blüte in einem Kreis

Stein: H: 170, B: 66, T: 10 cm

1 Grabstele
2 eines Mannes, der aufrecht war in allen seinen Wegen,
3 ein Wohltäter, ein gottesfürchtiger Mann von Jugend an, freigebig
4 [ ]
5 [ ]19.
6 [ ]Schewat
7 607 n.d.kl.Z. T.N.Z.B.H. Amen

Quellen:
RSA 3: 931, 23 Nr. 124; 926, 66; 1914, 2; 1915, 48; (Ludwigsburg):
< Michael Levi, geb. 15.2.1773, gest. 8.1.1847 in Ludwigsburg, Sohn von Judas Levi und Vögele, Tochter des Machul von Horkheim, Gatte der Sara, geb. Jordan >

# Grab 121 und 122

## Jakob Bär
(Jakob Wolf Steinteker?)

▲ Grab 121

Reihe VI

gest. 06.04.1847

1 מצבת קברת
2 האיש הישר בכל דרכיו
3 איש י"א וכל מעשיו היה
4 באמונ' יעקב דוב בן הח'
5 ר' בנימן ז"ל מפה נפטר יום ד'
6 ע"ט אחרון של פסח ונקבר
7 יו' ו' אחרון דפסח תר"ז לפ"ק
8 תנצבה"א

**Anmerkung:**
[1] Da der Vorabend des letzten Pessachfeiertages (21. Nissan) ein Mittwoch war, war der letzte Pessachfeiertag (22. Nissan) der Donnerstag und nicht der Freitag.

Symbol: sechsblättrige Blüte in einem Kreis

Stein: H: 126, B: 63, T: 10 cm

1 Grabstele
2 eines Mannes, der aufrecht war in all seinen Wegen.
3 Er war ein gottesfürchtiger Mann, all seine Taten erfolgten
4 in Redlichkeit. Jakob Dow, Sohn des Chawer
5 Herr Benjamin seligen Andenkens, von hier, ist gestorben am Mittwoch,
6 dem Vorabend des letzten Passahfeiertages, und wurde begraben
7 am Freitag(!)[1], dem letzten <Tag> des Passahfestes 607 n.d.kl.Z.
8 T.N.Z.B.H. Amen

**Quellen:**
RSA 3: 931, 23 Nr. 125;
< Jakob Bär >; 3362, 75; 925, 237:
< Jakob Wolf Steinteker, geb. 1776 vermutl. in Merchingen, gest. 6. April 1847, Viehhändler, Eltern unbekannt, in erster Ehe verheiratet mit Greßle, Tochter des Hitsch Wolf, in zweiter Ehe mit Gittel, Tochter des Daniel (Grab 172) >

## Seligmann Levi

▲ Grab 122

Reihe VI

gest. 09.04.1847

1 מצבת קברת
2 האיש הישר בכל דרכיו
3 כל ימיו הולך בדרך טוב:
4 כ' פנחס ב"ר כ' אברהם הלוי ז"ל
5 מפה נפטר יו' ו' אח' של פסח
6 ונ' יו' א' כ"ג ניסן תר"ז לפ"ק
7 תנצבה"א

**Anmerkung:**
[1] Das hebräische Datum korrespondiert nicht mit dem bürgerlichen und ist zudem in sich unschlüssig: der letzte Tag von Pessach ist immer der 22. Nissan, in der Inschrift Freitag, demnach kann der 23. Nissan kein Sonntag sein. Tatsächlich war der 22. Nissan Donnerstag, der 8. April. Laut Sterberegister ist Seligmann Levi am Freitag, dem 9. April gestorben und am Sonntag, dem 11. April (25. Nissan) begraben worden.

Symbol: Levitenkanne

Stein: H: 126, B: 63, T: 12 cm

1 Grabstein
2 eines Mannes, der aufrecht war in all seinen Wegen.
3 All seine Tage ging er den guten Weg.
4 Der ehrbare Pinchas, Sohn des ehrbaren Avraham Halevi, seligen Andenkens,
5 von hier, ist gestorben am Freitag, dem letzten Tag des Passahfestes,
6 und wurde begraben am Sonntag, dem 23.[1] Nissan 607 n.d.kl.Z.
7 T.N.Z.B.H. Amen

**Quellen:**
RSA 3: 931, 23 Nr. 126; 925, 107;
926, 88; 929, 47 Nr. 1:
< Seligmann Levi, geb. 1764, gest. 9. April 1847 und begraben zu Freudenthal am 11. April, Handelsmann, Sohn v. Abraham Levi und Scheffle, Gatte der Ittle, Tochter des Lippmann Judas (Grab 107) >

# Grab 123 und 125

| | |
|---|---|
| פ"נ | 1 |
| האיש הישר בכל | |
| דרכיו כל מעשיו היה | 2 |
| באמונה כ' גבריאל צבי | 3 |
| ב"כ משה ז"ל מפה נפט' | 4 |
| עש"ק י"א ונ' יו' א' י"ג | 5 |
| כסליו תר"ו¹ לפ"ק תנצב"ה | 6 |

Symbol: eine Blume (Lilie?) mit zwei Blütenstengeln

Stein: H: 145, B: 61, T: 14 cm

Hier liegt begraben
1 ein Mann, der aufrecht war in all
2 seinen Wegen, all seine Taten erfolgten
3 in Redlichkeit. Der ehrenwerte Gabriel Zwi,
4 Sohn des ehrbaren Mosche seligen Andenkens, von hier, ist gestorben
5 am Vorabend des Heiligen Schabbat, dem 11. und wurde begraben am Sonntag, dem 13.
6 Kislew 606¹ n.d.kl.Z. T.N.Z.B.H.

Anmerkung:
¹ Richtig sollte es heißen: 608.

Quellen:
RSA 3: 931, 24 Nr. 127; 929, 47 Nr. 5;
925, 29; 926, 36:
< Gabriel Hirsch Herrmann (Hurmin),
geb. 27.6.1768, gest. 19.11.1847, Schacherhändler,
Sohn von Moses Mayer Hurmin und Rößel >

**Gabriel Hirsch Herrmann**

Grab 123 ▲

Reihe VI

gest. 19.11.1847

---

| | |
|---|---|
| פ"נ | 1 |
| האיש הישר כל ימיו הולך | |
| בדרך הש"ר כמ"ר צבי הירש | 2 |
| ב"כ יקותיאל ז"ל מצפ' נ' ד' סיון | 3 |
| ונ' יום ב' דשבועת תר"ח לפ"ק | 4 |
| תנצבה"א | 5 |

Stein: H: 135, B: 60, T: 12 cm

Hier liegt begraben
1 ein aufrechter Mann, der all seine Lebenstage
2 auf rechtem Weg wandelte. Der ehrbare Herr Zwi Hirsch,
3 Sohn des ehrbaren Jekutiel, seligen Andenkens, aus Zaberfeld, ist gestorben am 4. Siwan und
4 wurde begraben am 2. Tag des Wochenfestes, 608 n.d.kl.Z.
5 T.N.Z.B.H. Amen

Quelle:
RSA 3: 931 S. 24 Nr. 129 ohne Angaben

**Zwi Hirsch „ "**

Grab 125 ▲

Reihe VII

gest. 05.06.1848

# Grab 124

## Liebmann (Elieser) Mayer

▼ Grab 124

Reihe VI

gest. 08.02.1848

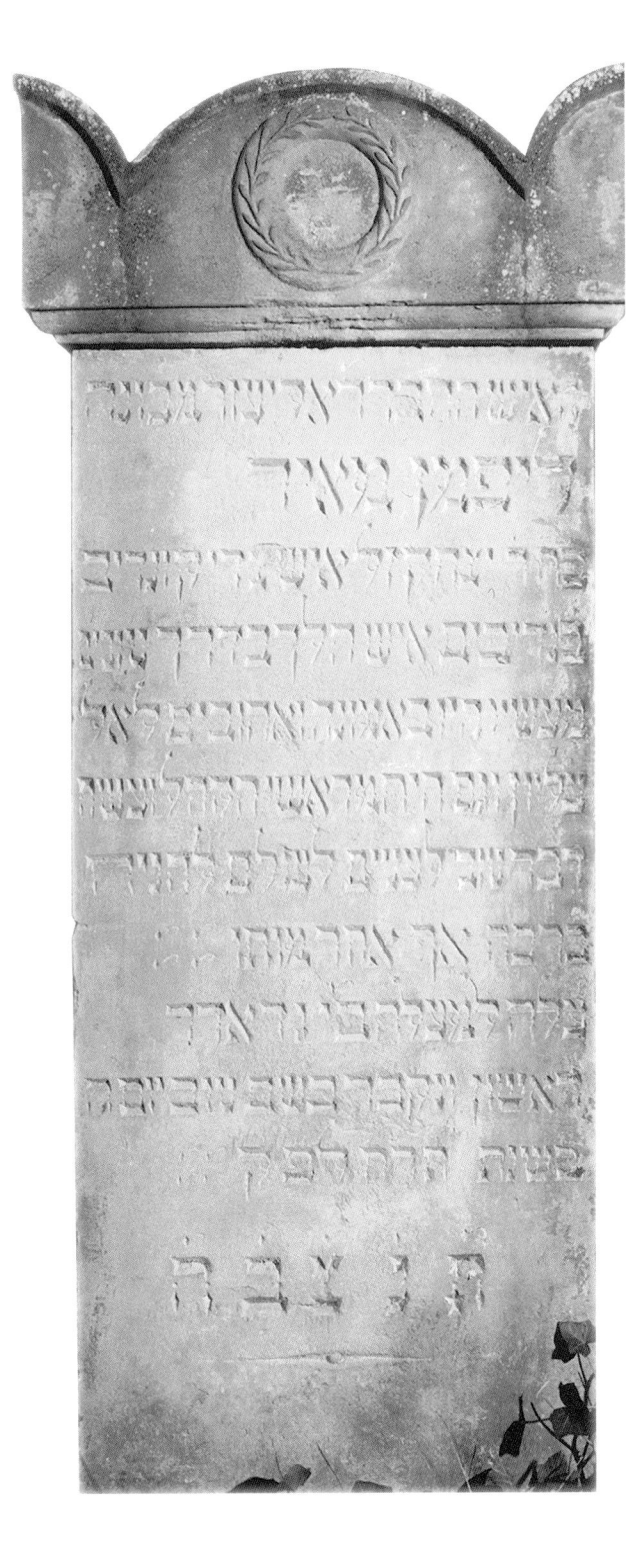

| | |
|---|---|
| האיש החבר ר' אליעזר מכונה | 1 Der Mann, der Chawer Herr Elieser, genannt |
| ליפמן מאיר | 2 Lipmann Meir, |
| ב"ח ר' יצחק ז"ל איש צדיק ונדיב | 3 Sohn des Chawers Herr Jitzchak seligen Andenkens. Ein gerechter Mann war er und ein freigiebiger |
| בנדיבים. איש הלך בדרך טובים | 4 unter den Fürsten[1], ein Mann, der auf dem Weg der Guten ging, |
| מעשיו היו באמונה ואהובים לאל | 5 seine Taten waren mit Glauben und wurden mit Liebe aufgenommen von Gott, |
| עליון וגם היה מראשי הקהל ועשה | 6 dem Höchsten. Er war auch eines der Häupter der Gemeinde und richtete |
| דבר טוב לעניים לעולם להניח | 7 eine Stiftung ein für die Armen, um für ewig |
| ברכה אף אחר מותו: | 8 einen Segen zu hinterlassen, auch nach seinem Tode. |
| עלה למעלה בי' ג' ד' אדר | 9 Er stieg auf am Dienstag, dem 4. des Adar |
| ראשון ונקבר בשם טוב יום ה' | 10 I. und wurde begraben in gutem Namen am Donnerstag, |
| בשנת תר"ח לפ"ק | 11 im Jahr 608 n.d.kl.Z. |
| תנצב"ה | 12 T.N.Z.B.H. |

Auf der Rückseite des Steines steht:

Liebmann Maÿer.

Symbol: Kranz

Stein: H: 143, B: 52, T: 42 cm

Quellen:
RSA 3: 931, 24 Nr. 128; 925, 178; 926, 57; 929, 49 Nr. 1, ferner Nebel Geschichte 62:
< Liebmann Mayer, geb. 3.1.1778, gest. 8.2.1848, Bürger seit 29.5.1835, Capitalist und Wollenhändler, Kirchenvorsteher, Sohn v. Isaak Mayer und Hanna, Tochter d. Isaac, Gatte d. Regine (Grab 174) >

Anmerkung:
[1] Die Bedeutungsspanne des hebräischen נדיב ist im Deutschen nicht nachzuvollziehen: Es heißt als Substantiv „Fürst, Edler, Freigiebiger", als Adjektiv „freigiebig, edel". In den Grabsteinen ist zumeist die Eigenschaft der Freigiebigkeit gemeint, eine Übersetzung wie etwa „der Freigiebigste unter den Freigiebigen" wäre hier aber zu eng gefaßt.

## Sigmund (Seligmann) Löwe

Grab 138
Reihe VII

gest. 03.08.1865

פ"נ
1 פנחס בצלאל בן הח'
2 ר' משה הלוי מוהל
3 שנפטר ביום י"א אב
4 תרכ"ה לפ"ק הוא הלך
5 בדרך טובים והיה
6 בעל שלום אשר
7 פרש ידו לעניים בשכר
8 זה תנצב"ה

Hier liegt begraben
1 Pinchas Bezalel, Sohn des Chawers
2 Herrn Mosche Halevi, Beschneider.
3 Er ist am 11. Aw gestorben,
4 625 n.d.kl.Z.. Er ging
5 auf gutem Weg und war
6 ein friedlicher Mann, der
7 seine Hände den Armen reichte. Zur Belohnung
8 T.N.Z.B.H.

Auf der Rückseite des Steines steht:

Seligman Löwe
geb. 21. Sep. 1829
gest. 3. Aug. 1865
von
Ludwigsburg.

Quellen:
RSA 3: 925, 111; 931, 26 Nr. 143; 595, 239,
ferner StAL F 181 Bü 253:
< Sigmund (Seligmann) Löwe, geb. 21.9.1829,
gest. 3.8.1865, Sohn v. Moses Joseph Levi (Grab 213) und Sara, geb. Hirsch Wolf (Grab 72), die Familie hat 1839 den Familiennamen in Löwe umgeändert >
Sigmund Löwe war seit 1863 Beisitzer im Vorsteheramt der israelit. Gemeinde Ludwigsburg. Sein Sohn Prof. Dr. Emil Löwe ist am 16.1.1943 in Theresienstadt umgekommen (Gedenkbuch 213).

Symbol: Levitenkanne

Stein: H: 150, B: 52, T: 24 cm

## Grab 126 und 127

### Isaak Bär Levi

▲ Grab 126

Reihe VII

gest. 02.08.1849

פ"נ
1 האיש אשר הלך כל ימיו
2 בדרך הטוב אי"א הולך לדבר
3 מצוה א' מחבר' של ג"ח יצחק
4 דוב ב"כ אפרים ארי' הלוי ז"ל
5 מפה נפ' יום ה' י"ד ונק' יום א' י"ז
6 אב תר"ט לפ"ק תנצבה"א

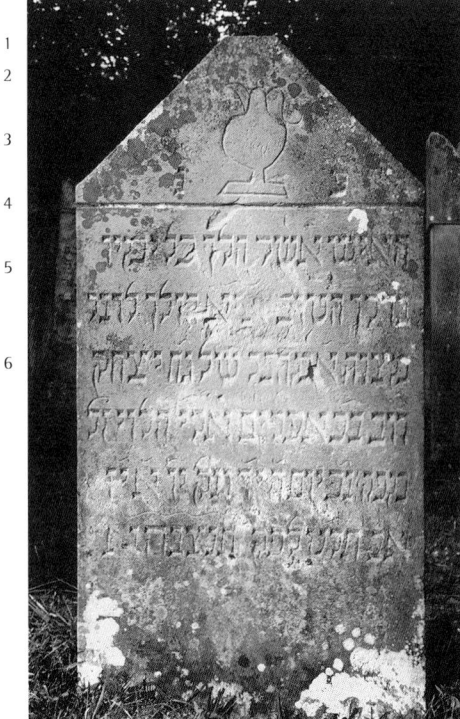

Symbol: Levitenkanne

Stein: H: 119, B: 58, T: 11 cm

Hier liegt begraben
1 ein Mann, der alle seine Tage
2 auf rechtem Weg wandelte,
ein gottesfürchtiger Mann, der immer
3 die Gebote erfüllte. Er war ein Mitglied
der Wohltätigkeitsgesellschaft, Jitzchak
4 Dow, Sohn des ehrbaren Ephraim Arie
Halevi seligen Andenkens,
5 von hier, ist gestorben am Donnerstag,
dem 14., und wurde begraben am
Sonntag, dem 17.
6 Aw 609 n.d.kl.Z. T.N.Z.B.H. Amen

Quellen:
RSA 3: 931, 24 Nr. 130; 925, 118;
926, 48; 929, 55 Nr. 3:
< Isaak Bär Levi, geb. 20.12.1779, gest. 2. August
1849, Schacherhändler, Sohn von Seligmann Löb
Levi und Frummet (Grab 91), Gatte der Sprinz,
geb. Ulmann (Grab 160) >

### Löser Kahn

▲ Grab 127

Reihe VII

gest. 06.08.1849

פ"נ
1 האיש הישר בכל מעשיו
2 כ"י הולך בדרך הטוב בעל ג"ח
3 כ' אליעזר ב"כ יהודא הכהן
4 ז"ל מצפ' נפט' יו' ב' י"ח ונ' יום ד'
5 ו'[1] אב תר"ט [לפ"ק] תנצבה"א

Symbol: Segnende Hände

Stein: H: 134, B: 62, T: 12 cm

Hier liegt begraben
1 ein Mann, der aufrecht war in
all seinen Taten,
2 all seine Tage ging er auf dem Weg des
Guten und war ein Wohltäter.
3 Der ehrbare Elieser, Sohn der ehrbaren
Jehuda Hacohen,
4 seligen Andenkens, aus Zaberfeld,
ist gestorben am Montag, dem 18.,
und wurde begraben am Mittwoch,
5 dem 6[1]. Aw 609
[n.d.kl.Z.] T.N.Z.B.H. Amen

Quelle:
RSA 3: 931, 24 Nr. 131:
< Löser Kahn v. Zaberfeld >

Anmerkung:
[1] fehlerhaft geschrieben: muß 20. Aw heißen

# Grab 128 und 129

## Alexander Wolf Ödheimer

Grab 128 ▲

Reihe VII

gest. 23.10.1850

פ"ט
1 האיש ישר בכל מע[שיו]
2 אי"א אוהב חוקה הוא
3 אלכסנדר ב"כ בנימן ז"ל
4 מפה נפט' יום ד' ונ' יום ו'
5 י"ט מרחשון תרי"א לפ"ק
6 תנצבה"א

Hier liegt geborgen
1 ein Mann, der aufrecht war in all seinen Ta[ten],
2 ein gottesfürchtiger Mann, der die Satzung liebte.
3 Alexander, Sohn des ehrbaren Benjamin seligen Andenkens,
4 von hier, ist gestorben am Donnerstag und wurde begraben am Freitag,
5 dem 19. Marcheschwan 611 n.d.kl.Z.
6 T.N.Z.B.H. Amen

Symbol: zwei Blumen (Lilien?)

Stein: H: 140, B: 64, T: 15 cm

Quellen:
RSA 3: 931, 24 Nr. 132; 925, 205; 926, 8; 929, 59 Nr. 6:
< Alexander Wolf Ödheimer, geb. 3. Mai 1785, gest. 23. Oktober 1850, Schacherhändler, Sohn von Wolf Benedikt in Edenheim und Sara, Gatte der Ella, geb. Aron (Grab 239) >

## Jakob Abraham Ballenberg

Grab 129 ▲

Reihe VII

gest. 28.08.1851

פ"נ
1 האיש הטוב והישר
2 בכל מעשיו בג"ח א'
3 מחברי ש[ ] יעקב
4 ב"כ אברהם יצ"ו ז"ל
5 מפה [נפ'] יום עש"ק
6 ב' דר"ח אלול ונ' יו' א' ג'
7 אלול תרי"א לפ"ק
8 תנצבה"א

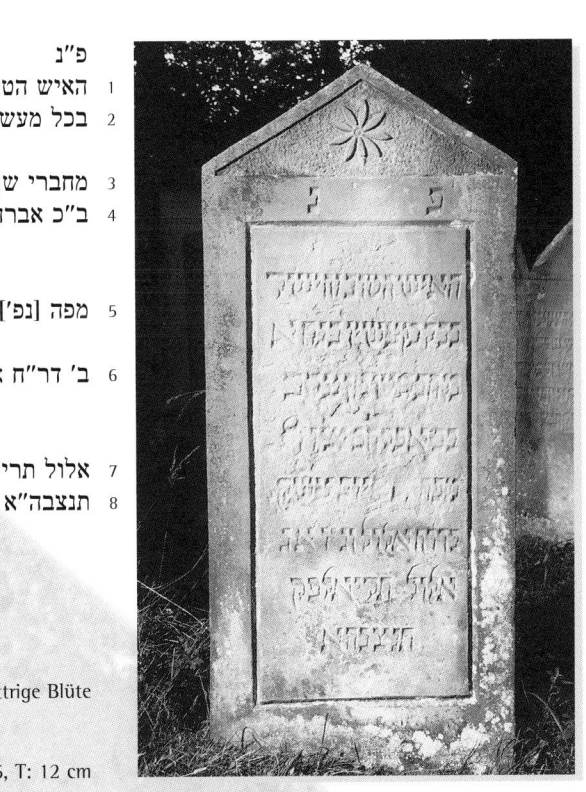

Hier liegt begraben
1 ein Mann, der gut und aufrecht war
2 in all seine Taten. Ein Wohltäter war er, ein
3 Mitglied der [ ]-Vereinigung. Jaakow,
4 Sohn des ehrbaren Avraham, sein Schöpfer und Erlöser möge ihn erhalten, seligen Andenkens,
5 von hier, ist [gestorben] am Tag des Vorabends des Heiligen Schabbat,
6 dem zweiten Neumondtag des Monats Elul, und wurde begraben am Sonntag, dem 3.
7 Elul 611 n.d.kl.Z.
8 T.N.Z.B.H. Amen

Symbol: neunblättrige Blüte

Stein: H: 149, B: 65, T: 12 cm

Quellen:
RSA 3: 929, 61 Nr. 8; 925, 14:
< Jakob Abraham Ballenberg, geb. 17.2.1772, gest. 28.8.1851, Handelsmann, Sohn v. Abraham Elias Ballenberg u. Pesle (Grab 1), Gatte d. Breinle (Grab 93) >

## Grab 130 und 131

### Isaak Jakob Stein

▲ Grab 130

Reihe VII

gest. 21.09.1851

| | |
|---|---|
| 1 | מצבת קברת |
| 2 | הא"י ונאמן בכל מעשיו |
| 3 | כ"י הולך בדרך הטוב אוהב |
| 4 | שלום ידיו פרש לעני אחד |
| 5 | מחבר' של ת"ת: זה יצחק ב"כ |
| 6 | יעקב ז"ל מפה נפט' בשם |
| 7 | טוב כ"ד ונק' כ"ה אלול תר |
| 8 | י"א לפ"ק תנצבה"א |

Symbol: Kranz

Stein: H: 150, B: 49, T: 41 cm

1 Grabstein
2 eines Mannes, der aufrecht und treu war in allen seinen Taten,
3 all seine Tage ging er auf rechtem Weg. Er liebte
4 Frieden und breitete seine Hände den Armen aus. Er war ein
5 Mitglied der Talmud-Thora-Vereinigung. Dies ist Jitzchak, Sohn des ehrbaren
6 Jaakow, seligen Andenkens, von hier, er ist gestorben in gutem
7 Namen am 24. und wurde begraben am 25. Elul 6
8 11 n.d.kl.Z. T.N.Z.B.H. Amen

Quellen:
RSA 3: 931, 25 Nr. 135; 925, 263; 929, 61 Nr. 9:
< Isaak Jakob Stein, geb. 17.2.1786, gest. 20. September 1851, Metzger, Sohn von Jacob Löw Stein und Sara, Gatte der Fradel, Tochter des Löb Gabriel Ulmann (Grab 112) >

### Samuel Marx Kahn

▲ Grab 131

Reihe VII

gest. 17.04.1852

| | |
|---|---|
|  | פ"ט |
| 1 | איש תמים נקי כפים |
| 2 | וקשה ימים על ה' לבו |
| 3 | בטח ונ[ ]בות |
| 4 | לבו שמח [ ] האיש |
| 5 | הנעלה שמואל בר |
| 6 | מרדכי הכהן מפה |
| 7 | ופטר¹ ביום ש"ק כ"ח ניסן |
| 8 | ונקבר ביום ב' ל' ניסן א' |
| 9 | דר"ח אייר תרי"ב תנצב"ה |

Anmerkung: ¹ verschrieben statt נפטר

Symbol: Segnende Hände

Stein: H: 125, B: 61, T: 13 cm

Hier liegt geborgen
1 ein makelloser Mann, unbestechlich
2 und hart geschlagen, dessen Herz auf Gott
3 vertraute und [ ]
4 sein Herz freute sich, [ ] Der Mann,
5 der erhabene, Schmuel, Sohn
6 des Mordechai Hacohen von hier,
7 ist gestorben am Tag des Heiligen Schabbat, dem 28. Nissan,
8 und wurde begraben am Montag, dem 30. Nissan, dem ersten
9 Neumondtag des Monats Ijjar 612 T.N.Z.B.H.

Quellen:
RSA 3: 931, 25 Nr. 136; 925, 68; 926, 94; 929, 63f. Nr. 5:
< Samuel Marx Kahn, geb. 27.2.1776, gest. 17. April 1852, Handelsmann, Sohn von Marx Samuel Kahn und Lev Gugenheim, Gatte der Marianne, Tochter des Rabbiners Salomon (Grab 70) >

## Samson Levi Strauß

Grab 133 ▲

Reihe VII

gest. 12.06.1854

1 מצבת
2 האיש הישר שמשון
3 בר יעקב הלוי עלה למעלה
4 בי׳ ב׳ ט״ז סיון ונ׳ בי׳ ד׳ ח״י סיון
5 תרי״ד לפ״ק תנצב״ה אמן

1 Stele
2 eines aufrechten Mannes. Schimschon,
3 Sohn des Jaakow Halevi, stieg hinauf
4 am Montag, dem 16. Siwan, und wurde begraben am Mittwoch, dem 18. Siwan
5 614 n.d.kl.Z. T.N.Z.B.H. Amen

Stein: H: 104, B: 56, T: 12 cm

**Quellen:**
RSA 3: 931, 25 Nr. 138; 925, 239; 929, 67 Nr. 4:
< Samson Levi Strauß, geb. 8.7.1778, gest. 12.6.1854, Handelsmann, Sohn v. Jakob Levi und Michele, Gatte d. Genendel, geb. Löb (Grab 74) >

## Mayer Hirsch Stein

Grab 135 ▲

Reihe VII

gest. 26.03.1855

פ״נ
1 האיש [הי]שר בכל
2 מעשיו [הנ]יח דבר
3 טוב מעזבונו מאיר
4 צבי בר שרגא ז״ל
5 הלך לעולמו יום ב׳
6 ז׳ ניסן: תרט״ו¹ לפ״ק
7 תנצב״ה: אמן:

Hier liegt begraben
1 ein Mann, der aufrecht war in allen
2 seinen Taten, [er hinterließ] eine
3 Stiftung aus seinem Nachlass. Meir
4 Zwi, Sohn des Schraga, seligen Andenkens,
5 ging in seine Welt am Montag,
6 dem 7. Nissan 616¹ n.d.kl.Z.
7 T.N.Z.B.H. Amen

Symbol: Strahlenkranz

Stein: H: 140, B: 44, T: 40 cm

**Quellen:**
RSA 3: 931, 26 Nr. 140; 925, 249; 929, 69f. Nr. 2:
< Mayer Hirsch Stein, geb. 6. Sept. 1817, gest. 26. März 1855, Handelsmann, Sohn v. Veit Isak Stein (Grab 44) und Kela, geb. Traub (Grab 69), erster Gatte der Rebecca, geb. Stein, (später Gattin des Hirsch Berlinger) (Grab 314) >

**Anmerkung:**
¹ muß richtig 615 heißen.

## Grab 136 und 137

### Abraham Hirsch Levi

▲ Grab 136

Reihe VII

gest. 23.12.1864

| # | Hebräisch |
|---|---|
| 1 | איש צדיק וישר זקן [ ] ת[מ]ים הלך כל ימיו בדרך |
| 2 | ישר[ ]ת[ ובמצ]וות [ ]אל |
| 3 | אב[ר]הם צ[ב]י ב' אפרים א[רי]ה בכל |
| 4 | ימי[ו] [צרה יגון ואנחה [ ] ]בכל |
| 5 | זא[ת] לא[ ] סר מתורת משה [וי]שראל |
| 6 | והי[ה ק]ב[ל] עליו עול מלכו[ת] שמי[ם] |
| 7 | [כא] [ ] |
| 8 | כט[ ] כ[סלו] |
| 9 | תר[כ]"ד [ ] |

Symbol: Levitenkanne

Stein: H: 122, B: 64, T: 13 cm

1 Ein gerechter und aufrechter Mann hohen Alters [ ] vollkommen, all seine Lebenstage wandelte er
2 auf rechtem Weg, [ ] und in den Geb[oten    ]
3 Ab[raham] Zwi, Sohn des Ephraim A[rie ] an all seinen
4 Tag[en   ]Leid, Betrübnis und Klage [ ] trotz all
5 diesem [ ] wich er nicht vom Gesetz des Moses [und I]sraels.
6 Er wa[r    nah]m auf sich das Joch der Herrschaft des [Himmel]s
7 [                        ]
8 [                   Ki]slew
9 6[24                  ]

Quellen:
RSA 3: 831, 26 Nr. 141; 925, 117;
926, 6; 929, 101f. Nr. 8:
< Abraham Hirsch Levi, geb. 12.9.1778, gest. 23.12.1864, Schacherhändler, Sohn v. Seligmann Löb Levi und Frummet (Grab 91), Gatte der Rebekka, geb. Jomdof (Grab 163) >

### Judas Seligmann Levi

▲ Grab 137

Reihe VII

gest. 26.07.1865

| # | Hebräisch |
|---|---|
|  | פ"נ |
| 1 | איש יהודא בר אפרים הלוי |
| 2 | הלך בדרך תמים ובטח |
| 3 | בבורא ארץ ושמים הוא |
| 4 | יתן לו שכר בעלמא דאתא |
| 5 | להנות מזיו שכינתו נאסף |
| 6 | אל עמו ועלתה למעלה |
| 7 | נשמתו ביום ג' מנחם ונקבר |
| 8 | בד' בו תרכ"ה לפ"ק |
| 9 | תנצב"ה |

Symbol: Levitenkanne

Stein: H: 155, B: 60, T: 28 cm

Hier liegt begraben
1 ein Mann, Jehuda, Sohn des Ephraim Halevi.
2 Er ging auf makellosem Weg und verließ sich
3 auf den Schöpfer von Erde und Himmel. Er
4 möge ihm seinen Lohn in der kommenden Welt geben,
5 daß er den Glanz seines göttlichen Geistes genieße. Er wurde versammelt
6 zu seinem Volk und seine Seele stieg hinauf
7 am 3. Menachem und er wurde begraben
8 am 4. desselben, 625 n.d.kl.Z.
9 T.N.Z.B.H.

Quellen:
RSA 3: 931, 26 Nr. 142; 925, 119;
926, 190; 929, 103f. Nr. 6:
< Judas Seligmann Levi, geb. 27.1.1782, gest. 26.7.1865, Schacherhändler, Sohn v. Seligmann Löb Levi und Frummet (Grab 91), verheiratet in erster Ehe mit Breindel Levi (Grab 63), in zweiter Ehe mit Zerle, geb. Mendle (Grab 186) >

## Grab 139 und 140

| | |
|---|---|
| | פ"נ |
| 1 | משה בר יהודה |
| 2 | איש תם וישר במעשיו |
| 3 | רעים היו ימי חייו |
| 4 | אך באלוהים בטחונו כל ימיו |
| 5 | נפטר ביום י"ז אדר ראשון |
| 6 | תרכ"ז לפ"ק: נצב"ה |

Hier liegt begraben
1 Mosche, Sohn des Jehuda.
2 Er war ein redlicher und aufrechter Mann in seinen Taten,
3 schlecht waren seine Lebenstage,
4 aber in Gott vertraute er während all seiner Tage.
5 Er ist gestorben am 17. Adar I.
6 627 n.d.kl.Z. T.N.Z.B.H.

**Moses Löb Löwenthal**

Grab 139 ▲

Reihe VII

gest. 22.02.1867

Stein: H: 168, B: 57, T: 28 cm

Quellen:
RSA 3: 931, Nr. 144; 925, 121;
926, 69; 929, 107f. Nr. 3:
< Moses Löb (Brill) Löwenthal, geb. 27.2.1775,
gest. 22. Februar 1867, Schacherhändler, Sohn von
Löb Mayer und Rachel, Tochter des Isaac,
in erster Ehe verheiratet mit Esther, Tochter des
Rabbiner Jechiel (Grab 30), in zweiter Ehe
mit Serle, deren Schwester (Grab 113) >

---

| | |
|---|---|
| 1 | איש [ ] או[הב |
| 2 | תורה ורודף שלום |
| 3 | והוא בעל ג"ח |
| 4 | יוסף בר גרשון |
| 5 | מפה נפטר ביום י"א |
| 6 | ונקבר ביום י"ב תמוז |
| 7 | תרכ"ז לפ"ק |
| 8 | תנצב"ה |

1 Ein Mann [ , er li]ebte
2 die Thora und trachtete nach Frieden,
3 und er war ein Wohltäter.
4 Joseph, Sohn des Gerschon
5 von hier, ist gestorben am 11.
6 und wurde begraben am 12. Tammus
7 627 n.d.kl.Z.
8 T.N.Z.B.H.

**Joseph Gerson Berlinger**

Grab 140 ▲

Reihe VII

gest. 14.07.1867

Stein: H: 130, B: 60, T: 18 cm

Quellen:
RSA 3: 931, 27 Nr. 145; 925, 15;
926, 187; 929, 107f.:
< Joseph Gerson Berlinger, geb. Juni 1792, gest.
14. July 1867, Handelsmann, Sohn v. Gerson in
Berlichingen und Gela, Gatte der Fradel, geb.
Ulmann (Grab 183) >

## Grab 141 und 145

### Gabriel Löb Ulmann

▲ Grab 141

Reihe VII

gest. 12.01.1868

פ"נ
1 האיש גבריאל בר יהודא
2 גם עד זקנה ושיבה
3 בחורים של אהבה
4 רוחו נכון בקרבו
5 ישר הוא והכין דרכו
6 אחז ביראה בימי חלדו
7 לשום שם מבנים טוב לו

8 הלך לעולמו ביום א' י"ז טבת
9 תרכ"ח לפ"ק: תנצב"ה

Anmerkungen:
Akrostichon: Zeilen 2-7 ergeben in den Anfangsbuchstaben den Namen „Gabriel".
Gedicht mit Endreim
[1] Der Sinn ist hier nicht ganz klar.
[2] nach Jesaia 56, 5

Stein: H: 143, B: 73, T: 16 cm

Hier liegt begraben
1 der Mann Gabriel, Sohn des Jehuda.
2 Noch bis ins hohe Alter und ins Greisenalter,
3 durch Sprösslinge aus Liebe,
4 war sein Geist fest in ihm.[1]
5 Er war aufrichtig und wandelte recht,
6 bewahrte Gottesfurcht solange er lebte.
7 Sich einen Namen zu setzen war für ihn besser gewesen als Söhne zu haben.[2]
8 Er ging in seine Welt am Sonntag, dem 17. Tewet
9 628 n.d.kl.Z. T.N.Z.B.H.

Quellen:
RSA 3: 931, 27 Nr. 146; 925, 278; 929, 109f. Nr. 1 (1868):
< Gabriel Löb Ulmann, geb. 2.8.1793, gest. 12. Januar 1868, Handelsmann, Sohn v. Löb Gabriel Ullmann (Grab 16) und Größle Simon, Gatte der Brendel, geb. Kahn (Grab 233) >
Nebel Geschichte 62, fälschlich als Gabriel Ahlmann aufgeführt.

### Abraham Stein

▲ Grab 145

Reihe VIII

gest. 24.12.1856

פ"נ
1 האיש אשר הלך כל
2 ימיו בדרך ישרה
3 אברהם בר יעקב ז"ל

4 נפטר ביום כ"ח ונקבר
5 ביום כ"ט כסלו
6 תרי"ז לפ"ק תנצב"ה אמן:

Symbol: Strahlenkranz

Stein: H: 159, B: 50, T: 37 cm

Hier liegt begraben
1 ein Mann, der all
2 seine Tage auf rechtem Weg wandelte.
3 Avraham, Sohn des Jaakow seligen Andenkens,
4 ist gestorben am 28. und wurde begraben
5 am 29. Kislew
6 617 n.d.kl.Z. T.N.Z.B.H. Amen

Quellen.
RSA 3: 931, 27 Nr. 150; 929, 77f. Nr. 10; 3  925, 231:
< Abraham Stein, geb. 12.8.1782, gest. 24.12.1856, Handelsmann, Sohn v. Jakob Löw Stein und Sara, geb. Cahn (Grab 61), Gatte der Kehla Stein, (Grab 78) >
vergl. Nebel, Geschichte 62

## Maier Löb Aron

Grab 152
Reihe VIII

gest. 08.03.1861

| | |
|---|---|
| | פ״ט |
| 1 | האיש אשר הלך בדרך |
| 2 | ישרה ורדף אחר מצות |
| 3 | כל ימיו מאיר אריה בר |
| 4 | אהרן ז״ל נפטר בשם |
| 5 | טוב יום ו׳ כ״ו אדר ונקבר |
| 6 | ביום כ״ח בו תרכ״א לפ״ק |
| 7 | תנצב״ה |

Hier liegt geborgen
1 ein Mann, der auf geradem Weg wandelte
2 und nach den Geboten strebte
3 all seine Tage. Meir Arie, Sohn des
4 Aharon seligen Andenkens, ist gestorben in gutem
5 Namen am Freitag, dem 26. Adar, und wurde begraben
6 am 28. desselben, 621 n d.kl.Z.
7 T.N.Z.B.H.

Symbol: sechsblättrige Blüte in einem Kreis

Stein: H: 139, B: 51, T: 20 cm

Quellen:
RSA 3: 931, 29 Nr. 157; 925, 3; 926, 71; 929, 91f. Nr. 5:
< Maier Löb Aron, geb. 17. Juli 1779, gest. 8. März 1861, Handelsmann und Wittwer, Sohn v. Maier Aron (Grab 14) und Elisie, Gatte der Hefele, geb. Dreifuß (Grab 92) >

---

## Bela Kauffmann

Grab 156
Reihe IX

gest. 06.03.1840

| | |
|---|---|
| | פ״ט |
| 1 | האשה חשובה הצנועה |
| 2 | מ׳ בילה אשת כמ״ר הירש |
| 3 | יצ״ו מצפ׳ נפטר יום ו׳ |
| 4 | ואדר ונ׳ יום ג׳¹ ג׳ ואדר |
| 5 | ת״ר לפ״ק |
| 6 | תנצב״ה |

Hier liegt geborgen
1 die vornehme, tugendhafte
2 Frau Bela, Gattin des ehrbaren Herrn Hirsch,
3 sein Schöpfer und Erlöser möge ihn erhalten, aus Zaberfeld. Sie ist gestorben am Freitag, dem 1.
4 Weadar, und wurde begraben am Dienstag¹, dem 3. Weadar
5 600 n.d.kl.Z.
6 T.N.Z.B.H.

Symbol: sechsblättrige Blüte in einem Kreis

Stein: H: 146, B: 68, T: 19 cm

Quellen:
RSA 3: 931, 29 Nr. 161; 3362, 80 (S. 79 nicht erhalten); 3361 S. 5:
< Bela, geb. Jordan, geb. 1780, gest. 6. März 1840, Gattin des Hirsch Kauffmann, >

Anmerkung:
¹ es sollte heißen: Sonntag, der 3. Adar II

# Grab 144 und 192

## David Veit Kahn

▲ Grab 144

Reihe VIII

gest. 28.11.1856

| | |
|---|---|
| 1 | מצבת |
| 2 | קבורת איש ישר ותמים |
| 3 | כהן לאל עליון אלה דברי |
| 4 | דוד האחרונים נשא ונתן |
| 5 | באמונה והניח אחריו שארית |
| 6 | ברכה אחד מראשי הקהילה |
| 7 | לזכר שמו לברכה : |
| 8 | דוד ב' אורי שרגא כ"ץ מת |
| 9 | בי' עש"ק ר"ח כסלו ונקבר |
| 10 | בי' א' כסלו תרי"ז לפ"ק |
| 11 | תנצב"ה אמן: |

Anmerkung:
[1] „Nehmen und Geben" ist eine Phrase für Handel treiben.

Symbol: Segnende Hände
Stein: H: 162, B: 53, T: 41 cm

1 Grabstein
2 eines aufrechten und makellosen Mannes,
3 ein Priester Gottes des Höchsten. Dies sind die letzten
4 Worte Davids, wer nimmt und gibt[1]
5 in Redlichkeit, hinterläßt zuletzt
6 Segen. Er war eines der Häupter der Gemeinde,
7 das Andenken seines Namens sei zum Segen.
8 David, Sohn des Herrn Uri Schraga Katz, ist gestorben
9 am Tag des Vorabend des Heiligen Schabbat, dem Neumondtag des Monats Kislew, und wurde begraben
10 am 1. Kislew 617 n.d.kl.Z.
11 T.N.Z.B.H. Amen

Quellen:
RSA 3: 931, 27 Nr. 149; 925, 85; 929, 77 f. Nr. 9: < David Veit Kahn, geb. 17. Juni 1790, gest. 28. November 1856, Handelsmann, Sohn v. Veit Kahn (Grab 18) und Esther, Tochter d. Judas (Grab 67), Gatte der Jochebed, geb. Levi (Grab 179)

## Samuel Marx

▲ Grab 192

Reihe X

gest. 8.05.1843

| | |
|---|---|
| | פ"נ |
| 1 | הבח' נער בשנים כ"י הולך בדרך |
| 2 | הישר י"א כאו"א כ"י שמואל |
| 3 | ז"ל ב"כ מנחם יצ"ו מפה נפטר יו' |
| 4 | א' י"ד אייר ונ' יום ב' ט"ו אייר |
| 5 | תר"ג לפ"ק |
| 6 | תנצב"ה בגע"א |

Symbol: fünfzackiger Stern in einem Kreis

Stein: H: 123, B: 54, T: 11 cm

Hier liegt begraben
1 ein Knabe, jung an Jahren. All seine Tage wandelte er auf rechtem
2 Wege und war gottesfürchtig, er ehrte seinen Vater und seine Mutter all seine Tage. Schmuel
3 seligen Andenkens, Sohn des ehrbaren Menachem, sein Schöpfer und Erlöser möge ihn erhalten, von hier, ist gestorben am Sonntag,
4 dem 14. Ijjar und wurde begraben am Montag, dem 15. Ijjar
5 603 n.d.kl.Z.
6 T.N.Z.B.H. im Garten Eden, Amen

Quellen:
RSA 3: 931, 35 Nr. 198 ; 929, 43f. Nr. 4; 925, 176: < Samuel Marx, geb. 3.7.1825, gest. 8. Mai 1843, Sohn v. Immanuel Marx (Grab 155) und Hanna (Grab 87), ledig >

Anmerkung:
Das Sterbedatum in den Registern und auf dem Grabstein stimmt nicht überein, der 8. Mai 1843 war des 8. Ijjar 5603.

# Grab 146 und 191

## Manasse (Menachem) Levi

Grab 146 ▲

Reihe VIII

gest. 13.02.1857

פ"נ
1 האיש אשר הלך כל ימיו
2 בדרך ישרה מנחם בר
3 יוסף הלוי ז"ל נפטר בי' ע[ש"ק]
4 [י"ט שבט] ונקבר בי[     ] שב[ט]
5 [תרי"ז] לפ"ק תנצב"ה אמן:

Stein: H: 157, B: 62, T: 16 cm

Hier liegt begraben
1 ein Mann, der alle seine Tage
2 auf rechtem Weg wandelte. Menachem, Sohn
3 des Joseph Halevi, seligen Andenkens, ist gestorben am Vorabend [des Heiligen Schabbat]
4 [dem 19.] Schwa[t] und wurde begraben am [  ]Schewat
5 [517][1] n.d.kl.Z. T.N.Z.B.H. Amen

**Quellen:**
RSA 3: 931, 28 Nr. 151;
925, 109; 926, 31; 929, 79f.:
< Manasse Levi, geb. 6. May 1778, gest. 13. Februar 1857, Schacherhändler, Sohn v. Joseph Levi (Grab 4) und Ittel, Tochter des Hirsch (Grab 53), Gatte der Genendel, Tochter des Mayer Löb (Grab 73) >

**Anmerkung:**
[1] Sterbedatum nach dem Register ergänzt

## Schmaia Simon

Grab 191 ▲

Reihe X

gest. 07.09.1842

פ"נ
1 הבח' כל ימיו עוסק בג"ח עם
2 המתי' ביקור חולים כ' שמעי'
3 בן החבר ר' שמעון ז"ל מפה
4 נפטר יום ד' צ"ג ונ' יו' ה' ד'
5 תשרי תר"ג לפ"ק
6 תנצבה"א

Symbol: Strahlenkranz

Stein: H: 136, B: 56, T: 10 cm

Hier liegt begraben
1 ein Junggeselle, der all seine Tage Wohltätigkeit übte an
2 Verstorbenen und durch Krankenbesuch. Der ehrbare Schmaia,
3 Sohn des Chawer Herr Schimon, seligen Andenkens, von hier,
4 ist gestorben am Mittwoch, Zom Gedalja[1], und wurde begraben am Donnerstag, dem 4.
5 Tischri 603 n.d.kl.Z.
6 T.N.Z.B.H. Amen

**Quellen:**
RSA 3: 931, 35 Nr. 197;
929 S. 39f. Nr. 7; 925, 86:
< Schmaja Simon, geb. 1. Aug. 1785, gest. 7. September 1842, Ökonom, Sohn v. Simon Isaak Horkheimer (Grab 7) und Jachet, ledig >

**Anmerkung:**
[1] Zom Gedalja - das Fasten Gedaljas - ist am 3. Tischri.

## Michael Levi

▲ Grab 142

Reihe VIII

gest. 20.12.1855

| | | |
|---|---|---|
| | פ"נ | Hier liegt begraben |
| 1 | איש חסיד צדיק תמים | ein Mann, der fromm war, gerecht und makellos |
| 2 | בכל הדורות: | in allen Geschlechtern, |
| 3 | גם עתה גם מלפנים מאז | den jetzigen wie auch den früheren, seitdem |
| 4 | גלינו מארצנו: | wir verbannt wurden aus unserem Land. |
| 5 | גם כסף גם זהב נחשב לו | Silber wie auch Gold bedeuteten ihm |
| 6 | למאומה בדבר תורתנו[1]: | nichts, gemäß dem Worte unserer Thora[1]. |
| 7 | אכול ושתה לו לא | Essen und Trinken bedeuteten ihm nichts, |
| 8 | יאמר רק לנפשו ענות[2]: | er sprach sich nur für das Fasten aus[2]. |
| 9 | גם עם ה' גם עם אנשים | Mit Gott wie mit den Menschen |
| 10 | נפשו בטוב תלין[3]: | kann seine Seele im Guten ruhen[3]. |
| 11 | פתחו פתוח לרוחה לרש | Seine Tür war weit offen den Bedürftigen, |
| 12 | עני דל ואביון: | den Armen, den Notleidenden und den Elenden. |
| 13 | ה"ה הא' והתורני ירא אל וסר | D.i. der Herr und der in der Thora ausgezeichnete gottesfürchtige Mann, der sich fernhielt |
| 14 | מרע | vom Bösen, |
| 15 | כל מעשיו היו לשם שמים | alle seine Taten erfolgten im Namen des Himmels. |
| 16 | כבוד הר"ר מיכאל הלוי ז"ל | Der ehrbare große Herr Michael Halevi, seligen Andenkens, |
| 17 | נעדר בי"א ונקבר י"ב טבת | verschied am 11. und wurde begraben am 12. Tewet |
| 18 | תרט"ז לפ"ק, תנצב"ה: | 616 n.d.kl.Z. T.N.Z.B.H. |

Anmerkungen:
[1] vgl. 1Kö. 10,21; 2Chr. 9,20
[2] vgl. Lev. 16,29; Jes. 58,3:4
[3] Zitat Ps. 25,13

Symbol: Levitenkanne

Stein: H: 193, B: 54, T: 39 cm

Quellen:
RSA 3: 931, 27 Nr. 147; 925, 112; 929, 73f. Nr. 9: < Michael Levi, geb. 12. Juny 1787, gest. 20. December 1855, Kronenwirth, Sohn v. Joseph Levi (Grab 4) und der Ittel (Grab 53), verheiratet in erster Ehe mit Gnendel, geb. Kaufmann (Grab 48), in zweiter Ehe mit Hanna, geb. Kaufmann, wiederverheiratete Wertheimer (Grab 301) >

## Maier Kahn

Grab 150

Reihe VIII

gest. 14.07.1860

| | |
|---|---|
| ציון הלז | 1 Dieses Grabmal |
| לאיש עניו בכל עניניו | 2 ist für einen Mann, der bescheiden war in all seinem Tun, |
| משאו ומתנו היו באמונה עם רעיו | 3 sein Nehmen und Geben gegenüber seinen Freunden war in Redlichkeit. |
| אוהב אמת חכם משכיל | 4 Er liebte die Wahrheit und war weise und gebildet. |
| לספר שבחו מי יכיל? | 5 Sein Lob zu erzählen, wer wird`s ausrichten? |
| מאיר בר אורי שרגא | 6 Meir, Sohn des Uri Schraga, war |
| כהן לאל עליון כל ימי חיותו | 7 ein Priester Gottes des Höchsten war er alle Tage seines Lebens |
| וגם הניח ברכה אף אחרי מותו | 8 und hinterließ Segen auch nach seinem Tod. |
| עלה למעלה בי׳ ש״ק כ״ד | 9 Er stieg hinauf am Tag des Heiligen Schabbat, dem 24. |
| תמוז ונקבר בי׳ כ״ו בו | 10 Tammus, und wurde begraben am 26. desselben, |
| תנצב״ה | 11 T.N.Z.B.H. |

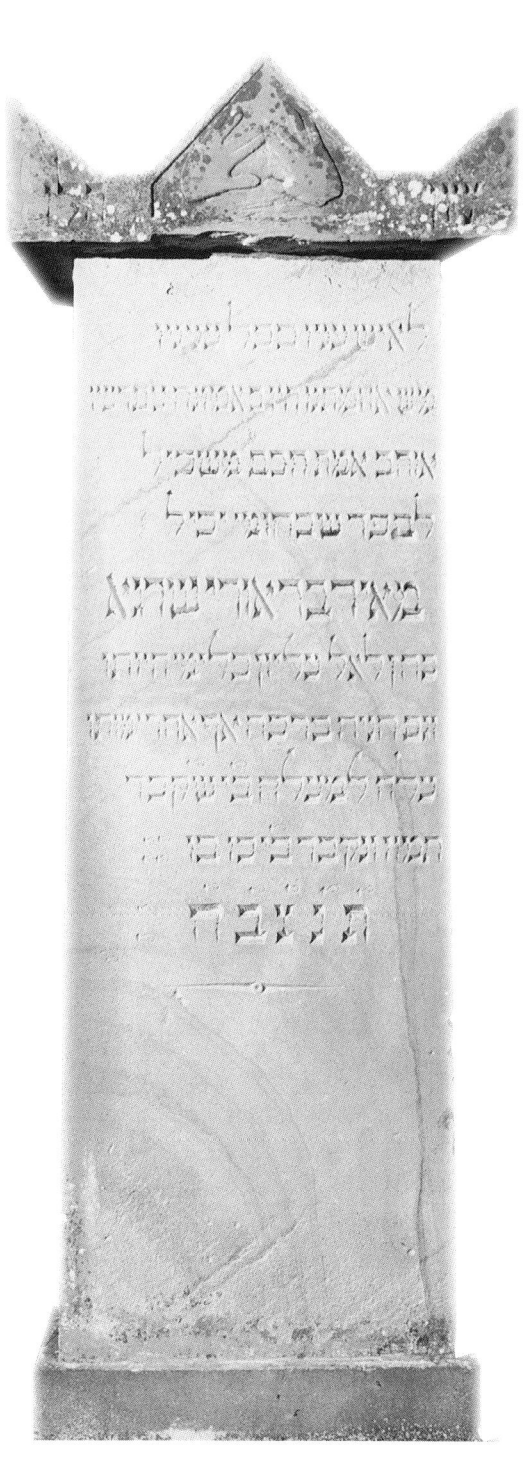

Symbol: Segnende Hände

Stein: H: 185, B: 53, T: 39 cm

**Quellen:**
RSA 3: 931, 28 Nr. 155; 925, 91; 929, 89f. Nr. 6:
< Maier Kahn, geb. 20.3.1806 in Freudental, verzogen nach Stuttgart 1852, gest. in Stuttgart am 14.7.1860, Pretiosenhändler, Sohn v. Veit Kahn (Grab 18) und Esther, geb. Levi (Grab 67), Gatte der Ittel, geb. Levi (Grab 375) >

**Anmerkungen:**
keine Jahresangabe im hebräischen Text
Gedicht, je zwei Strophen im Endreim

# Seligmann Samson Grünwald

Grab 143

Reihe VIII

gest. 12.05.1856

| | |
|---:|:---|
| מצבת קבורת הרב איש[ ] רב | 1 |
| זאליגמאן ב׳ ג׳ שמשון גרינואלד | |
| ז״ל מק״ק מיהר[נג]ען | 2 |
| נפ[טר] ביום ב׳ ז׳ ונקבר ביום | 3 |
| ג׳ ח׳ לחדש | |
| אייר התרט״ז לב״ע | 4 |
| פה פריידענטהאל | 5 |
| פּועל צדק פעלת הטוב והישר | 6 |
| ולא נפנת אחור מבחרותיך. | 7 |
| נפלו חבליך בנעימים דרכת בעמקי | 8 |
| התורה והתלמוד מילדותיך. | 9 |
| חכמה ודעת ומוסר עשה טוב | 10 |
| וסור מרע הורת במקהלותיך. | 11 |
| סעד לאביונים ומשען לנעצבים | 12 |
| יעצת לשאלי דבר ולנאמני בריתיך. | 13 |
| בשלום ובמישור הלכת אתנו ורבים | 14 |
| השבת מעון בחרב פיפיותיך. | 15 |
| שׁפתיך שמרו דעת ותורה בקשו | 16 |
| מפיך בכל עת קטנים וגדולים. | 17 |
| מחית דמעות אלמנות בהכנסת | 18 |
| כלה ותקנת רפואות לחולים. | 19 |
| שׁלשים שנה היית רועה נאמן | 20 |
| בשלש גלילות לצאן קדושים. | 21 |
| ובשנת ששה וחמשים לשנותיך | 22 |
| נאספת פה למרומים. | 23 |
| נפלה עטרת ראשנו אחרי היותך | 24 |
| שלש עשרה שנה בקרבנו הדומים | 25 |
| תנצבה״ח א״ס | 26 |

1 Grabstele eines großen Mannes [ ] Rabbiner Seligmann, Sohn des Gaon[1] Schimschon Grünwald,
2 seligen Andenkens aus der heiligen Gemeinde Müh[rin]gen
3 ist gestorben am Montag, dem 7., und wurde begraben am Dienstag, dem 8. des Monats
4 Ijjar (des Jahres) 5616 seit der Welterschaffung
5 hier (in) Freudenthal.
6 Durch gerechtes Handeln schufst du Gutes und Rechtes,
7 und wandtest Dich nicht um von Jugend an.
8 Ein schönes Erbteil ist dir zugefallen[2], Du betratest die Gefilde
9 der Thora und des Talmuds von Kindheit an.
10 Weisheit und Glaube und Moral, Gutes zu tun
11 und sich fern vom Bösen zu halten lehrtest Du Deiner Gemeinde.
12 Du warst Hilfe den Bedürftigen und Stütze für die Betrübten.
13 Du gabst Rat denen, die etwas fragten, und denen, die Deinem Bund treu waren.
14 In Frieden und Gerechtigkeit gingst Du mit uns, und viele
15 brachtest Du zurück von der Schuld durch das zweischneidige Schwert (deines Mundes[3]),
16 Deine Lippen hüteten das Wissen, und die Lehre suchten
17 von Deinem Mund allzeit Kleine und Große.
18 Die Tränen der Witwen hast Du getrocknet durch Mitgift-
19 sammlungen[4] und Arzneien verschafftest Du den Kranken.
20 Dreißig Jahre warst Du ein treuer Hirt
21 in drei Bezirken[5] der frommen Herde
22 und im sechsundfünfzigsten Jahr Deiner Jahre
23 wurdest Du hier zu den Himmeln eingesammelt.
24 Es fiel die Krone unseres Hauptes, nachdem Du
25 dreizehn Jahre in unserer Mitte weiltest unter Gleichgesinnten.
26 T.N.Z.B.HCH. Amen Sela

**Quellen:**
RSA 3: 931, 27 Nr. 148; 925, 30; 929, 75f. Nr. 2:
< Rabbiner Seligmann Samson Grünwald,
Sohn v. Samson Joseph Grünwald aus Mühringen und
Jeanette, geb. Isaak, geb. 23. July 1800,
gest. 12. May 1856, in erster Ehe verh. mit Sara, geb.
Flehinger, in zweiter Ehe mit deren Schwester Lina >

**Anmerkungen:**
Akrostichon mit Name und Vatersname, Gedicht mit
Endreim auf jeder zweiten Zeile.
[1] Gaon: Hochgelehrter, Ehrentitel rabbinischer Autoritäten
[2] Zitat Ps. 16,6
[3] Wortspiel im Deutschen nicht wiederzugeben:
פה = „Mund", von dieser Wurzel abgeleitet:
פיפיה = „zweischneidiges Schwert"
[4] הכנסת כלה Spendensammlungen zugunsten der
Mitgift bedürftiger Bräute, so daß diese als gute
Partien in eine gute bzw. wohlhabende Familie
einheiraten konnten.
[5] Grünewald betreute drei Rabbinatsbezirke.

Stein: H: 218, B: 62, T: 43 cm

## Seligmann Grünwald

Grab 143

Reihe VIII

gest. 12.05.1856

פועל צדק פעל תהלה שובה וישר
ולא נפנת אחור מבחרותיך
נפלו חבליך בנעימים דרכת במעמקי
התורה והתלמוד מילדותיך
חכמה ודעת ומוסר עשה טוב
וסר מרע הורת במקהלותיך
סעד לאביון ומשען לעני ביושר
יצת לשואלי דבר ולא עברת דרך
בשלום ובמישור הלכת אמורי ברגל
השבת מעון בחרב פיפיות
שפתיך שמרו דעת ותורה בקשו
מפיך בכל עת קטנים וגדולים
בריתי דמעוהו אל מות הכנסת
כלה והקת רפואות לחולים
ט״ו שיב שנה הייתה רועה נאמן
בשלש גלילות לצאן קדושים
ובשנת ששה והמשים לשובתך
נאספת פה למרומים
נפלה עטרת ראשנו אחרי היתך
שלש עשרה שנה בקרב משושים

## Grab 147 und 148

### Benjamin Simon

▲ Grab 147

Reihe VIII

gest. 10.02.1858

| | |
|---|---|
| פת״ט | |
| בנימין ב״ח אריה | 1 |
| יהודה הוא היה | 2 |
| עניו בעל ג״ח אהוב | 3 |
| ונוח לבריות נפטר | 4 |
| בשם טוב: ה׳ ה׳ כ״ז | 5 |
| ונקבר בהכנסת | 6 |
| כלה¹ כ״ח שבט: | 7 |
| תרי״ח לפ״ק: | 8 |
| תנצב״ה אמן: | 9 |

Symbol: achteckiger Stern im Kreis mit Mittelrosette

Stein: H: 151, B: 46, T: 37 cm

Hierunter liegt geborgen
1 Benjamin, Sohn des Chawer Arie
2 Jehuda. Er war
3 bescheiden, wohltätig, geliebt
4 und angenehm den Menschen. Er ist gestorben
5 mit gutem Namen am Donnerstag, dem 27.,
6 und wurde begraben am Freitag-
7 nachmittag¹, dem 28. Schewat
8 618 n.d.kl.Z.
9 T.N.Z.B.H. Amen

**Quellen:**
RSA 3: 931, 28 Nr. 152; 925, 243; 929, 81f. Nr. 2:
< Benjamin Simon, geb. 10.3.1817, gest. 10.2.1858, Sohn v. Löb Simon (Grab 47) und Rösle (Grab 71), Gatte der Jettle, geb. Kahn >

**Anmerkungen:**
¹ Wörtlich: Beim Einführen (Heiraten) der Braut. In der Liturgie besteht das Bild von der Braut Schabbat (Schabbatlied des S. Alkabez).

### David Graf

▼ Grab 148

Reihe VIII

gest. 16.10.1859¹

| | |
|---|---|
| פ״נ | |
| איש דבק נפשו באלהים | 1 |
| חיים ורצוי לכל אחיו כל | 2 |
| ימיו ה״ה דוד בר אברהם | 3 |
| אשר גוע ונאסף על עמו | 4 |
| ביום י״ח תשרי: | 5 |
| תרי״כ לפ״ק | 6 |
| תנצב״ה | 7 |

Auf Rückseite des Steines steht:
David Graf.

**Anmerkung:**
¹ Jahresdatum verschrieben, statt תרכ (620) versehentlich תריכ (630)

Symbol: Strahlenkranz

Stein: H: 131, B: 43, T: 22 cm

Hier liegt begraben
1 ein Mann, dessen Seele an Gott,
2 dem Lebendigen hing. Er war beliebt bei all seinen Brüdern all
3 seine Tage. David, Sohn des Avraham,
4 starb und wurde zu seinem Volk versammelt
5 am 18. Tischri
6 620¹ n.d.kl.Z.
7 T.N.Z.B.H.

**Quellen:**
RSA 3: 931, 28 Nr. 153; 925, 49; 926, 14; 929, 87f. Nr. 11:
< David Graf, geb. 8.6.1778, gest. 16.10.1859, Schacherhändler, Sohn v. Abraham Ballenberg (Grab 6) und Pesle (Grab 1), in erster Ehe Gatte v. Vogel, geb. Kahn, in zweiter Ehe v. Reichel, Tochter d. Aron Maier, Lehrensteinsfeld (Grab 182) >

# Grab 149 und 151

## Löb Jacob (Jehuda) Stein

Grab 149

Reihe VIII

gest. 18.02.1860

| | |
|---|---|
| פ"נ | Hier liegt begraben |
| 1 איש אשר הלך בדרך | 1 ein Mann, der auf rechtem |
| 2 ישרה ורדף אחר מצות ה' | 2 Wege wandelte und nach dem Gebot Gottes strebte |
| 3 ושמרה שמו יהודא יעקב | 3 und es hütete. Sein Name ist Jehuda, Sohn des Jaakow |
| 4 ז"ל נפטר בשם טוב ביום | 4 seligen Andenkens, er ist gestorben in gutem Namen am |
| 5 כ"ו ונקבר כ"ח שבט: | 5 26. und wurde begraben am 28. Schewat |
| 6 תר"ך לפ"ק: | 6 620 n.d.kl.Z. |
| 7 תנצב"ה | 7 T.N.Z.B.H. |

Symbol: Strahlenkranz

Stein: H: 148, B: 48, T: 31 cm

**Quellen:**
RSA 3: 931, 28 Nr. 154; 925, 234; 926, 56; 929, 87f. Nr. 2:
< Löb Jacob Stein, geb. 2. März 1780, gest. 18. Februar 1860, Viehhändler, Sohn v. Jakob Löb und Sara, geb. Cahn (Grab 61), Gatte der Vogel, geb. Kahn (Grab 231) >

## Moses Hirsch Wolf

Grab 151

Reihe VIII

gest. 18.01.1861

| | |
|---|---|
| פ"נ | Hier liegt begraben |
| 1 החבר ר' משה צבי בר זאב | 1 der Chawer Herr Mosche Zwi, Sohn des Zeew, |
| 2 אשר היה פו"מ דקהילתנו כ"ח | 2 der Vorsteher und Leiter unserer Gemeinde war für 28 |
| 3 שנה ועסק בצרכי צבור באמונה | 3 Jahre und sich in Redlichkeit um die Bedürfnisse der Gemeinschaft kümmerte, |
| 4 ועשה צדקה וגמל חסד נפטר | 4 Gerechtigkeit schuf und Wohltätigkeit übte. Er ist gestorben |
| 5 בעש"ק ז' שבט ונקבר ביום א' ט' | 5 am Vorabend des Heiligen Schabbat, dem 7. Schewat, und wurde begraben am Sonntag, dem 9. |
| 6 שבט תרכ"א לפ"ק | 6 Schewat 621 n.d.kl.Z. |
| 7 תנצב"ה | 7 T.N.Z.B.H. |

Symbol: Strahlenkranz

Stein: H: 139, B: 61, T: 16 cm

**Quellen:**
RSA 3: 931, 28 Nr. 156; 925, 302; 929, 89f. Nr. 1:
< Moses Hirsch Wolf, geb. 2. Mai 1779, gest. 18. Januar 1861, Handelsmann, Sohn v. Wolf Aron und Genendel, Gatte der Mindel, Tochter des Marx Hurmin (Grab 176) >
In Nebel Geschichte 51 als Judenschultheiß aufgeführt

## Grab 154 und 155

### Abraham Marx

● Grab 154

Reihe VIII

gest. 27.01.1863

|  |  |
|---|---|
| פ"נ |  |
| איש מהיר במלאכה בכל | 1 |
| עת עשה צדקה רב בניו | 2 |
| לפרנס באמונה הלך בדרך | 3 |
| תמים מצות ה' נצר במשרים | 4 |
| ה"ה אברהם בר שמואל | 5 |
| מפה הלך לעולמו ביום ג' ז' | 6 |
| שבט תרכ"ג ונקבר | 7 |
| ממחרת יום מיתתו | 8 |
| תנצב"ה | 9 |

Auf dem Sockel steht:
Hier ruht
unser lieber Vater
u. Großvater
Abraham Marx
geb. 15. März 1819. gest. 27. Jan. 1863.

Stein: H: 192, B: 45, T: 19 cm

Hier liegt begraben
1 ein Mann, der eifrig bei der Arbeit war, zu jeder
2 Zeit tat er Wohltätigkeit, um seine Kinder
3 mit Redlichkeit zu ernähren. Er wandelte auf makellosem
4 Wege, die Gebote Gottes hielt er auf geradem Wege.
5 D.i. Avraham, Sohn des Schmuel
6 von hier, er ging ein in seine Welt am Dienstag, dem 7.
7 Schewat 623 und wurde begraben
8 am Tage nach seinem Tode.
9 T.N.Z.B.H.

**Quellen:**
RSA 3: 931, 29 Nr. 159; 925, 186; 929, 95f. Nr. 2:
< Abraham Marx, geb. 14. März 1819, gest. 27. Januar 1863, Metzger, Sohn v. Samuel Marx (Grab 117) und Madel, geb. Hirsch (Grab 165), Gatte der Hanna, geb. Rothschild >

**Anmerkung:**
ein erneuerter Grabstein

---

### Immanuel (Mendel) Marx

▲ Grab 155

Reihe VIII

gest. 02.02.1863

|  |  |
|---|---|
| פ"נ |  |
| איש צדיק ישר ותמים | 1 |
| הלך לעולמו זקן ושבע ימים | 2 |
| עזב החלד בחיבה ובאהבה | 3 |
| זכרון שמו השאיר לברכה | 4 |
| גמל חסד עם רעהו | 5 |
| באמונה היה מעשהו | 6 |
| שמו נודע בשערים | 7 |
| מנחם מענדלא ב' מרדכי | 8 |
| נפטר בשיבה טובה י"ג שבט | 9 |
| ונקבר ט"ו שבט תרכ"ג לפ"ק | 10 |
| יזכה למתן שכר צדיקים | 11 |
| להתעון¹ עם כל בני איתן | 12 |
| אמן תנצב"ה | 13 |

Anmerkung: ¹ sic! Form ungewöhnlich

Stein: H: 143, B: 54, T: 31 cm

Hier liegt begraben
1 ein gerechter, aufrechter und makelloser Mann.
2 Er ging in seine Welt alt und lebenssatt,
3 verließ die Welt mit Lob und Liebe,
4 die Erinnerung seines Namens ließ er zum Segen zurück.
5 Er übte Wohltat an seinem Nächsten,
6 seine Tat war in Redlichkeit,
7 sein Name ist berühmt in den Toren.
8 Menachem Mendle, Sohn des Mordechai,
9 ist gestorben in hohem Alter am 13. Schewat,
10 und wurde begraben am 15. Schewat 623 n.d.kl.Z.
11 Er wird als Lohn des Gerechten erlangen,
12 mit allen Erzvätern zu wohnen.
13 Amen T.N.Z.B.H.

**Quellen:**
RSA 3: 931, 29 Nr. 160; 926, 47; 925, 176; 929, 97f. Nr. 3:
< Immanuel (Mendel) Marx, geb. 26. März 1781, gest. 2. Februar 1863, Privatier, Sohn von Marx Hurmin und Hanna (Grab 60), Gatte der Hanna, Tochter des Moses Hirsch v. Olnhausen (Grab 87) >

## Grab 157 und 158

### Grab 157 — Vögely (Matele) Jordan

[פ"ט]
1 האשה חשובה הצנו[עה]
2 וחסודה האל מטל[א]
3 אשת כ' אהרן מצפ' נ'
4 יום ב' ג' ואדר ונ' יום
5 ד' ה' ואדר ת"ר לפ"ק
6 תנצב"ה

Hier liegt [geborgen]
1 die vornehme, tugendhafte
2 und gottergebene Matele,
3 Gattin des ehrbaren Aharon aus Zaberfeld. Sie ist gestorben
4 am Montag, dem 3. Weadar, und wurde begraben am Mitt-
5 woch[1], dem 5. Weadar, 600 n.d.kl.Z.
6 T.N.Z.B.H.

Reihe IX

gest. 09.03.1840

Symbol: sechsblättrige Blüte in einem Kreis

Stein: H: 137, B: 67, T: 19 cm

**Quellen:**
RSA 3: 931, 29 Nr. 162; 3361, 19 (und 925, 62):
< Vögely(?) Jordan, geb. 1780, gest. 9. März 1840, Tochter v. Joseph Jordan von Freudental, Gattin des Aron Jordan (Grab 37) >

**Anmerkung:**
[1] Der 1. Adar II 600 ist Freitag, der 06.03.1840 gewesen, Montag, der 9. März, den die Register als Sterbedatum angeben, war demnach der 4. Adar II.

### Grab 158 — Vögele Strauß

[פ"ט]
1 הילדה הבתולה כל ימי' הולכה
2 בדרך ישרה כיבד אב ואם מ'
3 פאגעל בת כ' אלעזר הכהן
4 מצפ' נפטר עש"ק כ"ח אייר
5 ונ' יום א' א' סיון תר"ח לפ"ק
6 תנצב"ה א'

Hier liegt geborgen
1 ein Mädchen, eine Jungfrau. All ihre Tage wandelte sie
2 auf rechtem Weg, ehrte ihren Vater und ihre Mutter. Frau
3 Vogel, Tochter des ehrbaren Elieser Hacohen
4 aus Zaberfeld, ist gestorben am Vorabend des Heiligen Schabbat, dem 28. Ijjar,
5 und wurde begraben am Sonntag, dem 1. Siwan 608[1] n.d.kl.Z.
6 T.N.Z.B.H. Amen

Reihe IX

gest. 31.05.1848

Stein: H: 112, B: 56, T: 12 cm

**Quellen:**
RSA 3: 931, 30 Nr. 163; 3362, 83f. Nr. 1(1848):
< Vögele Strauß, geb. am 17. Mai 1812, gest. 31. Mai 1848, begraben am 4. Juni, Tochter v. Lazarus Strauß >

**Anmerkung:**
[1] Der 28. Ijjar war Mittwoch, der 31.5. und der 1. Siwan 608 war Freitag, der 2.6.1848. Laut Sterberegister ist Vögele Strauß am 4. Juni, das war So. der 3. Ijjar, begraben worden.

# Rabbiner Joseph Maier aus Schnaittach

Grab 153
Reihe VIII
gest. 31.05.1861

| | | |
|---|---|---|
| פ״ט | | Hier liegt geborgen |
| עטרת ראשינו פאר ותפארת קהלתנו | 1 | die Krone unseres Hauptes, die Pracht und Zier unserer Gemeinde, |
| מופת הדור החסיד | 2 | das Vorbild der Generation, der Fromme, |
| הצדיק והעניו סיני ועוקר הרים שייף | 3 | der Gerechte und der Bescheidene, Sinai und Bergeversetzer[1]. Er ist gebeugt |
| עייל ושייף נפיק אדונינו מורינו ורבינו | 4 | hereingekommen und gebückt hinausgegangen[2]. Unser Herr, unser Lehrer und Rabbiner, |
| הרב הגדול הקדוש והמקובל כמה״ר | 5 | der große, heilige Rabbiner und der Kabbalist, unser verehrter Lehrer, der Rabbiner |
| יוסף בן מהור״ר מאיר שנאטיך זצ״ל | 6 | Joseph, Sohn des Lehrers und Rabbiners Meir Schnatich, das Andenken eines Gerechten sei zum Segen, |
| מק״ק פיורד אשר אור תורתו זרח | 7 | von der Heiligen Gemeinde Fürth. Das Licht seiner Weisung strahlte |
| עלינו וישב על כסא הוראה בקהילתנו | 8 | über uns und er saß auf dem Lehrstuhl in unserer Gemeinde |
| יותר מארבעים שנה ונתבקש | 9 | mehr als 40 Jahre, und (dann) ist er berufen worden |
| בישיבה של מעלה ביום עש״ק מ׳ | 10 | zum allerhöchsten himmlischen (Lehr-)Sitz[3] am Vorabend des Heiligen Schabbat, dem 40. Tag |
| למנ׳ במעמד כל הקהל הקדוש | 11 | nach der Zählung[4], in Anwesenheit der ganzen Heiligen Gemeinde - |
| יצ״ו ונקבר ביום א׳ כ״ד סיון תרכ״א | 12 | ihr Schöpfer und Erlöser möge sie (die Gemeinde) erhalten. Er wurde begraben am Sonntag, dem 24. Siwan 621, |
| בכבוד גדול ברוב עם בבכיה גדולה | 13 | mit großer Ehre, mit (der Anteilnahme von) viel Volk, unter viel Weinen |
| וקול יללה וקול שופר ומעת | 14 | und der Stimme des Geheuls und dem Ton des Widderhorns. Nachdem |
| יציאת נשמת הטהורה עד זבולי | 15 | seine reine Seele ihn verlassen hatte, bis zur letzten |
| בתריתא היתה מטתו מסובבת | 16 | Ruhestätte war sein Bett umgeben |
| במנין אנשים כפי צווא הקדוש | 17 | von einem Minjan[5] von Leuten, gemäß der Anordnung des Heiligen. |
| הזה מכוחו יגן עלינו ע״ע א׳: | 18 | Möge Er uns durch seine Kraft ewig beschützen, Amen. |
| תנצב״ה: | 19 | T.N.Z.B.H. |

Symbol: Beschneidungsmesser und Widderhorn (Schofar)

Stein: H: 190, B: 62, T: 31 cm

Quellen:
RSA 3: 931, 29 Nr. 158; 925, 174; 929, 91f. Nr. 7:
< Rabbiner Joseph Maier, geb. 13.9.1774, gest. 31.5.1861, Sohn v. Maier aus Fürth und Eva geb. Schnaittacher, erste Gattin gest. in Braunsbach, zweite Gattin Ella geb. Levi (Grab 98), dritte Gattin Sara geb. Levi (Grab 248) >

Anmerkungen:
[1] ein ausgebildeter und scharfer Thora-Gelehrter, Zitat Hor.14a (Talmud)

[2] d.h. er war sehr bescheiden gewesen

[3] ישיבה = „Sitz, Wohnsitz, Lehrsitz, Akademie". Da hier ein berühmter, sehr weiser Gelehrter begraben wurde, ist das Wort bewußt doppeldeutig eingesetzt worden.

[4] Die Omer-Zählung (Sefirat ha-Omer) ist eigentlich die Bezeichnung der 50 Tage zwischen Pessach und Schawuot, jedoch ist in diesem Falle Schawuot schon seit 17 Tagen vorbei, so daß der Terminus hier unklar bleibt.

[5] gesetzliche Zahl einer Körperschaft, Beschlußfähigkeit, hier: Mindestzahl von zehn Betern für das öffentliche Gebet

# Rabbiner Joseph Maier aus Schnaittach

Grab 153
Reihe VIII
gest. 31.05.1861

## Grab 159 und 160

### Hanna Mosbacher

▲ Grab 159

Reihe IX

gest. 11.02.1850

פ״ט
1 הבתולה חנה
2 בת חיים יוסף
3 מפה כל ימיה
4 הלכה בדרך
5 הטוב כ״ו אדר
6 תר״י לפ״ק
7 [תנצב״ה]

Symbol: sechsblättrige Blüte in einem Kreis

Stein: H: 97, B: 62, T: 11 cm

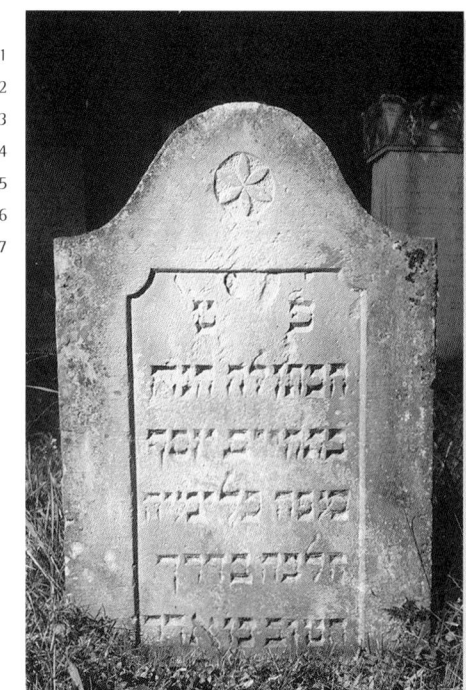

Hier liegt geborgen
1 die Jungfrau Channa,
2 Tochter des Chajjim Josef
3 von hier. All ihre Tage
4 wandelte sie auf gutem
5 Wege, 26 Adar(!)
6 610 n.d.kl.Z.
7 [T.N.Z.B.H.]

Quellen:
RSA 3: 931, 30 Nr. 164; 925, 179; 929, 57f. Nr. 3:
< Hanna Mosbacher, geb. März 1814, gest.
11.2.1850, Tochter v. Hayum Joseph Isaac
Mosbacher (Grab 43) und Rösle (Grab 170), ledig >

Anmerkung:
Beim Umrechnen des bürgerlichen Datums in das
hebräische ist der Autor des Steines eine Spalte zu
weit nach rechts gerutscht, der 11. Februar 1850
war der 29. Schewat.

### Sprinz Levi

▲ Grab 160

Reihe IX

gest. 5.11.1857

פ״נ
1 אשת חיל כל ימיה הל
2 כה בדרך ישרה ומצות ה׳ שמ
3 רה נפטרת שפרינץ אשת
4 יצחק דוב הלוי בה׳ י״ח ונקבר ב
5 ו׳ מרחשון, תרי״ח לפ״ק
6 תנצב״ה א׳

Symbol: achtzackiger Stern, darin Rosette

Stein: H: 133, B: 51, T: 13 cm

Hier liegt begraben
1 eine tüchtige Frau, alle ihre Tage wan-
2 delte sie auf rechtem Weg und Gottes Gebot hat sie gehal-
3 ten. Gestorben ist Sprinz, Gattin des
4 Jitzchak Dow Halevi, am Donnerstag, dem 18., und begraben wurde sie am
5 Freitag (im) Marcheschwan 618 n.d.kl.Z.
6 T.N.Z.B.H. Amen

Quellen:
RSA 3: 931, 30 Nr. 166;
925, 118; 926, 48; 929, 81f. Nr. 9:
< Sprinz Levi, geb. 1791, gest. 5.11.1857,
Tochter v. Löb Gabriel Ulmann (Grab 16) und
Größle, geb. Simon, Gattin des Isac Bär Levi
(Grab 126) >

## Grab 161 und 162

### Rösle Levi

Grab 161
Reihe IX

gest. 25.12.1857

פ"נ
1 אשת חיל ריזלה
2 אשת רפאל הלוי
3 כל ימיה הלכה בדרך
4 ישרה ומצות ה' שמרה
5 נפטרת בי' עש"ק ונקבר'
6 בי' א' עשרה בטבת
7 תרי"ח לפ"ק
8 תנצב"ה

Hier liegt begraben
1 die tüchtige Frau Rösle,
2 Gattin des Rephael Halevi.
3 All ihre Tage wandelte sie auf rechtem
4 Weg und Gottes Gebot hielt sie.
5 Sie ist gestorben am Tag des Vorabends des Heiligen Schabbat und wurde begraben
6 am Sonntag, dem zehnten Tag des Monats Tewet
7 618 n.d.kl.Z.
8 T.N.Z.B.H.

Symbol: Strahlenkranz

Stein: H: 138, B: 44, T: 13 cm

Quellen:
RSA 3: 931, 30 Nr. 167; 929, 81f.:
< Rösle Levi, geb. 1799, gest. 25. December 1857, Tochter v. Löb Gabriel Ullmann und Größle, erste Gattin des Raphael Levi (Grab 218) >

### Hanna (Chawwale) Heumann

Grab 162
Reihe IX

gest. 11.04.1858

פ"נ
1 אשה צנועה וחשובה
2 כל ימיה בדרך ישרה
3 ומותי ה' שמרה חוולה
4 אשת יעקב והיא עלתה
5 למעלה ביו' [כ"ז] ניסן ונקברה
6 כ"ט [ניסן] תרי"ח לפ"ק
7 תנצב"ה אמן

Hier liegt begraben
1 eine tugendhafte und vornehme Frau.
2 All ihre Tage war sie auf rechtem Weg,
3 und Gottes Gebot hielt sie. Chawwale,
4 Gattin des Jaakow, stieg
5 hinauf am [27.] Nissan und wurde begraben
6 am 29. [Nissan] 618 n.d.kl.Z.
7 T.N.Z.B.H. Amen

Symbol: Strahlenkranz

Stein: H: 130, B: 52, T: 14 cm

Quellen:
RSA 3: 931, 30 Nr. 168; 3362, 89f.:
< Hanna Heumann v. Horkheim, geb. 1793, gest. 11. April 1858, Tochter v. Judas Pictor v. Horkheim, Wittwe des Jacob Heumann >

Anmerkung:
1 hier sollte stehen: מצות

## Grab 163 und 164

**Rebekka Levi**

▲ Grab 163

Reihe IX

gest. 04.03.1859

|  | פ"נ |
|---|---|
| 1 | ה"ה האשה מ' רבקה בת משה |
| 2 | אשת אברם צבי הלוי |
| 3 | אשת חיל עטרת בעלה וכל |
| 4 | משפחתה יראת אל ד"י¹ צופיה |
| 5 | הליכות ביתה למען כל אחד |
| 6 | וא[ח]ד ה[ל]ך במצות ד' בג"ע תשרה |
| 7 | נפשה | עם ה[חיים |
|  | המתים א"ס |
| 8 | נולד בתקמ"ב בניסן נפטרה ביום |
| 9 | עש"ק כ"ח אדר ראשון ונקברה |
| 10 | יום א' דראש חדש ואדר |
| 11 | תרי"ט לפ"ק תנצבה |

Anmerkung: ¹ hier sollte כ"י stehen

Symbol: Strahlenkranz

Stein: H: 123, B: 55, T: 13 cm

Hier liegt begraben
1 Frau Riwka, Tochter des Mosche,
2 Gattin des Avram Zwi Halevi.
3 Sie war eine tüchtige Frau, die Krone ihres Gatten und ihrer ganzen
4 Familie. Gottesfürchtig war sie, all ihre Tage schaute sie
5 auf die Ordnung ihres Hauses für jedermann, und wandelte gemäß Gottes
6 Gebot. Im Garten Eden
7 wird ihre Seele bleiben
[          mit den L]ebenden [und] den Toten, Amen Selah.
8 Sie wurde geboren im Jahre 542, im Nissan, und ist verschieden am Tag des
9 Vorabends des Heiligen Schabbat, dem 28. Adar I. Sie wurde begraben
10 am ersten Neumondtag des Weadar,
11 619 n.d.kl.Z. T.N.Z.B.H.

Quellen:
RSA 3: 931, 31 Nr. 169; 929, 83f. Nr. 1:
< Rebekka Levi, geb. 17. April 1784, gest. 4. März 1859, Tochter v. Moses Jomdof und Madel, Gattin des Abraham Hirsch Levi (Grab 136) >

---

**Rebekka Levi**

▲ Grab 164

Reihe IX

gest. 11.03.1859

|  | פ"נ |
|---|---|
| 1 | הבתולה רבקה בת אפרים |
| 2 | אריה הלוי כל ימיה הלכה |
| 3 | בדרך ישרה ומצות ה' שמרה |
| 4 | ודבקה אחר קרוביה כל חייה |
| 5 | נפטרה ביום עש"ק ה' אדר שני |
| 6 | ב: תרי"ט לפ"ק תנצב"ה¹ |

Symbol: zwei Blumen (Tulpen oder Lilien) und eine achtblättrige Blüte

Stein: H: 151, B: 59, T: 11 cm

Hier liegt begraben
1 die Jungfrau Riwka, Tochter des Ephraim
2 Arie Halevi. All ihre Tage wandelte sie
3 auf rechtem Weg und hielt Gottes Gebot,
4 und ihr ganzes Leben lang hing sie an ihren Verwandten.
5 Sie ist gestorben am Tag des Vorabends des Heiligen Schabbat, dem 5. Adar II.
6 desselben 619 n.d.kl.Z. T.N.Z.B.H. ¹

Quellen:
RSA 3: 931, 31 Nr. 170;
925, 88; 926, 85; 929, 85f.:
< Rebekka Levi, geb. 1784, gest. 11. März 1859, Tochter v. Seligmann Löb Levi und Frummet (Grab 91) >

Anmerkung:
¹ Es fehlt eine Zeile!

# Grab 165 und 168

## Madel Marx

**Grab 165** ▲

Reihe IX

gest. 22.03.1859

פ״נ
1 אשה צנועה ונעימה הלכה
2 תמימה ונפטרה בשם טובות
3 שכל מעשים עד ימי זקנתה
4 ונודעת בשמה
5 מאדיל אשת שמואל
6 ז״ל נאספה אל עמה יום ג׳ י״ו א׳
7 שני ונקברה ביום ה׳ ח״י בו
8 לשנת תרי״ט לפ״ק
9 תנצב״ה

Symbol: Dreieck im Strahlenkranz

Stein: H: 151, B: 53, T: 28 cm

Hier liegt begraben
1 eine tugendhafte und wohlgefällige Frau. Sie wandelte
2 makellos und ist gestorben mit gutem Namen. Sie
3 war verständig in ihren Taten bis in ihre Alterstage,
4 und sie war bekannt in ihrem Namen.
5 Madel, Gattin des Schmuel
6 seligen Andenkens, wurde versammelt zu ihrem Volk am Dienstag, dem 16. Adar
7 II., und wurde begraben am Donnerstag, dem 18. desselben,
8 im Jahr 619 n.d.kl.Z.
9 T.N.Z.B.H.

Quellen:
RSA 3: 931, 31 Nr. 171; 925, 178; 929, 85f. Nr. 3:
< Madel Marx, geb. 1785, gest. 22.3.1859, Tochter v. Hirsch Wolf, Schultheiß und Griele, Tochter d. Samuel, Wittwe d. Samuel Marx (Grab 117) >

## Frumet Kahn

**Grab 168** ▲

Reihe IX

gest. 25.3.1862

[פ״נ]
1 כ]״ג אדר] שני נפ[טרה]
2 לעולמה הבתולה
3 פרומט בת אורי שרגא
4 הכהן ונקברה כ״ה אדר
5 שני תרכ״ב לפ״ק
6 תנוח נפשה בצרור החיים

Symbol: Strahlenkranz

Stein: H: 134, B: 44, T: 14 cm

[Hier liegt begraben]
1 [am 23. Adar] II ver[schied]
2 in ihre Welt die Jungfrau
3 Frumet, Tochter des Uri Schraga
4 Hacohen. Sie wurde begraben am 25. Adar
5 II., 622 n.d.kl.Z.,
6 möge ihre Seele im Bündel des Lebens ruhen

Quellen:
RSA 3: 931, 31 Nr. 174; 925, 66; 929, 93f.:
< Frumet Kahn, geb. 1804, gest. 25. März 1862, Tochter v. Veit Kahn (Grab 18) und Esther, geb. Levi (Grab 67), ledig >

## Grab 167 und 169

### Babet (Baier) Hirschmann

▼ Grab 167

Reihe IX

gest. 15.12.1860

פ"נ
1 אשת חיל עטרת בעלה
2 אשר הלכה בדרכי אמת
3 ואמונה ותורת חסד
4 על לשונה כל ימי חלדה
5 היא האשה הצנועה
6 מ' בייר ז"ל אשת שמואל
7 אריה נאספה אל עמה
8 ביום ב' טבת תרכ"א לפ"ק
9 תנצב"ה

Auf der Rückseite des Steines steht:
Hier ruht
unsere geliebte Mutter
Baier Hirschmann
geb. Weis aus Hochberg
geb. 24. März 1806.
gest. 1860.
gewidmet von ihren
dankbaren Kindern.

Hier liegt begraben
1 eine tüchtige Frau, die Krone ihres Gatten,
2 die auf den Wegen der Treue
3 und des Glaubens wandelte.
Die Lehre des Guten
4 war auf ihrer Zunge alle Tage ihres Lebens.
5 Sie war die tugendhafte
6 Frau Baier seligen Andenkens, Gattin des Schmuel
7 Arie, sie wurde zu ihrem Volk eingesammelt
8 am Montag, dem 2. Tewet 621 n.d.kl.Z.
9 T.N.Z.B.H.

Quelle:
RSA 3: 925, 56:
< Babet Hirschmann, geb. 24.3.1806, Tochter von Ascher Joseph Weiß und Sprinz aus Hochberg, Gattin des Samuel Löw Hirschmann (Grab 322) >

Symbol: Rosen, Blüte mit Palmette

Stein: H: 205, B: 47, T: 27 cm

### Jochebed Ulmann

▲ Grab 169

Reihe IX

gest. 05.05.1862

פ"נ
1 עוד עבדו שנתים: הה לקנן בכפלים
2 כי זרח השמש וכאב צהרים
3 אהה מי יהיה לנו עתה לעינים
4 כי עלה מות בעד חלותינו²
5 ולקח את מחמד עינינו
6 הבתולה הצנועה המהוללה ויקרה
7 יכבד בת ח"ר יקותיאל נפטרה
8 בי' ב' ה' אייר כ' לספירה
9 שנת ה'תרכ"ב ליצ[ירה]
10 תנצב"ה

Anmerkungen:
¹ Da in den zwei Jahren vor dem Tod der J. Ullmann in der näheren Familie laut Familienbuch kein Todesfall eintrat, bezieht sich dies vielleicht auf die Auswanderung des ältesten Sohnes nach Amerika.
² verschrieben für חלונותינו
³ Zitat Jer. 9, 20

Hier liegt begraben –
1 Schon zwei Jahre sind vergangen: Wehe! Zweifach zu trauern! ¹
2 Denn die Sonne ging auf und schon im Zenit kam der Schmerz.
3 Wehe! Wer wird uns jetzt vor Augen sein?
4 Denn der Tod stieg in unser Fenster³
5 und hat unserer Augen Freude genommen.
6 Die tugendhafte, gepriesene und geachtete Jungfrau
7 Jocheved, Tochter des Chawers Herr Jekutiel, ist gestorben
8 am Montag, dem 5. Ijjar, dem 20. Tag der (Omer-) Zählung,
9 des Jahres 5622 nach der Schö[pfung]
10 T.N.Z.B.H.

Quellen:
RSA 3: 931, 32 Nr. 175; 925, 281; 929, 93f. Nr. 3:
< Jochebed Ulmann, geb. 22.11.1837, gest. 5.5.1862, Tochter v. Kusiel Löw Ulmann (Grab 216) und Brendel, geb. Levi (Grab 243), ledig >

Symbol: Auge im Dreieck vor Strahlenkranz
Stein: H: 180, B: 55, T: 31 cm

## Hendle Horkheimer

Grab 166

Reihe IX

gest. 23.09.1859

| | | |
|---|---|---|
| פ"ט | | Hier liegt geborgen |
| האשה הזקנה היקרה והצנועה מרת | 1 | die hochbetagte, geehrte und tugendhafte Frau |
| הענדלה | 2 | Hendle, |
| בת כ"ה משה מאסענבאך ואל' כ"ה חיים | 3 | Tochter des ehrbaren Herrn Mosche Massenbach und Witwe des ehrbaren Chajim |
| ליב הארקהיימער ז"ל. | 4 | Löb Horkheimer seligen Andenkens. |
| הלכה העולמה ביו' עש"ק כ"ד אלול | 5 | Sie ging in ihre Welt am Tag des Vorabends des Heiligen Schabbat, dem 24. Elul, |
| והובלה לקבר ביום א' כ"ו בו | 6 | und wurde zu Grabe gelegt am Sonntag, dem 26. desselben |
| תרי"ט לפ"ק | 7 | 619 n.d.kl.Z. |
| תנצב"ה | 8 | T.N.Z.B.H. |
| נפש יקרה מגזע ישרים נטיעתה | 9 | Sie war eine geehrte Seele, ihre Abkunft war von rechtschaffenem Stamme, |
| נקיה מדופי מעודה עד זקנתה | 10 | makellos seit jeher und bis in ihr Alter. |
| בחסד וענוה היתה לבאי צל קור תה | 11 | Gütig und bescheiden war sie zu denen, die den Schatten ihres Hauses aufsuchten[1], |
| וכפי מסתירה רוח נדיבתה | 12 | und dem Gebot der Verborgenheit[2] entsprach der Geist ihrer Freigiebigkeit[3]. |
| והן עתה נישלמו ימי חלדה וחיותה | 13 | Und doch sind jetzt die Tage ihrers Lebens und ihre Lebensdauer vollendet, |
| תשמח בנועם צחצחות נשמתה | 14 | sie wird froh sein in der Milde des Glanzes ihrer Seele, |
| בין כוכבי רום תשימה מעונתה | 15 | zwischen den Sternen der Himmelshöhe wird sie ihre Heimstatt finden, |
| ובאור פני צורה האיר אפלתה. | 16 | und durch das Licht ihres Angesichtes wird die Dunkelheit erhellt werden[4]. |

Auf der Rückseite des Steines steht:

HIER RUHET IN FRIEDEN
FRAU HENDLE HORKHEIMER
GEB. MASSENBACH
EHEFRAU DES SEEL. HEYUM
LÖB HORKHEIMER
GESTORBEN DEN 23. SEPTB. 1859
IM ALTER VON 71 JAHREN,
EINE LIEBENDE GATTIN,
EINE ZÄRTLICHE
MUTTER UND TREUE FREUNDIN
BLEIBT IHR
ANDENKEN IHREN
TRAUERNDEN KINDERN
ZUM SEGEN.

Anmerkungen:
ab Zeile 9 Gedicht mit Endreim
[1] Zitat nach Gen. 19,8
[2] Die wahre Mildtätigkeit wird „verborgen", d.h. anonym geleistet.
[3] Zitat Ps. 51,14
[4] In dieser Zeile ist die Syntax (und damit der Sinn) zugunsten des Reimes vernachlässigt.

Quellen:
RSA 3: 931, 31 Nr. 172; 925, 57; 926, 32; 929, 87 Nr. 10:
< Hendle Horkheimer, geb. 1789, gest. 23.9.1859, Tochter v. Moses Massenbach u. Ittle, Witwe d. Hayum Löb Horkheimer (Grab 23) >

Symbol: Stundenglas mit Flügeln

Stein: H: 191, B: 55, T: 44 cm

# Grab 170 und 171

## Rösle Mosbacher

▲ Grab 170

Reihe IX

gest. 14.10.1862

Symbol: Dreieck mit Strahlenkranz

Stein: H: 140, B: 52, T: 17 cm

| | |
|---|---|
| פ"נ | Hier liegt begraben |
| האשה ריזל[ה] בעלת חיים 1 | Frau Rösle, Gattin des Chajjm |
| יוסף הלכה בדרך כל הארץ 2 | Josef. Sie ging den Weg alles Irdischen, |
| אזנה שמעה ת[ור]ת חיים 3 | ihr Ohr hörte die Unterweisung des Lebens[1]. |
| יוסיף לה הנותן חיים 4 | Möge der, der Leben gibt, ihr |
| חיי עלמא בלי פרץ 5 | ewiges Leben ohne Kummer dazugeben. |
| [נ]פטרה ביום כ' ונקברה כ"א 6 | Sie ist gestorben am 20. und wurde begraben am 21. |
| תשרי תרכ"ג לפ"ק 7 | Tischri 623 n.d.kl.Z. |
| תנצב"ה 8 | T.N.Z.B.H. |

Quellen:
RSA 3: 931, 32 Nr. 176; 925, 179; 929, 95f. Nr. 9:
< Rösle Mosbacher, geb. 1774, gest. 14. October 1862, Eltern unbekannt, Wittwe des Hayum Joseph Isaak Mosbacher (Grab 43) >

Anmerkung:
[1] Zitat Prov. 15,31

## Lisette (Ella) Kahn

▲ Grab 171

Reihe IX

gest. 14.01.1863

Stein: H: 184, B: 57, T: 40 cm

| | |
|---|---|
| האשה היקרה והחשובה 1 | Die geehrte und vornehme |
| מרת עלא אשת יהודה 2 | Frau Ella, Gattin des Jehuda |
| כהן אשר כל ימיה הלכה 3 | Cohen. All ihre Tage wandelte sie |
| בדרך ישרה וכפה פרשה 4 | auf rechtem Weg und reichte ihre Hand |
| לעני ברוח נדיבה נפטרה 5 | den Armen im Geiste der Freigiebigkeit. Sie ist gestorben |
| ביום ה' כ"ד טבת ונקברה 6 | am Donnerstag, dem 24. Tewet, und wurde begraben am |
| עש"ק טבת תרכ"ג לפ"ק 7 | Vorabend des Heiligen Schabbat, im Tewet 623 n.d.kl.Z. |
| מנוחתה כבוד: 8 | Ehre sei ihrer Ruhe. |
| תנצב"ה 9 | T.N.Z.B.H. |

Quellen:
RSA 3: 931, 32 Nr. 177; 929, 95f. Nr. 1; 925, 87:
< Lisette Kahn, geb. 26.2.1803, gest. in Stuttgart 14.1.1863, Tochter v. Samuel Aron v. Pforzheim und Sara, Wittwe des Judas Kahn (Grab 119) >

# Grab 176 und 177

## Mindel Wolf

Grab 176 ▲

Reihe IX

gest. 25.03.1865

| | |
|---|---|
| פ"נ | Hier liegt begraben |
| 1 אשה זקנה ורבת השנים | 1 eine hochbetagte Frau von vielen Jahren. |
| 2 מרת מינדל בת מרדכי | 2 Frau Mindel, Tochter des Mordechai, |
| 3 פיה פתחה בתפלה לעת תמיד | 3 öffnete ihren Mund immer im Gebet, |
| 4 והיא תשמור עליה לעולם ועד | 4 und es wird sie auf ewig beschützen. |
| 5 מלחמה נתנה לרעבים וגם | 5 Sie gab Hungrigen von ihrem Brot, und auch |
| 6 מקום ללון ליעפים הלכה | 6 den Müden einen Platz zum Schlafen. Sie ging |
| 7 לעולמה נפטרת במוצאי | 7 in ihre Welt und ist gestorben am Ausgang des |
| 8 מנוחה כ"ז אדר תרכ"ה לפ"ק | 8 Ruhetages, dem 27. Adar 625 n.d.kl.Z. |
| 9 תנצב"ה | 9 T.N.Z.B.H. |

Quellen:
RSA 3: 931, 33 Nr. 182;
929, 101f. Nr. 2; 925, 302:
< Mindel Wolf, geb. 1772, gest. 25. März 1865, Tochter von Marx Hurmin und Hanna (Grab 60), Gattin d. Moses Hirsch Wolf (Grab 151) >

Stein: H: 122, B: 52, T: 27 cm

## Vogel Wertheimer

Grab 177 ▲

Reihe IX

gest. 02.08.1865

| | |
|---|---|
| פ"נ | Hier liegt begraben |
| 1 אשה שומרת מצותיה ואכלת יגיע | 1 eine Frau, die ihre Gebote hielt, und sich von der Arbeit |
| 2 כפיה בדרך צדקה הלכה | 2 ihrer Hände nährte. Sie wandelte auf dem Weg der Wohltätigkeit, indem sie |
| 3 לבקר חולים עם גומלי | 3 Kranke besuchen ging mit (anderen) Wohl- |
| 4 חסדים ה"ה מ' פוגיל אשת | 4 tätern. Frau Vogel, Gattin des |
| 5 יוסף מתה באלמנותה יוד | 5 Joseph, ist gestorben in ihrem Witwenstand am 10. |
| 6 מנחם ונקברה י"ב בו שנת | 6 Menachem und wurde begraben am 12. desselben im |
| 7 תרכ"ה לפ"ק: תנצב"ה: | 7 Jahre 625 n.d.kl.Z. T.N.Z.B.H. |

Quellen:
RSA 3: 931, 33 Nr. 183; 925, 299; 926, 36:
< Vogel Wertheimer, geb. 1803, gest. 2. August 1865, Tochter v. Seligmann Levi (Grab 122) u. Jettle; Tochter d. Lippmann (Grab 107), zweite Gattin des Joseph Immanuel Wertheimer (Grab 46) >

Stein: H: 145, B: 56, T: 24 cm

## Grab 173 und 178

### Esther Adler

▼ Grab 173

Reihe IX

gest. 15.03.1864

פ"נ
אמנו היקרה אסתר אשת כ' יחזקאל 1
אדלער הנלקחה אל המלך ביום ז' אדר 2
שני תרכ"ד לפ"ק: תנצב"ה: 3
על פטירתה תרד עינינו פלגי מים 4
עד אדר נבוא אליה בארצות החיים: 5

Auf der Rückseite des Steines steht:
Errichtet nach 25 Jahren
an Stelle des alten Grabsteins

Stein: H: 196, B: 53, T: 25 cm

Hier liegt begraben
1 unsere liebe Mutter Esther,
Gattin des ehrbaren Jecheskel
2 Adler, die zum Herrscher genommen
wurde am 7. Adar
3 II. 624 n.d.kl.Z. T.N.Z.B.H.
4 Über ihren Tod rinnen Wasserbäche aus
unseren Augen,
5 bis wir zu ihr kommen, in die
Gefilde des Lebens.

Grabstätte
unserer so früh verblichenen geliebten
Mutter Esther Adler
geb. Uhlmann gest. am 15. März 1864.
56 Jahre alt.

Quellen:
RSA 3: 931, 32 Nr. 179; 929, 99f. Nr. 1; 925, 31:
< Esther Adler, geb. 29. März 1808, gest. 15. März
1864, Tochter v. Löb Gabriel Ulmann (Grab 16) u.
Hanna, Tochter des Kusiel (Grab 31), Gattin des
Hesekiel Adler > siehe Nebel, Geschichte 63

### Nanette (Nachma) Wertheimer

▲ Grab 178

Reihe IX

gest. 09.09.1865

פ"נ
בתולה נחמה בת שלמה 1
נאספה אל בית עולמה 2
חיה חיתה וצדקה עשתה 3
ממית ומחיה 4
הגואל והרופא 5
נפטרת י"ט אלול תרכ"ה לפ"ק 6
תנצב"ה 7

Symbol: Strahlenkranz

Stein: H: 143, B: 52, T: 28 cm

Hier liegt geborgen
1 die Jungfrau Nechama, Tochter des Schlomo.
2 Sie wurde zur Stätte ihrer Welt versammelt.
3 Zeit ihres Lebens übte sie Wohltat.
4 Der sterben läßt und leben läßt,
5 der Erlöser und Heiler[1]...
6 Sie ist gestorben am 19. Elul 625 n.d.kl.Z.
7 T.N.Z.B.H.

Quellen:
RSA 3: 931, 33 Nr. 184;
929, 103f. Nr. 9; 925, 300:
< Nanette (Nachma) Wertheimer, geb. 17.7.1813,
gest. 9.9.1865, Tochter v. Salomon Immanuel
Wertheimer (Grab 27) u. Elenora (Grab 32), ledig >

Anmerkungen:
Akrostichon: die Anfangsbuchstaben der Zeilen
2-5 ergeben wieder den Namen „Nechama".
[1] Dem Satz fehlt eine Fortsetzung, der
Raumaufteilung nach zu schließen, ist eine Zeile
vergessen worden.

## Fradel Berlinger

Grab 183 ▲

Reihe IX

gest. 01.12.1867

| | |
|---|---|
| אש]ה   [ | 1 Eine Frau [         ] |
| הל[כה] בדרך ישרה | 2 sie wandelte auf rechtem Weg |
| ומ(צו)תה שמרה | 3 und hielt ihre Gebote. |
| פראדל אשת | 4 Fradel, Gattin des |
| יו[סף] בר גרשון | 5 Jo[seph], des Sohnes des Gerschon |
| [והלכ]ה לעולמה | 6 [gin]g in ihre Welt |
| ביום ד' לחודש כסלו | 7 am 4. des Monats Kislew, |
| שנת רכ"ח לפ"ק | 8 im Jahr 628 n.d.kl.Z. |
| תנצב"ה: | 9 T.N.Z.B.H. |

Quellen:
RSA 3: 931, 34 Nr. 189;
929, 109f. Nr. 9; 925, 15; 926, 187:
< Fradel Berlinger, geb. August 1797,
gest. 1. December 1867, Tochter des Salomon
Ulmann (Grab 21) und der Gela, geb. Marx
(Grab 110), Wittwe des Joseph Gerson Berlinger
(Grab 140) >

Stein: H: 127, B: 60, T: 18 cm

## Fanni (Vogel) Ballenberg

Grab 185 ▲

Reihe IX

gest. 03.10.1868

| | |
|---|---|
| פיגלא בת אשר | 1 Vögele, Tochter des Ascher, |
| בת צנועה ונאמנה בחרה | 2 war eine tugendhafte und treue Tochter. Sie liebte |
| ביראה וענוה לרעבים | 3 Ehrfurcht und Bescheidenheit, den Hungrigen |
| מלחמה נתנה ובשם טוב | 4 gab sie von ihrem Brot, und mit gutem Namen |
| הלכה לעולמה ביום ש"ק | 5 ging sie in ihre Welt am Tag des Heiligen Schabbat, dem |
| ח"י תשרי תרכ"ט לפ"ק: | 6 18. Tischri 629 n.d.kl.Z. |
| תנצב"ה | 7 T.N.Z.B.H. |

Quellen:
RSA 3: 931, 34 Nr. 191; 929, 111f. Nr. 3; 925, 13:
< Fanni (Vogel) Ballenberg, geb. 1805, gest.
3.10.1868, Tochter v. Elias Abraham Ballenberg
(Grab 24) u. Hanna, geb. Löb (Grab 223), ledig >

Anmerkung:
Der 18. Tischri 629 ist ein Sonntag gewesen.

Symbol: stilisierte Blume

Stein: H: 129, B: 56, T: 25 cm

# Grab 174 und 175

## Edel Aron

▲ Grab 175

Reihe IX

gest. 10.08.1864

| | |
|---:|:---|
| פ״נ | Hier liegt begraben |
| צנועה וחכמה בנשים 1 | die tugendhafte und weise unter den Frauen, |
| תפארת בניה ועטרת 2 | die Pracht ihrer Söhne und die Krone |
| בעלה פועלת טוב וג״ח 3 | ihres Mannes. Sie tat Gutes und Wohltat, |
| ועושה צדקה בכל עת 4 | und übte Wohltätigkeit zu jeder Zeit |
| תמיד היא האשה 5 | und immer. Sie war |
| המהוללה מ' אידיל 6 | die gepriesene Frau Edel, |
| אשת יצחק המכונה 7 | Gattin des Jitzchak, genannt |
| אייזק נפטרת בימי 8 | Isaak. Sie ist gestorben am Tage |
| אבלותנו על בת ציון 9 | unserer Trauer über die Tochter Zions[1], |
| יום ח' מנחם שנת 10 | dem 8. Menachem, im Jahr |
| תרכ״ד לפ״ק: תנצב״ה 11 | 624 n.d.kl.Z. T.N.Z.B.H. |

Stein: H: 163, B: 54, T: 40 cm

Quellen:
RSA 3: 931, 33 Nr. 181; 929, 99f;
925, 2; 926, 188.:
< Edel Aron, geb. 1805, gest 10.8.1864,
Tochter v. Abraham Kaufmann (Grab 25) u. Esther,
geb. Horkheimer (Grab 99), Gattin des Isaac Aron
(Grab 204) >

Anmerkung:
[1] Der 8. Menachem (Aw) ist der Trauertag ob der Zerstörung des Tempels in Jerusalem.

## Regina (Rechele) Mayer

▲ Grab 174

Reihe IX

gest. 27.06.1864

| | |
|---:|:---|
| פ״נ | Hier liegt begraben |
| האשה הצנוע' וחסודה שהלכה 1 | die tugendhafte und fromme Frau, die |
| כל ימיה בדרך הישרה ומצוות 2 | alle ihre Tage auf rechtem Weg wandelte und Gebote |
| וחוקים שמרה 3 | und Gesetze hielt. |
| רעכילה אשת 4 | Rechele, Gattin des |
| ליפמן מאיר ז״ל 5 | Lippmann Meir seligen Andenkens |
| כפה פרשה לעני וגם עשתה 6 | reichte ihre Hände den Armen, und machte |
| דבר טוב לעניים מעזבונה 7 | eine Stiftung für die Armen aus ihrem Nachlass, |
| להניח ברכה אף אחרי מותה 8 | um Segen auch nach ihrem Tod zurückzulassen. |
| עלתה למעלה ביום ב' כ״ג סיון 9 | Sie stieg hinauf in die Himmelshöhe am Montag, dem 23. Siwan, |
| ונקברה ביום כ״ה בו שנת 10 | und wurde begraben am 25. desselben, im Jahr |
| תרכ״ד לפ״ק 11 | 11 624 n.d.kl.Z. |
| תנצב״ה 12 | 12 T.N.Z.B.H. |

Symbol: Kranz

Stein: H: 147, B: 52, T: 42 cm

Quellen:
RSA 3: 931, 33 Nr. 180 ; 929,. 99f.; 925, 175:
< Regina (Rechele) aus Heidelsheim, geb. 1798,
Tochter v. Hamann Bär u. Mamel, Gattin des
Liebmann Isaak Mayer (Grab 124) >

## Jochebed Kahn

Grab 179

Reihe IX

gest. 27.06.1866

| | | |
|---|---|---|
| פ"נ | | Hier liegt begraben |
| האשה המכוב[דה] | 1 | die ehrba[re] Frau |
| יוכבד בת לוי | 2 | Jocheved, Tochter des Levi. |
| אחזה ביראה | 3 | Sie hielt an Gottesfurcht |
| ובחרה בענוה | 4 | und liebte Bescheidenheit, |
| במעשיה אהובה | 5 | sie ward wegen ihren Taten geliebt |
| והניחה אחריה ברכה | 6 | und hinterließ Segen. |
| אל עמה נאספה | 7 | Sie wurde zu ihrem Volk versammelt |
| ביום ד' י"ד תמוז ח"ו[1] | 8 | am Mittwoch, dem 14. Tammus |
| התרכ"ו ליצירה תנצב"ה | 9 | 5626 nach der Schöpfung, T.N.Z.B.H. |

Auf der Rückseite des Steines steht:

| | | |
|---|---|---|
| יכבד בת ה' מנחם | 1 | Jocheved, Tochter des Herrn Menachem |
| הלוי אשת דוד כ"ץ | 2 | Halevi, Ehefrau des David Katz |

Quellen:
RSA 3: 931, 33 Nr. 185; 929, 105f. Nr. 4; 925, 85:
< Jochebed Kahn, geb. Febr. 1802, gest. 27. Juni 1866, Tochter v. Immanuel Meier Levi (Grab 26) und Rösle, geb. Levi (Grab 81), Wittwe des David Veit Kahn (Grab 144) >

Anmerkungen:
Gedicht mit Endreim

[1] Vermutlich hat der Steinmetz sich hier verschlagen und ח statt ה geschrieben, daraufhin hat er das ה nochmals klein an den Anfang der folgenden Zeile gesetzt.

Stein: H: 169, B: 54, T: 25 cm

## Sophie (Sprinz) Löwenthal

Grab 180

Reihe IX

gest. 29.08.1866

| | | |
|---|---|---|
| פ"נ | | Hier liegt begraben |
| שפרינץ אשת מאיר בן | 1 | Sprinz, Gattin des Meir, des Sohnes des |
| שלמה נפטר' יום ד' י"ח אלול | 2 | Schlomo. Sie ist gestorben am Mittwoch, dem 18. Elul, |
| ונקבר' כ' אלול תרכ"ו לפ"ק | 3 | und wurde begraben am 20. Elul 626 n.d.kl.Z. |
| תנצב"ה כי"ע אמן | 4 | T.N.Z.B.H. auf ewig, Amen |

Quellen:
RSA 3: 931, 33 Nr. 186 ; 929, 105f. Nr. 6:
< Sophie Sprinz Löwenthal, gest. mit 57 Jahr am 29. August 1866, Tochter v. Majer Laß Hochherr, Handelsmann in Berwangen und Esther Mendel, geb. Hirsch, dritte Gattin d. Maier Salomon Löwenthal (Grab 318) >

Symbol: 14-strahliger Stern

Stein: H: 149, B: 57, T: 13 cm

## Grab 182 und 186

### Reichel Graf

▼ Grab 182

Reihe IX

gest. 01.11.1867

פ"נ
1 אשה צנועה מר' רייכיל בת אהרן
2 אשת דוד בן אברהם ע"ה
3 בטח בה לב בעלה כי דרכי נועם
4 היו דרכיה וכל נתיבותיה שלום¹
5 עלתה נשמתה למעלה ביום
6 עש"ק ג' חשון תרכ"ח לפ"ק
7 תנצב"ה

Anmerkung:
¹ Prov. 3.17

Symbol: 14-strahliger Stern

Stein: H: 143, B: 65, T: 26 cm

Hier liegt begraben
1 die tugendhafte Frau Reichel, Tochter des Aharon,
2 Gattin des David, des Sohnes des Avraham, er ruhe in Frieden.
3 Ihres Mannes Herz durfte sich auf sie verlassen, denn liebliche Wege
4 waren ihre Wege, und all ihre Pfade (dienten) dem Frieden¹.
5 Ihre Seele stieg hinauf am Tag des
6 Vorabends des Heiligen Schabbat, dem 3. Cheschwan 628 n.d.kl.Z.
7 T.N.Z.B.H.

Auf der Rückseite des Steines steht:
Frau Reichl Graf

Quellen:
RSA 3: 931, 34 Nr. 188;
929, 109f. Nr. 8; 925, 49; 926, 14:
< Reichel Graf, geb. 9.7.1790, gest. 1. November 1867, Tochter v. Aron Maier und Brendel von Lehrensteinsfeld, Wittwe des David Graf >

---

### Zerle Levi (Lövi)

▼ Grab 186

Reihe IX

gest. 03.12.1868

פ"נ
1 צירלה בת אברהם
2 אשת יהודא הלוי בדרך
3 צדקה הלכה ובאמונה
4 את בניה הדריה¹ וגם
5 [לא]ביון ידיה שלחה
6 ונשמתה עלתה למעלה
7 ביום עש"ק כ' כסלו
8 תרכ"ט לפ"ק:
9 תנצב"ה

Anmerkungen:
¹ fehlerhaft geschrieben statt הדריכה

Stein: H: 159, B: 54, T: 27 cm

Hier liegt begraben
1 Zerle, Tochter des Avraham,
2 Gattin des Jehuda Halevi. Den Weg
3 der Wohltätigkeit ging sie, und mit Treue
4 leitete sie ihre Söhne, auch
5 den Armen reichte sie ihre Hände.
6 Ihre Seele stieg hinauf
7 am Tag des Vorabends des Heiligen Schabbat, dem 20. Kislew
8 629 n.d.kl.Z.
9 T.N.Z.B.H.

Auf der Rückseite des Steines steht:
HIER RUHET
ZERLE LÖVI GESTORB
DEN 4. DEZ. 5629

Quellen:
RSA 3: 931, 34 Nr. 192; 929, 111f. Nr. 5;
925, 119; 926, 190:
< Zerle Levi, geb. Juli 1800, gest. 3.12.1868, Tochter v. Abraham Mendle in Sondheim und Ittel, zweite Gattin d. Judas Seligmann Levi (Grab 137) >

# Grab 184 und 190

## Karoline (Kreinle) Aron

Grab 184

Reihe IX

gest. 19.12.1867

| | |
|---|---|
| פ"נ | |
| 1 | קרינלה בת יששכר |
| 2 | הלוי אשת מאיר בר |
| 3 | יצחק נעימה במעשיה |
| 4 | היתה אך לא ארכו |
| 5 | הימים אשר עלי תבל |
| 6 | חיתה כי פגע בה המות |
| 7 | לעצבון כל מכיריה |
| 8 | ביום ה' כ"ב כסלו |
| 9 | תרכ"ח לפ"ק: תנצב"ה |

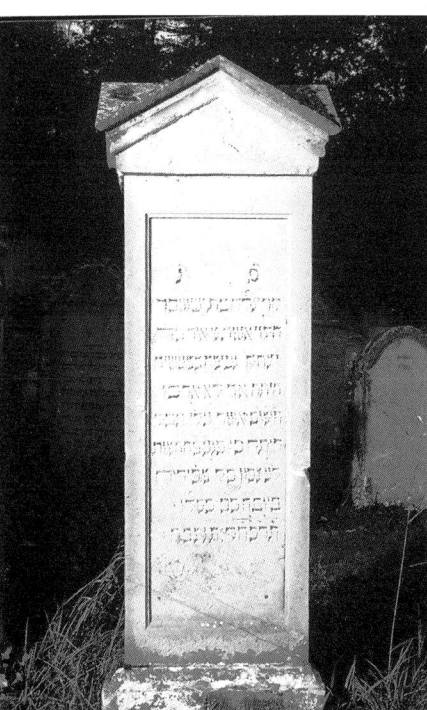

Hier liegt begraben
1 Kreinle, Tochter des Issachar
2 Halevi, Gattin des Meir, des Sohnes des
3 Jitzchak. Wohlgefällig war sie in ihren Taten
4 doch waren ihre Tage nicht lang
5 die sie auf dieser Welt
6 weilte, denn der Tod hat sie getroffen,
7 zur Trauer aller ihrer Bekannten,
8 am Donnerstag, dem 22. Kislew
9 628 n.d.kl.Z.  T.N.Z.B.H.

Stein: H: 183, B: 51, T: 36 cm

**Quellen:**
RSA 3: 931, 34 Nr. 190; 929, 109f. Nr. 11; 925, 8:
< Karoline Aron, geb. 18.11.1843 in Freudental, gest. 19. December 1867, Tochter v. Bär Levi (Grab 208) und Jeitel, geb. Löwe (Grab in Cannstatt, siehe Hahn, Steigfriedhof 73), Gattin des Maier Aron (Grab in Cannstatt, siehe Hahn, Steigfriedhof 52) >

## Bär (Issachar) Daußge

Grab 190

Reihe X

gest. 17.08.1842

| | |
|---|---|
| פ"נ | |
| 1 | הבח' הזקן מן פ"א שני' כ"י עוסק |
| 2 | בג"ח י"א שמש וקברן הקהילה פט' |
| 3 | כמה שני' וגם עשה דבר טוב ונתן |
| 4 | כל יכולת שלו לקהל פט' |
| 5 | במתנה המורה |
| 6 | כמ"ר יששכר בער דויסגא' |
| 7 | בן אברהם גש' ז"ל מפה |
| 8 | נפטר יום ג' ונ' י' ד' י"א |
| 9 | אלול תר"ב לפ"ק |
| 10 | תנצב"ה אמן |

Hier liegt begraben
1 ein hochbetagter Junggeselle von 81 Jahren. All seine Tage übte
2 er Wohltätigkeit und war gottesfürchtig. Er war Diener und Totengräber der Gemeinde Freudenthal
3 für einige Jahre, auch machte er eine Stiftung und gab
4 alles was er konnte der Gemeinde Freudenthal
5 als Geschenk des Lehrers.
6 Der ehrbare Herr Issachar Bär Dausga',
7 Sohn des Avraham G.s.[1] seligen Andenkens, von hier,
8 ist gestorben am Dienstag und wurde begraben am Mittwoch, dem 11.
9 Elul 602 n.d.kl.Z.
10 T.N.Z.B.H.  Amen

**Anmerkung:**
[1] Siglum unbekannt

Symbol: fünf fünfzackige Sterne

Stein: H: 121, B: 54, T: 10 cm

**Quellen:**
RSA 3: 931, 35 Nr. 196; 929, 39 Nr. 5 (1842); 925, 29; 926, 4:
< Bär Daußge, geb. 12.3.1762, gest. 17. August 1842, Vorsänger, (auch Berc Dausco/Dautzki), Sohn v. Abraham Dausco u. Gittiche, geb. Landau (Grab 56), ledig >

## Grab 188, 189 und 198

### Jechiel Hirsch Löwenthal

▲ Grab 198

Reihe X

gest. 07.09.1861

פ״נ
1 הבחור יחיאל צבי ב[ן]
2 משה הלך לעולמו ביו[']
3 ש״ק ג' תשרי שנת תרכ״[ב]
4 לפ״ק ונקבר ממחרת
5 יום מותו תנצב״ה:

Symbol: Strahlenkranz

Stein: H: 121, B: 50, T: 15 cm

Hier liegt begraben
1 der Junggeselle Jechiel Zwi, Sohn
2 des Mosche. Er ging in seine Welt am
3 Heiligen Schabbat, dem 3. Tischri 62[2]
4 n.d.kl.Z., und wurde begraben am Tage nach
5 seinem Tode, T.N.Z.B.H.

Quellen:
RSA 3: 931, 36 Nr. 204 ; 925, 121:
< Jechiel Hirsch Löwenthal, geb. 4. Nov. 1816, gest. 7. September 1861, Handelsmann, Sohn v. Moses Löb Löwenthal (Grab 139) u. Esther (Grab 30), ledig >

### Jospa (Joseph Mayer?)

▲ Grab 188

Reihe X

gest. 17.01.1826

פ״נ
1 הזקן כמ״ר יוזפ' בן
2 מאיר ז״ל מפה כל ימיו
3 הולך בתמימו' נ' יום ג'
4 ו״ג ונ' יום ד' ו״ד שבט
5 תקפ״ו לפ״ק
6 תנצב״ה

Stein: H: 138, B: 61, T: 16 cm

Hier liegt begraben
1 der hochbetagte ehrbare Herr Jospa, Sohn des
2 Meir, seligen Andenkens, von hier. All seine Tage
3 wandelte er mit Redlichkeit. Er ist gestorben am Dienstag,
4 dem 9., und wurde begraben am Mittwoch, dem 10. Schewat
5 586 n.d.kl.Z.
6 T.N.Z.B.H.

Quelle:
RSA 3: 931, 35 Nr. 194 nennt
< Mayer, Joseph, Rabbiner, gest. 31. Mai 1861 ? >.
Rabbiner Joseph Mayer hat die Grabstätte Nr. 153.
Hier ist, wie das Sterbedatum zeigt, ein anderer Joseph Mayer begraben.

### Hayum Lazarus

▲ Grab 189

Reihe X

gest. 04.04.1834

פ״נ
1 הבחור הזקן כמ״ר חיים
2 בן כ' אליעזר מפה הולך
3 כל ימיו בדרך הטוב נ'
4 ש״ק כ״ה אדר שני ונ' יום
5 א' כ״ו א״ש תקצ״ד לפ״ק
6 תנצב״ה

Stein: H: 152, B: 66, T: 15 cm

Hier liegt begraben
1 ein hochbetagter Junggeselle, der ehrbare Herr Chajjim,
2 Sohn des ehrbaren Elieser von hier. Er wandelte
3 alle seine Tage auf gutem Weg. Er ist gestorben
4 am Heiligen Schabbat, dem 25. Adar II. und wurde begraben am
5 Sonntag, dem 26. Adar II., 594 n.d.kl.Z.
6 T.N.Z.B.H.

Quellen:
RSA 3: 925, 105; 926, 28:
< Hayum Lazarus, geb. 1753, gest. 4.4.1834, Metzger, Sohn v. Lazarus Hayum und Ittle, geb. Lewin, Bruder von Götsch Lazarus (Grab 40), ledig >

## Bela Kauffmann

Grab 238

Reihe XI

gest. 10.01.1878

| | |
|---|---|
| 1 | פ"נ |
| 1 | אישה צנועה מ' בילא |
| 2 | אשת יקותיאל מצפ"ט |
| 3 | הלכה בדרך ישרה |
| 4 | וממנה לא סרה ומצות |
| 5 | ה' שמרה עלתה לעולמה |
| 6 | ביום ה' ו' שבט תרל"ח לפ"ק |
| 7 | תנצב"ה |

Hier liegt begraben
1 eine tugendhafte Frau. Frau Bela,
2 Gattin des Jekutiel aus Zaberfeld,
3 wandelte auf rechtem Weg
4 und wich nicht von ihm, und das Gebot
5 Gottes hielt sie. Sie stieg auf in ihre Welt
6 am Donnerstag, dem 6. Schewat 638
n.d.kl.Z.
7 T.N.Z.B.H.

Stein: H: 119, B: 64, T: 10 cm

Quelle:
RSA 3: 931, 43 Nr. 244;
< Kauffmann, Bela v. Zaberfeld >

## Rösle Stern

Grab 225

Reihe XI

gest. 02.07.1871

| | |
|---|---|
| 1 | [                    ] |
| 2 | [אש]ת |
| 3 | [ותם]                      ]ר |
| 4 | א[                    ] |
| 5 | [טוב]                     [ |
| 6 | ב[                   [ |
| 7 | תנצב"ה |

1 [                    ]
2 Gattin des [           ]
3 und redlich [           ]
4 [                    ]
5 gut [                 ]
6 [                    ]
7 T.N.Z.B.H.

Stein: H: 139, B: 68, T: 13 cm

Quellen:
RSA 3: 931, 41 Nr. 231;
929, 115f. Nr. 3; 925, 238:
< Rösle Stern, geb. am 9. October 1811 in Freudental, gest. 2. Juli 1871, Tochter des Isaak Moses Herrmann (Grab 28) und der Riffeke, geb. Horburg (Grab 108), Gattin des Hayum Samuel Stern (Grab 332) >

## Fanny (Vogel) Stern

Grab 227

Reihe XI

gest. 11.05.1872

| | |
|---|---|
| 1 | [                    ] |
| 2 | [                    ] |
| 3 | [                    ] |
| 4 | [    ] [כאבה]      [ |
| 5 | [    ] [ה עודנה]     [ |
| 6 | [    ] [ת לחצי ימיה]   [ |
| 7 | [    ] [א' ד' אייר ת]רל"ב] |
| 8 | תנצב"ה |

1 [                 ]
2 [                 ]
3 [                 ]
4 [    ] ihre Schmerzen [    ]
5 [    ] sie ist noch[      ]
6 [    ] zur Hälfte ihrer Lebenstage [    ]
7 [    ] Sonntag, dem 4. Ijjar 6[32]
8 T.N.Z.B.H.

Stein: H: 130, B: 64, T: 12 cm

Quellen:
RSA 3: 931, 41 Nr. 233;
929, 115f. Nr. 1 (1872); 925, 238:
< Fanny (Vogel) Stern, geb. 7. Mai 1843, gest. 11. Mai 1872, Tochter von Hayum Samuel Stern (Grab 332) und Rösle, geb. Hermann (Grab 225), ledig >

## Grab 194 und 195

**Joseph Alexander Elsäßer**

▲ Grab 194

Reihe X

gest. 25.03.1844

1 פ"נ
1 הבח' הזקן כל ימיו הלך בדרך
2 הישר עוסק בג"ח כ' יוספא בן
3 ממ"ר מהור"ר אלקסענדר נרו'
4 ז"ל נפטר יום ב' ונ' יו' ד' ז' ניסן
5 תר"ד לפ"ק
6 תנצבה"א

Symbol: achtzackiger Stern

Stein: H: 125, B: 57, T: 10 cm

Hier liegt begraben
1 ein hochbetagter Junggeselle, alle seine Tage wandelte er auf rechtem
2 Wege und übte Wohltätigkeit. Jospa, Sohn
3 des Königs der großen Lehrer[1], des Rabbiners Herr Alexander, sein Licht möge leuchten
4 seligen Andenkens, ist gestorben am Montag und wurde begraben am Mittwoch, dem 7. Nissan
5 604 n.d.kl.Z.
6 T.N.Z.B.H. Amen

**Quellen:**
RSA 3: 931, 36 Nr. 200; 929, 43f. Nr. 1; 925, 36:
< Joseph Alexander Elsäßer, geb. 3.7.1768, gest. 25.3.1844, Handelsmann, Sohn v. Alexander N. Elsäßer (Grab 8) u. Keila (Grab 55), ledig >

**Anmerkung:**
[1] Auflösung des ממ"ר nicht sicher.

---

**Samuel Levi**

▲ Grab 195

Reihe X

gest. 25.05.1844

1 פ"נ
1 הבח' רך בשנים כל ימיו
2 הולך בדרך הטוב ב[ג"ח]
3 אי"א כ' שמואל בן הח[בר]
4 ר' זעליגמן סג"ל מפה נ' יו' ש"ק
5 ב' דשבועו' ונ' יו' ב' ט' סיון תר"ד
6 לפ"ק תנצבה"א

Symbol: Levitenkanne

Stein: H: 124, B: 57, T: 12 cm

Hier liegt begraben
1 ein Jüngling, jung an Jahren. All seine Tage
2 wandelte er auf gutem Wege und stiftete Wohlfahrt,
3 er war ein gottesfürchtiger Mann. Der ehrbare Schmuel, Sohn des Chawers
4 Herr Seligmann Segal von hier, ist gestorben am Tag des Heiligen Schabbat,
5 dem 2. Tag des Wochenfestes, und wurde begraben am Montag, dem 9. Siwan 604
6 n.d.kl.Z. T.N.Z.B.H. Amen

**Quellen:**
RSA 3: 931, 36 Nr. 201;
929, 45f. Nr. 4 (1844); 925, 110:
< Samuel Levi, Uhrmacher, geb. 20.11.1818, gest. 25. Mai 1844, Sohn v. Seligmann Joseph Levi (Grab 118) u. Babette, Tochter d. Maier Nathan (Grab 104), ledig >

## Grab 196 und 197

| | |
|---|---|
| 1 איש בחור אשר [הלו]ך | 1 Ein junger Mann, der |
| 2 כל ימיו בדרך ישרה | 2 all seine Lebenstage auf rechtem Weg ging. |
| 3 ונפטר בשם טוב יוסף | 3 Mit gutem Namen ist Joseph, |
| 4 בר מאיר אריה ביום | 4 Sohn des Meir Arie, am Donners- |
| 5 ה' ח"י אדר ונקבר ביום | 5 tag, dem 18. Adar gestorben, und wurde begraben am Sonn- |
| 6 א' כ"א בו תרי"ח לפ"ק | 6 tag, dem 21. desselben, 618 n.d.kl.Z. |
| 7 תנצב"ה | 7 T.N.Z.B.H. |

**Joseph Aron**

Grab 196 ▲

Reihe X

gest. 04.03.1858

Symbol: Strahlenkranz

Stein: H: 155, B: 51, T: 13 cm

Quellen:
RSA 3: 931, 36 Nr. 202;
929, 81f. Nr. 3; 925, 3; 926, 71:
< Joseph Aron, geb. 16.8.1825, gest. 4.3.1858,
Sohn v. Mayer Löb Aron (Grab 152) u. Heffele,
geb. Dreyfuß (Grab 93), ledig >

| | |
|---|---|
| פ"נ | Hier liegt begraben |
| 1 יששכר המכונ' בער בן | 1 Issachar, genannt Bär, Sohn des |
| 2 הח"ר גבריאל והוא חשק | 2 Chawers Herr Gavriel. Er hing an der |
| 3 בתורה ונכנע ונדכה לפני | 3 Thora und unterwarf sich und beugte sich vor dem |
| 4 מרום [המעל]ה דלים על כל | 4 Allerhöchsten, der die Armen erhöht über alle |
| 5 רמים וירא יששכר מנחה כי טוב | 5 Höhen. Und Issachar sah, daß das Opfer gut war, |
| 6 הלך אל ארץ החיים ביום כ"ו | 6 er ging ins Land des Lebens ein am 26. |
| 7 ניסן תרי"ט לפ"ק תנצב"ה: | 7 Nissan 619 n.d.kl.Z. T.N.Z.B.H. |

**Bär (Issachar) Dötelbach**

Grab 197 ▲

Reihe X

gest. 30.04.1859

Symbol: Strahlenkranz

Stein: H: 121, B: 55, T: 15 cm

Quellen:
RSA 3: 931, 36; 929, 85f. Nr. 4; 925, 22; 926, 25:
< Bär Dötelbach, geb. 12. Juni 1776, gest. 30.
April 1859, Sohn v. Gabriel Mendel Dötelbach
(Grab 20) u. Sara, geb. Kahn (Grab 54), ledig >

## Grab 199 und 200

### Aaron Jordan

▲ Grab 199

Reihe X

gest. 29.10.1865

| | |
|---|---|
| פ״נ | |
| 1 אהרון ב׳ יוסף    מצ״פ | |
| 2 נער ושלח ידו לתמוך באביו | |
| 3 ואמו לקיים מצות כבוד ומורא | |
| 4 כנגדם עלה המות לחלונם | |
| 5 ולקח מחמד עינם להושיבו | |
| 6 תחת עץ חיי עולם מת | |
| 7 ביום ט׳ חשון תרכ״ו לפ״ק | |
| 8 תנצב״ה | |

Stein: H: 128, B: 54, T: 22 cm

Hier liegt begraben
1. Aharon, Sohn [des Joseph von Zaberfeld.]
2. Ein Knabe, der seine Hand reichte um seinen Vater,
3. und seine Mutter zu stützen, um die Gebote der Ehrfurcht und (Eltern-)Liebe
4. ihnen gegenüber zu erfüllen. Der Tod ist in ihr Fenster gestiegen
5. und hat ihrer Augen Freude genommen, um ihn zu setzen
6. unter den Baum des ewigen Lebens. Er ist gestorben
7. am 9. Cheschwan 626 n.d.kl.Z.
8. T.N.Z.B.H.

Quellen:
RSA 3: 931, 37 Nr. 205;
3362, 89f. Nr. 1(1865); 925, 62:
< Aaron Jordan, geb. 22.6.1845, gest. 29.10.1865, Sohn v. Joseph Aaron Jordan (Grab 212) u. Güdel, geb. Lauchheimer (Grab 308) >

### Benzion Wertheimer

▼ Grab 200

Reihe X

gest. 06.10.1868

פ״נ
1 איש אשר הלך בדרך תמים
2 אוהב שלום ורודף
3 שלום אשריו כי הטיב
4 לקרוביו וגם לזרים
5 הוא בנציון בר יוסף
6 הלך לעולמו יום ג׳ כ׳
7 תשרי תרכ״ט לפ״ק:
8 תנצב״ה

Auf der Rückseite des Steines steht:
HIER RUHET
BENZION WERTHEIMER
GESTORBEN 21. TISCHRI
5629

Anmerkung:
Das Sterbedatum auf der Vorder- und auf der Rückseite unterscheidet sich um einen Tag

Symbol: Strahlenkranz

Stein: H: 158, B: 59, T: 23 cm

Hier liegt begraben
1. ein Mann, der auf makellosem Wege wandelte,
2. den Frieden liebte und
3. dem Frieden nachjagte. Glücklich war er, wenn er Gutes getan hatte
4. für seine Verwandten und auch für Fremde.
5. Er, Benzion, Sohn des Joseph,
6. ging in seine Welt am Dienstag, dem 20.
7. Tischri 629 n.d.kl.Z.
8. T.N.Z.B.H.

Quellen:
RSA 3: 931, 37 Nr. 206; 929, 111f; 925, 303:
< Benzion Wertheimer, geb. 31.3.1812, gest. in Stuttgart 6.10.1868, Handelsmann aus Freudenthal, wohnhaft in Stuttgart, Sohn v. Joseph Immanuel Wertheimer (Grab 46) und Rachel, geb. Aron (Grab 28), Gatte der Beßle, geb. Ballenberg >

## Jechiel Hirschmann

Grab 202  
Reihe X  
gest. 24.03.1869

פ"נ
1 איש תם הבוחר ביראה
2 וע[נו]ה והלך בדרך צדקה
3 ובאמונתו חיה ה"ה
4 יחיאל בן החה"ר צבי
5 שהלך לעולמו ביום י"ב
6 ניסן ונקבר בע"פ
7 תרכ"ט לפ"ק תנצב"ה

Stein: H: 137, B: 65, T: 14 cm

Hier liegt begraben
1 ein rechtschaffener Mann, der Gottesfurcht und
2 Bescheidenheit wählte, auf dem Pfade der Wohltätigkeit wandelte
3 und in (Gott-)Vertrauen lebte.
4 Jechiel, Sohn des Chawers Herr Zwi,
5 ging in seine Welt am 12.
6 Nissan und wurde begraben am Vorabend des Pessachfestes
7 629 n.d.kl.Z. T.N.Z.B.H.

Quellen:
RSA 3: 931, 37 Nr. 208;
929, 111f. Nr. 2; 925, 55; Nebel, Geschichte 63:
< Jachiel Hirschmann, geb. 5.3.1788, gest. 24.3.1869, Pferdehändler, Sohn v. Hirsch Wolf Hirschmann aus Mingolsheim (Grab 10) u. Kriele (Grab 64), in erster Ehe Gatte d. Gudle, geb. Etlinger (Grab 90), in zweiter d. Feile, geb. Bauland (Grab 100, Bamberger Jebenhausen) >

## Götsch (Eljakim) Jordan

Grab 203  
Reihe X  
gest. 04.07.1869

פ"ט
1 אליקים המכונה געטש
2 בר משה במה יזכה נער
3 את ארחו לשמור
4 כדברך[1] והוא שמר
5 דברך לכבד הוריו
6 כל ימיו ונפטר ביום
7 כ"ה תמוז תרכ"ט לפ"ק
8 תנצב"ה

Stein: H: 136, B: 61, T: 16 cm

Hier liegt geborgen
1 Eljakim, genannt Götsch,
2 Sohn des Mosche. Wie wird ein Knabe
3 seinen Weg in Reinheit einhalten?
4 Wenn er sich hält an Deine Worte[1]. Er bewahrte
5 Dein Gebot, seine Eltern zu ehren
6 während all seiner Tage, und ist gestorben am
7 25. Tammus 629 n.d.kl.Z.
8 T.N.Z.B.H.

Quellen:
RSA 3: 931, 37 Nr. 209;
3362 (Zaberfeld), 91f. Nr.1:
< Götsch Jordan, geb. am 18. Juli 1850, gestorben am 4. Juli 1869, Sohn des Moses Jordan, ledig >

Anmerkung:
[1] Ps. 119,9

# Grab 221

## Madel Mayer

▲ Grab 221

Reihe XI

gest. 17.09.1869

| | |
|---|---|
| פ״נ | Hier liegt begraben |
| אשה חשובה ונ{נ}כבדה¹ | 1 eine vornehme Frau. Sie ehrte |
| את אלקים ואדם תמימה | 2 Gott und Mensch, untadelig war sie |
| במעשיה תורת חסד על | 3 in ihren Taten, gütige Weisung war auf |
| לשונה ושלום כל | 4 ihrer Zunge, und Frieden waren alle |
| נתיבותיה | 5 ihre Pfade. |
| ה״ה מאטיל בת | 6 Sie, Matel, Tochter des |
| יעקב הלוי: | 7 Jaakow Halevi, |
| עלתה למעלה ביום עש״ק | 8 stieg auf am Tag des Vorabends des Heiligen Schabbat, |
| י״ר² תשרי תר״ל לפ״ק: | 9 12. Tischri 630 n.d.kl.Z. |
| תנצב״ה | 10 T.N.Z.B.H. |

Symbol: Rosenblüte und zwei Blumenstengel mit je zwei Blüten

Stein: H: 127, B: 57, T: 17 cm

Quellen:
RSA 3: 931, 40 Nr. 227;
929, 113f. Nr. 6 (1869); 925, 181:
< Madel Mayer, geb. 27. Sept.1816,
gest 17. September 1869,
Tochter v. Jakob Levi (Grab 19)
u. Genendel, geb. Stein (Grab 80),
Gattin des Nathan Samuel Majer (Grab 291) >

Anmerkungen:
¹ Das נ ist nachträglich und fälschlich eingefügt, die Syntax verlangt nach dem transitiven Verb כבד (Piel), nicht nach dem Adjektiv נכבד
² fehlerhaft geschrieben statt י״ב
Das Schriftfeld ist in Form der Gesetzestafeln eingetieft.

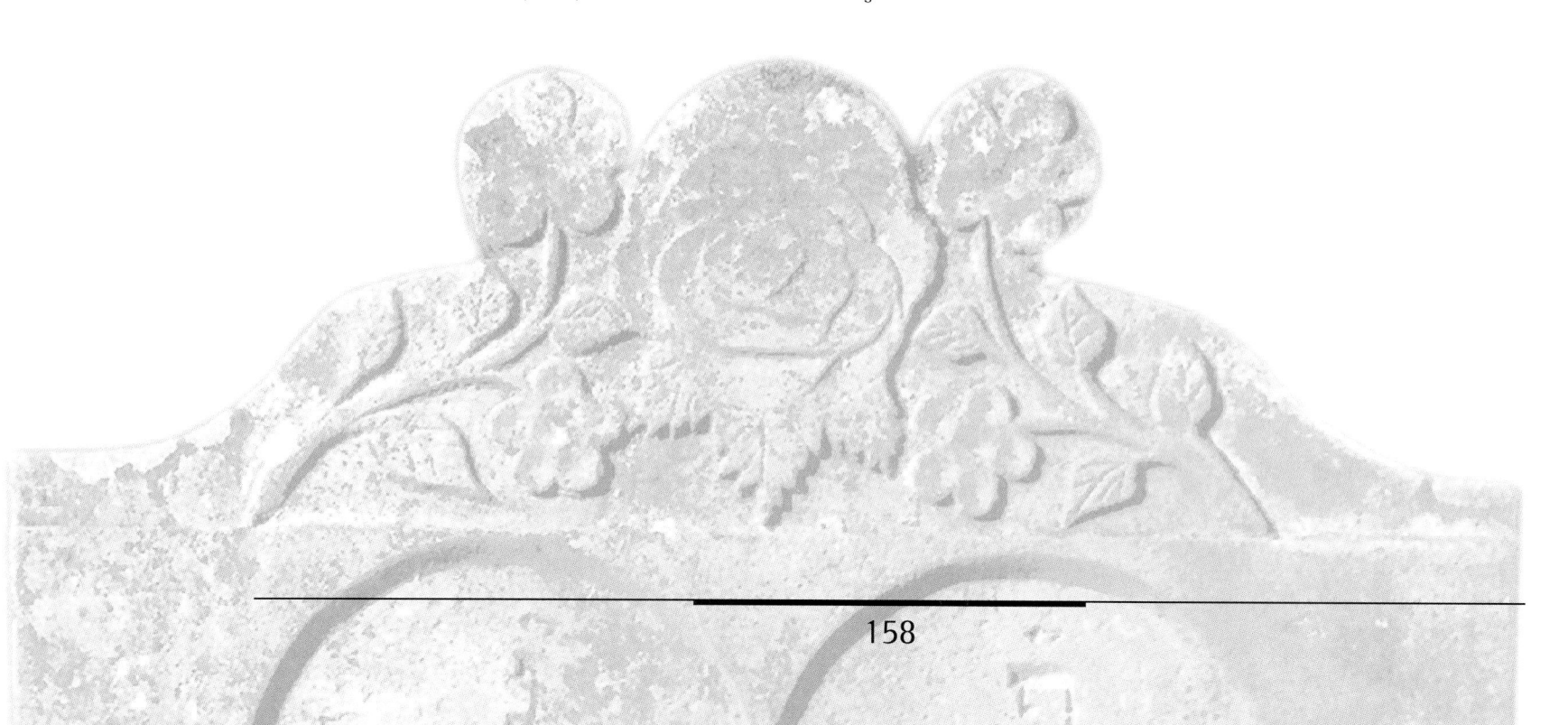

## Madel Mayer

Grab 221

Reihe XI

gest. 17.09.1869

## Grab 204 und 205

**Isaak Aron**

▲ Grab 204

Reihe X

gest. 16.07.1869

| | |
|---|---|
| פ״נ | Hier liegt begraben |
| 1 יצחק בר אהרן | Jitzchak, Sohn des Aharon. |
| 2 הלך בדרך ישרה | Er wandelte auf rechtem Weg, |
| 3 מגיע כפו נהנה וגם צדקה | seiner Hände Arbeit geniessend, und auch Wohltätigkeit |
| 4 בכל עת עשה והוא | hat er immer geübt. Er |
| 5 עלה למעלה ביום | stieg hinauf in die Höhe am Tag |
| 6 פטירתו יום עש״ק ח׳ | seines Verscheidens, am Vorabend des Heiligen Schabbat, dem 8. |
| 7 מנחם תרכ״ט לפ״ק | Menachem 629 n.d.kl.Z. |
| 8 תנצב״ה | T.N.Z.B.H. |

Stein: H: 175, B: 37, T: 35 cm

Quellen:
RSA 3: 931, 37 Nr. 210; 929, 113f. Nr. 4 (1869); 925, 2; 926, 188 :
< Isaak Aron, geb. 23. August 1790, gest. 16. Juli 1869, Metzger, Bürger seit 1836, Sohn v. Maier Aron (Grab 14) u. Fradel, geb. Maier, Gatte der Edel, geb. Kaufmann (Grab 175) >

---

**Isaak Löb Ulmann**

▼ Grab 205

Reihe X

gest. 19.10.1872

| | |
|---|---|
| פ״נ | Hier liegt begraben |
| 1 ירא אלקים וסר מרעה | ein Gottesfürchtiger, der sich fern vom Bösen hielt, |
| 2 צדקת הצדיק עליו היתה | die Gerechtigkeit des Gerechten war über ihm. |
| 3 חזק לראת ישר ולשמור תם | Wer sich recht hält und fromm bleibt, |
| 4 קול אומר ואחרית לאיש שלם | einem solchen Manne verheißt DIE STIMME[1] zuletzt Frieden. |
| 5 ה״ה יצחק בר יהוהא הלך | Er, Jitzchak, Sohn des Jehuda, ging |
| 6 לעולמו ביום ש״ק י״ז תשרי | in seine Welt am Tag des Heiligen Schabbat, dem 17. Tischri |
| 7 תרל״ג לפ״ק: תנצב״ה | 633 n.d.kl.Z.  T.N.Z.B.H. |

Auf der Rückseite des Steines steht:
Hier ruht
Isak Uhlmann.
geb: d. 15. August 1795.
gest: d. 19. October 1872.

Symbol: Kranz, Blumenfeston

Stein: H: 200, B: 60, T: 44 cm

Quellen:
RSA 3: 931, 38 Nr. 211; 929, 118; 925, 279:
< Isaak Löb Ulmann, geb. 15.8.1796, gest. 18.10.1872, Handelsmann, Sohn v. Löb Gabriel Ulmann (Grab 16) u. Größle, geb. Simon, in erster Ehe Gatte d. Mehrle, geb. Bamberger (Grab 50), in zweiter d. Regine, geb. Löwenthal (Grab 235) >

Anmerkung:
Akrostichon: Die Anfangsbuchstaben der Zeilen 1-4 ergeben wieder den Namen Jitzchak.
[1] gemeint ist die Stimme Gottes, frei nach Ps. 37,37

## Bär Jakob (Issachar) Levi

Grab 206 ▼

Reihe X

gest. 04.02.1873

| | |
|---|---|
| פ״[נ] | Hier liegt [begraben] |
| 1 יששכר בר יעקב הלוי | Issachar, Sohn des Jaakow Halevi |
| ‎‎---------- | ---------- |
| 2 **י**עץ וישב בקהל העדה | Er beriet und saß in der Versammlung der Gemeinde, |
| 3 **ש**כר טוב לפועל באמונה | guter Lohn wird dem zuteil werden, der in Redlichkeit wirkt, |
| 4 **ש**כר אמת לזורע צדקה | ein treuer Lohn dem, der Wohltat sät, |
| 5 **כ**י בכל עת בצדק רצה | denn er wollte immer Gerechtigkeit. |
| 6 **ר**וחו שב והלך למעלה | Seine Seele kehrte zurück und stieg in die Höhe |
| 7 ביום ג׳ ז׳ שבט תרל״ג לפ״ק | am Dienstag, dem 7. Schewat 633 n.d.kl.Z. |
| 8 תנצב״ה | T.N.Z.B.H. |

Quellen:
RSA 3: 931, 38 Nr. 212 ; 929 , 117f. Nr. 2; 925, 125:
< Bär Jakob Levi, geb. 28. Mai 1810, gest. 4. Februar 1873, Handelsmann und Ökonom, Sohn v. Jakob Levi (Grab 19) u. Genendel, geb. Stein (Grab 80), Gatte der Ittel, geb. Levi (Löwe) >

Anmerkung:
Akrostichon: Die Anfangsbuchstaben der Zeilen 2-6 ergeben wieder den Namen Issachar.
Gedicht mit Endreim

Auf der Rückseite des Steines steht:
Hier ruht
Bär Jakob Levi
geb: d. 28. Mai 1810
gest: d. 4. Febr. 1873.

Symbol: Levitenkanne, vierblättrige Rosenblüte

Stein: H: 179, B: 64, T: 28 cm

---

## Moritz (Mordechai) Marx

Grab 207 ▼

Reihe X

gest. 11.05.1873

| | |
|---|---|
| 1 איש אשר היה | Ein Mann, der war |
| 2 להאהענבוך | zu Hohenbuch[1]. |
| 3 מרדכי בר שמואל | Mordechai, Sohn des Schmuel, |
| 4 שנפטר ביום י״ד אייר | ist gestorben am 14. Ijjar |
| 5 תרל״ג לפ״ק ונקבר ביום | 633 n.d.kl.Z. und wurde begraben am |
| 6 ט״ז בו תנצב״ה | 16. desselben, T.N.Z.B.H. |

Auf der Rückseite des Steines steht:
Morderhai Marx
gest. 11. Mai 1873

Quellen:
RSA 3: 931, 38 Nr. 213; 929, 117f. Nr. 4:
< Moritz Mordechai Marx, geb. 3.6.1805, gest. 11. Mai 1873, Viehhändler und Waldhornwirth, Sohn v. Samuel Marx (Grab 117) u. Madel, geb. Hirsch Wolf (Grab 165), Gatte der Chaja Mirjam Marx (Grab 247) >

Symbol: drei gekreuzte Mohnkapseln

Stein: H: 162, B: 55, T: 33 cm

Anmerkung:
[1] Die Erwähnung von Hohenbuch ist hier unverständlich, der Verstorbene stammte aus einer alteingesessenen Freudentaler Familie.

## Grab 208 und 211

### Moses Löb Marx

▼ Grab 208

Reihe X

gest. 20.05.1873

| | |
|---|---|
| 1 | משה אריה המכונה משה ליב |
| 2 | בר מאיר: |
| 3 | מנהיג ואיש נאמן |
| 4 | שמו לזכר טוב יאמן |
| 5 | הלך בדרך תמימים |
| 6 | לכן רצוי לרוב אחים |
| 7 | ישן גופך שינת ערבה |
| 8 | באשר היטבת לעשות |
| 9 | באמונה הלך לעולמה |
| 10 | ביום ג׳ כ״ג אייר תרל״ג לפ״ק |
| 11 | תנצב״ה |

Auf der Rückseite des Steines steht:
Moses Löb Marx

Anmerkung:
Akrostichon: Die Anfangsbuchstaben
der Zeilen 3-8 ergeben den Namen „Mosche Löb".

Symbol: fünfblättrige Blüte

Stein: H: 180, B: 54, T: 28 cm

1 Mosche Arie, genannt Moses Löb,
2 Sohn des Meir,
3 war Leiter und Treuhänder,
4 zu gutem Gedenken wird sein Name sich bewahren.
5 Er wandelte auf dem Weg der Makellosen,
6 deswegen war er beliebt bei vielen Brüdern.
7 Möge dein Leib in lieblicher Ruhe schlummern,
8 denn Gutes hast du getan.
9 Er ging in Redlichkeit in seine Welt
10 am Dienstag, dem 23. Ijjar 633 n.d.kl.Z.
11 T.N.Z.B.H.

Quellen:
RSA 3: 931, 38 Nr. 214 ; 929, 117f.; 925, 180:
< Moses Löb Marx, geb. 27. Oct. 1823,
gest. 10. Mai 1873, Metzgermeister und
Viehhändler, Sohn v. Metzger Maier Marx
(Grab 116) u. Jendle (Grab 105),
Gatte der Jachet, geb. Stein (Grab 391) >

### Götsch Aron Jordan

▲ Grab 211

Reihe X

gest. 07.02.1874

| | |
|---|---|
|  | פ״נ |
| 1 | אליקים המכונה |
| 2 | געטש בר אהרן יגיע |
| 3 | כפו ועמלא כל ימיו |
| 4 | והיה משען לבני ביתו |
| 5 | כל ימי חייו והלך |
| 6 | לעולמו יום ש״ק כ׳ |
| 7 | שבט ונקבר ביום כ״ב |
| 8 | בו תרל״ד לפ״ק |
| 9 | תנצב״ה |

Symbol: Palmwedel und Pflanze

Stein: H: 166, B: 51, T: 27 cm

Hier liegt begraben
1 Eljakim, genannt
2 Götsch, Sohn des Aharon. Arbeit
3 seiner Hände und Mühe hatte er alle seine Tage,
4 er war Stütze seinen Hausangehörigen
5 all seine Lebenstage. Er ging
6 in seine Welt am Tag des Heiligen Schabbat, dem 20.
7 Schewat, und wurde begraben am 22.
8 desselben, 634 n.d.kl.Z.
9 T.N.Z.B.H.

Quellen:
RSA 3: 931, 39 Nr. 217; 3362 , 93f. Nr. 1 (1874):
< Götsch Aron Jordan, geb. 2. April 1816, gest. 7.
Februar 1874, Beisitzer und Barchentweber in
Zaberfeld, Sohn des Aron Moses, verheiratet >

## Grab 212 und 213

### Joseph Jordan

Grab 212 ▲

Reihe X

gest. 02.07.1874

1 כ״נ¹
2 יוסף בר אהרן
3 ‏ידע קונהו
4 ‏התבונן מעשהו
5 ‏סר אל משמעתו
6 ‏פנה אל דבר אמת וצדקו
7 הלך בדרך כל
8 הארץ יום ה׳ י״ז תמוז
9 תרל״ד לפ״ק תנצב״ה

1 Hier liegt begraben
2 Joseph, Sohn des Aharon.
3 Er kannte seinen Herrscher
4 und hat seine Werke geachtet,
5 er wandte sich in Gehorsam zu ihm,
6 und richtete sein Antlitz auf die wahrhafte und gerechte Sache.
7 Er ging auf dem Weg alles
8 Irdischen am Donnerstag, dem 17. Tammus
9 634 n.d.kl.Z. T.N.Z.B.H.

**Quellen:**
RSA 3: 931, 39 Nr. 218; 925, 62:
< Joseph Aaron Jordan, geb. 24. Mai 1813 in Zaberfeld, gest. 2. Juli 1874, seit 1872 in Freudental, zuvor Zaberfeld, Sohn v. Aaron Moses (Grab 37) u. Fögele, Tochter d. Joseph Jordan (Grab 157), Gatte der Klara (Güdel), geb. Lauchheimer (Grab 308) >

**Anmerkungen:**
Akrostichon: Die Anfangsbuchstaben der Zeilen 2-5 ergeben den Namen „Joseph".
¹ verschrieben für פ״נ
Gedicht mit Endreim

Symbol: Palmwedel, Pflanze

Stein: H: 158, B: 52, T: 28 cm

### Moses Löwe

Grab 213 ▼

Reihe X

gest. 22.08.1874

1 פ״נ החבר ר׳ משה בהר״ר יוספא סג״ל מפריידענטהאל
2 נפטר ביום ש״ק ט׳ אלול ונקבר בי״א בו תרל״ד לפ״ק
3 גמל חסד עם החיים והמתים
4 פתח ביתו לעניים מרודים
5 מכספו וממלחמו פזר נתן לעניים
6 חמשים שנה התפלל בימים הנוראים
7 וחתם אות ברית בבשר ידידים
8 והניח אחריו ברכה באוצר ספרים
9 תהי נשמתו צרורה בצרור החיים

1 Hier liegt begraben der Chawer Herr Mosche, Sohn des großen Herrn Jospa Segal aus Freudenthal.
2 Er ist gestorben am Tag des Heiligen Schabbat, dem 9. Elul, und wurde begraben am 11. desselben, 634 n.d.kl.Z.
3 Er übte Wohltat an Lebenden und Toten,
4 öffnete sein Haus den Ärmsten der Armen
5 und gab von seinem Geld und Brot den Bedürftigen reichlich.
6 50 Jahre lang betete er an den hohen Feiertagen vor
7 und besiegelte das Zeichen des Bundes im Fleisch der Freunde¹.
8 Er hinterließ Segen in einem Bücher-Schatz,
9 möge seine Seele eingebunden sein im Bündel des Lebens

**Quellen:**
RSA 3: 931, 39 Nr. 219; 925, 111:
< Moses Joseph Löwe (Levi), geb. 17.12.1784, gest. 2.8.1874, Sohn v. Joseph Levi (Grab 4) u. Ittel (Grab 53), Gatte d. Sara, geb. Hirsch Wolf (Grab 72) >

Auf der Rückseite des Steines steht:
Hier ruht
Moses Löwe

Anmerkung: ¹ d.h. er war Beschneider (Mohel)
Symbol: Levitenkanne, Pflanze
Stein: H: 176, B: 67, T: 29 cm

## Grab 214 und 224

**Wolf Löb Marx**

▼ Grab 214

Reihe X

gest. 07.07.1875

| | |
|---|---|
| פ"נ | 1 |
| זאב אריה בר שמואל | 2 |
| מחונן עניים ודלים | |
| נתן מלחמו לרעבים | 3 |
| ומת לדאבון בניו | 4 |
| וקרוביו ביום עש"ק | 5 |
| ו' תמוז תרל"ה לפ"ק | 6 |
| 'נצב"ה | 7 |

Auf der Rückseite des Steines steht:
Wolf Löb Marx
Stuttgart.

Symbol: fünfblättrige Blume, drei Mohnkapseln

Stein: H: 159, B: 51, T: 27 cm

Hier liegt begraben
1 Zeew Arie, Sohn des Schmuel.
2 Er erbarmte sich der Armen und Bedürftigen,
3 gab von seinem Brot den Hungrigen,
4 und starb zum Bedauern seiner Söhne
5 und Verwandten am Tag des Vorabends des Heiligen Schabbat,
6 6. Tammus 635 n.d.kl.Z.
7 T.N.Z.B.H.

Quellen:
RSA 3: 931, 39 Nr. 220; 925, 183:
< Wolf Löb Marx, geb. 26. Juli 1816, gest. 7. Juli 1875, Bürger und Handelsmann in Freudental, Sohn von Samuel Marx (Grab 117) und Madel (Grab 165), Gatte der Mayla (Amalie), geb. Weil >

**Brendel Levi**

▲ Grab 224

Reihe XI

gest. 05.05.1871

| | |
|---|---|
| פ"נ | 1 |
| הצנועה שפרשה כפיה לגמול | |
| חסד ואמת כל ימיה ה"ה | 2 |
| הבתולה ברענדיל בת יעקב | 3 |
| הלוי הלכה לעולמה ונפטרת | 4 |
| יום עש"ק י"ד אייר | 5 |
| תרל"א לפ"ק | 6 |
| תנצב"ה | 7 |

Symbol: zwölfstrahliger Stern

Stein: H: 141, B: 51, T: 18 cm

Hier liegt begraben
1 die Tugendhafte, die die Hände ausbreitete um
2 Wohltat und Treue all ihre Tage zu üben. Sie,
3 die Jungfrau Brendel, Tochter des Jaakow
4 Halevi, ging in ihre Welt und verschied
5 am Tag des Vorabends des Heiligen Schabbat, dem 14. Ijjar
6 631 n.d.kl.Z.
7 T.N.Z.B.H.

Quellen:
RSA 3: 931, 41 Nr. 230; 929, 115f. Nr. 2; 925, 80:
< Brendel Levi, geb. 9.4.1809, gest. 5.5.1871, Tochter v. Jakob Levi (Grab 19) u. Genendel, geb. Stein (Grab 80), ledig >

# Grab 218 und 219

| | |
|---|---|
| פ״נ | |
| 1 איש גומל נפשו | |
| 2 כי ישר היה דרכו | |
| 3 מהולל הוא לפי צדקו | |
| 4 ה״ה רפאל בר מאיר הלוי | |
| 5 זקן ושבע ימים | |
| 6 כשב רוחו לצור עולמים | |
| 7 ביום שבת קודש ר״ח שבט | |
| 8 תרל״ח לפ״ק תנצב״ה | |

Auf der Rückseite des Steines steht:
Hier ruht
Raphael Levi.

Symbol: Levitenkanne

Stein: H: 153, B: 52, T: 29 cm

Hier liegt begraben
1 ein Mann, der seine Seele erlöste,
2 weil sein Weg gerade war.
3 Gepriesen wurde er ob seiner Gerechtigkeit.
4 Er, Raphael, Sohn der Meir Halevi,
5 war hochbetagt und lebenssatt,
6 als sein Geist zur ewigen Zuflucht zurückkehrte
7 am Tag des Heiligen Schabbat, dem Neumondtag des Schewat
8 638 n.d.kl.Z. T.N.Z.B.H.

Quellen:
RSA 3: 931, 40 Nr. 224; 925, 113; 926, 81:
< Raphael Maier Levi, geb. 8. Juli 1800, gest. 5. Jan. 1878, Sohn v. Maier Gumpel Levi (Grab 45) u. Rachel (Grab 68), in erster Ehe verheiratet mit Rösle, geb. Ulmann (Grab 161), in zweiter Ehe mit Rebekka, geb. Ulmann (Grab 312) >

**Raphael Maier Levi**

Grab 218 ▼

Reihe X

gest. 05.01.1878

---

1 שמשון בר חיים
2 **ש**אב ממעיני הישועה
3 **מ**רגוע לנפש השוקקה
4 **ש**ם משכרתו שלמה
5 **ו**נאמן בעל מלאכתו
6 **נ**עור לשלם שכרו
7 נפטר בש״ק ויגש אליו
8 ט' טבת תרל״ט לפ״ק תנצב״ה

Auf der Rückseite des Steines steht:
Hier ruht
Simson Rothschild
geb: den 1. Febr: 1803,
gest: den 3. Jan: 1879.

Quellen:
RSA 3: 931, 40 Nr. 225; 925, 220:
< Simson Rothschild, geb. 1.2.1803, gest. 4.1.1879, Sohn v. Hayum Samson u. Genendel (Grab 73), Gatte d. Sprinz, geb. Kaufmann (Grab 316) >
vgl. Nebel, Geschichte 63

1 Schimschon, Sohn des Chajjim,
2 schöpfte Wasser aus den Brunnen des Heils
3 zur Erquickung der umherschweifenden Seele.
4 Dort wird sein Lohn vollkommen sein,
5 und der verläßliche Herr der Schöpfung
6 wird ihm seinen Lohn entgelten.
7 Er ist gestorben am Heiligen Schabbat 'Vajigasch Elav'[1].
8 9. Tewet 639 n.d.kl.Z. T.N.Z.B.H.

Anmerkungen:
Akrostichon: Die Anfangsbuchstaben der Zeilen 2-6 ergeben den Namen „Schimschon".
Das Sterbedatum im Register und auf der Rückseite des Grabsteines differiert um einen Tag.
[1] „da trat zu ihm" Anfang der Schabbat-Lesung: Gen 44, 18

Symbol: achtblättrige Blüte

Stein: H: 140, B: 58, T: 31 cm

**Simson Rothschild**

Grab 219 ▼

Reihe X

gest. 04.01.1879

# Grab 217 und 220

## Moses Hirsch Marx

▼ Grab 217

Reihe X

gest. 10.12.1877
begr. 20.12.1877

פ"נ
1 משה צבי בר מנחם
2 לא משה ידו לחלק צדקה
3 רץ כצבי לעבוד בוראו בעדה
4 ועסק בגמילות חסדים באמונה
5 אך חלדו עזב וחלף מהרה
6 לפדות נפשו מאפל לאורה
7 שנתו תערב לו בחיי עלמא
8 נקבר ביום ב' ד' טבת תרל"ז
לפ"ק תנצב"ה

Auf der Rückseite des Steines steht:
Hier ruht
Moses Hirsch Marx.

Quellen:
RSA 3: 931, 40 Nr. 223; 925, 124:
< Moses Hirsch Marx, geb. 21.5.1815, am 10. December 1877 im Bodensee bei Rorschach aufgefunden worden, begraben am 20. Dezember 1877, Bürger und Bäckermeister in Freudental, Sohn v. Immanuel Marx (Grab 155) u. Hanna, geb. Hirsch (Grab 87), Gatte der Mirjam, geb. Hahn (Grab 311) >

Hier liegt begraben
1 Mosche Zwi, Sohn des Menachem.
2 Nie vergaß seine Hand, Wohltätigkeit zu verteilen,
3 wie ein Hirsch eilte er, seinem Schöpfer in der Gemeinde zu dienen,
4 und übte Wohltat in Redlichkeit.
5 Doch hat er seine Welt verlassen und enteilte,
6 um seine Seele von der Dunkelheit zu erlösen zum Lichte hin.
7 Möge sein Schlaf ihn erquicken im himmlischen Leben.
8 Er wurde begraben am Montag, dem 4. Tewet 637! n.d.kl.Z. T.N.Z.B.H.

Anmerkungen:
Das angegebene Datum - der 4. Tewet - ist das Sterbedatum, nicht das des Begräbnisses, das aufgrund der Umstände erst 10 Tage später, am 14. Tewet (20. Dezember) stattfand. Ferner muß die Jahreszahl 638 heißen, das neue jüdische Jahr hatte bereits begonnen.
Gedicht mit Endreim.

Symbol: zwölfstrahliger Stern

Stein: H: 137, B: 56, T: 31 cm

## Löb (Jehuda) Kahn

▲ Grab 220

Reihe X

gest. 29.06.1879

פ"נ
1 יהודא בר אברהם הכהן
2 שאל ממך חיים
3 ישב בדד בנוה שלום
4 אד' רוחה יאלתה למרום
5 נפטר ביום ח' ונקבר
6 ביום י' תמוז² תרל"ט לפ"ק
7 תנצב"ה

Symbol: Segnende Hände

Stein: H: 139, B: 49, T: 21 cm

Hier liegt begraben
1 Jehuda, Sohn des Avraham Hacohen,
2 er bittet dich um Leben.[3]
3 Er wohnte allein in friedlichen Auen[4]
4 bis sein Geist in die Himmelhöhe aufstieg
5 als er starb am 8. und begraben wurde
6 am 10. Tammus 639 n.d.kl.Z.
7 T.N.Z.B.H.

Quelle:
RSA 3: 931, 40 Nr. 226:
< Kahn, Löb von Zaberfeld >

Anmerkungen:
[1] fehlerhaft geschrieben, – statt ע
[2] Das מ von Tammus ist als ב geschrieben und nachträglich verbessert.
[3] nach Ps. 21,5
[4] nach Jes. 32,18

## Grab 222 und 223

| | |
|---|---|
| פ"נ | Hier liegt begraben |
| 1 אשה צנועה וחשובה | 1 eine tugendhafte und vornehme Frau, |
| 2 שהלכה כל ימיה בדרך | 2 die alle ihre Tage auf rechtem |
| 3 ישרה ומצות ה' שמרה | 3 Wege wandelte und Gottes Gebote hielt. |
| 4 והיא צארטיל אשת | 4 Sie, Zartel, Gattin des |
| 5 יצחק עלתה למעלה | 5 Jitzchak, stieg auf |
| 6 ביום ב' ניסן תר"ל לפ"ק | 6 am 2. Nissan 630 n.d.kl.Z. |
| 7 תנצב"ה | 7 T.N.Z.B.H. |

### Sara (Zartel) Mosbacher

Grab 222 ▲

Reihe XI

gest. 03.04.1870

Symbol: achtzackiger Stern

Stein: H: 167, B: 65, T: 12 cm

Quellen:
RSA 3: 931, 40 Nr. 228; 929, 113f.; 925, 184:
< Sara Mosbacher, geb. 28.6.1813, gest. 3.4.1870
Tochter v. Abraham Kahn-Strauß in Zaberfeld u.
Carolina, Gattin des Isaak Mosbacher (Grab 329) >

---

| | |
|---|---|
| פ"נ | Hier liegt begraben |
| 1 חנה אשת אשר בר אברהם | 1 Channa, Gattin des Ascher, des Sohnes des Avraham. |
| 2 כל ימיה הלכה בדרך ישרה | 2 All ihre Tage wandelte sie auf rechtem Weg, |
| 3 אוהב' שלום ומצות ה' שמרה | 3 liebte den Frieden und hielt Gottes Gebote. |
| 4 נפטרה ביום ה' אלול ונקברה | 4 Sie ist gestorben am 5. Elul und wurde begraben |
| 5 ביום עש"ק ו' בו תר"ל לפ"ק | 5 am Tag des Vorabend des Heiligen Schabbat, dem 6. desselben, 630 n.d.kl.Z. |
| 6 תנצב"ה | 6 T.N.Z.B.H. |

### Hanna Ballenberg

Grab 223 ▲

Reihe XI

gest. 31.08.1870

Symbol: zwölfstrahliger Stern

Stein: H: 119, B: 63, T: 13 cm

Quellen:
RSA 3: 931, 41 Nr. 229; 929, 113f.; 925, 13:
< Hanna Ballenberg, geb. 1778, gest. 31. August
1870, Tochter v. Moses Löb v. Affaltrach u. Hendle,
Wittwe des Elias Abraham Ballenberg (Grab 24) >

## Sara Maier

Grab 248
Reihe XI

gest. 02.06.1881

Hier liegt geborgen
1. eine tugendhafte Frau,
2. [            ]Krone ihres Gatten.
3. Sara, Tochter des Avram Zwi [    ],
4. Gattin des großen heiligen Rabbiners,
5. des gepriesenen, unseres ehrbaren Lehrers und
6. Rabbiners Rabbi Josef [Schnat-]tich, -sein Andenken sei zum Segen. All ihre Wege waren [lieblich]
7. und alle ihre Pfade Frieden. [Sie ist gestorben in gutem]
8. Namen am Vorabend des Wochenfestes, dem 5. Si[wan, und wurde begraben]
9. in Ehren am 1. Tag des Wochenfestes,[    ]
10. 641 n.d.kl.Z. T.N.[Z.B.H.]

[פ"ט]
1 אשה צנועה
2 [    ] עטרת בעל[ה]
3 שרה בת אברם צבי [    ]
4 אשת הרב הגדול הק[דוש]
5 והמהולל כמוהר"ר יו[סף שנא]
6 טיך ז"ל שכל דרכיה ד[רכי נעם ]

7 וכל נתיבותיה שלומ׳ [נ׳ בשם ]

8 טוב ע׳ שבועות ה סי[ון ונק]

9 בכבוד יום א׳ השבועות [    ]

10 תרמ"א לפ"ק תנ[צב"ה]

**Quellen:**
RSA 3: 931, 45 Nr. 254; 925, 174:
< Sara Maier, geb. 21. Aug. 1812 in Freudental, gest. am 2. Juni 1881, Tochter des Abraham Hirsch Levi (Grab 136) und der Rebekka, geb. Jomdof (Grab 163), dritte Gattin des Joseph Maier-Schnaittacher, Rabbiner (Grab 153) >

**Anmerkung:**
[1] Zitat Prov. 3, 17

Stein: H: 147, B: 53, T: 27 cm

# Lehmann (Jehuda) Mayer

Grab 201

Reihe X

gest. 23.03.1869

1. Zeuge ist dieser Grabhügel und Zeuge ist dieses Grabmal,
2. für das aufrichtige Herz des geehrten Mannes, der Gutes tat und das Gute suchte für seine Gemeinde,
3. der Gott Ehre erwies aus seinem Vermögen und aus seiner Kehle als Vorsteher und Leiter (der Gemeinde). Der ehrbare Jehuda, genannt Lehmann,
4. Sohn des ehrbaren Elieser, stieg auf, die Gnade des Herrn zu erblicken am Dienstag, dem 11. des Monats
5. Nissan, im Jahre 629 n.d.kl.Z.
6. Deine Hand öffnetest Du den Armen,
7. du warst Helfer der (Almosen-)Kassierer,
8. und dein Haus war für die Befürftigen offen,
9. das Recht der Witwen und Waisen
10. brachtest du ans Licht aus Gunst für sie.
11. T.N.Z.B.H.

Lehmann Mayer.
geb. d. 23. Oct. 1821.
gest. d. 23. März 1869.

Quellen:
RSA 3: 931, 37 Nr. 102;
929, 111f. Nr.1; 925, 185:
< Lehmann (Louis) Mayer, geb. 23. October 1821, gest. 23. März 1869, Handelsmann und Ökonom, Sohn v. Liebmann Isaak Mayer (Grab 124) u. Regine (Grab 174), Gatte d. Bertha (Breinle), geb. Levi >

Anmerkung:
Akrostichon: Die Anfangsbuchstaben der Zeilen 6-10 ergeben den Namen Jehuda.

Symbol: Kranz mit Blumenfeston

Stein: H: 180, B: 61, T: 44 cm

1. עד הגל הזה ועדה המצבה
2. על ישר הלב האיש היקר, פעל טוב ושחר טוב עדתו
3. כבד ה' מהונו ומגרונו פו"מ כה' יהודה המכונה לעהמאנן
4. בכ"ה אליעזר, עלה לחזות בנועם ה' ביום ג' י"א לחודש
5. ניסן, שנת תרכ"ט לפ"ק
6. **י**דך פתחת לעניים
7. **ה**יית עזר לגבאים
8. **ו**ביתך פתוח לאביונים
9. **ד**ין אלמנות ויתומים
10. **ה**וצאת לאור בנעימם.
11. תנצב"ה

# Isaak Levi

**Grab 215**

Reihe X

gest. 22.07.1875

1 Ein gottesfürchtiger Mann von geachtetem Geist, der sich fern vom Bösen hielt und Gutes tat,
2 ein Werk der Wohltätigkeit und des Friedens.
3 Hier liegt geborgen
4 er,
5 die Krone und Pracht der Söhne,
6 Jitzchak, Sohn des ehrbaren Chawer Jaakow Halevi,
7 der einging in die Welt
8 der Wahrheit am 19. Tammus,
9 im Jahr 635 n.d.kl.Z.
10 T.N.Z.B.H.

**Quellen:**
RSA 3: 931, 39 Nr. 221; 925, 128:
< Isaak Levi, geb. 15. Juli 1813, gest. 22. Juli 1875, Beisitzer und Metzgermeister, Sohn v. Jacob Levi (Grab 19) u. Genendel (Grab 80), Gatte der Rebekka, geb. Henle (Grab 373) >

Symbol: Levitenkanne

Stein: H: 170, B: 69, T: 32 cm

1 איש יקר רוח י"א
ו סר מרע הטיב מעשיהו

2 מעשה הצדקה והשלום

3 פה טמון
4 ה"ה
5 עטרת תפארת בנים
6 יצחק בר כ"ה יעקב הלוי

7 אשר הלך לעלמא
8 דקשוט ביום י"ט תמוז
9 בשנת תרל"ה לפ"ק:
10 תנצב"ה

Auf der Rückseite des Steines steht:
Hier ruht
Isaak, Sohn Jakobs, Halevi,
gest. im 63. Lebensjahr
am 19. Tamus 5635.

Der fromm gewandelt hienieden,
stets erstrebt den Frieden,
wird belohnt in der Ewigkeit,
mit Paradieses Wonne u. Seligkeit.

## Kusiel Löb (Jekutiel) Ullmann

Grab 216

Reihe X

gest. 10.08.1877

1 Jekutiel stieg hinauf in die Höhe.
2 Hier liegt begraben
3 der Chawer Herr Jekutiel, Sohn des Jehuda.
4 Seine Hand war voll um Wohltat zu üben.
5 Er weihte seine Stimme (Mund) dem Jubelgesang und dem Liede,
6 pries den Gesegneten vor Volk und Gemeinde
7 und blies das Widderhorn am schrecklichen Tag.[1]
8 Er wird Leben und hat gelebt mit seinem vollen Glauben,
9 das Licht scheine ihm unter den himmlischen Söhnen.
10 Seine Seele stieg zur Himmelshöhe
11 am Vorabend des Heiligen Schabbat, dem ersten des Monats Elul
12 637 n.d.kl.Z. T.N.Z.B.H.

1 יקותיאל עלה למרום
2 פ״נ
3 הח׳ ר׳ יקותיאל בר יהודא
4 ידו מלא לעשות צדקה
5 קדש פיהו בקול רנה וזמרה
6 וברך המבורך בקהל ועדה
7 תקע גם שופר ביום נורא
8 יחיה וחיה באמונתו השלמה
9 אור עליו נגה בבני עליה
10 למרום נשמתו עלתה
11 עש״ק באחד לח׳ אלול
12 תרל״ז לפ״ק תנצב״ה

Quellen:
RSA 3: 931, 39 Nr. 222; 925, 281; 926, 52:
< Kusiel Löb Ullmann, geb. 25.4.1804 in Freudental, gest. 10.8.1877, begr. 12.8.1877, Sohn v. Löb Gabriel Ulmann (Grab 16) u. Hanna (Kusel) von Neckarsulm (Grab 31), Gatte der Genendel geb. Levi (Grab 243) >
vgl. Nebel, Geschichte 63.

Anmerkungen:
Akrostichon: Die Anfangsbuchstaben der Zeilen 4-10 ergeben den Namen „Jekutiel".
Gedicht mit Endreim.
[1] Gemeint ist Jom Kippur (Versöhnungstag).

Symbol: Schofar

Stein: H: 162, B: 56, T: 26 cm

## Grab 226 und 230

**Madel Rosenheim**

▲ Grab 230

Reihe XI

gest. 28.02.1874

Symbol: Rosen und Palmzweig

Stein: H: 175, B: 55, T: 23 cm

| | |
|---|---|
| 1 ח]שובה [ | 1 [ ] vornehme [ ] |
| 2 [מאד]ל אשת שמואל | 2 [Made]l, Gattin des Schmuel, |
| 3 ח]ים שאחזה בצדקת | 3 [ Ch]ajjim, die die Gerechtigkeit ergriff |
| 4 ]שבה רוחה למעלה | 4 [ ] ihr Geist kehrte zur Himmelshöhe zurück |
| 5 ביום ש״ק י״א אדר | 5 am Tag des Heiligen Schabbat, dem 11. Adar |
| 6 תרל״ד לפ״ק תנצב[ן״ה] | 6 634 n.d.kl.Z. T.N.Z.B.[H.] |

Quellen:
RSA 3: 931, 42 Nr. 236;
1601 (Familienbuch Jebenhausen), 165:
< Madel Rosenheim, geb. 3. Sept. 1788 in Jebenhausen, gest. am 28. Febr. 1874, Tochter d. Aaron Löb Regensburger >,
Gattin des Samuel Feist Rosenheim,
Mutter der Jette Levi, geb. Rosenheim (Grab 394).

---

**Bertha (Beierle) Juda**

▼ Grab 226

Reihe XI

gest. 11.08.1871

Symbol: Rosen und zwei Palmzweige

Stein: H: 167, B: 51, T: 23 cm

| | |
|---|---|
| פ״[נ] | Hier [liegt begraben] |
| 1 בת יחידה ה[ ] | 1 die einzige Tochter, die[ ] |
| 2 בתולה בייארלא ב[ת] | 2 Jungfrau Beierle, Tochter des |
| 3 יהודא נאספה לדאב[ון] | 3 Jehuda. Sie wurde versammelt zur Betrübnis |
| 4 הוריה במבחר שנותיה | 4 ihrer Eltern in der Blüte ihrer Jahre, |
| 5 יום עש״ק כ״ד אב | 5 am Tag des Vorabends des Heiligen Schabbat, dem 24. Aw |
| 6 תרל״א לפ״ק | 6 631 n.d.kl.Z. |
| 7 תנצב״ה | 7 T.N.Z.B.H. |

Auf der Rückseite des Steines steht:
Hier ruht
Jungfrau
Bertha Juda.
geb. d. 30. Juni 1851
gest. d. 11. August 1871.

Quellen:
RSA 3: 931, 41 Nr. 232;
929, 115 Nr. 4; 925, 81:
< Bertha (Beierle) Juda, geb. 30.6.1851, gest. 11.8.1871, Tochter v. Löb Manasse Juda (Grab 328) u. Zirle, geb. Horkheimer (Grab 299), ledig >

# Grab 231 und 232

## Vogel Stein

Grab 231

Reihe XI

gest. 18.03.1874

| | | |
|---|---|---|
| פ"נ | | Hier liegt begraben |
| אשה צנועה פאגיל בת | 1 | eine tugendhafte Frau. Vogel, Tochter des |
| מרדכי פעמיך במישור | 2 | Mordechai, dein Gang war auf rechtem Grund, |
| אשה כשרה בנשים גוזר | 3 | du warst die Reinste unter den Frauen. Der, der verurteilt |
| ומקים ישלם שכרך לחם | 4 | und erhält, wird deinen Lohn entgelten, Brot |
| שמים ישביעך | 5 | des Himmels wird dich sättigen. |
| מתה יום ד' כ"ט אדר תרל"ד | 6 | Sie ist gestorben am Mittwoch, dem 29. Adar 634 |
| לפ"ק תנצב"ה | 7 | n.d.kl.Z. T.N.Z.B.H. |

Symbol: stilisierte Pflanze

Stein: H: 137, B: 49, T: 35 cm

Quelle:
RSA 3: 931, 42 Nr. 237; 925, 234; 926, 56:
< Vogel Stein, geb. 25.7.1792, gest. 18.3.1874, Tochter von Süßer Kahn und Mindel aus Gemmingen, Gattin des Löb Jacob Stein (Grab 149) >

## Babette (Breinle) Bärle

Grab 232

Reihe XI

gest. 04.10.1874

| | | |
|---|---|---|
| פ"נ | | Hier liegt begraben |
| מרת ברײנלא אשת | 1 | Frau Breinle, Gattin des |
| יששכר בערלא | 2 | Issachar Bärle. |
| הלכה בדרך תמימה | 3 | Sie wandelte auf makellosem Wege |
| ושמרה לעשות צדקה | 4 | und pflegte Wohltätigkeit zu üben. |
| נפטרה ביום ה' י"ג | 5 | Sie ist gestorben am Donnerstag, dem 13. |
| תשרי תרל"ד לפ"ק: | 6 | Tischri 634[1] n.d.kl.Z. |
| תנצב"ה | 7 | T.N.Z.B.H. |

Auf der Rückseite des Steines steht:
Hier ruht
Babette Bärle
gest: den 4. Oct. 1874.

Quelle:
RSA 3: 931, 42 Nr. 238:
< Bär, Breinle v. Heidelsheim(?) >

Anmerkung:
[1] Der 4. Oktober 1874 (Rückseite) war Sonntag, der 23. Tischri 5635, der 13. Tischri 5634 war der 4. Oktober 1873, aber ein Dienstag. Vermutlich ist in einer Datumstabelle falsch nachgeschlagen worden.

Symbol: siebenzackiger Stern

Stein: H: 156, B: 55, T: 28 cm

Grab 210, 228, 229, 262, 264 und 413

## Samuel Kahn

☐ Grab 210

Reihe X

gest. 04.11.1873

Quelle:
RSA 3: 931, 38 Nr. 216:
< Samuel Kahn, gest. 4. Nov. 1873 >

Stein: H: 116, B: 66, T: 10 cm

## Babette (Breinle) Kaufmann

☐ Grab 228

Reihe XI

gest. 16.11.1873

Quellen:
RSA 3: 931, 41 Nr. 234; 3362, 93f. Nr. 2:
< Babette (Breinle) Kaufmann, geb. in Flehingen 18. Febr. 1812, gest. 16. Nov. 1873, Tochter des Abraham Isack Flehinger, Gattin des Benzion Kaufmann >

Stein: H: 94, B: 71, T: 13 cm

## Mindel Ulmann

☐ Grab 229

Reihe XI

gest. 18.12.1873

Quellen:
RSA 3: 931, 42 Nr. 235; 925, 292:
< Mindel Ulmann, geb. 5. Jan. 1817 in Freudental, gest. 18. Dec. 1873, Tochter des Gabriel Hirsch Hermann (Grab 123) und der Sara (Grab 102), Gattin des Aron Ulmann (Grab siehe Hahn Pragfriedhof 213) >

Stein: H: 103, B: 70, T: 13 cm

## „ "

Grab 262 ☐

Reihe XII

gest. (nicht bekannt)

Anmerkung:
Kindergrab

Stein: H: 72, B: 41, T: 11 cm

## „ "

Grab 264 ☐

Reihe XII

gest. (nicht bekannt)

Anmerkung:
Kindergrab

Stein: H: 34, B: 29, T: 25 cm

## Minna Stein

Grab 413 ■

Reihe XXI

MINNA
ST[EIN]
GEBORENE          gest. 07.11.1917
HEIDENHEIMER
GEB. 4.9.1858
GEST. 7.11.1917

Quelle:
Erneuerter Stein für Nr. 404, für Quellen siehe dort.

Stein: H: 155, B: 43, T: 20 cm

## Grab 242, 244 und 254

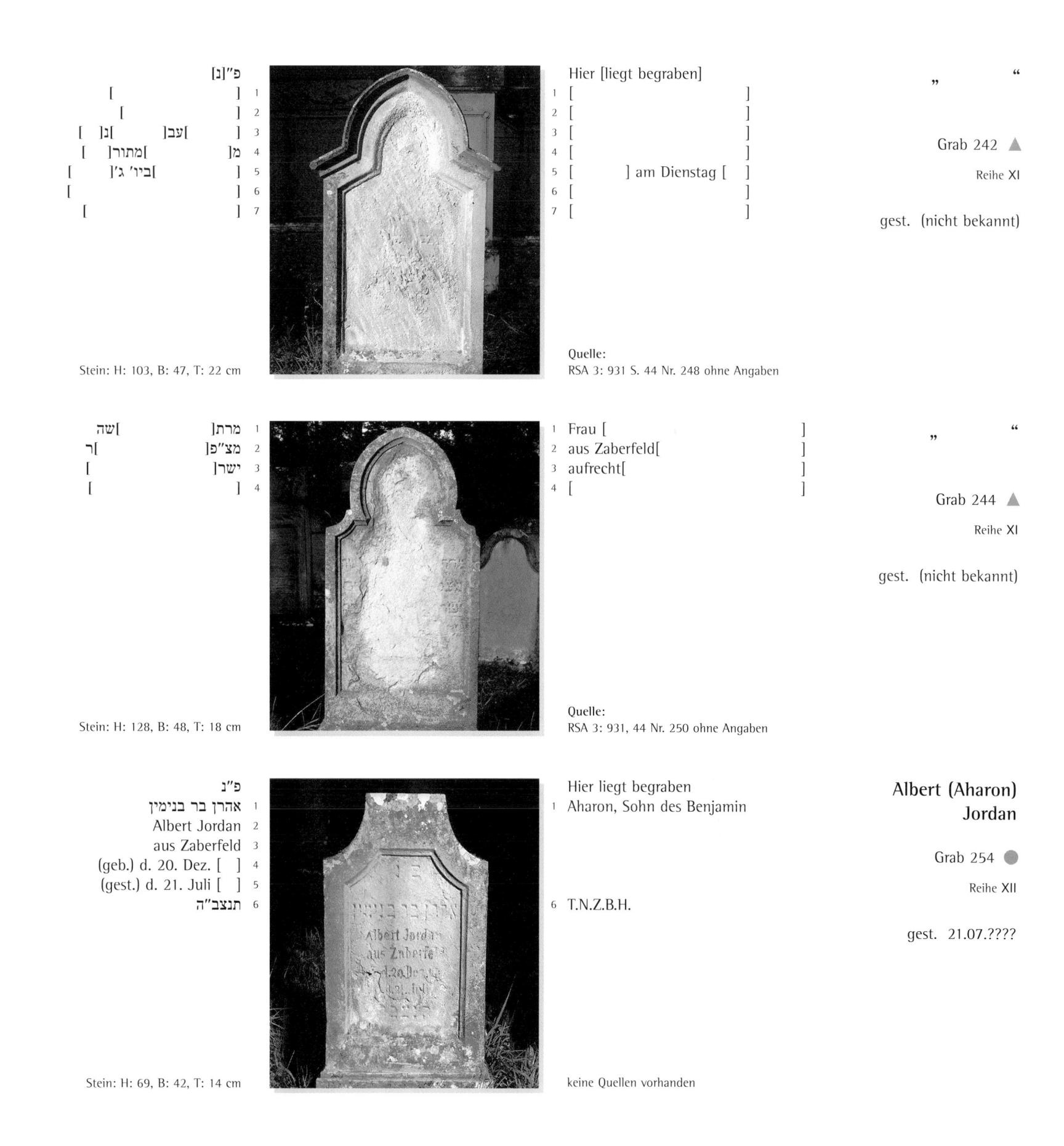

### Grab 242
Reihe XI

gest. (nicht bekannt)

|  |  |
|---|---|
| פ"[נ] | Hier [liegt begraben] |
| 1 [ ] | 1 [ ] |
| 2 [ ] | 2 [ ] |
| 3 [ ] [נ] [עב] | 3 [ ] |
| 4 [מ] [מתור] [ ] | 4 [ ] |
| 5 [ ] [ביו' ג'] | 5 [ ] am Dienstag [ ] |
| 6 [ ] | 6 [ ] |
| 7 [ ] | 7 [ ] |

Stein: H: 103, B: 47, T: 22 cm

Quelle:
RSA 3: 931 S. 44 Nr. 248 ohne Angaben

---

### Grab 244
Reihe XI

gest. (nicht bekannt)

|  |  |
|---|---|
| 1 מרת[ ] [שה | 1 Frau [ ] |
| 2 מצ"פ[ ] ]ר | 2 aus Zaberfeld[ ] |
| 3 ישר[ ] [ | 3 aufrecht[ ] |
| 4 [ ] | 4 [ ] |

Stein: H: 128, B: 48, T: 18 cm

Quelle:
RSA 3: 931, 44 Nr. 250 ohne Angaben

---

### Albert (Aharon) Jordan
Grab 254

Reihe XII

gest. 21.07.????

|  |  |
|---|---|
| פ"נ | Hier liegt begraben |
| 1 אהרן בר בנימין | 1 Aharon, Sohn des Benjamin |
| 2 Albert Jordan | |
| 3 aus Zaberfeld | |
| 4 (geb.) d. 20. Dez. [ ] | |
| 5 (gest.) d. 21. Juli [ ] | |
| 6 תנצב"ה | 6 T.N.Z.B.H. |

Stein: H: 69, B: 42, T: 14 cm

keine Quellen vorhanden

## Grab 233 und 234

### Brendel Ulmann

▲ Grab 233

Reihe XI

gest. 25.09.1875

| | |
|---|---|
| פ״נ | |
| מרת ברענדיל אשת גבריאל | 1 |
| אולמן אשה צנועה עטרת | 2 |
| בעלה מנוח[ה] [ב] | 3 |
| [ ] ומרומ[ ] | 4 |
| עד לעולמה הלכה ביום | 5 |
| ש״ק כ״ה אלול תרל״ה לפ״ק | 6 |
| תנצב״ה | 7 |

Symbol: fünfblättrige Rose

Stein: H: 134, B: 45, T: 21 cm

Hier liegt begraben
1. Frau Brendel, Gattin des Gavriel
2. Ulmann. Eine tugendhafte Frau, die Krone
3. ihres Mannes war sie, Ruhe [ ]
4. [ ] und die Höhe [ ]
5. bis sie in ihre Welt ging, am Tag des
6. Heiligen Schabbat, dem 25. Elul 635 n.d.kl.Z.
7. T.N.Z.B.H.

Quellen:
RSA 3: 931, 42 Nr. 239; 925, 278:
< Brendel Ulmann, geb. 1798, gest. 25.9.1875, Tochter v. Veit David Kahn (Grab 18) u. Esther, geb. Levi (Grab 67), Gattin d. Gabriel Löb Ulmann (Grab 141) >

### Augusta (Gitel) Stern

▲ Grab 234

Reihe XI

gest. 12.10.1875

| | |
|---|---|
| פ״נ | |
| הבתולה גיטל בת חיים | 1 |
| בתולת ישראל לענה לך | 2 |
| עד עלותך לחיי עולמך | 3 |
| שם יצא אור צדקך | 4 |
| הנאמן ישלם שכרך | 5 |
| מתה ביום ג׳ י״ג תשרי | 6 |
| תרל״ו לפ״ק: תנצב״ה | 7 |

Stein: H: 115, B: 66, T: 12 cm

Hier liegt begraben
1. die Jungfrau Gitel, Tochter des Chajjim.
2. Jungfrau Israels, <dein Leben> war Dir ein bitteres Kraut,
3. bis du zu deinem ewigen Leben gestiegen bist,
4. dort wird das Licht deiner Gerechtigkeit erscheinen,
5. der Getreue wird deinen Lohn entgelten.
6. Sie ist gestorben am Dienstag, dem 13. Tischri
7. 636 n.d.kl.Z. T.N.Z.B.H.

Quellen:
RSA 3: 931, 42 Nr. 240; 925, 238:
< Augusta (Gustel) Stern, geb. 18. April 1845, gest. 12. Oct. 1875, Tochter des Hayum Samuel Stern (Grab 332) und der Rösle, geb. Hermann (Grab 225), ledig >

# Seligmann Levi

Grab 209 ▼

Reihe X

gest. 25.08.1873

1 ההחבר ר' אפרים ב' ההח"ר
מנחם הלוי שהיה
2 מלמד תנוקות וש"ץ נאמן
כאן כ"ט שנה
3 **א**ספת שם טוב¹ לעולמים
4 **פ**עלתה צדק לימים ושנים
5 **ר**ועה נאמן היית לצאנך
6 **י**ראת ה' הית' אוצרך
7 **מ**צות אדונינו שמרת בדרכך
8 **ה**יה חוסן ישועות אמונת עתיך²
9 **ל**א נסגות מעשות צדקה
10 **ו**לא מעסוק בטיב קהל ועדה
11 **י**הי שלום מנוחתך בצרור
חיים נשמתך
12 הלך לעולמו ביום ב' אלול תרל"ג
13 לפ"ק: תנצב"ה

1 Der Chawer Herr Ephraim, Sohn des Chawers Herr Menachem Halevi, war
2 Lehrer der Kinder und zuverlässiger Vorbeter hier während 29 Jahren.
3 Du hast einen guten Namen für ewig gesammelt,
4 du hast Gerechtigkeit für Tage und Jahre getan,
5 du bist ein treuer Hirte deiner Herde gewesen,
6 Gottesfürchtigkeit war dein Schatz,
7 Gottes Gebot hast du auf deinem Weg gehalten,
8 Reichtum an Heil wird deine sichere Zukunft werden.²
9 Du bist nicht abgewichen von Wohltat
10 und nicht davon, Güte für Volk und Gemeinde zu pflegen.
11 Möge Friede deiner Ruhestätte sein, im Bündel des Lebens sei Deine Seele.
12 Er ging in seine Welt am Montag, dem 2. Elul 633
13 n.d.kl.Z. T.N.Z.B.H.

Auf der Rückseite des Steines steht:
Seligmann Levi
geboren den 27. Juni 1814.
gestorben den 25. Aug. 1873.

Quellen:
RSA 3: 931, 38 Nr. 215 ;
929, 117f. Nr. 6; 925, 127;
Hahn, Esslingen 460; Nebel, Geschichte 124:
< Seligmann Levi, geb. 14.6.1814 in Freudental, gest. 25.8.1873 in Stuttgart, Schullehrer von Freudenthal, Sohn v. Immanuel Levi (Grab 26) u. Rösle, geb. Levi (Grab 81), Ehemann der Fanni (Vögele), geb. Kahn (Grab 317). Seligmann Levi studierte von 1829-1832 am Lehrerseminar in Esslingen und war 1847-1861 Lehrer in Freudental, 1863 ist er nach Stuttgart verzogen. >

Symbol: Levitenkanne, Kranz, Blumenfeston

Stein: H: 189, B: 59, T: 41 cm

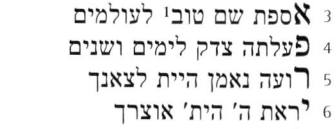

Anmerkungen:
Akrostichon: Die Anfangsbuchstaben der Zeilen 3-11 ergeben den Namen „Ephraim Halevi"
¹ Sehr eng geschrieben, so daß es wie שב aussieht.
² nach Jes. 33,6

# Grab 235 und 236

## Regine (Rechle) Ulmann

▼ Grab 235

Reihe XI

gest. 06.02.1876[1]

| | |
|---|---|
| פ"נ | |
| אשה צנועה ונכבדה | 1 |
| הלכה בדרך טובה וישרה | 2 |
| היתה תפארת בעלה ובניה | 3 |
| ה"ה מ' רעכלי בת מאיר אריה | 4 |
| אשת יצחק בר יהודא אולמן | 5 |
| נאספה אל עמה ביום א' י"א | 6 |
| [שב]ט תרל"ו לפ"ק: תנצב"ה | 7 |

Auf der Rückseite des Steines steht:
Hier ruht
Regine Uhlman
geboren den 19. November 1802
gestorben den 6. Januar[1] [18]76.

Symbol: Kranz, Blumenfeston

Stein: H: 201, B: 59, T: 44 cm

Hier liegt begraben
1 eine tugendhafte und ehrbare Frau.
2 Sie wandelte auf gutem und rechtem Weg,
3 und war die Zierde ihres Mannes und ihrer Söhne.
4 Sie, Frau Rechle, Tochter des Meir Arie,
5 Gattin des Jitzchak, des Sohnes des Jehuda Ulman,
6 wurde versammelt zu ihrem Volk am Sonntag, dem 11.
7 [Schew]at 636 n.d.kl.Z. T.N.Z.B.H.

Quellen:
RSA 3: 931, 43 Nr. 241; 925, 279:
< Regina Ulmann, geb. 19. Nov. 1802, gest. 6. Febr. 1876, Tochter von Maier Löwenthal und Vogel, Tochter d. Moses, zweite Gattin des Isaak Löb Ulmann (Grab 205) >

Anmerkung:
[1] Das Datum der Rückseite ist falsch.

## Marianne Miriam Ehrlich

▲ Grab 236

Reihe XI

gest. 27.04.1876

| | |
|---|---|
| [א | 1 |
| [ ] | 2 |
| [נמרה] | 3 |
| [ ] | 4 |
| מצות] [מעולמה | 5 |
| נפטרה ביום ג' אייר תרל"ו לפ"ק: | 6 |
| תנצבה | 7 |

1 [                    ]
2 [                    ]
3 [                    ]
4 [                    ]
5 [        ] von ihrer Welt
6 gestorben am 3. Ijjar 636 n.d.kl.Z.
7 T.N.Z.B.H.

Quellen:
RSA 3: 931, 43 Nr. 242; 925, 32; 926, 13:
< Marianne Miriam Ehrlich, geb. im Dec. 1803, gest. 27. April 1876, Tochter von Elias Abraham Ballenberg (Grab 24) und Hanna, geb. Löb (Grab 223), Gattin des Nathan Maier Ehrlich (ausgewandert nach Amerika) >

Stein: H: 134, B: 50, T: 14 cm

## Grab 237 und 240

| | |
|---|---|
| | פ"נ |
| 1 | הצנועה רבקה קלארי |
| 2 | אשת צבי בר מרדכי |
| 3 | עטרת היתה לביתה |
| 4 | ובנעימות נפלו כל מעשיה |
| 5 | אך המות פגע בה |
| 6 | ולקח האם מן ילדיה |
| 7 | עלתה למרומה ביום ש"ק |
| 8 | ח"י כסלו תרל"ח לפ"ק |
| 9 | תנצב"ה |

Auf der Rückseite des Steines steht:
**Klara Marx**
geb. Strauss
gest. 18. Kislev 1877

Symbol: fünfblättrige Rosenblüte
und Blumenfeston

Stein: H: 176, B: 57, T: 29 cm

Hier liegt begraben
1 die tugendhafte Riwka Klari,
2 Gattin des Zwi, des Sohnes des Mordechai.
3 Eine Krone war sie ihrem Haus
4 und in Anmut offenbarten sich all ihre Taten.
5 Doch der Tod hat sie getroffen,
6 um die Mutter ihren Kindern zu entreißen.
7 Sie stieg auf zu ihren Höhen am Tag des Heiligen Schabbat,
8 dem 18. Kislew 638 n.d.kl.Z.
9 T.N.Z.B.H.

Quellen:
RSA 3: 931, 43 Nr. 243; 925, 191:
< Klara Marx, geb. 25. Mai 1845, gest. 24. Nov. 1877, Tochter des Jonas Strauß aus Berlichingen und der Esther, geb. Herzfeld, erste Gattin des Hirsch Marx >

**Klara (Riwka) Marx**

Grab 237 ▼

Reihe XI

gest. 24.11.1877

---

| | |
|---|---|
| | פ"נ |
| 1 | האלמנה עלא בת אהרן |
| 2 | כעלות גדיש בעתו¹ עלתה |
| 3 | עד זקנה ושיבה באמונתה |
| 4 | חיתה ולארץ החיים לוקחה |
| 5 | ביום ש"ק י"ט ניסן תרל"ט לפ"ק: |
| 6 | תנצב"ה |

Symbol: Rosen und zwei Palmzweige

Stein: H: 147, B: 51, T: 22 cm

Hier liegt begraben
1 die Witwe Ella, Tochter des Aharon.
2 Wie Garben eingebracht werden zur rechten Zeit¹, ist sie aufgestiegen.
3 Bis sie alt und greise war lebte sie in ihrem Glauben,
4 und in die Gefilde des Lebens ist sie genommen worden
5 am Tag des Heiligen Schabbat, dem 19. Nissan 639 n.d.kl.Z.
6 T.N.Z.B.H.

Anmerkungen:
¹ Zitat Hiob 5,26

Dies ist ein erneuerter Stein für Nr. 239, Quellen siehe dort.

**Ella Ödheimer**

Grab 240 ▲

Reihe XI

gest. 12.04.1879

## Ella Ödheimer

▲ Grab 239

Reihe XI

gest. 31.12.1878

| 1 | [ ת] |
| 2 | א] ה[ |
| 3 | יש] הוב[ |
| 4 | הע] לני[ |
| 5 | פו] על]תה |
| 6 | למ]עלה ביום] ה טבת |
| 7 | ת]רל"ט לפ"ק: תנצב"ה |

Stein: H: 116, B: 63, T: 10 cm

1 [  ]
2 [  ]
3 [  ]
4 [  ]
5 [ sie st]ieg auf
6 in die Hi[mmelshöhe am] 5. Tewet
7 639 n.d.kl.Z.   T.N.Z.B.H.

Quellen:
RSA 3: 931, 43 Nr. 43; 925, 205:
< Ella Ödheimer, geb. 10. Mai 1789, gest. 31. Dec. 1878, Tochter von Maier Aron (Grab 14) und Fradel, Gattin des Alexander Wolf Ödheimer (Grab 128) >

## Jaakow Zwi „   "

▲ Grab 286

Reihe XIV

gest. 11.01.1813

| | פ"נ |
| 1 | הילד יעקב צבי |
| 2 | בכ"ה יצחק ש"ץ |
| 3 | בשטג' נפטר יוד |
| 4 | שבט תקע"ג לפ"ק |

Symbol: Blume, Blüte als sechszackiger Stern im Kreis stilisiert

Stein: H: 95, B: 63, T: 11 cm

Hier liegt begraben
1 das Kind Jaakow Zwi,
2 Sohn des ehrbaren Herrn Jitzchak, Vorbeter
3 in Stuttgart. Er ist gestorben am 10.
4 Schewat 573 n.d.kl.Z.

keine Quellen vorhanden

## Sprinzle Berlinger

▲ Grab 288

Reihe XV

gest. 24.04.1833

| | [פ"נ] |
| 1 | הילדה שפרינצללה בת כמ"ר |
| 2 | יוסף] בן גרשן ז"ל מפה נפטר' |
| 3 | יום ג' ד' אייר ונ' יו' ו' אייר |
| 4 | תקצ"ג לפ"ק תנצב"ה |

Symbol: Feston (?) mit Schleife, drei konzentrische Kreise

Stein: H: 68, B: 65, T: 9 cm

[Hier liegt begraben]
1 das Mädchen Sprinzle, Tochter des ehrbaren Herrn
2 [Joseph], des Sohnes des Gerschon seligen Andenkens, von hier. Sie ist gestorben
3 am Dienstag, dem 4. Ijjar, und wurde begraben am 6. Ijjar
4 593 n.d.kl.Z.   T.N.Z.B.H.

Quellen:
RSA 3: 929, 21f. Nr. 1 (1833); 925, 15; 926, 35:
< Sprinzle Berlinger, geb. 28. März 1832, gest. 24. April 1833, Tochter des Viehhändlers Joseph Gerson Berlinger (Grab 140) und der Fradel, geb. Ulmann (Grab 183) >

# Grab 289, 385 und 395

| | |
|---|---|
| פ"נ | |
| הילד דוד בן כ"ר 1 | |
| [       ] מפה נו"נ יום 2 | |
| עש"ק י"ג כסליו 3 | |
| תקע"ו לפ"ק תנצב"ה 4 | |

Stein: H: 54, B: 49, T: 9 cm

Hier liegt begraben
1 das Kind David, Sohn des ehrbaren Herrn
2 [       ] von hier. Er ist gestorben und wurde begraben am Tag
3 des Vorabends des heiligen Schabbat, dem 13. Kislew
4 576 n.d.kl.Z.  T.N.Z.B.H.

**David „        "**

Grab 289 ▲

Reihe XV

gest. 15.12.1815

---

Symbol: Flammen

Stein: H: 145, B: 54, T: 22 cm

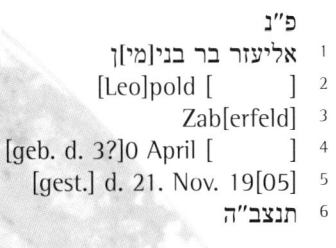

Quellen:
RSA 3: 931, 59 Nr. 348; 3362, 24:
< Fanny (Vögele) Herbst, geb. 19. Oct. 1845, gest. 16. Dez. 1907, Tochter des Götsch Aaron Jordan, Gattin des Isaak Herbst >

Anmerkung:
Inschriftenplatte herausgebrochen

**Fanny (Vögele) Herbst**

Grab 385 ☐

Reihe XVIII

gest. 16.12.1907

---

| | |
|---|---|
| פ"נ | |
| אליעזר בר בני[מין] 1 | |
| [Leo]pold [       ] 2 | |
| Zab[erfeld] 3 | |
| [geb. d. 3?]0 April [       ] 4 | |
| [gest.] d. 21. Nov. 19[05] 5 | |
| תנצב"ה 6 | |

Stein: H: 80, B: 44, T: 17 cm

Hier liegt begraben
1 Elieser, Sohn des Benjamin

6 T.N.Z.B.H.

Quelle:
RSA 3: 931, 60 Nr. 358:
< Jordan, Leopold, 21. Nov 1905 >

**Leopold (Elieser) Jordan**

Grab 395 ●

Reihe XIX

gest. 21.11.1905

## Grab 241, 255 und 258

**Lea Jordan**

▼ Grab 241

Reihe XI

gest. 12.04.1879

[ל]אה בת יצחק  1
צ  2

Auf der Rückseite des Steines steht:
Zaberfeld
gest. 12. April 1879

Symbol: sechszackiger Stern

Stein: H: 126, B: 43, T: 22 cm

1 [L]eah, Tochter des Jitzchak
2 z

Quelle:
RSA 3: 931 S. 44 Nr. 247:
< Lea Jordan v. Zaberfeld,
begraben am 14. April 1879 >

**Emma Kaufmann**

● Grab 255

Reihe XII

gest. ??.02.1896

פ״ט  
Emma Kaufmann  1
geb. 4. Ian. 1895  2
[gest.       ] Feb. 1896  3
תנצב״ה:  4

Stein: H: 76, B: 45, T: 12 cm

Hier liegt begraben

4 T.N.Z.B.H.

Anmerkung:
Kindergrab

**Hedwig Jordan**

■ Grab 258

Reihe XII

gest. 06.12.1893

Hier ruht in Frieden  1
Hedwig Jordan  2
von Zaberfeld  3
geb. 30. März 1893  4
gest. 6. Dez. 1893  5

Stein: H: 79, B: 40, T: 11 cm

Anmerkung:
Kindergrab

## Grab 263, 265 und 266

1 Babette Berli[nger]
2 [geb. d.] 22 Oktbr. 1880.
3 [gest. d.] 18. April 1886.

**Babette Berlinger**

Grab 263

Reihe XII

gest. 18.04.1886

Quelle:
RSA 3: 925, 18:
< Babette Berlinger, geb. 22.10.1880, Kind von Salomon Berlinger (Grab 324) und Fanny, geb. Levi (Grab 384) >

Stein: H: 80, B: 46, T: 15 cm

---

פ״נ
1 אברהם ב[ר]
2 שמואל נפט[ר]
3 ביום ג' ט״ז מרחש[ון]
4 תרמב לפ״ק [ונ]קבר
5 ממחרתו
6 תנצב״ה

Hier liegt begraben
1 Avraham, Sohn des
2 Schmuel. Er ist gestorben
3 am Dienstag, dem 16. Marcheschwan
4 642 n.d.kl.Z., und wurde begraben
5 am nächsten Tag
6 T.N.Z.B.H.

**Avraham „ "**

Grab 265

Reihe XII

gest. 08.11.1881

Stein: H: 93, B: 36, T: 23 cm

---

1 פ״נ
2 עלה מות בחלונינו
3 לקחת את מחמד
4 עינינו את הילד יהודא
5 בר בנימין מצפ'
6 המכונה וואלף הנקבר
7 ביום כ״ט אב תרל״ט לפ״ק
8 תנצב״ה

Hier liegt begraben
1 Der Tod ist in unsere Fenster hineingestiegen,
2 um unserer Augen Freude
3 zu nehmen. Das Kind Jehuda,
4 Sohn des Benjamin aus Zaberfeld,
5 genannt Wolff, wurde begraben
6 am 29. Aw 639 n.d.kl.Z.
7 T.N.Z.B.H.

**Jehuda „ "**

Grab 266

Reihe XII

gest. 18.08.1879

Stein: H: 109, B: 39, T: 22 cm

## Grab 132 und 290

### Kiffe Isaak Stein

▲ Grab 132

Reihe VII

gest. 19.02.1853

1 מצבת
2 האיש הישר עקיב׳ ב״ח
3 יצחק עלה למעלה
4 ב[ו׳]ש״ק י״א אדר ונ׳ בי׳
5 א׳ תרי״ג לפ״ק
6 [תנצב״ה]

Symbol: sechsblättrige Blüte

Stein: H: 103, B: 60, T: 13 cm

1 Stele
2 eines aufrechten Mannes. Akiwa, Sohn des Chawer
3 Jitzchak, stieg hinauf in die Himmelshöhe
4 am Tag des heiligen Schabbat, dem 11. Adar, und wurde begraben am Sonn-
5 tag, 613 n.d.kl.Z.
6 [T.N.Z.B.H.]

Quellen:
RSA 3: 931, 25 Nr. 137; 925, 233; 929, 95 Nr. 2:
< Kiffe Isaak Stein, geb. 6. Januar 1786, gest. 19. Februar 1853, Handelsmann, Sohn von Isaak Löb Stein und Hössele, Tochter d. Löb Berwangen, Gatte der Babet (Bela) (Grab 106) >

### Isaak Levi Strauss

▼ Grab 290

Reihe XII

gest. 19.01.1880

1 יצח[ק] בר שמש[ון] הליו
2 **י**צא רוחו ושב למע[ל]ה
3 **צ**דקה [כ׳ יו]מיו עשה [ח]זק
4 ללכת [ב]יש**ר** קול [..] [כחה
5 שמע וב].[כ**ר** נפט]ר יו[ם ב׳ ו׳
6 שבט תר״מ לפ״ק: תנצב״ה

Auf der Rückseite des Steines steht:
Isaak Strauss

Anmerkungen:
Akrostichon: Der erste Buchstabe der 2. und 3. Zeile, (der drittletzte der 2. Zeile, falls die Ergänzung korrekt ist,) und der erste Buchstabe des vorletzten Wortes der 4. Zeile sind markiert und ergeben den Namen יצחק „Jizchak".

Stein: H: 104, B: 49, T: 22 cm

1 Jitzchak, Sohn des Schimschon Halevi,
2 sein Geist ging fort und kehrte zurück zur Höhe.
3 Gerechtigkeit tat er [alle seine T]age. Er war stark,
4 um in Aufrichtigkeit zu wandeln. Auf die Stimme [ ]
5 hörte er [ ]. Er ist gestorben am Montag, dem 6.
6 Schewat 640 n.d.kl.Z. T.N.Z.B.H.

Quellen:
RSA 3: 931, 46 Nr. 260; 925, 239:
< Isaak Levi Straus, geb. 16. Dez. 1815 in Freudental, gest. 19. Dez. 1880, begr. am 21. Dezember 1880, seit 1850 Beisitzer und Metzger in Zaberfeld, Sohn von Samson Levi Straus (Grab 133) und Genendel, geb. Löb (Grab 74), Gatte der Jeanette (Scheindel), geb. Strauß (Grab 297) >

Symbol: Levitenkanne

## Alwine Levi

Grab 257

Reihe XII

gest. 12.12.1893

1　Seligen Andenkens

11　T.N.Z.B.H.

1　ז"ל
2　Hier ruht
3　unser innigst geliebtes Kind
4　Alwine Levi.
5　geb. 6. März 1884.
6　gest. 12. Dez. 1893.
7　Die schönste Hoffnung, die wir hegten
8　zerstörte Sturm wie welkes Laub,
9　die schönste Blume, die wir pflegten
10　sie wurde hier des Todes Raub:
11　תנצב"ה

Quelle:
RSA 3: 925, 140:
< Alwine Levi, geb. 6.3.1884,
gest. 12.12.1893,
Tochter von Jakob Isaak Levi
und Helene, geb. Buck,
die Familie ist nach Würzburg verzogen >

Stein: H: 200, B: 50, T: 38 cm

## Grab 267, 271 und 274

**Jakob Stein**

▲ Grab 267

Reihe XII

gest. 16.10.1831

1 פ"נ
2 הילד
3 יעקב בן כמ"ר יצחק
4 שטיין נ' יום א' ט' ונ' יום
5 ב' יוד חשון תקצ"ב
---- ----
6 תנצבצה"ח

Symbol: drei konzentrische Kreise

Stein: H: 89, B: 64, T: 9 cm

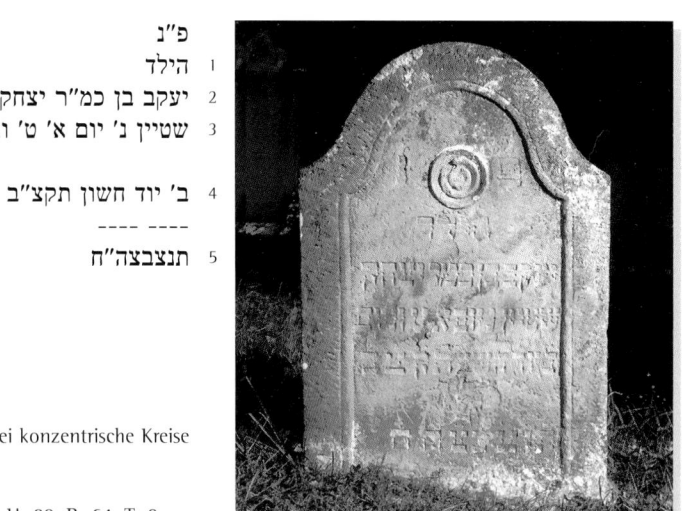

Hier liegt begraben
1 das Kind
2 Jaakow, Sohn des ehrbaren Herrn Jitzchak
3 Stein. Er ist gestorben am Sonntag, dem 9. und wurde begraben am
4 Montag, dem 10. Cheschwan 592
---- ----
5 T.N.Z.BZ.HCH.

**Quellen:**
RSA 3: 929, 19f. Nr. 4 (1831); 925, 236:
< Jakob Stein, geb. 22. Juli 1821, gest. 16. October 1831, Sohn von Isaak Jakob Stein (Grab 130) und Fradel, geb. Ulmann (Grab 112) >

**Chana „        "**

▲ Grab 271

Reihe XIII

gest. (nicht bekannt)

1 הבתולה [חנ]ה
2 בת כ"ח יצחק ש"ץ
3 [            ]
4 [            ]
5 [            ]

Stein: H: 68, B: 60, T: 11 cm

1 Die Jungfrau [Chann]a,
2 Tochter des ehrbaren Chawer Jitzchak, des Vorbeters
3 [            ]
4 [            ]
5 [            ]

**Anmerkung:**
Vgl. evtl. Stein 286,
Vorbeter Jitzchak aus Stuttgart.

**Daniel Wolf**

▲ Grab 274

Reihe XIII

gest. 17.06.1825

1 פ"[נ]
2 היל[ד דניאל] ב"כ
3 יוקל בער מפה
4 נ' ב' מוז ונ' ג' תמוז
5 תקפ"ה לפ"ק תנצב"ה

Symbol: drei konzentrische Kreise

Stein: H: 73, B: 56, T: 11 cm

Hier [liegt begraben]
1 das Kind [Daniel, Sohn des]
2 Jokel Bär von hier.
3 Er ist gestorben am 2. Tammus und wurde begraben am 3. Tammus
4 585 n.d.kl.Z. T.N.Z.B.H.

**Quelle:**
RSA 3: 929, 13f.:
< Daniel, gest. mit 4 Jahren am 17. Juni 1825, Sohn des Jakob Bär Wolf >

# Grab 275, 277 und 278

| | | |
|---|---|---|
| פ"נ<br>1 הילדה [ה]ענא בת<br>2 כ"ה מיכאל לוי מפה<br>3 נפטרת ביום ש"ק כ"ח<br>4 ונ[ו]קבר  [תק<br>5 פ"ח לפ"ק תנצבה"ח | Hier liegt begraben<br>1 das Mädchen Henna, Tochter des<br>2 ehrbaren Herrn Michael Levi von hier.<br>3 Sie ist gestorben am Tag des Heiligen Schabbat, 28.<br>4 und wurde begraben am [       ] 5<br>5 88 n.d.kl.Z. T.N.Z.B.HCH. | **Henle (Henna) Levi**<br><br>Grab 275 ▲<br>Reihe XIII<br><br>gest. 12.04.1828 |

Symbol: drei konzentrische Kreise

Stein: H: 79, B: 62, T: 9 cm

Quellen:
RSA 3: 929, 15f. Nr. 133; 925, 112:
< Henle Levi, geb. 18. Nov. 1821, gest. 12. April 1828, Tochter von Machuel Joseph Levi (Grab 142) und Genendel, geb. Kaufmann (Grab 48) >

---

| | | |
|---|---|---|
| פ"נ<br>1 ילד שעשועים<br>2 צבי בן מנחם סג"ל<br>3 באבו קטפו מות<br>4 ביום ט"ז אדר תרכ"א:<br>5 תנצב"ה: | Hier liegt begraben<br>1 ein vielgeliebtes Kind.<br>2 Zwi, Sohn des Menachem Segal,<br>3 in seiner Blüte hat ihn der Tod gepflückt<br>4 am 16. Adar 621<br>5 T.N.Z.B.H. | **Hermann (Zwi) Löwe**<br><br>Grab 277 ▲<br>Reihe XIII<br><br>gest. 26.02.1861 |

Symbol: Strahlenkranz

Stein: H: 122, B: 52, T: 14 cm

Quellen:
RSA 3: 929, 91f. Nr. 3; 925, 106:
< Hermann Löwe, geb. 3. Juli 1860, gest. 26. Februar 1861, Sohn von Manasse (Menndle) Löwe und Hanna, geb. Ulmann >

---

| | | |
|---|---|---|
| פ"ט<br>1 עלה מות בחלונינו<br>2 לקחת את מחמד עינינו<br>3 את הילד אשר אהבנו כמונו<br>4 יעקב בר יהודה נפטר<br>5 ביום כ"א ונקבר ביום כ"ג ניסן<br>6 תרכ"ג לפ"ק תנצב"ה | Hier liegt geborgen<br>1 Der Tod ist in unsere Fenster hineingestiegen,<br>2 um unserer Augen Freude zu nehmen,<br>3 das Kind, das wir liebten wie uns selbst.<br>4 Jaakow, Sohn des Jehuda, ist gestorben<br>5 am 21. und wurde begraben am 23. Nissan<br>6 623 n.d.kl.Z. T.N.Z.B.H. | **Jakob Stein**<br><br>Grab 278 ▲<br>Reihe XIII<br><br>gest. 10.04.1863 |

Symbol: Strahlenkranz

Stein: H: 83, B: 52, T: 12 cm

Quellen:
RSA 3: 929, 97f. Nr. 6; 925, 246:
< Jakob Stein, geb. 8. Jan. 1862, gest. 10. April 1863, Sohn von Löb Isaak Stein (Grab siehe Hahn, Pragfriedhof 202) und Sara, geb. Seligmann >

## Grab 291 und 292

### Nathan Samuel Mayer

▲ Grab 291

Reihe XII

gest. 17.07.1860

פ"נ
1 איש יא"מ כ' נתן ב' מה"ר
2 שמואל
3 נודע שמו[ ]
4 תחת הטובי[ם ]עשה
5 נשמתו תשמח [מא] [ ]
6 נפטר מהאי עלמא בגבורה
7 בש"ק ט' מנחם אב תר"מ לפ"ק
8 תנצב"ה

Symbol: drei vierblättrige Rosen, zwei sechszackige Sterne

Stein: H: 150, B: 51, T: 33 cm

Hier liegt begraben
1 ein Mann, der gottesfürchtiger war als wir alle. Der ehrbare Nathan, Sohn unseres Lehrers, Herr
2 Schmuel
3 sein Name war berühmt [ ]
4 unter den gut[en ] tat,
5 seine Seele wird sich erfre[uen ]
6 Er ist verstorben von dieser Welt in Tapferkeit
7 am Heiligen Schabbat, dem 9. Menachem Aw 640 n.d.kl.Z.
8 T.N.Z.B.H.

Quellen:
RSA 3: 931, 46 Nr. 261; 925, 181:
< Nathan Samuel (Feiber) Mayer, geb. 4.1.1798, gest. 17.7.1860, Sohn des Rabbinatsamtsverwesers Samuel Mayer und der Beßle, geb. Elsäßer, in erster Ehe verh. mit Breinle, geb. Levi, in zweiter Ehe mit Madel, geb. Levi (Grab 221) >

Anmerkung:
Akrostichon: Die Anfangsbuchstaben der Zeilen 3-5 ergeben den Namen „Nathan".

---

### Löb (Jehuda) Roth

▼ Grab 292

Reihe XII

gest. 10.07.1881

פ"נ
1 יהודה המכ' ליב ראטה
2 בר חיים ע"ה
3 יהודה יודוך אחיך[1]
4 היית אוהב נאמן לעמך
5 ויהיה לו לזכר עד צדקך
6 דברי אמת תחת לשונך
7 האמונה בתם לבבך
8 הלך לעולמו ביום א' י"ג
9 תמוז תרמ"א לפ"ק תנצב"ה

Auf der Rückseite des Steines steht:
Hier ruht
der treue Gatte & Vater
Löb Roth
geb. d. 26. August 1805
ges. d. 10. Juli 1881.
Friede seiner Asche.

Symbol: Kranz mit Band, Feston

Hier liegt begraben
1 Jehuda, genannt Löb Roth,
2 Sohn des Chajjim, er ruhe in Frieden.
3 Jehuda, dich werden deine Brüder preisen[1],
4 du bist ein treuer Liebender deinem Volk gewesen,
5 und deine Gerechtigkeit wird in ewiger Erinnerung bleiben,
6 die Worte der Wahrheit waren auf deiner Zunge,
7 der Glauben in deinem reinen Herz.
8 Er ging in seine Welt am Sonntag, dem 13.
9 Tammus 641 n.d.kl.Z. T.N.Z.B.H.

Quellen:
RSA 3: 931, 46 Nr. 262; 925, 221:
< Löb Roth, geb. 26. Aug. 1805, gest. 10. Juli 1881, Sohn von Hayum Samson und Genendel (Grab 73), Gatte der Mamel, geb. Maier >

Anmerkungen:
Akrostichon: Die Anfangsbuchstaben der Zeilen 3-7 ergeben den Namen „Jehuda".
[1] Zitat: Gen. 49, 8

Stein: H: 180, B: 60, T: 40 cm

**Michael und Salomon Levi**

Grab 280

Reihe XIV

gest. 07.07.1814
gest. 10.08.1814

| | |
|---|---|
| פ"נ | Hier liegt begraben |
| הילד מיכל בן | Das Kind Michel, Sohn |
| כ"ה מנלי סג"ל | des ehrbaren Herrn Mennle Segal. |
| נו"נ יום ה' י"ט | Er ist gestorben und wurde begraben am Donnerstag, dem 19. |
| תמ]ז תק]ע"ד | Ta[mmus 5]74 |

| | |
|---|---|
| פ"נ | Hier liegt begraben |
| הילד [ז]למ[ן] | Das Kind [S]alma[n] |
| בן כ"ה מנלי סג"ל | Sohn des ehrbaren Herrn Mennle |
| נו"נ יום [ד' כ"ד] | Segal. Er ist gestorben und wurde begraben |
| [אב תקע"ד] | am [Mittwoch, dem 24.] [Aw 574] |

Stein: H: 52, B: 82, T: 8 cm

Quellen:
RSA 3: 929, Nr. 39; 925; 115:
< Michael u. Salomon Levi, Zwillinge,
geb. 16.10.1812,
Michael gest. 7. 7.1814,
Salomon gest. 10.8.1814,
Söhne v. Imanuel Mayer Levi (Grab 26)
u. Rösle, geb. Levi (Grab 81) >

Anmerkung:
Doppelkindergrab

## Grab 272, 279 und 305

### Jacob (Jokel) Levi

▲ Grab 272

Reihe XIII

gest. 14.02.1814

```
פ"נ                        1
הילד יוקל בן כ'            
שמשון סג"ל מפה             2
נו"נ יום ב' כ"ד שבט        3
[תקע"ד לפ"ק תנצב"ה]        4
```

Symbol: Levitenkanne

Stein: H: 57, B: 50, T: 12 cm

Hier liegt begraben
1 das Kind Jokel, Sohn des ehrbaren
2 Schimschon Segal von hier.
3 Er ist gestorben und wurde begraben am Montag, dem 24. Schewat
4 [574 n.d.kl.Z. T.N.Z.B.H. ]

Quellen:
RSA 3: 929, 3 Nr. 31; 926, 95:
< Jacob J. Levi, geb. 16. Nov. 1809, gest. 13. Februar 1814, Sohn des Simson J. Levi von Großeisesheim (Krausmakler) und der Genendel, Tochter des Isaak Löb von Freudental >

### Marx (Mordechai Chajjim) Ulmann

▲ Grab 279

Reihe XIV

gest. 23.11.1814

```
פ"נ                        1
הילד מרדכי                 
חי[ים] בן כ' שלמה          2
מפה נו"נ יום [ה' י']       3
כסליו תקע"ה לפ"ק           4
[תנצב"ה]                   5
```

Stein: H: 58, B: 48, T: 16 cm

Hier liegt begraben
1 das Kind Mordechai
2 Chajjim, Sohn des ehrbaren Schlomo
3 von hier. Er ist gestorben und wurde begraben am [Freitag, dem 10. ]
4 Kislew 575 n.d.kl.Z.
5 [T.N.Z.B.H.]

Quelle:
RSA 3: 925, 280:
< Marx Ulmann, geb. 30. Juli 1809, gest. 23. Nov. 1814, Sohn von Salomon Ulmann (Grab 21) und Gelle (Grab 110) >

### Milka Wertheimer

▲ Grab 305

Reihe XIV

gest. 27.09.1889

```
פ"ט                        1
הב[תולה מל]כה              
בת[    ]                   2
יום [עש"ק ב' תשרי]         3
תר[ן]"ל לפ"ק [            ] 4
[תנצב"ה]                   5
```

Stein: H: 118, B: 55, T: 14 cm

Hier liegt geborgen
1 die Jungfrau[     Mal]ka
2 Tochter des[     ]
3 am Tag [des Vorabends des heiligen Schabbat, dem 2. Tischri]
4 6[50 n.d.kl.Z.     ]
5 [T.N.Z.B.H.]

Quellen:
RSA 3: 931, 48 Nr. 275; 925, 299:
< Milka Wertheimer, geb. 24. Nov. 1810, gest. 27. Sept. 1889, Tochter des Joseph Immanuel Wertheimer (Grab 46) und der Rachel (Grab 29), ledig >

Anmerkung:
Datum nach Gräberliste ergänzt

# Grab 357, 358 und 359

## Adolf (Aron Löb) Levi

Grab 357 ☐

Reihe XVII

gest. 22.08.1907

Anmerkung:
Inschriftenplatte herausgebrochen

Symbol: gekreuzter Palm- und Lorbeerzweig

Stein: H: 156, B: 48, T: 25 cm

Quelle:
RSA 3: 931 S. 56 Nr. 320:
< Adolf (Aron Löb) Levi, geb. 25. Juni 1848, gest. 22. Aug. 1907, Sohn von Seligmann B. Levi (Grab 356) und Judle, geb. Rosenheim (Grab 394), Gatte der Sophie, geb. Marx (vielleicht nach Argentinien ausgewandert, Nebel, Geschichte 133) >

## David Stein

Grab 358 ☐

Reihe XVII

gest. 18.07.1909

Anmerkung:
Inschriftenplatte herausgebrochen

Symbol: Feston

Stein: H: 138, B: 51, T: 26 cm

Quelle:
RSA 3: 931 S. 56 Nr. 321:
< David Stein, geb. 10. Nov. 1826 in Freudental, gest. 18. Juli 1909, Sohn von Löb Jakob Stein (Grab 149) und Vogel, geb. Kahn (Grab 231), Gatte der Bela, geb. Berlinger (Grab 309) >

## Jakob Weizmann

Grab 359 ☐

Reihe XVII

gest. 21.09.1904

Anmerkung:
Inschriftenplatte herausgebrochen

Symbol: Mohnkapseln, Palmzweig

Stein: H: 135, B: 57, T: 31 cm

Quelle:
RSA 3: 931 S. 56 Nr. 322:
< Weizmann, Jakob, 21. Sept. 1904 >

## Grab 243 und 245

### Brendel Ulmann

▲ Grab 243

Reihe XI

gest. 13.08.1879

1 מ' ברענדיל אולמאן אשת החה"ר
2 יקותיאל ע"ה
3 פ"נ
4 **ב**קשה צדק וענוה
5 **ר**צה דרך מצותיה
6 **ע**יניה בגמול חסד
7 **נ**יב שפתיה בלי בגד
8 **ד**רשה טוב לזרעה
9 **י**אשרוה בני ביתה
10 **ל**זכר עולם תהיה
11 יום ד' כ"ד אב תרל"ט לפ"ק
12 נפטרה תנצב"ה

Anmerkung:
Akrostichon: Die Anfangsbuchstaben der Zeilen 4-10 ergeben den Namen Brendel.

Stein: H: 166, B: 54, T: 26 cm

1 Frau Brendel Ulmann, Gattin des Chawer Herr
2 Jekutiel, er ruhe in Frieden,
3 liegt hier begraben.
4 Sie strebte nach Gerechtigkeit und Bescheidenheit,
5 eilte auf dem Weg ihres Gebotes,
6 ihre Augen (blickten) in Wohltätigkeit,
7 die Frucht ihrer Lippen war ohne Verrat,
8 und sie trachtete Gutes für ihre Nachkommen.
9 Ihre Angehörigen werden sie glücklich preisen,
10 in ewigem Andenken wird sie sein.
11 am Mittwoch, dem 24. Aw 639 n.d.kl.Z.
12 ist sie gestorben T.N.Z.B.H.

Quellen:
RSA 3: 931, 44 Nr. 249; 925, 281:
< Brendel Ulmann, geb. 18. Juni 1805, gest. 13. Aug. 1879, Tochter v.. Immanuel Levi (Grab 26) u. Rösle (Grab 81), Gattin d. Kusiel Löb Ulmann (Grab 216) >

### Rösle Ödheimer

▲ Grab 245

Reihe XI

gest. 17.05.1880

פ"נ
1 ריסלה אשת זאב אריה
2 ה' הלכה בתמימות
3 ואך? כמעט נשמע עת
4 לל[ד]ת ועת למות¹
5 ונאספה לדאבן בעלה
6 ביום ז' סיון תר"מ [לפ"ק]
7 תנצב"ה

Stein: H: 105, B: 58, T: 14 cm

Hier liegt begraben
1 Rösle, Gattin des Zeew Arie.
2 Sie wandelte in Redlichkeit
3 und doch wurde sie wenig gehört. Es gibt eine Zeit
4 geboren zu werden und es gibt eine Zeit zu sterben.¹
5 Sie wurde versammelt zum Leidwesen ihres Gatten
6 am 7. Siwan 640 (n.d.kl.Z.)
7 T.N.Z.B.H.

Quellen:
RSA 3: 931, 44 Nr. 251; 925, 208:
< Rösle Ödheimer, geb. 17. März 1839, gest. 8. Juni 1880, Tochter von Salomon Löb Adelsheimer (Grab s. Bamberger, Jebenhausen Nr. 106) und Sara, geb. Kutz (Grab s. Bamberger, Jebenhausen Nr. 255), erste Gattin des Wolf Löw Ödheimer (Grab 351) >

Anmerkungen:
Es besteht eine Differenz zwischen hebräischem und bürgerlichem Sterbedatum.
¹ Zitat Koh. 3,2

## Grab 246 und 247

### Hanna Marx

Grab 246 ▲

Reihe XI

gest. 16.11.1880

| | |
|---|---|
| פ"נ | |
| 1 | מ' הענא אשת אליעזר המכונה |
| 2 | ליפמן מארקס |
| 3 | **ה**צנועה ואשה חשובה |
| 4 | **ע**טרת בעלה ותפארת בניה |
| 5 | **נ**דבה ושלחה לעביון¹ ידיה |
| 6 | **א**והבת שלום בתוך עמה |
| 7 | הלכה בשם טוב לעולמה |
| 8 | ביום ג' י"ג כסליו תרמ"א לפ"ק: |
| 9 | תנצב"ה |

Symbol: Mohnkapseln und ein sechszackiger Stern

Stein: H: 163, B: 51, T: 33 cm

Hier liegt begraben
1 Frau Henna, Gattin des Elieser, genannt
2 Lipmann Marx.
3 Die tugendhafte und vornehme Frau war
4 die Krone ihres Gatten und Pracht
ihrer Söhne.
5 Sie gab Almosen und reichte ihre Hand
den Bedürftigen,
6 sie liebte Frieden innerhalb ihres Volkes,
7 und ging mit gutem Namen in ihre Welt
8 am Dienstag, dem 13. Kislew 641 n.d.kl.Z.
9 T.N.Z.B.H.

Quellen:
RSA 3: 931, 44 Nr. 252; 925, 188:
< Hanna Marx, geb. 25.9.1832 in Affaltrach,
gest. 16.11.1880, Tochter v. Gabriel Kaufmann
u. Kunle, geb. Seligmann, Gattin d. Liebmann
Marx (Grab 330) >

Anmerkungen:
Akrostichon: Die Anfangsbuchstaben der
Zeilen 3-6 ergeben den Namen „Hena".
¹ fehlerhaft geschrieben, ע statt א

---

### Chajja Miriam Marx

Grab 247 ▼

Reihe XI

gest. 01.05.1881

| | |
|---|---|
| פ"נ | |
| 1 | אשה זקנה מ' חיה מרים |
| 2 | בת מנחם אשת מרדכי |
| 3 | **ח**יה חיתה וצדקה עשתה |
| 4 | **י**ד עני ואביון החזיקה |
| 5 | **ה**שליכה על עליון יהבה¹ |
| 6 | **מר**גוע מצאה לנפשה |
| 7 | **י**מי חייה האריכה בחיים |
| 8 | חלקה נפטרה יום א' |
| 9 | ב' אייר תרמ"א לפ"ק: |
| 10 | תנצב"ה |

Auf der Rückseite des Steines steht:
Miriam Marx
gest. im Jahre 1881

Anmerkungen:
Akrostichon: Die Anfangsbuchstaben der Zeilen 3-5 ergeben den Namen „Chajja", die beiden ersten Buchstaben der Zeilen 6 und 7 ergeben den Namen „Miriam".
¹ nach Ps. 55, 23

Hier liegt begraben
1 die hochbetagte Frau Chajja Miriam,
2 Tochter des Menachem, Gattin des
Mordechai.
3 Zeit ihres Lebens übte sie Wohltätigkeit,
4 stützte die Armen und Elenden.
5 Sie hat ihr Geschick dem Herrn
überlassen¹,
6 und fand Erquickung für ihre Seele.
7 Lang waren ihre Lebenstage, (ewiges)
Leben sei
8 ihr Erbteil, sie ist gestorben am Sonntag,
9 dem 2. Ijjar 641 n.d.kl.Z.
10 T.N.Z.B.H.

Quellen:
RSA 3: 931, 45 Nr. 253; 925, 180
< Chaja Miriam Marx, geb. 12. Dez. 1813, gest.
1. Mai 1881, Tochter d. Viehhändlers Immanuel
Marx (Grab 155) und der Hanna (Grab 87), Gattin
des Viehhändlers, Metzgers und Waldhornwirthes
Moritz Marx (Grab 207) >

Symbol: drei Mohnkapseln
Stein: H: 163, B: 56, T: 33 cm

## Grab 249 und 251

### Sara Merle Levi

▲ Grab 249

Reihe XI

gest. 14.08.1881

פ״ט
1 הבתולה
2 שרה מרעלה
3 בת אברם צבי הלוי
4 הצנועה היקרה עטרת
5 אבותיה אשר יותר מכ״ב
6 שנים חולה ויסורים גדולים
7 קשים ומרים ועומדת

8 בצדקתיה. נ' י״ט אב יום יש״ק

9 ונקבר בכבוד י' א' תרמ״א לפ״ק.

10 תנצב״ה א.

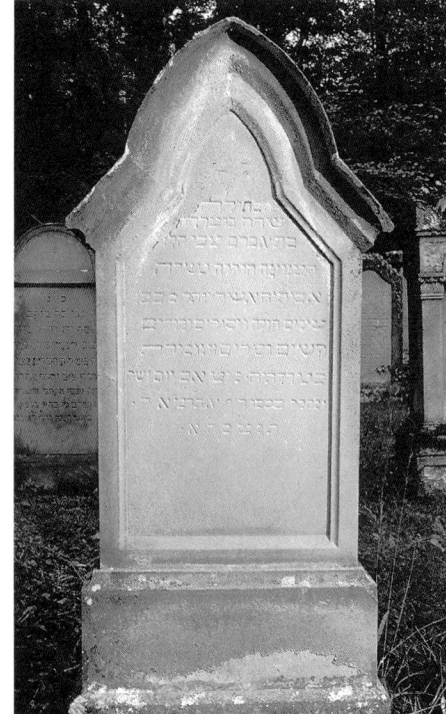

Stein: H: 153, B: 53, T: 26 cm

Hier liegt begraben
1 die Jungfrau
2 Sara Merle,
3 Tochter des Avram Zwi Halevi.
4 Die Tugendhafte, die Liebende, die Krone
5 ihrer Eltern, die mehr als 22
6 Jahre krank war und große,
7 starke und bittere Leiden (ertrug), und dennoch fest stand
8 in ihrer Gerechtigkeit. Sie ist gestorben am 19. Aw, dem Tag des Heiligen Schabbat,
9 und wurde begraben mit Ehre am Sonntag, 641 n.d.kl.Z.
10 T.N.Z.B.H. Amen.

Quellen:
RSA 3: 931, 45 Nr. 255; 925, 117; 926, 6:
< Merle Levi, geb. 17. 7.1820, gest. 14. August 1881, Tochter von Abraham Hirsch Levi (Grab 136) und Rebekka, geb. Jomdof (Grab 163), ledig >

### Rosa (Riele) Jordan

▼ Grab 251

Reihe XI

gest. 28.01.1884

פ״נ
1 מ' רילה אשת
2 יהודה בר יוסף
3 תפארת בעלה ובניה

4 הלכה לעולמה במבחר
5 שנותיה ביום ב' א'
6 שבט תרמ״ד לפ״ק
7 תנצב״ה

Auf der Rückseite des Steines steht:
Hier ruht
Frau Rosa Jordan
geb. Stein
geb. 1. Aug. 1848
gest. 28. Jan. 1884.

Stein: H: 133, B: 50, T: 30 cm

Hier liegt begraben
1 Frau Riele, Gattin des
2 Jehuda, des Sohnes des Josef.
3 Sie war die Pracht ihres Mannes und ihrer Söhne,
4 und ging in ihre Welt in ihren besten
5 Jahren am Montag, dem 1.
6 Schewat 644 n.d.kl.Z.
7 T.N.Z.B.H.

Quellen:
RSA 3: 931, 45 Nr. 257; 925, 83:
< Rosa (Riele) Jordan, geb. 1. Aug. 1848, gest. 28. Januar 1884, Tochter von Isaak Veit Stein (Grab 331) und Mammi, geb. Lehmann (Grab 315), erste Gattin des Leopold Jordan (Grab 367) >

## Lea Hirschmann

Grab 252 ▲

Reihe XI

gest. 03.04.1884

| | |
|---|---|
| פ״נ | 1 |
| מ' לאה בת אברהם | 2 |
| אשת משה בר יחיאל | |
| לב בעלה בטח בה | 3 |
| אשרוה בנות ויהללוה | 4 |
| הלכה בתמימות לבית | 5 |
| עולמה ביום ה' ח' ניסן | 6 |
| תרמ״ד לפ״ק | 7 |
| תנצב״ה | 8 |

Symbol: Palmzweige und Rosen

Stein: H: 159, B: 52, T: 27 cm

Hier liegt begraben
1 Frau Lea, Tochter des Avraham,
2 Gattin des Mosche, des Sohnes des Jechiel.
3 Ihres Mannes Herz darf sich auf sie verlassen,
4 die Töchter preisen sie und loben sie.
5 Sie ging in Vollkommenheit ein in das Haus
6 der Ewigkeit am Donnerstag, dem 8. Nissan
7 644 n.d.kl.Z.
8 T.N.Z.B.H.

Quellen:
RSA 3: 931, 45 Nr. 258; 925, 65:
< Lea Hirschmann, geb. 18. Nov. 1821, gest. 3. April 1884, Tochter von Abraham Jakob Stein (Grab 145) und Kelle, geb. Traub (Grab 78), Gattin des Pferdehändlers Moses Hirschmann (Grab 353) >

Anmerkung:
Akrostichon: Die Anfangsbuchstaben der Zeilen 3-5 ergeben den Namen „Lea".

---

## Babette (Beierle) Levi

Grab 253 ▼

Reihe XI

gest. 14.03.1885

| | |
|---|---|
| פ״נ | 1 |
| האשה מ' פייאר אשת | 2 |
| אליעזר הלוי פאר ועזר | |
| היתה לבעלה ותפארת | 3 |
| לבניה והלכה בדרך | 4 |
| ישרה כל ימיה מתה | 5 |
| ביום ש״ק כ״ז אדר תרמ״ה | 6 |
| לפ״ק: תנצב״ה | 7 |

Auf der Rückseite des Steines steht:
Babette Levi
geb. Eisenmann
geb. 22. Juli 1810
gest. 14. März 1885.

Symbol: Kranz, Blumenfeston

Stein: H: 163, B: 56, T: 34 cm

Hier liegt begraben
1 die Frau Peier, Gattin des
2 Elieser Halevi. Sie war Pracht und Hilfe
3 ihrem Manne und Zierde
4 ihren Söhnen, und wandelte
5 alle ihre Tage auf rechtem Wege. Sie ist gestorben
6 am Tag des Heiligen Schabbat, 27. Adar 645
7 n.d.kl.Z. T.N.Z.B.H.

Quellen:
RSA 3: 931, 46 Nr. 259; 925:
< Babette (Beierle) Levi, geb. 29. Juli 1810, gest. 14. März 1885, Tochter von Mayer David Eisenmann, isr. Schutzbürger zu Stebbach i. Badischen und der Judith, geb. Kahn von Hochberg, Gattin des Lippmann Levi (Grab 296) >

## Grab 256 und 260

### Emilie (Riwka) Herrmann

▼ Grab 256

Reihe XII

gest. 14.12.1893

| | |
|---|---|
| [              ] 1 | [              ] |
| [              ] 2 | [              ] |
| ילדה רכה היא 3 | ein zartes Mädchen war sie. |
| רבקה בת אברהם 4 | Riwka, Tochter des Avraham, |
| נפ' יום ה' ה' טבת 5 | ist gestorben am Donnerstag, dem 5. Tewet |
| תרנ"ד לפ"ק 6 | 654 n.d.kl.Z. |
| תנצב"ה 7 | T.N.Z.B.H. |

Auf der Rückseite des Steines steht:
Hier ruht
Emilie Herrmann
geb. 25. Jan. 1883.
gest. 14. Dez. 1893.

Stein: H: 122, B: 41, T: 24 cm

Quelle:
RSA 3: 925, 67:
< Emilie Herrmann, geb. 25. Jan. 1883, gest. 14. Dez. 1893, Kind von Abraham Herrmann (Grab 363) und Jettchen, geb. Marx (Grab 407) >

### Ferdinand (Schraga) Marx

▼ Grab 260

Reihe XII

gest. 17.10.1891

| | |
|---|---|
| שרגא בר 1 | Schraga, Sohn des |
| שמואל נפ' 2 | Schmuel, ist gestorben |
| בשבת קודש 3 | am Heiligen Schabbat, |
| יום א' דסוכות 4 | dem 1. Tag des Laubhüttenfestes |
| תרנ"ב לפ"ק: תנצב"ה 5 | 652 n.d.kl.Z. T.N.Z.B.H. |

Auf der Rückseite des Steines steht:
Ferdinand Marx
geb. 10. März 1886,
gest. 17. Okt. 1891.

Stein: H: 133, B: 40, T: 20 cm

## Bertha (Blümle) Stein

Grab 261 ▼

Reihe XII

gest. 15.07.1892

| | |
|---|---|
| בלימלע | 1 Blümle |
| בת יעקב | 2 Tochter des Jaakow, |
| נפטר ביום ו' כ' | 3 ist gestorben am Freitag, dem 20. |
| תמ[וז תרנ"ב לפ"]ק | 4 Tamm[us 652 n.d.kl.Z.] |
| [ונקבר ביום] | 5 [und wurde begraben am] |
| ממחרת | 6 folgenden Tag |
| תנצב"ה | 7 T.N.Z.B.H. |

Auf der Rückseite des Steines steht:
Bertha Stein.

Quelle:
RSA 3: 925, 255:
< Bertha Stein, geb. 2.5.1887, gest. 1892, Kind von Jakob David Stein (Grab 428) und Mina, geb. Heidenheimer (Grab 404) >

Stein: H: 88, B: 44, T: 12 cm

## Flora (Fradel) Berlinger

Grab 268 ▼

Reihe XIII

gest. 02.02.1873

| | |
|---|---|
| פ"נ | 1 Hier liegt begraben |
| עלה מות בחלונינו | Der Tod ist in unsere Fenster hineingestiegen, |
| לקחת את מחמד עינינו | 2 um unserer Augen Freude zu nehmen, |
| את הילד אשר אהבנו [ ] | 3 das Kind, das wir geliebt haben. |
| פראדל בת שרה | 4 Fradel, Tochter der Sara, |
| נפטרה ביום ו' שבט | 5 ist gestorben am 6. Schewat |
| תרל"ג לפ"ק: תנצב"ה | 6 633 n.d.kl.Z. T.N.Z.B.H. |

Auf der Rückseite des Steines steht:
Flora Berlinger
geb: den 19. Nov: 1868
gest: den 2. Feb: 1873

Symbol: Palmzweige

Quellen:
RSA 3: 929, 117f. Nr. 1; 925, 18:
< Flora Berlinger, geb. 19. Nov. 1868, gest. 2. Februar 1873, Tochter von Salomon Berlinger (Grab 324) und Fanny, geb. Levi (Grab 384) >

Stein: H: 94, B: 47, T: 21 cm

# Grab 293 und 294

## Benzion Kaufmann

▼ Grab 293

Reihe XII

gest. 31.07.1881

| | |
|---|---|
| פ״נ | |
| בן ציון בר צבי ע״ה | 1 |
| כנר ציון אצלו צדקה | 2 |
| עשה בעתו יודעת מאד | 3 |
| נפשו נר דבר לרגלו¹ | 4 |
| נפטר לעלמו יום א׳ [ה׳] | 5 |
| אב תרמ״א לפ״ק תנצב״ה | 6 |

Auf der Rückseite des Steines steht:
Benzion Kaufmann
Zaberfeld.

Symbol: Strahlenkranz, Efeulaub

Stein: H: 173, B: 50, T: 25 cm

Hier liegt begraben
1 Ben Zion, Sohn des Zwi,
  er ruhe in Frieden,
2 (Glanz) wie vom Lichte Zions war bei ihm, Wohltätigkeit
3 tat er zur rechten Zeit, seine Seele
4 wußte ganz genau, daß DAS WORT seines Fußes Leuchte ist.¹
5 Er verschied in seine Welt am Sonntag, [dem 5.]
6 Aw 641 n.d.kl.Z. T.N.Z.B.H.

Quelle:
RSA 3: 931, 46 Nr. 263:
< Benzion Kauffmann v. Zaberfeld, begr. 2. August 1881 >

Anmerkung:
¹ nach Ps. 119,105

## Moses Abraham Levi

▲ Grab 294

Reihe XII

gest. 11.12.1881

| | |
|---|---|
| פ״נ | |
| משה אברהם בן הח׳ | 1 |
| ר׳ מנחם הלוי ע״ה | 2 |
| **מ**עט טוב בצדקה | 3 |
| **ש**מוע טוב ממנחה | 4 |
| **ה**לך בדרך הטוב | 5 |
| בבטחה ועלתה | 6 |
| נשמתו ביום א׳ י״ט | 7 |
| כסליו תרמ״ב לפ״ק: | 8 |
| תנצב״ה | 9 |

Symbol: Levitenkanne

Stein: H: 162, B: 51, T: 23 cm

Hier liegt begraben
1 Mosche Avraham, Sohn des Chawer
2 Herr Menachem Halevi, er ruhe in Frieden.
3 Ein wenig Gutes in Wohltätigkeit
4 ist besser wahrzunehmen als ein Opfer.
5 Er wandelte auf gutem Weg
6 mit Sicherheit, und
7 seine Seele stieg auf am Sonntag, dem 19.
8 Kislew 642 n.d.kl.Z.
9 T.N.Z.B.H.

Quellen:
RSA 3: 931, 46 Nr. 164:
< Moses Abraham Levi, Krämer, geb. 5. Juli 1816 in Freudental, gest. 11. Dez. 1881, begr. 13. Dez. 1881, wohnte seit 1853 in Stuttgart, Sohn von Immanuel Levi (Grab 26) und Rösle, geb. Levi (Grab 81), Gatte von Eva, geb. Levi (Grab siehe Hahn, Pragfriedhof 136) >

Anmerkung:
Akrostichon: Die Anfangsbuchstaben der Zeilen 3-5 ergeben den Namen „Mosche".

# Grab 282

## Herz und Itzik

Grab 282

Reihe XIV

gest. 30.11.1824
gest. 21.12.1824

| | | | |
|---|---|---|---|
| Hier liegt begraben | פ״נ | Hier liegt begraben | פ״נ |
| 1 das Kind Itzig, Sohn des | 1 הילד איצק בן | 1 das Kind Herz, Sohn des | 1 הילד הירץ בן |
| 2 ehrbaren Herrn Löb Meir | 2 כ״ה ליב מאיר | 2 ehrbaren Herrn Löb Meir | 2 כ״ה ליב מאיר |
| 3 aus Stuttgart. Er ist gestorben | 3 משטג׳ נפטר | 3 aus Stuttgart. Er ist gestorben | 3 משטג׳ נפטר |
| 4 am Dienstag, dem 1. Neumondtag | 4 יום ג׳ א׳ דר״ח | 4 am Donnerstag, 9. Kislew | 4 ביו׳ ד׳ ט׳ כסליו |
| 5 des Monats Tewet 585 | 5 טבת תקפ״ה | 5 585 n.d.kl.Z. | 5 תקפ״ה לפ״ק |
| 6 n.d.kl.Z. | 6 לפ״ק | 6 T.N.Z.B.HCH. | 6 תנצבה״ח |
| 7 T.N.Z.B.HCH. | 7 תנצבה״ח | | |

gest. 21.12.1824

gest. 30.11.1824

**Anmerkung:**
Kinderdoppelgrab

Symbole:
rechts: drei konzentrische Kreise,
links: achtblättrige Blüte
in einem Kränzchen

Stein: H: 110, B: 85, T: 11 cm

# Grab 269 und 273

## Jonas Aron

▲ Grab 269

Reihe XIII

gest. 25.11.1864

Stein: H: 133, B: 36, T: 24 cm

| | |
|---:|:---|
| פ״נ | Hier liegt begraben |
| 1 הילד מחמד עינינו | ein Kind, unserer Augen Freude. |
| 2 אך הנה איננו | Aber siehe, er ist nicht da, |
| 3 כי עלה המות בחלונינו | denn der Tod stieg in unsere Fenster |
| 4 ולקח מאתנו בננו | und hat unseren Sohn von uns genommen, |
| 5 יונה בן משה חיים | Jona, Sohn des Mosche Chajim. |
| 6 עלתה נשמתו ביום | Seine Seele ist aufgestiegen am |
| 7 כ״ו חשון תרכ״ה לפ״ק | 26. Cheschwan 625 n.d.kl.Z. |
| 8 תנצב״ה | T.N.Z.B.H. |

Quellen:
RSA 3: 929, 101f. Nr. 7; 925, 7:
< Jonas Aron, geb. 2. Mai 1856, gest. 25. November 1864, Kind von Moses Hayum Aron und Amalie, geb. Kuppenheimer (beide im alten israelitischen Friedhof in Ludwigsburg beigesetzt) >

## Benjamin

▲ Grab 273

Reihe XIII

gest. 15.04.1828

| | |
|---:|:---|
| פ״נ | Hier liegt begraben |
| 1 הילד בנימן ב׳ | das Kind Benjamin, Sohn |
| 2 כ״ה מנחם הלוי | des ehrbaren Herrn Menachem Halevi |
| 3 מפה נפטר יום | von hier. Er ist gestorben am Mon- |
| 4 ב׳ א׳ [ר״ח?] ונ׳ יום | tag, dem ersten [Neumondtag] und wurde begraben am Donners- |
| 5 ה׳ ג׳ אייר | tag, dem 3. Ijjar |
| 6 תקפ״ח לפ״ק | 588 n.d.kl.Z. |
| 7 תנצבה״ח | T.N.Z.B.HCH. |

Symbol: Blüte in umgebendem Kranz

Stein: H: 101, B: 49, T: 10 cm

## Immanuel Wertheimer

Grab 276

Reihe XIII

gest. 29.07.1859

| | | |
|---|---|---|
| ה[ג]ד נא בננו | 1 | Sag bitte, unser Sohn, |
| דב[ר נ]א על ליבנו[1] | 2 | rede mit uns freundlich, |
| על מה עזבתנו | 3 | warum hast du uns verlassen, |
| על מה יצאת מעמנו | 4 | warum bist du von uns gegangen? |
| אבל נשמתך זכה וענוגה | 5 | Doch deine Seele war rein und zart, |
| ומנעה שבת בארץ מצוקה | 6 | sie ließ dich nicht im Lande der Not verbleiben, |
| ועלתה על שמי ארץ | 7 | und stieg zu des Landes Himmel auf. |
| וה[יא] נשמת ילד הילד | 8 | Es war die Seele eines Kindes, das Kind |
| לע[?] [    ] ב' כ"ר בן [צי]א[ן][2] | 9 | Le?[          ]Sohn des ehrbaren Herrn Ben [Zi]on |
| נפטר כ"ח תמוז ונקבר כ"ט | 10 | ist gestorben am 28. Tammus und wurde begraben am 29. |
| בו תרי"ט לפ"ק | 11 | desselben, 619 n.d.kl.Z. |
| תנצב"ה | 12 | T.N.Z.B.H. |

Anmerkungen:
Das Gedicht der Zeilen 1-7 ist eine Kurzform der Inschrift des Steines 287.
[1] verschrieben für לבינו
[2] sic! statt בן ציון

Symbol: Strahlenkranz

Stein: H: 124, B: 36, T: 15 cm

Quellen:
RSA 3: 929, 86 Nr. 5; 925, 303:
< Immanuel Wertheimer, geb. 9. Dez. 1854, gest. 29. Juli 1859, Sohn von Benzion Wertheimer (Grab 200) und Beßle, geb. Ballenberg >

## Abraham Hirschmann

Grab 270

Reihe XIII

gest. 13.11.1865

| | | |
|---|---|---|
| פ"נ | | Hier liegt begraben |
| ילד שעשועים טף | 1 | ein vielgeliebtes Kind, |
| נחמד ונעים | 2 | wohlgefällig und lieblich. |
| אברהם בר משה | 3 | Avraham, Sohn des Mosche, |
| נפטר ביום ב' כ"ד מרחשון | 4 | ist gestorben am Montag, dem 24. Marcheschwan |
| תרכ"ה[1] לפ"ק תנצב"ה | 5 | 626[1] n.d.kl.Z. T.N.Z.B.H. |

Quellen:
RSA 3: 929, 103f. Nr. 12; 925, 65:
< Abraham Hirschmann, geb. 4. März 1862, gest. 13. November 1865, Kind von Moses Hirschmann (Grab 353) und Lea, geb. Stein (Grab 252) >

Anmerkung:
[1] Gemeint ist Montag, 24. Cheschwan 626 (תרכ"ו), geschrieben ist versehentlich noch das Jahr 625.

Symbol: neunzackiger Stern

Stein: H: 111, B: 55, T: 13 cm

## Moses Jordan

▼ Grab 295

Reihe XII

gest. 21.01.1882

כ'¹ נ'

1 משה בר אהרן מצפ'
2 האיש אשר הלך בדרך
3 ישרה ומצות ה' שמרה
4 נפטר בשם טוב יום
5 א' [ש]בט ונקבר ביום
6 ב' ב[ו]: תרמ"ב לפ"ק:
7 תנצב"ה

Auf der Rückseite des Steines steht:
Moses Jordan
von Zaberfeld.

Symbol: achtzackiger Stern

Stein: H: 110, B: 43, T: 25 cm

Hier liegt begraben
1 Mosche, Sohn des Aharon aus Zaberfeld,
2 ein Mann, der auf rechtem
3 Weg wandelte und Gottes Gebot hielt.
4 Er ist gestorben mit gutem Namen am
5 1. Schewat und wurde begraben am
6 2. desselben. 642 n.d.kl.Z.
7 T.N.Z.B.H.

Quelle:
RSA 3: 931 S. 47 Nr. 265:
< Jordan, Moses v. Zaberfeld, begr. 23. Jan. 1882 >

Anmerkung:
¹ fehlerhaft geschrieben statt פ

## Liebmann (Elieser) Levi

▼ Grab 296

Reihe XII

gest. 04.06.1884

פ"נ

1 אליעזר בר פנחס הלוי
2 האל היה בעזרו בטח
3 בו כל ימי חלדו והודה
4 לו כי שלום אוהלו הלך
5 בר פנחס בברית שלום
6 לעולמו יום ד' י"א סיון
7 תרמ"ד לפ"ק: תנצב"ה

Auf der Rückseite des Steines steht:
Hier ruht
Liebmann Levi
geb. 10. Febr. 1806
gest. 4. Juni 1884.

Symbol: Kranz mit Band, Blumenfeston

Stein: H: 185, B: 58, T: 39 cm

Hier liegt begraben
1 Elieser, Sohn des Pinchas Halevi.
2 Der Herr war zu seiner Seite, er verließ
3 sich auf ihn alle seine Lebenstage und dankte
4 ihm, da seine Hütte Frieden hatte. Es ging
5 der Sohn Pinchas im Bunde des Friedens,
6 ein in seine Welt am Mittwoch, dem 11. Siwan
7 644 n.d.kl.Z. T.N.Z.B.H.

Quellen:
RSA 3: 931, 47 Nr. 266; 925, 127:
< Lippmann Levi, geb. 10. Febr. 1806,
gest. 4. Juni 1884, Sohn von Seligmann Levi
(Grab 122) und Ittle, geb. Judas (Grab 107),
Gatte der Babette, geb. Eisenmann (Grab 253) >

## Hermann (Zwi) Kaufmann

Grab 259
Reihe XII

gest. 03.11.1893

פ"נ
1 צבי בר יצחק
2 ילד שעשוים¹
3 נפ' יום ו' כ"ד חש[ון]
4 תרנ"ד לפ"ק
5 תנצב"ה

Hier liegt begraben
1 Zwi, Sohn des Jitzchak.
2 Er war ein vielgeliebtes Kind¹,
3 und ist gestorben am Freitag,
   dem 24 Chesch[wan]
4 654 n.d.kl.Z.
5 T.N.Z.B.H.

Auf der Rückseite des Steines steht:
Hier ruht
Hermann Kaufmann
geb. 4. Okt. 1885.
gest. 3. Nov. 1893

Anmerkung:
¹ verschrieben für שעשועים, Zitat Jer. 31,20

Symbol: geknickte Rose

Stein: H: 108, B: 48, T: 24 cm

## Grab 297 und 298

### Jeanette (Scheindel) Strauß

▲ Grab 297

Reihe XIII

gest. 23.10.1885

| | |
|---|---|
| פ״נ | |
| מ׳ שינדל אשת יצחק הלוי | 1 |
| צנועה בדבורה ובמעשיה | 2 |
| הלכה בדרך ישרה כל | 3 |
| ימיה ועלתה למעלה | 4 |
| ביום עש״ק י״ד חשון | 5 |
| תרמ״ו לפ״ק: תנצב״ה | 6 |

Stein: H: 129, B: 51, T: 25 cm

Hier liegt begraben
1 Frau Scheindl, Gattin des Jitzchak Halevi.
2 Tugendhaft war sie in ihrem Wort und ihren Taten,
3 sie wandelte auf rechtem Weg alle
4 ihre Tage und stieg hinauf
5 am Vorabend des Heiligen Schabbat, dem 14. Cheschwan
6 646 n.d.kl.Z.   T.N.Z.B.H.

Quellen:
RSA 3: 931, 47 Nr. 267; 925, 251b:
< Jeanette (Scheindel) Strauß, geb. 3. April 1810 in Zaberfeld, gest. 23. Okt. 1885, Tochter von Lazarus Strauß, Zaberfeld und Genendel, Gattin des Isaac Strauß (Grab 290) >

---

### Fradel Wertheimer

▼ Grab 298

Reihe XIII

gest. 22.03.1886

| | |
|---|---|
| פ״נ | |
| [                ] | 1 |
| [                ] | 2 |
| [                ] | 3 |
| תמימה שבע׳ ימים] [ | 4 |
| השנים נפטרה לבית | 5 |
| עולמים ביום ב׳ ט״ו | 6 |
| ואדר תרמ״ו [לפ״ק] | 7 |
| תנצב״ה | 8 |

Auf der Rückseite des Steines steht:
Hier (ruht)
[                ]
[                ]

Symbol: fünfblättrige Rose

Stein: H: 162, B: 53, T: 28 cm

Hier liegt begraben
1 [                        ]
2 [                        ]
3 [                        ]
4 untadelig, satt an Tagen [ ]
5 die Jahre. Sie ist verschieden in das Haus
6 der Ewigkeit am Montag, dem 15.
7 Weadar 646 [n.d.kl.Z.]
8 T.N.Z.B.H.

Quellen:
RSA 3: 931, 47 Nr. 268; 925, 300:
< Fradel Wertheimer, geb. 27. Okt. 1810, gest. 22. März 1886, Tochter von Salomon Immanuel Wertheimer (Grab 27) und Elenora (Grab 32), ledig, >

## Grab 299 und 300

### Zerline Juda

Grab 299
Reihe XIII

gest. 22.02.1888

פ"נ
1 האשה צערלע א[שת]
2 ליב יודא מפה א[שה]
3 אשר היתה כל ימי חייה
4 בעלת גמילות חסדים
5 נפטרה ביום ד' י' אדר
6 ונקברה ביום עש"ק י"ב אדר
7 תרמ"ח לפ"ק:
8 תנצב"ה:

Auf der Rückseite des Steines steht:
Hier ruht
Zerline Juda
geb. 3. Aug. 1820
gest. 21. Febr. 1888.

Stein: H: 170, B: 55, T: 30 cm

Hier liegt begraben
1 die Frau Zerle, Gattin des
2 Löb Juda von hier, eine Frau,
3 die alle ihre Lebenstage
4 Wohltätigkeit übte.
5 Sie ist gestorben am Mittwoch, dem 10. Adar,
6 und wurde begraben am Vorabend des Heiligen Schabbat, dem 12. Adar
7 648 n.d.kl.Z.
8 T.N.Z.B.H.

Quellen:
RSA 3: 931, 47 Nr. 269; 925, 81:
< Zierle Juda, geb. 3. Aug. 1820 in Freudental, gest. 22. Febr. 1888, begr. 24. Febr. 1888, Tochter v. Hayum Löb Horkheimer (Grab 23) u. Händle, geb. Moses (Grab 166), Gattin des Löb Manasse Juda (Grab 328) >

---

### Marianne (Miriam) Hermann

Grab 300
Reihe XIII

gest. 26.02.1888

פ"נ
1 אשה יראת אלהים
2 תפארת בעלה ובניה
3 היא מרים אשת
4 ישראל הערמאנן
5 נפטרה בפורים
6 תרמ"ח לפ"ק:
7 תנצב"ה:

Auf der Rückseite des Steines steht:
Miryam Hermann
geb. 22 Mai 1815
gest. 26 Febr. 1888.

Symbol: Kranz mit Band, Blumenfeston

Stein: H: 167, B: 54, T: 35 cm

Hier liegt begraben
1 eine gottesfürchtige Frau,
2 die Pracht ihres Mannes und ihrer Kinder.
3 Sie, Miriam, Gattin des
4 Israel Hermann,
5 ist gestorben am Purimfest
6 648 n.d.kl.Z.
7 T.N.Z.B.H.

Quellen:
RSA 3: 931 S. 47 Nr. 270:
< Marianne (Mirjam) Herrmann, geb. 22. Mai 1815, gest. 26. Febr. 1888, begr. 28. Febr. 1888, Tochter von David Abraham Graf (Grab 148) und Reichel, geb. Maier (Grab 182), Gattin des Israel Herrmann (Grab 335) >

## Hanna Wertheimer

▼ Grab 301

Reihe XIII

gest. 20.09.1888

פ"ט
1 אשה חשוב[ה]
2 ובעלת גמיל[ות]
3 חסדים כל ימי [חייה]
4 היא חנה ווערטה[יימר]
5 שהלכה לעולמה ביום
6 ד' סכות תרמ"ט לפ"ק:
7 תנצב"ה:

Auf der Rückseite des Steines steht:
Hier ruht
Hanna Wertheimer
geb: 1798
gest: d: 20. Sept: 1888

Symbol: fünfblättrige Rose, Band

Stein: H: 180, B: 51, T: 23 cm

Hier liegt geborgen
1 eine vornehme Frau.
2 Sie übte Wohltätig-
3 keit alle Tage ihres [Lebens].
4 Sie, Channa Werth[eimer],
5 ging in ihre Welt am 4.
6 Tag des Laubhüttenfestes 649 n.d.kl.Z.
7 T.N.Z.B.H.

Quellen:
RSA 3: 925, 300; 926, 90:
< Hanna Wertheimer, geb. 1798, gest. 20.9.1888, Tochter von Abraham Kaufmann und Esther Machulin aus Horkheim, in erster Ehe verheiratet mit Salomon Immanuel Wertheimer (Grab 27), in zweiter Ehe mit Machuel Levi (Grab 142) >

## Elise (Ella) Oedheimer

▼ Grab 302

Reihe XIII

gest. 03.01.1889

פ"ט
1 האשה עללא אשת
2 שנייה של זאב אריה
3 עטהיימאר שנפטרה
4 ביום ה' שרוא¹ ר"ח שבט
5 ונקברה ביום א' ד' בו
6 תרמ"ט לפ"ק:
7 תנצב"ה:

Auf der Rückseite des Steines steht:
Hier ruht
Elise Oedheimer
geb. 1. April 1846
gest. 3. Jan. 1889.

Anmerkung:
¹ verschrieben für שהוא

Stein: H: 151, B: 52, T: 26 cm

Hier liegt geborgen
1 die Frau Ella, die zweite
2 Gattin des Zeew Arie
3 Oedheimer. Sie ist gestorben
4 am Donnerstag, dem Neumondtag des Monats Schewat,
5 und wurde begraben am Sonntag, dem 4. desselben,
6 649 n.d.kl.Z.
7 T.N.Z.B.H.

Quellen:
RSA 3: 931, 48 Nr. 272; 925, 205:
< Elisa (Ella) Ödheimer, geb. 2.4.1846 in Mittelshofen, gest. 3.1.1889, Tochter des Jonas Gallinger und der Jette, geb. Steinhänder, zweite Gattin des Wolf Löw Ödheimer (Grab 351) >

## Gella Chaja Berlinger

Grab 303

Reihe XIII

gest. 21.05.1889

| | |
|---|---|
| 1 [ ] | 1 [ ] |
| 2 [ ] | 2 [ ] |
| 3 [ב | 3 [ ] |
| 4 [ ] | 4 [ ] |
| 5 [ ] | 5 [ ] |
| 6 בי[ום ג׳ כ׳ אייר] | 6 am [Dienst]ag, [dem 20. Ijjar], |
| 7 ו[נקבר]ה ביום ה׳ כ״ב | 7 und wurde beg[raben] am Donnerstag, dem 22. |
| 8 בו תרמ״ט לפ״ק: | 8 desselben, 649 n.d.kl.Z. |
| 9 תנצב״ה: | 9 T.N.Z.B.H. |

Auf der Rückseite des Steines steht:
Hier ruht
Ch. Berlinger
geb. 17. Nov. 1827.
gest. 21. Mai 1889.

Stein: H: 135, B: 60, T: 18 cm

Quellen:
RSA 3: 931, 48 Nr. 273; 925, 15:
< Gella Chaja Berlinger, geb. 17.11.1827, gest. 21.5.1889, Tochter von Joseph Gerson Berlinger (Grab 140) und Fradel, geb. Ulmann (Grab 183), ledig >

## Bella (Beile) Hirschmann

Grab 304

Reihe XIV

gest. 10.08.1889

| | |
|---|---|
| פ״ט | Hier liegt geborgen |
| 1 בתולה ישרה בכל | 1 eine Jungfrau, die aufrecht war in allen |
| 2 דרכיה היא בילה | 2 ihren Wegen. Beile |
| 3 הירשמאנן שהלכה | 3 Hirschmann ging |
| 4 לעולמה ביום שבת | 4 in ihre Welt am Tag des Heiligen |
| 5 קודש י״ג אב ונקברה | 5 Schabbat, dem 13. Aw, und wurde begraben |
| 6 ביום ב׳ בחמשה עשר | 6 am Montag, dem fünfzehnten |
| 7 בו תרמ״ט לפ״ק: | 7 desselben 649 n.d.kl.Z. |
| 8 תנצב״ה: | 8 T.N.Z.B.H. |

Auf der Rückseite des Steines steht:
Hier ruht
B. Hirschmann
geb. 14. Okt. 1823.
gest. 10. Aug. 1889.

Stein: H: 121, B: 52, T: 26 cm

Quellen:
RSA 3: 931, 48 Nr. 274; 925, 55:
< Bella Hirschmann, geb. 14. Okt. 1823, gest. 10. Aug. 1889, Tochter des Jechiel Hirschmann (Grab 202) und der Gudle, geb. Etlinger (Grab 90), ledig >

## Grab 306 und 308

### Ernstine (Esther) Jordan

▼ Grab 306

Reihe XIV

gest. 26.11.1890

1 פ"נ
2 האשה אסתר
3 אשת בנימן
4 נפטרת יום י"ד כסלו
5 תרנ"א לפ"ק:
תנצב"ה:

Auf der Rückseite des Steines steht:
Ernstine Jordan.
Zaberfeld.

Symbol: fünf fünfzackige Sterne

Stein: H: 141, B: 48, T: 22 cm

Hier liegt begraben
1 Frau Esther,
2 Gattin des Benjamin.
3 Sie ist gestorben am 14. Kislew
4 651 n.d.kl.Z.
5 T.N.Z.B.H.

### Klara (Gitel) Jordan

▼ Grab 308

Reihe XIV

gest. 16.03.1892

1 פ"ט
2 האשה גיטל
3 אשת יוסף יארדן
4 נפ' יום ג' ט"ז אדר
5 תרנ"ב: תנצב"ה:

Auf der Rückseite des Steines steht:
Klara Jordan
geb. Lauchheimer
geb. 26. Okt. 1814
gest. 16. März 1892.
gewidmet von den
Töchtern
Fany u. Bertha.

Symbol: Palmzweig, Pflanze

Stein: H: 141, B: 51, T: 27 cm

Hier liegt geborgen
1 Frau Gitel,
2 Gattin des Josef Jordan.
3 Sie ist gestorben am Dienstag, dem 16. Adar
4 652. T.N.Z.B.H.

Quellen:
RSA 3: 931, 49 Nr. 278; 925, 62:
< Klara (Güdel) Jordan, geb. 24. Okt. 1814 in Jebenhausen, gest. 16.3.1892, Tochter von Lämle Sandel Lauchheimer (Grab siehe Bamberger Jebenhausen 275) und Brunette, geb. Zacharias (Grab siehe Bamberger Jebenhausen 225A), Gattin des Joseph Aaron Jordan (Grab 212) >

## Grab 309 und 310

| | |
|---|---|
| פ״ט | 1 בילה אשת דוד שטיין |
| | 2 אשת חיל וישרה אשר |
| | 3 הלכה לעולמה ביום |
| | 4 ב׳ ב׳ כסלו תרנ״ג לפ״ק: |
| | 5 תנצב״ה: |

Auf der Rückseite des Steines steht:
Hier ruht
Bela Stein
geb. Berlinge[r]
geb. 20. Okt. 1830.
gest. 21. Nov. 1892.

Symbol: Palmzweig, Pflanze

Stein: H: 159, B: 51, T: 26 cm

Hier liegt geborgen
1 Bela, Gattin des David Stein,
2 eine tüchtige und aufrichtige Frau. Sie
3 ging in ihre Welt am Mon-
4 tag, dem 2. Kislew 653 n.d.kl.Z.
5 T.N.Z.B.H.

Quellen:
RSA 3: 931, 49 Nr. 278a; 925, 249:
< Bela Stein, geb. 20.10.1830, gest. 20. (!) Nov. 1892, Tochter von Joseph Gerson Berlinger (Grab 140) und Fradel, geb. Ulmann (Grab 183), Gattin des David Stein (Grab 358) >

### Bela Stein

Grab 309 ▼

Reihe XIV

gest. 20.11.1892

---

פ״ט
1 האשה תפארת בעלה
2 פסלה אשת יעקב צבי
3 נפטרה ביום ערב שבת
4 י״ז שבט תרנ״ג לפ״ק:
5 תנצב״ה:

Auf der Rückseite des Steines steht:
Hier ruht
Bessle Stein
geb. Lindauer
geb. 5. Okt. 1826
gest. 3. Febr. 1893.

Symbol: Palmzweig, Pflanze

Stein: H: 167, B: 52, T: 28 cm

Hier liegt geborgen
1 eine Frau, die Pracht ihres Mannes war.
2 Pessle, Gattin des Jaakow Zwi,
3 ist gestorben am Vorabend des Schabbat,
4 dem 17. Schewat 653 n.d.kl.Z.
5 T.N.Z.B.H.

Quellen:
RSA 3: 931, 49 Nr. 278b; 925, 240:
< Beßle Stein, geb. 5.10.1825 (!) in Jebenhausen, gest. 3.2.1893, Tochter von Manasse Lindauer (Grab siehe Bamberger Jebenhausen 102) und Esther geb. Weil (Grab siehe Bamberger Jebenhausen Nr. 304), Gattin des Jacob Hirsch Stein (Grab 348) >

### Bessle Stein

Grab 310 ▼

Reihe XIV

gest. 03.02.1893

## Grab 311 und 312

### Mirjam Marx

▼ Grab 311

Reihe XV

gest. 23.06.1893

פ"ט
1 אשה ישרה ויקרה
2 מרים אשת משה צבי
3 נפטרת יום ו' ט' תמוז
4 תרנ"ג לפ"ק:
5 תנצב"ה:

Auf der Rückseite des Steines steht:
Hier ruht
Mirjam Marx
geb. Hahn.
g. d. 7. Dez. 1821.
g. d. 23. Juni 1893

Symbol: Mohnkapseln, Feston aus Blumensträußen

Stein: H: 162, B: 51, T: 25 cm

Hier liegt geborgen
1 eine aufrichtige und geachtete Frau.
2 Miriam, Gattin des Mosche Zwi,
3 ist gestorben am Freitag,
  dem 9. Tammus
4 653 n.d.kl.Z.
5 T.N.Z.B.H.

Quellen:
RSA 3: 931, 53 Nr. 300a; 925, 124:
< Mirjam Marx, geb. 7. Dez. 1820,
gest. 23. Juni 1893, Tochter von Kaufmann Hahn,
Handelsmann in Berwangen und Gelina, geb. Wolf,
Gattin des Moses Hirsch Marx (Grab 217) >

### Rebekka Levi

▼ Grab 312

Reihe XV

gest. 27.06.1893

פ"ט
1 האשה הישרה
2 רבקה אשת רפאל הלוי
3 נפטרת יום ג' י"ג תמוז
4 תרנ"ג לפ"ק:
5 תנצב"ה:

Auf der Rückseite des Steines steht:
Hier ruht
Rebekka Levi
geb. Uhlmann.
g. d. 12. Sept. 1812.
g. d. 27. Juni 1893.

Symbol: Mohnkapseln, Feston aus Blumensträußen

Stein: H: 162, B: 51, T: 25 cm

Hier liegt geborgen
1 eine aufrichtige Frau.
2 Riwka, Gattin des Rephael Halevi,
3 ist gestorben am Dienstag,
  dem 13. Tammus
4 653 n.d.kl.Z.
5 T.N.Z.B.H.

Quellen:
RSA 3: 931, 53 Nr. 301 a; 925, 114; 926, 81:
< Rebekka Levi, geb. 12.12.1812,
gest. 27. Juni 1893, Tochter von Löb Gabriel
Ulmann (Grab 16) und Hanna, Tochter des
Kusel (Grab 31), Gattin des Raphael Maier Levi
(Grab 218) >

## Emil (Menachem) Levi

Grab 287
Reihe XIV

gest. 09.10.1851

[פ"נ]
1 הגיד נא בננו
2 דבר נא על לבינו
3 על מה עזבתנו
4 על מה יצאת מעמנו
5 אבל נשמתו הרכה
6 והענוגה
7 מנחה שבת ארץ
8 מצוקה
9 ועלתה עד שמי ארץ
10 מקום אין צוחה ואין פרץ
11 הילד מנחם ב' משה אברהם
12 הלוי נפטר ע' סוכת תרי"ב לפ"ק
13 ונ' י"ט שני תנצבה"א

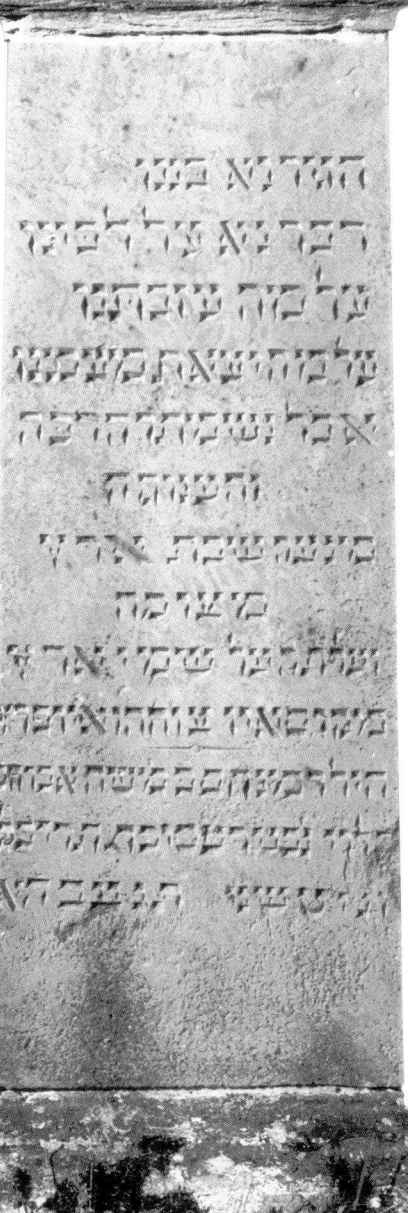

Hier liegt begraben
1 Sag doch, unser Sohn,
2 rede mit uns freundlich,
3 warum hast du uns verlassen,
4 warum bist du von uns gegangen?
5 Doch seine Seele, die reine
6 und zarte,
7 liess ihn nicht verbleiben, im Lande der
8 Not,
9 sie stieg ins Land des Himmels auf,
10 ein Ort ohne Klagegeschrei und ohne Tod.
11 Das Kind Menachem, Sohn des Mosche Avraham
12 Halevi, ist gestorben am Vorabend des Laubhüttenfestes 612 n.d.kl.Z.
13 und wurde begraben am 2. Feiertag, T.N.Z.B.H. Amen

Symbol: Kranz
Stein: H: 127, B: 31, T: 27 cm

Quelle:
RSA 3: 925, 192:
< Emil Levi, geb. 31. Aug. 1847,
gest. 9. Octob. 1851, Sohn von Moses Abraham
Levi (Grab 294) und Eva geb. Levi
(Grab siehe Hahn, Pragfriedhof 136) >

## Grab 307 und 313

**Magdaline (Madel) Türkheimer**

▼ Grab 307

Reihe XIV

gest. 12.02.1892

פ"ט
1 מדיל אשת מרדכי
2 אש[ה י]שרה נפט'
3 יום [י"]ד שב[ט
4 תרנ]"ב]
5 ת[נצב"ה]

Auf der Rückseite des Steines steht:
Magdaline
Türkheimer.
aus Münsesheim
gest. d. 12. Feb.
1892.

Symbol: Mohnkapseln

Stein: H: 100, B: 44, T: 13 cm

Hier liegt geborgen
1 Madel, Gattin des Mordechai,
2 eine aufrichtige Frau. Sie ist gestorben
3 am [14. Schew]at
4 65[2]
5 T.[N.Z.B.H.]

Quelle:
RSA 3: 931, 49 Nr. 277:
< Türkheimer, Magdalena aus Münzesh., 12. Feb. 1892 >

---

**Hanna Kaufmann**

▼ Grab 313

Reihe XV

gest. 12.11.1895

פ"נ
1 חנה בת לאה
2 נפטרת יום ג' כ"ה חשון
3 תרנ"ו לפ"ק:
4 תנצב"ה:

Auf der Rückseite des Steines steht:
Hanna Kaufmann
aus Zaberfeld.
geb. 4. März 1831
gest. 12. Nov. 1895

Stein: H: 123, B: 51, T: 25 cm

Hier liegt begraben
1 Channa, Tochter der Lea.
2 Sie ist gestorben am Dienstag, dem 25. Cheschwan
3 656 n.d.kl.Z.
4 T.N.Z.B.H.

## Rebecca (Rifka) Berlinger

Grab 314 ▼

Reihe XV

gest. 10.05.1896

פ"נ
1 רבקה אשת גבריאל
2 אשר הלכה לעולמה
3 לדאבון כל קרוביה
4 יום ב' כ"ח אייר תרנ"ו
5 לפ"ק: תנצב"ה:

Hier liegt begraben
1 Riwka, Gattin des Gavriel.
2 Sie ging in ihre Welt
3 zum Leidwesen aller ihrer Verwandten,
4 am Montag, dem 28. Ijjar 656
5 n.d.kl.Z. T.N.Z.B.H.

Auf der Rückseite des Steines steht:
Hier ruht
Rifka Berlinger
geb. 4. Aug. 1823.
gest. 11. Mai 1896.

Symbol: Mohnkapseln, Feston

Stein: H: 181, B: 56, T: 32 cm

**Quellen:**
RSA 3: 931, 53 Nr. 303a; 925, 17:
< Rebecca (Rifka) Berlinger, geb. 4.8.1823, gest. 10.5.1896, Tochter von Abraham Stein (Grab 145) und Kehle, geb. Traub (Grab 78), in erster Ehe verheiratet mit Mayer Hirsch Stein (Grab 135), in zweiter Ehe mit Gabriel Hirsch Berlinger (Grab 361) >

## Mammi Stein

Grab 315 ▼

Reihe XV

gest. 25.05.1896

פ"נ
1 אשה ישרה ונאמנה
2 פאר בניה ובנותיה
3 ממל אשת יצחק
4 אשר הלכה לעולם
5 יום ב' י"ג סיון תרנ"ו לפ"ק:
6 תנצב"ה:

Hier liegt begraben
1 eine aufrichtige und treue Frau,
2 die Pracht ihrer Söhne und ihrer Töchter war.
3 Mamel, Gattin des Jitzchak,
4 ging in die Ewigkeit
5 am Montag, dem 13. Siwan 656 n.d.kl.Z.
6 T.N.Z.B.H.

Auf der Rückseite des Steines steht:
Hier ruht
Mammi Stein
geb. Lehmann.
geb. 2. Okt. 1818.
gest. 25. Mai 1896.

Symbol: Mohnkapseln, Feston von Blumensträußen

Stein: H: 174, B: 57, T: 34 cm

**Quellen:**
RSA 3: 931, 53 Nr. 304a; 925, 242:
< Mammi Stein, geb. August (!) 1818, gest. 25. Mai 1896, Tochter von Bärle Lehmann und Breinle in Heidelsheim, Gattin des Isaak Veit Stein (Grab 331) >

# Grab 318 und 319

## Maier Salomon Löwenthal

▼ Grab 318

Reihe XVI

gest. 02.11.1884

| | |
|---|---|
| פ"נ | Hier liegt begraben |
| מאיר בר שלמה | 1 Meir, Sohn des Schlomo. |
| היה שמש ובעל תפלה | 2 Er war Synagogendiener und Vorbeter |
| עד זקנה ושיבה האירה | 3 bis ins hohe Alter. Laß dein Angesicht |
| פניך על מאיר עבדך | 4 leuchten über Meir, deinem Diener. |
| נפטר מן האי עלמא | 5 Er verschied von dieser Welt |
| יום א' י"ד חשון תרנ"ד¹ לפ"ק: | 6 am Sonntag, dem 14. Cheschwan 644[1] n.d.kl.Z. |
| תנצב"ה | 7 T.N.Z.B.H. |

Auf der Rückseite des Steines steht:
Maier Löwenthal
geb. 17. Febr. 1806
gest. 2. Nov. 1884.

**Quellen:**
RSA 3: 931, 49 Nr. 279; 925, 123:
< Maier Salomon Löwenthal, geb. 17.2.1806, gest. 2. Nov. 1884, Sohn von Salomon Löw Löwenthal (Grab 114) und Esther, geb. Anspacher (Grab 101), in erster Ehe verheiratet mit Rösle, geb. Steinteker (Grab 77), in zweiter Ehe mit Elkana, geb. Rödelsheimer (Grab 82), in dritter Ehe mit Sophie Sprinz, geb. Hochherr (Grab 180) >

Symbol: aufgeschlagenes Buch, Kranz

Stein: H: 166, B: 57, T: 36 cm

**Anmerkung:**
[1] richtig sollte es heißen: 645

## Salomon Ullmann

▲ Grab 319

Reihe XVI

gest. 24.04.1885

| | |
|---|---|
| פ"נ | Hier liegt begraben |
| שלמה בר משה | 1 Schlomo, Sohn des Mosche. |
| הלכה נשמתה | 2 Seine Seele stieg |
| למעלה עש"ק ביום | 3 hinauf am Vorabend des Heiligen Schabbat, dem |
| ט' ונקבר ביום [י"א אייר] | 4 9., und wurde begraben am [11. Ijjar] |
| תרמ"ה [לפ"ק] תנצב"ה | 5 645 [n.d.kl.Z.] T.N.Z.B.H. |

**Quelle:**
RSA 3: 931 S. 49 Nr. 280:
< Ullmann, Salomon, begr. 26. April 1885 >

**Anmerkung:**
Er stammt wohl nicht vom Freudentaler Zweig der Ulmanns.

Stein: H: 129, B: 60, T: 14 cm

## Fanni (Vögele) Levi

Grab 317

Reihe XV

gest. 27.10.1896

Hier liegt geborgen
1. Vögele, Gattin des Pinchas Halevi.
2. Sie war eine gepriesene, geachtete und aufrichtige Frau,
3. die Zierde ihres Mannes und aller ihrer Verwandte,
4. sie ging immer den Weg der Thora,
5. den Elenden und den Armen breitete sie ihre Hände aus.
6. Sie stieg auf in die Höhe zum Leidwesen ihrer Bekannten,
7. am Dienstag, dem 20. Cheschwan 657 n.d.kl.Z.
8. T.N.Z.B.H.

פ"ט
1 פאגלה אשת פינחס הלוי
2 אשה מהוללה יקרה וישרה
3 תפארת בעלה וכל קרוביה
4 הלכה תמיד בדרך התורה
5 לעני ואביון פרשה כפיה
6 עלתה למרום לדאבון ידועיה
7 יום ג' כ' חשון תרנ"ז לפ"ק:
8 תנצב"ה:

Quellen:
RSA 3: 931, 54 Nr. 309; 925, 127:
< Fanni Levi, geb. 17.4.1823 in Freudental, gest. 27. Okt. 1896, zuletzt in Stuttgart, Tochter von David Veit Kahn (Grab 144) und Jochebed, geb. Levi (Grab 179), Witwe des Schullehrers Seligmann Levi (Grab 209) >

Auf der Rückseite des Steines steht:
Hier ruht
Vögele Levi
geb. Kahn.
geb. 17. April 1823
in Freudenthal
gest. 27. Okt. 1896
in Stuttgart.

Symbol: Mohnkapseln, Feston

Stein: H: 200, B: 56, T: 37 cm

## Grab 316 und 321

### Sprinz Rothschild

▼ Grab 316

Reihe XV

gest. 26.09.1896

פ"ט
שפרינץ אשת שמשון
המכונה ראטהשילד
אשה ישרה ונעימה
הלכה בדרך תמימה
תפארת בעלה וזרעה
נפטרת יום שבת ח"מ סכות
י"ט תשרי תרנ"ז לפ"ק:
תנצב"ה:

1 Hier liegt geborgen
2 Sprinz, Gattin des Schimschon
   genannt Rothschild.
3 Sie war eine aufrichtige
   und wohlgefällige Frau,
4 wandelte auf makellosem Wege,
5 und war die Zierde ihres Mannes
   und ihrer Nachkommenschaft.
6 Sie ist gestorben am Schabbat des
   Zwischenfeiertages des Laubhüttenfestes,
7 dem 19. Tischri 657 n.d.kl.Z.
8 T.N.Z.B.H.

Auf der Rückseite des Steines steht:
Hier ruht
Sprinz Rothschild.
geb. 10. März 1808
in Freudenthal.
gest. 26. Sept. 1896
in Bruchsal.

Symbol: Mohnkapseln

Stein: H: 170, B: 50, T: 28 cm

Quellen:
RSA 3: 931, 54 Nr. 308; 925, 220:
< Sprinz Rothschild, geb. 10.3.1803 in Freudental,
gest. 26.9.1896, zuletzt in Bruchsal, Tochter von
Abraham Kaufmann (Grab 25) und Esther, geb.
Horkheimer (Grab 99), Gattin des Samson
Rothschild (Grab 219) >

### Isaak Löb Stein

▼ Grab 321

Reihe XVI

gest. 25.10.1885

יצחק בר יהודה
יום השבת הוא יום מנוחתו
צדיק יחיה באמונתו
חלקו בארץ החיים
קרב והלך לבית עולמים
ביום ש"ק ט"ו חשון תרמ"ו
לפ"ק: תנצב"ה

1 Jitzchak, Sohn des Jehuda.
2 Der Tag des Schabbat ward sein Ruhetag.
3 Ein Gerechter wird in
   seinem Glauben leben,
4 sein ist Teilhabe am Lande des Lebens.
5 Er näherte sich der Stätte der Ewigkeit
6 am Tag des Heiligen Schabbat,
   dem 15. Cheschwan 646
7 n.d.kl.Z. T.N.Z.B.H.

Auf der Rückseite des Steines steht:
Hier ruht
J. Stein
geb. 10. Mai 1825.
gest. 24. Okt. 1885.

Symbol: Kranz, Feston

Stein: H: 177, B: 53, T: 36 cm

Quellen:
RSA 3: 931, 49 Nr. 282; 925t, 247:
< Isaak Löb Stein, geb. 10.5.1825,
gest. 25. Okt. 1885, Sohn von Löb Jakob Stein
(Grab 149) und Vogel, geb. Kahn (Grab 231),
Gatte der Mina Stein, geb. Hanauer (Grab 402) >

Anmerkung:
Akrostichon: Die Anfangsbuchstaben
der Zeilen 2-5 ergeben den Namen Jitzchak.

Grab 322 und 323

| | |
|---|---|
| 1 | שלום אריה בן הח' ר' צבי |
| 2 | ע"ה **ש**לום דבר את רעהו |
| 3 | **ל**מד ליראה את רועהו |
| 4 | **ו**לעשות רצון קונהו |
| 5 | **מ**ת ביום ב' ו' טבת |
| 6 | תרמ"ו לפ"ק |
| 7 | תנצב"ה |

Auf der Rückseite des Steines steht:
Hier ruht
Samuel Hirschmann.

Symbol: Feston, Kranz

Stein: H: 162, B: 53, T: 34 cm

1 Schalom Arie, Sohn des Chawers Herr Zwi –
2 er ruhe in Frieden –, sprach im Frieden mit seinem Freunde,
3 lernte vor seinem Hirten Ehrfurcht zu haben
4 und den Willen seines Schöpfers zu tun.
5 Er ist gestorben am Montag, dem 6. Tewet
6 646 n.d.kl.Z.
7 T.N.Z.B.H.

Quellen:
RSA 3: 931, 50 Nr. 283; 925, 56:
< Samuel Löb Hirschmann, geb. 6.11.1801, gest. 14.12.1885, Sohn von Hirsch Wolf Hirschmann (Grab 10) und Kreinle, Tochter d. Samuel (Grab 64), Gatte der Babet (Baier) Hirschmann (Grab 167) >

Anmerkung:
Akrostichon: Der Anfangsbuchstabe des „Schalom" in der 2. Zeile und die Anfangsbuchstaben der Zeilen 3-5 ergeben wieder das Wort „Schalom".

## Samuel Löb (Schalom Arie) Hirschmann

Grab 322 ▼

Reihe XVI

gest. 14.12.1885

---

| | |
|---|---|
| | פ"נ |
| 1 | יקותיאל בר נפתלי |
| 2 | מאס ברע והלך דרך |
| 3 | טובים זקן ושבע |
| 4 | ימים לקח לארץ |
| 5 | החיים ביום שבת |
| 6 | הגדול י"ב ניסן תרמ"ו |
| 7 | לפ"ק: תנצב"ה |

Auf der Rückseite des Steines steht:
K. Kaufmann
Zaberfeld.

Stein: H: 172, B: 47, T: 22 cm

Hier liegt begraben
1 Jekutiel, Sohn des Naphtali.
2 Er mied Böses und ging den Weg
3 des Guten. Alt und satt an
4 Tagen wurde er ins Land
5 des Lebens genommen am Tag des großen[1]
6 Schabbat, dem 12. Nissan 646
7 n.d.kl.Z. T.N.Z.B.H.

Quelle:
RSA 3: 931 S. 50 Nr. 284:
< Kauffmann, Kauffmann v. Zaberfeld, 17. April 1886 >

Anmerkung:
[1] der Schabbat vor dem Passahfest

## Kaufmann (Jekutiel) Kauffmann

Grab 323 ▼

Reihe XVI

gest. 17.04.1886

## Moses Haas

▼ Grab 326

Reihe XVI

gest. 26.06.1887

| | | |
|---|---|---|
| | פ"נ | Hier liegt begraben |
| 1 | הגאון הגדול מהור"ר | der große Ga'on[1], unser Lehrer und Rabbiner, Herr Mosche, |
| | משה בר שמואל האאז | Sohn des Schmuel Haas, |
| 2 | אב"ד בפריידענטהאל | Vorsitzender des Rabbinatsgerichts in Freudenthal. |
| | תורתו מפיהו נובעת | Seine Lehre sprudelte aus seinem Mund, |
| 3 | והוסיף לקח ומוסר על | und er mehrte Weisheit und Moral |
| | אזן שומעת | dem aufmerksamen Ohr. |
| 4 | והאיש משה עניו וצדיק | Und der Mann Mosche war bescheiden und gerecht, |
| | מכל אנשי סביבתו | mehr als alle Menschen seiner Umgebung, |
| 5 | אוהב שלום ורודף שלום | er liebte den Frieden, und jagte dem Frieden nach, |
| | אוהב את קהילתו | er liebte seine Gemeinde |
| 6 | ומקרבן לתורה ולמעשים | und näherte Alte und Junge der Thora |
| | טובים זקנים ונערים | und den guten Taten, |
| 7 | ונזלו אמרותיו כמיים | und seine Sprüche flossen |
| | חיים הנובעים | wie sprudelndes lebendiges Wasser. |
| 8 | האיש משה עלה למרום | Der Mann Mosche ging hinauf in die Himmelshöhe am |
| | יום א' ד' תמות | Sonntag, dem 4. Tammut[2] |
| 9 | תרמ"ז לפ"ק | 647 n.d.kl.Z. |
| 10 | תנצב"ה | T.N.Z.B.H. |

Auf der Rückseite des Steines steht:
Hier ruht
unser lieber Vater
Rabbiner Haas
geb. im Mai 1811.
gest. im Juni 1887.
Friede seiner Asche.

Stein: H: 162, B: 58, T: 29 cm

Quellen:
RSA 3: 931, 50 Nr. 287; 925, 66:
< Moses Haas, geb. 2. Mai 1811 in Mardorf b. Marburg, gest. 26. Juni 1887, zuvor Rabbiner in Hofgeismar, Sohn von Moses Haas, Handelsmann in Mardorf und Sara, Gatte der Rebekka, geb. Meßner (Grab 250) >

Anmerkungen:
[1] Ga'on ist ein Titel für besonders hochgelehrte Rabbiner.
[2] Tammut wörtlich: „du wirst sterben". Wird jedoch in der aschkenasischen Aussprache annähernd gleich wie Tammus ausgesprochen, die Schreibung ist als gelehrter Kunstgriff zu verstehen.

**Moses Haas**

Grab 326 ▼

Reihe XVI

gest. 26.06.1887

## Grab 320 und 376

**Josef Weil**

● Grab 320

Reihe XVI

gest. 02.09.1885

| | |
|---|---|
| פ״ט | |
| איש ישר ותמים | 1 |
| יוסף בר משה המכונה[1] | 2 |
| מת במבחר שנותיו | 3 |
| למספד כל משפחתו | 4 |
| ולדאבון כל חביריו | 5 |
| ביום כ״ג אלול תרמ״ה | 6 |
| Josef Weil | 7 |
| 1. Dez. 1838 - 2. Sept. 1885 | 8 |
| תנצב״ה | 9 |

Stein: H: 148, B: 50, T: 15 cm

Hier liegt begraben
1 ein aufrechter und makelloser Mann.
2 Joseph, Sohn des Mosche, genannt[1],
3 ist gestorben in der Blüte seiner Jahre,
4 zur Trauer seiner ganzen Familie
5 und zum Leidwesen aller seiner Freunde,
6 am 23. Elul 645

9 T.N.Z.B.H.

Quellen:
RSA 3: 931, 49 Nr. 281; 925, 292:
< Joseph Weil, geb. 1.12.1838, gest. 2.9.1885, Sohn von Moses Weil in Ittlingen (Baden) und Babette, geb. Reis, Gatte der Hannchen, geb. Marx (Grab 401) >

Anmerkung:
[1] Nenname ausgelassen

---

**Emilie (Mindele) Marx**

▼ Grab 376

Reihe XVIII

gest. 22.03.1903

| | |
|---|---|
| פ״ט | |
| מינדלה אשת זאב | 1 |
| אשה ישרה ויקרה | 2 |
| טבת שכל במעשיה | 3 |
| מתה בחצי ימיה | 4 |
| לעצבון מכיריה | 5 |
| יום א׳ כ״ג אדר תרס״ג | 6 |
| לפ״ק: תנצב״ה: | 7 |

Auf der Rückseite des Steines steht:
Hier ruht
Emilie Marx.
geb. d. 4. Dez. 1862
gest. 22. März 1903.

Symbol: Feston

Stein: H: 145, B: 50, T: 25 cm

Hier liegt geborgen
1 Mindele, Gattin des Zeew.
2 Eine aufrechte und geachtete Frau war sie,
3 eine Frau von Verstand in ihren Taten.
4 Sie ist gestorben in der Mitte ihres Lebens
5 zur Trauer ihrer Bekannten,
6 am Sonntag, dem 23. Adar 663
7 n.d.kl.Z. T.N.Z.B.H.

Quellen:
RSA 3: 931, 58 Nr. 339; 925, 198:
< Emilie Marx, geb. 4. Dez. 1862, gest. 22. März 1903, Tochter von Veit Marx und Rebekka, Gattin des Wolf Marx (Grab 418) >

## Grab 324 und 325

| | |
|---|---|
| פ״נ | |
| שלמה בר יוסף ע״ה | 1 |
| **ש**למה תהיה משכרתו | 2 |
| **ל**מד ורחש דבר בלבו | 3 |
| **מ**גיע כפו אכל וטוב לו | 4 |
| **ה**לך בשלום לעולמו | 5 |
| ביום כ״ט ניסן: | 6 |
| תרמ״ו לפ״ק תנצב״ה | 7 |

Auf der Rückseite des Steines steht:
Hier ruht
Salomo Berlinger
geb. d. 28. März 1836.
gest. d. 4. Mai 1886.

Stein: H: 153, B: 51, T: 27 cm

Hier liegt begraben
1 Schlomo, Sohn des Joseph,
 er ruhe in Frieden,
2 sein Lohn möge vollkommen sein.
3 Er lernte und erfuhr DAS WORT
 in seinem Herzen,
4 er nährte sich von seiner Hände Arbeit
 und es ging ihm gut.
5 Er ging in Frieden in seine Welt
6 am 29. Nissan
7 646 n.d.kl.Z. T.N.Z.B.H.

Quellen:
RSA 3: 931, 50 Nr. 285; 925, 18:
< Salomon Berlinger, geb. 28.3.1836,
gest. 4. Mai 1886, Sohn von Joseph Gerson
Berlinger (Grab 140) und Fradel, geb. Ulmann (Grab
183), Gatte der Fanny, geb. Levi (Grab 384) >

Anmerkung:
Akrostichon: Die Anfangsbuchstaben der
Zeilen 2-5 ergeben den Namen „Schlomo".

### Salomo Berlinger

Grab 324 ▼

Reihe XVI

gest. 04.05.1886

---

| | |
|---|---|
| פ״נ | |
| איש עדיק¹ | 1 |
| תם וישר בנדיבים | 2 |
| הלך תמים דרך טובים | 3 |
| דבק נפשו באלוהים | 4 |
| יואל בר נתן הלוי | 5 |
| מת ביום ו' כ״ד שבט | 6 |
| תרמ״ז לפ״ק | 7 |
| תנצב״ה | 8 |

Auf der Rückseite des Steines steht:
Jakob Spatz
geb. 24 Mai 1838.
gest. 18 Feb. 1887.

Symbol: Levitenkanne

Stein: H: 139, B: 53, T: 28 cm

Hier liegt begraben
1 ein gerechter Mann.
2 Redlich und aufrichtig unter den
 Freigiebigen¹
3 ging er makellos auf dem Weg der
 Guten,
4 seine Seele hing an Gott.
5 Joel, Sohn des Nathan Halevi,
6 ist gestorben am Freitag, dem 24.
 Schewat
7 647 n.d.kl.Z.
8 T.N.Z.B.H.

Quellen:
RSA 3: 931, 50 Nr. 286; 925, 227:
< Jakob Spatz, geb. 24.5.1838 in Großeicholzheim
(Baden), gest. 18. Feb. 1887, Sohn von Nathan
Spatz und Blümchen, geb. Halle, Gatte der Deiche,
geb. Stern >

Anmerkungen:
¹ צ verschrieben zu ע
² zu נדיבים siehe Kommentar zu Grab 124

### Jakob (Joel) Spatz

Grab 325 ▼

Reihe XVI

gest. 18.02.1887

# Grab 327 und 328

## Jakob Löwe

▼ Grab 327

Reihe XVI

gest. 01.12.1887

פ"נ 1
בחור יעקב בר צבי הלוי 1
יעקב איש תם וישר הלך נכחו 2
על חליו ומודה נשא בנפש שוקמה¹ 3
קצר ימים עזב את ארץ החיים 4
בן יקר ונחמד לאבותיו המתאבלים 5
והלך לעולמו ט"ו כסלו תרמ"ח לפ"ק 6
תנצב"ה 7

Auf der Rückseite des Steines steht:
Jakob Löwe
geb. 28 Mai 1859
gest. 1 Dez. 1887.

Symbol: Levitenkanne

Stein: H: 164, B: 54, T: 30 cm

Hier liegt begraben
1 der Junggeselle Jaakow, Sohn des Zwi Halevi.
2 Jaakow war ein frommer und rechtschaffener Mann und ging den rechten (Weg),
3 Krankheit und Schmerz hat er mit (demütig) gebeugter Seele getragen.
4 Er verließ das Land des Lebens nach kurzer Lebenszeit,
5 als teurer und geliebter Sohn seiner trauernden Eltern,
6 und ging in seine Welt am 15. Kislew 648 n.d.kl.Z.
7 T.N.Z.B.H.

Quellen:
RSA 3: 931, 50 Nr. 288; 925, 131:
< Jakob Löwe, geb. 28. Mai 1859, gest. 1. Dez. 1887, Sohn von Hirsch Löwe (Grab 349) und Rösle, geb. Levi (Grab 382), ledig >

Anmerkungen:
Akrostichon: die Anfangsbuchstaben der Zeilen 2-5 ergeben den Namen „Jaakow".
¹ שוקמה verschrieben für שוקמה

## Löw (Löb Manasse) Juda

▼ Grab 328

Reihe XVI

gest. 21.04.1888

פ"נ 1
איש ישר ליב יודא 1
הלך לעולמו ביום 2
שבת קודש י' אייר שהוא 3
כ"ה לספירה ונקבר 4
ביום ב' י"ב בו תרמ"ח לפ"ק: 5
תנצב"ה: 6

Auf der Rückseite des Steines steht:
Hier ruht
Löw Juda
geb. 24. April 1820
gest. 21. April 1888.

Symbol: sechszackiger Stern

Stein: H: 177, B: 55, T: 32 cm

Hier liegt begraben
1 ein aufrechter Mann. Löb Juda
2 ging in seine Welt am Tag des
3 Heiligen Schabbat, dem 10. Ijjar, d.i.
4 der 25. der (Omer-) Zählung, und wurde begraben
5 am Montag, dem 12. desselben, 648 n.d.kl.Z.
6 T.N.Z.B.H.

Quellen:
RSA 3: 931, 51 Nr. 289; 925, 81:
< Löb Manasse Juda, geb. 24. April 1820 in Lehrensteinsfeld, gest. 21. April 1888, Sohn von Manasse Samuel in Lehrensteinsfeld und Ella Aaron, Gatte der Zerline (Zirle), geb. Horkheimer (Grab 299) >

# Grab 330 und 355

## Lippman Marx

Grab 330

Reihe XVI

gest. 16.09.1888

פ"ט
1 איש ישר ונאמן
2 הוא ליפמאן מארקז
3 הלך לעולמו ביום
4 י"א תשרי ונקבר ביום
5 ג' י"ג בו תרמ"ט לפ"ק
6 תנצב"ה

Hier liegt geborgen
1 ein aufrechter und treuer Mann.
2 Er, Lippmann Marx,
3 ging in seine Welt am
4 11. Tischri und wurde begraben am Diens-
5 tag, dem 13. desselben, 649 n.d.kl.Z.
6 T.N.Z.B.H.

Auf der Rückseite des Steines steht:
Hier ruht
Lippmann Marx
geb: 17 Jan: 1821.
gest: 16 Sep: 1888.

Symbol: sprossende Pflanze,
zwei vierblättrige Rosenblüten

Stein: H: 152, B: 50, T: 34 cm

Quellen:
RSA 3: 931, 51 Nr. 291; 925, 134:
< Liebmann Marx, geb. 17. Jan. 1821,
gest. 16. Sept. 1888, Handelsmann in Freudental,
Sohn von Immanuel Marx (Grab 155) und Hanna,
geb. Hirsch (Grab 87), Gatte der Hanna,
geb. Kaufmann (Grab 246) >

## Abraham Brandes

Grab 355

Reihe XVII

gest. 16.11.1906

פ"נ
1 איש נכ[בד וי]שר
2 הלך לדרכו
3 בארץ נכריה
4 אברהם בר יעקב
5 נפטר בערב שבת
6 כ"ח חשון תרס"ז
7 תנצב"ה

Hier liegt begraben
1 ein ehrenwerter und rechtschaffener Mann.
2 Er ging seinen Weg
3 in ein fremdes Land.
4 Avraham, Sohn des Jaakow,
5 ist gestorben am Vorabend des Schabbat,
6 dem 28. Cheschwan 667
7 T.N.Z.B.H.

Auf der Rückseite des Steines steht:
Hier ruht
Abraham Brandes
gest. d. 16. Nov.
1906

Stein: H: 121, B: 42, T: 29 cm

Quelle:
RSA 3: 931 S. 56 Nr. 318:
< Brandes, Abraham, 16. November 1906 >

# Grab 333 und 334

## Lazarus (Elieser) Mannheimer

▼ Grab 333

Reihe XVI

gest. 11.12.1890

פ"נ
1 איש תם וישר
2 אליעזר בר יהודה
3 ממאסענבאך מת
4 ביום כ"ט כסלו ונקבר
5 בכבוד גדול ביום ג'
6 טבת תרנ"א לפ"ק
7 תנצב"ה

Auf der Rückseite des Steines steht:
Hier ruht
Lazarus Mannheimer
von Massenbach
geb. 13. März 1815.
gest. 11. Dez. 1890.

Symbol: Kranz, Feston

Stein: H: 178, B: 52, T: 37 cm

Hier liegt begraben
1 ein redlicher und aufrechter Mann.
2 Elieser, Sohn des Jehuda
3 aus Massenbach, ist gestorben
4 am 29. Kislew und wurde begraben
5 in großen Ehren am 3.
6 Tewet 651 n.d.kl.Z.
7 T.N.Z.B.H.

Quelle:
RSA 3: 931, 51 Nr. 294 (ohne Angaben)

## Wolf Wolf

▼ Grab 334

Reihe XVI

gest. 06.02.1891

פ"נ
1 זאב [ ] ב' ה'] משה
2 [ ]ש[
3 [ ]
4 [ ]
5 תנצב"ה

Auf der Rückseite des Steines steht:
Hier ruht
Wolf Wolf.

Stein: H: 122, B: 47, T: 8 cm

Hier liegt begraben
1 Zeew [ , Sohn des Herrn] Mosche
2 [ ]
3 [ ]
4 [ ]
5 T.N.Z.B.H.

Quellen:
RSA 3: 931, 52 Nr. 295; 925, 302: < Wolf Wolf, geb. 29. Dez. 1812, gest. 6. Feb. 1891, Sohn von Moses Hirsch Wolf (Grab 151) und Mindel, Tochter d. Marx Hurmin (Grab 176), ledig>

## Isaak Mosbacher

Grab 329 ▼

Reihe XVI

gest. 13.05.1888

Hier liegt begraben
1. Jitzchak Mosbacher,
2. ein Greis, der den Frieden liebte.
3. Lange Zeit war er
4. Schächter der Heiligen Gemeinde.
5. Er ging in seine Welt am Sonn-
6. tag, dem 3. Siwan 648 n.d.kl.Z.
7. T.N.Z.B.H.

פ"נ
1. יצחק מאזבאכער
2. הזקן ואוהב שלום
3. אשר היה זמן רב
4. שוחט דק"ק
5. הלך לעולמו ביום
6. א' ג' סיון תרמ"ח לפ"ק
7. תנצב"ה

Auf der Rückseite des Steines steht:
Isaak Mosbacher
geb. 12 März 1812
gest. 13 Mai 1888.

**Quellen:**
RSA 3: 931, 51 Nr. 290; 925, 184:
< Isaak Mosbacher, Hausierhändler, geb. 12. März 1812, gest. 12. Mai 1888, Sohn von Hayum Joseph Isaak Mosbacher (Grab 43) und Rösle (Grab 170), Gatte der Sara, geb. Strauß (Grab 222) >

Symbol: achtblättrige Blüten

Stein: H: 143, B: 54, T: 29 cm

## Israel Herrmann

▼ Grab 335

Reihe XVI

gest. 11.10.1891

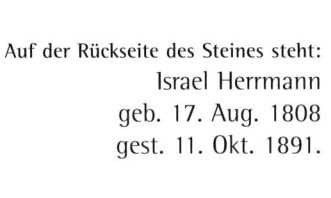

פ"נ
1 איש תם וישר
2 היטיב לקרוביו
3 עוסק נ"ג שנים עם
4 הצבור ישראל בר
5 יצחק נפ' ערב
6 יום כפור תנר"א לפ"ק:
7 תנצב"ה:

Auf der Rückseite des Steines steht:
Israel Herrmann
geb. 17. Aug. 1808
gest. 11. Okt. 1891.

Symbol: Kranz, Feston

Stein: H: 172, B: 54, T: 34 cm

Hier liegt begraben
1 ein redlicher und aufrechter Mann.
2 Er tat Gutes für seine Verwandten
3 und war 53 Jahre lang bemüht um
4 die Gemeinde. Israel, Sohn des
5 Jitzchak, ist gestorben am Vorabend des
6 Versöhnungsfestes, 651 n.d.kl.Z.
7 T.N.Z.B.H.

Quellen:
RSA 3: 931, 52 Nr. 296; 925, 62:
< Israel Herrmann, geb. 19. Aug. 1808 in Freudental, gest. 11. Okt. 1891, beigesetzt 13. Okt., Gemeinderat seit 1851, Sohn von Isaak Moses Herrmann (Grab 28) und Riffeke, geb. Horburg (Grab 108), Gatte der Marianne (Mirjam), geb. Graf (Grab 300) >

## Louis (Jehuda) Stein

▼ Grab 337

Reihe XVI

gest. 20.03.1892

פ"נ
1 בחור ידיד כל רואיו¹
2 יהודה בר יצחק
3 נפטר לעולמו לדאבן
4 כל יודעיו יום א' כ"א אדר
5 תרנ"ב לפ"ק: תנצב"ה:

Auf der Rückseite des Steines steht:
Hier ruht unser lieber
Sohn u. Bruder
Lui Stein
geb. 29. März 1862
gest. 20. März 1892.
Ruhe seine Asche.

Symbol: Kranz, Feston

Stein: H: 175, B: 54, T: 35 cm

Hier liegt begraben
1 ein junger Mann, ein Liebling
all seiner Gefährten.
2 Jehuda, Sohn des Jitzchak,
3 verschied in seine Welt zum Leidwesen
4 aller, die ihn kannten,
am Sonntag, dem 21. Adar
5 652 n.d.kl.Z.  T.N.Z.B.H.

Quellen:
RSA 3: 931, 52 Nr. 298:
< Louis Stein, geb. 5. April 1862, gest. 20. März 1892, Sohn von Isaak Löb Stein (Grab 321) und Mina, geb. Hanauer (Grab 402), ledig >

Anmerkung:
¹ verschrieben statt רועיו, רואי hieße „Betrachter", was hier wohl weniger paßt

# Grab 338 und 339

| | |
|---|---|
| פ"נ | |
| גבריאל בר הח"ר יקותיאל | 1 |
| חיתה שלמה באמונתו | 2 |
| ובעבודת ה' עד עלתה | 3 |
| נשמתו יום ג' כ"ט ניסן | 4 |
| יום י"ד בעומר תרנ"ב לפ"ק: | 5 |
| תנצב"ה: | 6 |

Symbol: Dreieck, darin ein stilisiertes Auge, dahinter Strahlenkranz

Stein: H: 159, B: 55, T: 29 cm

Hier liegt begraben
1 Gavriel, Sohn des Chawers Herr Jekutiel.
2 Seine Seele lebte vollkommen im Glauben an Ihn
3 und im Dienste Gottes, bis sie
4 aufstieg am Dienstag, dem 29. Nissan,
5 dem 14. Tag der Omer-<Zählung> 652 n.d.kl.Z.
6 T.N.Z.B.H.

Quellen:
RSA 3: 931, 52 Nr. 299:
< Gabriel Ulmann, geb. 3. Okt. 1835, gest. 26. April 1892, Sohn von Kusiel Löw Ulmann (Grab 216) und Brendel, geb. Levi (Grab 243), ledig >

## Gabriel Ulmann

Grab 338 ▲

Reihe XVI

gest. 26.04.1892

---

| | |
|---|---|
| פ"נ | |
| משה חיים בר | 1 |
| אברהם צבי | 2 |
| נפטר יום שבת | 3 |
| קדש ה' סיון תרנ"ד | 4 |
| לפ"ק תנצב"ה: | 5 |

Auf der Rückseite des Steines steht:
Hier ruht
Moses Hayum
Levi.
geb. 25. Aug. 1815.
gest. 9. Juni 1894.

Symbol: Levitenkanne

Stein: H: 124, B: 50, T: 24 cm

Hier liegt begraben
1 Mosche Chajjim, Sohn des
2 Avraham Zwi.
3 Er ist gestorben am Tag des Heiligen
4 Schabbat, dem 5. Siwan 654
5 n.d.kl.Z. T.N.Z.B.H.

Quellen:
RSA 3: 931, 52 Nr. 300; 925, 11; 926, 6:
< Moses Hayum Levi, geb. 25. Aug. 1815 in Freudental, gest. 9. Juni 1894, Sohn von Abraham Hirsch Levi (Grab 136) und Rebekka, geb. Jomdof (Grab 163), ledig >

## Moses Hayum Levi

Grab 339 ▼

Reihe XVI

gest. 09.06.1894

# Grab 396, 397 und 398

## Auguste Herbst

■ Grab 396

Reihe XIX

gest. 21.05.1908

Auguste Herbst
geb. 31. Mai 1907
gest. 21. Mai 1908

Stein: H: 52, B: 30, T: 9 cm

Quelle:
RSA 3: 93, 60 Nr. 360:
< Herbst, Auguste, 21. Mai 1908 >

Anmerkung:
Kindergrab

## Sigfried Herbst

■ Grab 397

Reihe XIX

gest. 23.09.1908

Sigfrid Herbst
Zaberfeld
geb. d. 13. Aug. 1908
gest. d. 23. Sept. 1908

Stein: H: 46, B: 33, T: 20 cm

Anmerkung:
Kindergrab

## Hugo Herbst

■ Grab 398

Reihe XIX

gest. 14.07.1910

Hugo Herbst
Zaberfeld
geb. d. 20. Nov. 1909
gest. d. 14. Juli 1910.

Stein: H: 51, B: 36, T: 22 cm

Quelle:
RSA 3: 931, 60 Nr.361:
< Herbst, Hugo, 14. Juli 1910 >

Anmerkung:
Kindergrab

## Grab 388, 400 und 412

| | |
|---|---|
| פ"ט | Hier liegt geborgen |
| רוסה בת בנימין 1 | 1 Rosa, Tochter des Benjamin |
| [Rosa] Jordan 2 | |
| Zaberfeld 3 | |
| geb. d.    Juni 189[ ]. 4 | |
| gest. [2.] N[ov.] 1903. 5 | |
| תנצב"ה 6 | 6 T.N.Z.B.H. |

Stein: H: 58, B: 43, T: 11 cm

**Rosa Jordan**

Grab 400

Reihe XIX

gest. 02.11.1903

Quelle:
RSA 3: 931, Nr. 368:
< Jordan, Rosa, 2. Nov. 1903 >

---

| | |
|---|---|
| פ"נ | Hier liegt begraben |
| האיש תם וישר 1 | 1 ein Mann, der redlich war und aufrecht. |
| צבי בר בן ציון 2 | 2 Zwi, Sohn des Ben Zion |
| מצאבערפעלד 3 | 3 aus Zaberfeld, |
| נפטר בט' ניסן תרע"ז 4 | 4 ist gestorben am 9. Nissan 677 |
| תנצב"ה 5 | 5 T.N.Z.B.H. |
| Hirsch Kaufmann. 6 | |
| Zaberfeld. 7 | |

Stein: H: 140, B: 43, T: 18 cm

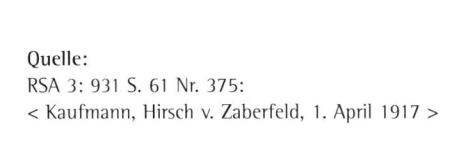

**Hirsch (Zwi) Kaufmann**

Grab 412

Reihe XXI

gest. 01.04.1917

Quelle:
RSA 3: 931 S. 61 Nr. 375:
< Kaufmann, Hirsch v. Zaberfeld, 1. April 1917 >

---

| | |
|---|---|
| פ"נ | Hier liegt begraben |
| שרה אשת אפגדר 1 | 1 Sara, Gattin des Avigdor. |
| אשה טובה נפטר 2 | 2 Sie war eine gute Frau, die gestorben ist |
| בי"ט שבט תרס"ט לפ"ק 3 | 3 am 19. Schewat 669 n.d.kl.Z. |
| תנצב"ה 4 | 4 T.N.Z.B.H. |
| Hier ruht in Frieden 5 | |
| Frau Sara Kaufmann 6 | |
| geb. Bauernfreund von Zaberfeld 7 | |
| geb. 18. Sept. 1850 8 | |
| gest. 10. Feb. 1909 9 | |

Symbol: Flammen

Stein: H: 133, B: 49, T: 25 cm

**Sara Kaufmann**

Grab 388

Reihe XVIII

gest. 10.02.1909

Quelle:
RSA 3: 931 S. 59 Nr. 351:
< Kaufmann, Sara, 10. Feb. 1909 >

# Grab 352 und 353

## Wolf (Benjamin) Jordan

▼ Grab 352

Reihe XVII

gest. 21.11.1903

פ״נ
1 בנימין בר משה
2 איש ישר מין צאברפלד
3 הלך לעולמו לדאבן אישתו
4 בלהבי אש אים¹ בנו ובתו
5 יום ש״ק ב׳ כסלו תרס״ד לפ״ק:
6 תנצב״ה:

Auf der Rückseite des Steines steht:
Wolf Jordan
aus Zaberfeld
geb. d. 27. Mai 1841.
gest. d. 21. Nov. 1903.

Symbol: fünfblättrige Blüte, Palmzweig

Stein: H: 176, B: 54, T: 27 cm

Hier liegt begraben
1 Benjamin, Sohn des Mosche,
2 ein aufrichtiger Mann aus Zaberfeld.
3 Er ging in seine Welt zum Leidwesen seiner Frau,
4 in Feuerflammen mit seinem Sohn und seiner Tochter,
5 am Tag des Heiligen Schabbat, dem 2. Kislew 664 n.d.kl.Z.
6 T.N.Z.B.H.

Quelle:
RSA 3: 931 S. 55 Nr. 315

Anmerkung:
¹ אם– statt עם geschrieben

## Moses Hirschmann

▼ Grab 353

Reihe XVII

gest. 06.02.1904

פ״נ
1 איש הולך תמים
2 צדיק כאמונתו¹
3 משה בר יחיאל
4 הירשמאנן מפה
5 נפטר ביום שבת
6 קדש ונקבר ביום
7 ב׳ כ״ב שבט תרס״ד
8 תנצב״ה

Auf der Rückseite des Steines steht:
Moses Hirschmann
geb. d. 10. Dez. 1819.
gest. d. 6. Feb. 1904.

Stein: H: 165, B: 53, T: 28 cm

Hier liegt begraben
1 ein Mann ohne Tadel,
2 der gerecht war in seinem Glauben.
3 Mosche, Sohn des Jechiel
4 Hirschmann von hier,
5 ist gestorben am Tag des Heiligen
6 Schabbat und wurde begraben am Mon-
7 tag, dem 22. Schewat 664
8 T.N.Z.B.H.

Quelle:
RSA 3: 925, 252:
< Moses Hirschmann, Pferdehändler in Freudental, geb. 10. Dez. 1819, gest. 6. Febr., Sohn von Jachiel Hirschmann (Grab 202) und Gudle, geb. Etlinger (Grab 90), Gatte der Lea, geb. Stein (Grab 252) >

Anmerkung:
¹ כ verschrieben für ב

## Moritz (Moses) Kahn

Grab 336

Reihe XVI

gest. 11.11.1891

Hier liegt begraben
1. Mosche, Sohn des Avraham
2. Hacohen, Vorbeter und Richter in Gerechtigkeit. Er ist gestorben am
3. Mittwoch, dem 10. Cheschwan, und wurde begraben am Vorabend des Schabbat, dem 12.
4. Cheschwan 652 n.d.kl.Z.
5. „Siehe, du hast viele unterwiesen und matte
6. Hände gestärkt, deine Rede hat die Strauchelnden
7. aufgerichtet"[2] T.N.Z.B.H.

1. פ״נ
2. משה בר אברהם
3. הכהן ש״ץ ב״ץ[1] נפטר יום
4. ד' י' חשון ונקבר ע״ש הי״ב
5. חשון תרנ״ב לפ״ק:
6. "הנה יסרת רבים וידים
7. רפות תחזק כשל יקימו
8. מליך"[2] : תנצב״ה

Auf der Rückseite des Steines steht:
Moses Kahn
geb. 24. Juli 1835
gest. 11. Nov. 1891.

Quellen:
RSA 3: 931, 52 Nr. 297:
< Moritz Kahn, Lehrer, 11. Nov. 1891 >

Anmerkungen:
[1] Wahrscheinlich ב״ץ statt ד״ץ verschrieben.
[2] Zitat Hiob 4, 3-4

Symbol: Segnende Hände, Feston

Stein: H: 173, B: 54, T: 33 cm

## Grab 340 und 341

**Moritz (Mosche) Jordan**

▼ Grab 340

Reihe XVI

gest. 19.11.1894

Auf der Rückseite des Steines steht:
Hier ruht
Moritz Jordan.

Stein: H: 117, B: 51, T: 25 cm

1 [פ"]נ
2 משה בר [    ]
3 אשר הלך לעולמו
4 יום ב' כ' מרחשון
5 תרנ"ה לפ"ק ונקבר
6 יום ה' כ"ג בו:
7 תנצב"ה:

Hier liegt begraben
1 Mosche, Sohn des [    ],
2 der in seine Welt ging
3 am Montag, dem 20. Marcheschwan
4 655 n.d.kl.Z., und begraben wurde
5 am Donnerstag, dem 23. desselben
6 T.N.Z.B.H.

Quellen:
RSA 3: 931, 53 Nr. 301; 925, 64:
< Moritz Jordan, geb. 16. März 1851 in Zaberfeld, gest. 19. Nov. 1894, Sohn von Joseph Aron Jordan (Grab 212) und Klara (Güdel), geb. Lauchheimer (Grab 308), Gatte von Jette, geb. Mosbacher (Grab 390) >

---

**Aharon „    "**

▲ Grab 341

Reihe XVI

gest. 11.1894 (?)

Stein: H: 141, B: 53, T: 17 cm

1 פ"נ
2 [           ]
3 אהרן [ב' אל]כסנדר
4 נפט[ר   ] חשון
5 תרנ"]ה לפ"ק]
6 [תנצב"ה]

Hier liegt begraben
1 [                        ]
2 Aharon [Sohn des Ale]xander
3 gestorben am [    ] Cheschwan
4 65[5 n.d.kl.Z.]
5 [T.N.Z.B.H.]

## Grab 342 und 343

| | | |
|---|---|---|
| פ"נ | Hier liegt begraben | **Aron Aron** |
| 1 אהרון בר יצחק | 1 Aharon, Sohn des Jitzchak. | |
| 2 איש ירא שמים | 2 Er war ein gottesfürchtiger Mann, | |
| 3 אשר הלך לעולמו | 3 der in seine Welt ging | Grab 342 ▲ |
| 4 יום חנכת המזבח | 4 am Tag der Einweihung des Altars,[1] | |
| 5 א' ג' טבת תרנ"ה לפ"ק | 5 Sonntag, dem 3. Tewet 655 n.d.kl.Z., | Reihe XVI |
| 6 ונקבר יום ג' ה' בו: | 6 und begraben wurde am Dienstag, dem 5. desselben, | |
| 7 תנצב"ה: | 7 T.N.Z.B.H. | gest. 30.12.1894 |

Symbol: Mohnkapseln, Feston

Stein: H: 146, B: 51, T: 26 cm

Quellen:
RSA 3: 931, 53 Nr. 303A; 925, 4:
< Aron Aron, geb. 16. Dez. 1828 in Freudental, gest. 30. Dez. 1894, Sohn von Isaac Aron (Grab 204) und Edelgeb. Kaufmann (Grab 175), Gatte der Sara, geb. Bachert aus Meckesheim >

Anmerkung:
[1] der letzte Tag von Chanukkah

---

| | | |
|---|---|---|
| פ"נ | Hier liegt begraben | **Bernhard (Berme) Laser** |
| 1 ברמה בר שמואל | 1 Berme, Sohn des Schmuel. | |
| 2 אשר הלך לעולמו | 2 Er ging in seine Welt | |
| 3 יום ה' כ' אדר שנת | 3 am Donnerstag, dem 20. Adar des Jahres | Grab 343 ▼ |
| 4 תרנ"ו לפ"ק: | 4 656 n.d.kl.Z. | Reihe XVI |
| 5 תנצב"ה: | 5 T.N.Z.B.H. | |
| | | gest. 05.03.1895 |

Auf der Rückseite des Steines steht:
Hier ruht
Bernhard Laser
aus
Freudenthal.

Symbol: Mohnkapseln

Stein: H: 131, B: 52, T: 27 cm

Quellen:
RSA 3: 931, 54 Nr. 304A; 925, 103:
< Bernhard Laser (Laßar) aus Zolower, geb. 6. Sept. 1853, gest. 5. März 1895, Sohn von Samuel Laßar und Sibilla, geb. Doblen, Gatte der Karoline, geb. Stern (Grab 379) >

## Grab 344 und 345

### Wilhelm (Benjamin) Spatz

▼ Grab 344

Reihe XVI

gest. 29.01.1897

פ"נ
1 בחור נחמד ונעים ידיד משפחתו
2 יקיד במעלותיו ומהיר במלאכתו
3 בנימין בר יואל הלוי
4 נפטר בש"ט יש"ק כ"ז שבט תרנ"ז לפ"ק

5 תנצב"ה

Auf der Rückseite des Steines steht:
Hier ruht
Wilhelm Spatz
geb. 5. Feb. 1874
gest. 29. Jan. 1897.

Symbol: Levitenkanne

Stein: H: 148, B: 51, T: 28 cm

Hier liegt begraben
1 ein junger Mann, liebenswert und wohlgefällig, Liebling seiner Familie,
2 geehrt ob seiner guten Eigenschaften und geschickt in seiner Arbeit.
3 Benjamin, Sohn des Joel Halevi,
4 ist gestorben mit gutem Namen am Tag des Heiligen Schabbat, 27. Schewat 657 n.d.kl.Z.
5 T.N.Z.B.H.

Quellen:
RSA 3: 931, 54 Nr. 305; 925, 227:
< Wilhelm Spatz, geb. 5. Febr. 1874, gest. 29. Jan. 1897, Sohn von Joel Spatz (Grab 325) und Deiche, geb. Stern, ledig >

### Mathilde (Madel) Dreifuss

▼ Grab 345

Reihe XVI

gest. 20.05.1898

פ"ט
1 אשה ישרה
2 מאדיל אשת יוסף
3 נפטרת יום ו' כ"ח
4 אייר תרנ"ח לפ"ק:
5 תנצב"ה

Auf der Rückseite des Steines steht:
Hier ruht
Mathilde¹ Dreifuss
geb. 9. Iuni 1818.
gest. 20. Mai 1898.

Symbol: sechszackiger Stern

Stein: H: 146, B: 51, T: 33 cm

Hier liegt geborgen
1 eine aufrechte Frau.
2 Madel, Gattin des Joseph,
3 ist gestorben am Freitag, dem 28.
4 Ijjar 658 n.d.kl.Z.
5 T.N.Z.B.H.

Quelle:
RSA 3: 931, 54 Nr. 306 ohne Angaben

Anmerkungen:
[1] Die Buchstaben des Namens Mathilde scheinen aufgrund eines Schreibfehlers über einen ersten Versuch überschrieben zu sein.

## Elise (Ella) Kaufmann

Grab 346 ▼

Reihe XVI

gest. 23.12.1896

| | |
|---|---|
| פ״ט | 1 אללה אשת נפתלי |
| | 2 מק״ק צאברפעלד |
| | 3 אשת חיל לבעלה |
| | 4 משענת אל בניה |
| | 5 נ״פ יום ב׳ י״ח כסלו שנת |
| | 6 תרנ״ז לפ״ק: תנצב״ה: |

Auf der Rückseite des Steines steht:
Hier ruht
Elise Kaufmann
geb. Mannheimer.
aus Zaberfeld.
geb. 9. Aug. 1856
gest. 23. Dez. 1896.

Symbol: Mohnkapseln, Feston

Stein: H: 181, B: 54, T: 32 cm

Hier liegt geborgen
1 Ella, Gattin des Naphtali
2 aus der Heiligen Gemeinde Zaberfeld.
3 Eine tüchtige Frau war sie ihrem Mann,
4 Stütze ihren Söhnen.
5 Sie ist gestorben am Montag, dem 18. Kislew im Jahre
6 657 n.d.kl.Z. T.N.Z.B.H.

Quelle:
RSA 3: 931 S. 54 Nr. 307 ohne Angaben

## Süsser (Mordechai) Stein

Grab 347 ▼

Reihe XVII

gest. 02.05.1897

| | |
|---|---|
| פ״נ | 1 מדרכי בר יהודה |
| | 2 אשר הלך לעולמו |
| | 3 יום א׳ ל׳ ניסן תרנ״ז לפ״ק |
| | 4 תנצב״ה: |

Auf der Rückseite des Steines steht:
Hier ruht
Süsser Stein
geb. 11. Juli 1820 gest. 2.
Mai 1897.

Stein: H: 119, B: 52, T: 27 cm

Hier liegt begraben
1 Mordechai, Sohn des Jehuda.
2 Er ging in seine Welt
3 am Sonntag, dem 30. Nissan 657 n.d.kl.Z.
4 T.N.Z.B.H.

Quellen:
RSA 3: 931, 55 Nr. 310; 925, 234:
< Süsser Stein, geb. 11. Juli 1820, gest. 2. Mai 1897, Sohn von Löb Jacob Stein (Grab 149) und Vogel, geb. Kahn (Grab 231), ledig >

## Grab 187 und 354

### Gundel Levi

▲ Grab 187

Reihe IX

gest. (nicht bekannt)

| | |
|---|---|
| [פ"]ט | [Hier] liegt geborgen |
| הילדה גודל בת משה | 1 das Mädchen Gudel, |
| סג"ל [ ] | 2 Tochter des Mosche Segal [ ] |
| [ ] מצא' מת ביו' א' | 3 aus Zaberfeld (?), sie ist gestorben am Sonntag [ ] |
| [ ] לפ"ק תנצב"ה | 4 [ ] n.d.kl.Z. T.N.Z.B.H. |

Symbol: zwei gekreuzte Mohnkapseln

Stein: H: 60, B: 49, T: 10 cm

Quelle:
RSA 3: 931, 35 Nr. 193:
< Gundel Levi >

### Herz (Naphtali) Kaufmann

▼ Grab 354

Reihe XVII

gest. 05.03.1904

| | |
|---|---|
| פ"נ | Hier liegt begraben |
| איש הולך תמים | 1 ein Mann ohne Tadel. |
| וישר בנדיבים | 2 Aufrichtig war er unter den Freigebigen, |
| אהב הצדק היה | 3 er liebte die Gerechtigkeit |
| ורודף מישרים | 4 und trachtete nach Geradheit. |
| הוא נפתלי | 5 Er, Naphtali, |
| בר יקותיאל | 6 Sohn des Jekutiel |
| קויפמאן נפטר | 7 Kaufman, ist gestorben |
| ביום שבת י"ח | 8 am Tag des Schabbat, dem 18., |
| ונקבר ביום ב' | 9 und wurde begraben am Montag, |
| כ' אדר תרס"ד | 10 dem 20. Adar 664 |
| תנצב"ה | 11 T.N.Z.B.H. |

Auf der Rückseite des Steines steht:
Hier ruht
Herz Kaufman Zaberfeld
g. 28. Aug. 1849.
gest. 7. März 1904.[1]

Symbol: zwei Efeuzweige

Stein: H: 162, B: 51, T: 22 cm

Quelle:
RSA 3: 931 S. 56 Nr. 317:
< Kaufmann, Herz, begr. 7. März 1904 >

Anmerkung:
[1] Der 7. März 1904 ist das Begräbnisdatum.

## Hayum Samuel Stern

Grab 332

Reihe XVI

gest. 08.12.1890

| | |
|---|---|
| Hier liegt begraben | פ״נ |
| 1 ein wohltätiger und treuer | 1 איש גומל חסד |
| 2 Mann, der einige | 2 ואמת שהיה כמה |
| 3 Jahre Schofarbläser war. | 3 שנים בעל תוקע |
| 4 Herr Chajjm, Sohn des Schmuel, | 4 ר׳ חיים בן שמואל |
| 5 ist gestorben am 27. Kislew | 5 נפטר יום כ״ז כסלו |
| 6 651 n.d.kl.Z. | 6 תרנ״א לפ״ק |
| 7 T.N.Z.B.H. | 7 תנצב״ה: |

Quellen:
RSA 3: 931 S. 51 Nr. 293;
925, 238:
< Hayum Samuel Stern,
geb. 14. Juni 1803 in
Freudental, gest. 8. Dez. 1890,
Sohn von Samuel Samuel Scholl
und Ittle Hayum (später Gattin
d. B. A. Elsäßer) (Grab 109),
Gatte der Rösle, geb. Herrmann
(Grab 225) >

Symbol: Schofar

Stein: H: 117, B: 53, T: 31 cm

## Grab 348 und 350

### Jakob Hirsch Stein

▼ Grab 348

Reihe XVII

gest. 02.07.1900

פ״נ  
יעקב צבי בר יהודה  
איש תם וישר אשר  
הלך לעולמו יום  
ב' ה' תמוז תר״ס לפ״ק:  
תנצב״ה:

Hier liegt begraben
1. Jaakow Zwi, Sohn des Jehuda,
2. ein redlicher und aufrechter Mann. Er
3. ging in seine Welt am Mon-
4. tag, dem 5. Tammus 660 n.d.kl.Z.
5. T.N.Z.B.H.

Auf der Rückseite des Steines steht:  
Jakob Hirsch Stein  
geb: d. 15. Feb: 1817.  
gest: d. 2. Juli 1900.

Symbol: sechsblättrige Blüte, Palmzweig

Stein: H: 153, B: 55, T: 30 cm

Quellen.  
RSA 3: 931, 55 Nr. 311; 925, 240:  
< Jakob Hirsch Stein, geb. 15. Febr. 1817 in Freudental, gest. 2. Juli 1900, Sohn von Löb Jacob Stein (Grab 149) und Vogel, geb. Kahn (Grab 231), Gatte der Beßle, geb. Lindauer (Grab 310) >

### Julius (Jehuda) Spatz

▼ Grab 350

Reihe XVII

gest. 01.10.1901

פ״נ  
יהודה בר בנימין הלוי  
איש עניו וישר במעשיו  
הלך לעולמו בחצי יומיו  
לדאבון אשתו וקרוביו  
יום ג' י״ח תשרי תרס״ב לפ״ק:  
תנצב״ה:

Hier liegt begraben
1. Jehuda, Sohn des Benjamin Halevi.
2. Er war ein bescheidener Mann, rechtschaffen in seinen Taten.
3. Er ging in seine Welt in der Mitte seiner Tage
4. zum Leidwesen seiner Gattin und seiner Verwandten,
5. am Dienstag, dem 18. Tischri 662 n.d.kl.Z.
6. T.N.Z.B.H.

Auf der Rückseite des Steines steht:  
Hier ruht  
Julius Spatz.  
geb. 20. März 1864  
gest. 1. Okt. 1901.

Symbol: Levitenkanne, Feston aus Blumensträußen

Stein: H: 142, B: 51, T: 25 cm

Quellen:  
RSA 3: 931, 55 Nr. 313; 925, 228:  
< Julius Spatz, geb. 20. März 1864 in Waldhausen, gest. 1. Okt. 1901, Sohn von Wolf Spatz und Jeanette, geb. Aron, Gatte der Ernestine, geb. Marx, 1938 nach Guatemala ausgewandert (Nebel, Geschichte 132) >

Grab 349

**Hirsch Loewe**

Grab 349
Reihe XVII

gest. 15.11.1900

1 עד המצבה ועד הגל הזה
2 על צבי בר החבר ר' משה סג"ל
3 צדיק באמונתו חיה עד הגיע לימי זקנה
4 והטה שכמו לסבול יסורין של אהבה
5 חגר בעז מתניו לעשות צדקה
6 מנהיג ויועץ בקהל ועדה
7 בימים נוראים התפלל בקול רנה וזמרה
8 ומכניס נערי ידידים תחת כנפי השכינה
9 ונפטר בשם טוב יום ה' כ"ג חשון
10 תרס"א לפ"ק:
11 תנצב"ה:

1 Zeuge ist dieser Grabhügel und Zeuge ist dieses Grabmal
2 für Zwi, Sohn des Chawers Herr Mosche Segal.
3 Er war gerecht in seinem Glauben, bis er das Greisenalter erreichte,
4 bot seine Schultern dar um die Züchtigungen, <die Gott> aus Liebe <verhängt> zu tragen,
5 und gürtete seine Lenden mit Kraft, um Wohltätigkeit zu üben.
6 Er war Leiter und Berater den Leuten und der Gemeinde.
7 An hohen Feiertagen betete er mit fröhlichem Schall und Lobgesang
8 und die Söhne seiner Freunde nahm er unter die Fittiche des göttlichen Geistes.
9 Er starb mit gutem Namen am Donnerstag, dem 23. Cheschwan
10 661 n.d.kl.Z.
11 T.N.Z.B.H.

Auf der Rückseite des Steines steht:
Hier ruht
Hirsch Loewe
geb. 5. Feb. 1821
gest. 15. Nov. 1900.
Friede seiner Asche.

Quellen:
RSA 3: 931, 55 Nr. 312; 925, 131:
< Hirsch Löwe, geb. 5. Febr. 1821 in Freudental, gest. 15. November 1900, Sohn von Moses Joseph Löwe (Grab 213) und Sara, Tochter des Hirsch Wolf (Grab 72), Gatte der Rösle, geb. Levi (Grab 382) >

Symbol: Beschneidungsmesser, Levitenkanne, drei vierblättrige Blüten

Stein: H: 200, B: 60, T: 30 cm

# Grab 331 mit Gedenkstein und 399

## Isaak Veit Stein

▼ Grab 331

Reihe XVI

gest. 11.12.1888

| | |
|---|---|
| פ״ט | Hier liegt geborgen |
| 1 איש ישר ונאמן | ein aufrechter und treuer Mann, |
| 2 פאר אשתו ובניו | der Pracht seiner Frau und seiner Kinder war. |
| 3 הוא יצחק בר אורי | Er, Jitzchak, Sohn des Uri |
| 4 שרגא זטיין | Schraga Stein |
| 5 הלך לעולמו ביום | ging in seine Welt am Diens- |
| 6 ג׳ ז׳ טבת ונקבר ביום | tag, dem 7. Tewet, und wurde begraben am Donners- |
| 7 ה׳ ט׳ בו תרמ״ט לפ״ק: | tag, dem 9. desselben, 649 n.d.kl.Z. |
| 8 תנצב״ה: | T.N.Z.B.H. |

Auf der Rückseite des Steines steht:
Hier ruht
Isaak Veit Stein
geb. 11. Mai 1814
gest. 10. Dez. 1888.

Symbol: Kranz, Feston

Stein: H: 150, B: 57, T: 39 cm

Quellen:
RSA 3: 931, 51 Nr. 292; 925, 242:
< Isaak Veit Stein, geb. 11. Mai 1814 in Freudental, gest. 11. Dez. 1888, Sohn von Veit Isaak Stein (Grab 44) und Riele, geb. Gerson (Grab 69), Gatte der Mammi, geb. Lehmann (Grab 315) >

Anmerkungen:
Das Sterbedatum der Inschrift auf der Rückseite (10.12.1888) stimmt nicht mit den hebräischen Angaben überein: der 7. Tewet 5649 ist Dienstag, der 11.12.1888.
An den Stein gelehnt ist der Gedenkstein 331a für Hannchen Stein, Schwiegertochter des I. V. Stein.

## Hannchen Stein

■ Gedenkstein 331

Reihe XVI

gest. 12.09.1942

Zur Andacht
Hannchen Stein
gest. Theresienstadt
12. September 1942

Stein: H: 40, B: 57; T: 10 cm

Quelle:
RSA 3: 925, 259; Gedenkbuch 331:
< Hannchen Stein, geb. 12. Mai 1863, nach der Deportation umgekommen im KZ Theresienstadt am 4.9.1942, Tochter von Elias Ottenheimer und Adelheid, geb. Rosenfeld, Witwe des Ferdinand (Veit) Stein, gest. 9. Mai 1918 >

## Jitzchak „    "

▲ Grab 399

Reihe XIX

gest. 30.07.1917

| | |
|---|---|
| פ״נ | Hier liegt begraben |
| 1 הילד יצחק ב׳ אליקום | das Kind Jitzchak, Sohn des Eljakum |
| 2 מצעבערפעלד | aus Zaberfeld, |
| 3 נפטר בי״א אב תרע״ז | er ist gestorben am 11. Aw 677 |
| 4 תנצב״ה | T.N.Z.B.H. |

Stein: H: 52, B: 25, T: 16 cm

Quelle:
RSA 3: 931, 60 Nr. 362 ohne Angaben

## Rebekka Haas

Grab 250 ▼

Reihe XI

gest. 26.08.1882

Hier liegt begraben
1. Frau Riwka, Tochter des Chawer Herr Schimon Messner –
2. es fiel die Krone unseres Hauptes - seligen Andenkens.
3. Von der Höhe sahst du die Qual
4. meiner Seele und meine Bedürftigkeit, morgens
5. hat deine Gnade mich erquickt. Ein betrübtes
6. Weib bin ich seit jeher gewesen[1]
7. aber die Sonne ging auf[2] und du führtest
8. meine Seele aus dem Kerker, am Heiligen Schabbat
9. ki tezeh[3], 11. Elul 642
10. n.d.kl.Z. T.N.Z.B.H.

פ״נ
1. מ׳ רבקה בת הח״ר שמעון מעסנר
2. נע״ר ז״ל:
3. ראית ממרום צרת
4. נפשי וענײ בבוקר
5. חסדך שבעני קשת
6. רוח אנוכי מעודי[1]
7. הבוקר אור[2] ותוציא
8. ממסגר נפשי ביום ש״ק
9. כי תצא י״א אלול תרמ״ב
10. לפ״ק: תנצב״ה

Auf der Rückseite des Steines steht:
Hier ruht
Frau Rabbiner Haas
geb. Messner
geb. 6. Juni 1820
gest. 26. August 1882.

**Quellen:**
RSA 3: 931, 45 Nr. 256; 925, 66:
< Rebekka Haas, geb. 8.6.1821 in Cassel, gest. 26.8.1882, Tochter v. xx Meßner u. Sara, geb. xx, Cassel, Gattin des Rabbiners Moses Haas (Grab 326) >

**Anmerkungen:**
Akrostichon: Der erste Buchstabe der Zeile 3, der 1. Buchstabe des letzten Wortes der Zeilen 4 und 5 und der erste Buchstabe der Zeile 7 ergeben den Namen „Riwka".

[1] nach Sam. 1,15
[2] nach Gen. 44,3
[3] Schabbatlesung Deut. 21,10 - 25,19, beginnend mit den Worten „ki tezeh" „wenn du in einen Krieg ziehst"

Stein: H: 163, B: 51, T: 23 cm

## Grab 360 und 361

### Emil (Menachem) Weil

● Grab 360

Reihe XVII

gest. 19.05.1910

Symbol: fünfzackiger Stern

Stein: H: 133, B: 40, T: 15 cm

| | |
|---:|:---|
| פ״נ | Hier liegt begraben |
| איש ירא ה' מנעוריו 1 | ein Mann, der gottesfürchtig war seit seiner Jugend, |
| תם וישר בכל מעשיו 2 | redlich und gerecht in allen seinen Taten. |
| הלך דרכו בחצי ימיו 3 | Er ging seinen Weg in der Mitte seines Lebens. |
| מנחם בר יוסף 4 | Menachem, Sohn des Joseph, |
| מת ביום ה' י' אייר 5 | starb am Donnerstag, dem 10. Ijjar |
| תר״ע 6 | 670 |
| תנצב״ה 7 | T.N.Z.B.H. |

Emil Weil 8
geb. 24. Jan. 1873. 9
gest. 19. Mai 1910. 10

Quellen:
RSA 3: 931, 56 Nr. 393; 925, 213:
< Emil Weil, geb. 24. Jan. 1873,
gest. 19. Mai 1910, Sohn von Josef Weil
(Grab 320) und Hannchen, geb. Marx (Grab 401),
Gatte der Frida, geb. Jordan (1939 nach New York
ausgewandert, Nebel Geschichte 135) >

### Gabriel Berlinger

▼ Grab 361

Reihe XVII

gest. 28.11.1910

| | |
|---:|:---|
| פ״נ | Hier liegt begraben |
| איש תם וישר הלך תמים 1 | ein redlicher und aufrechter Mann, der auf makellosem Wege wandelte, |
| ופעל צדק ירא אלהים ה״ה 2 | Gerechtigkeit übte und gottesfürchtig war. Er, |
| גבריאל בר יוסף 3 | Gavriel, Sohn des Joseph |
| מפה וישב אל אדמתו בשם 4 | von hier, ging zu seiner Erde zurück in gutem |
| טוב ביום ג' כ״ז חשון ונקבר 5 | Namen am Dienstag, dem 27. Cheschwan, und wurde begraben |
| בכבוד ממחרת יום מיתתו 6 | in Ehren am Tag nach seinem Tode |
| בשנת תרע״א לפ״ק 7 | im Jahr 671 n.d.kl.Z. |
| תנצב״ה 8 | T.N.Z.B.H. |

Auf der Rückseite des Steines steht:
Hier ruhe
in Frieden
Gabriel Berlinger
geb. 18. April 1829
gest. 28. Nov. 1910.

Symbol: Mohnkapseln, Feston

Stein: H: 186, B: 56, T: 33 cm

Quellen:
RSA 3: 931, 56 Nr. 324; 925, 17:
< Gabriel Berlinger, geb. 18. April 1829,
gest. 28. November 1910, Sohn von Joseph Gerson
Berlinger (Grab 140) und Fradel, geb. Ulmann
(Grab 183), Gatte der Rebekka, geb. Stein
(Grab 314) >

## Seligmann Levi

Grab 362 ■

Reihe XVII

gest. 18.06.1911

Hier ruht
Seligmann Levi
geb. 13. April 1829,
gest. 18. Juni 1911.

Quellen:
RSA 3: 931, 56 Nr. 325; 925, 132:
< Seligmann Levi, geb. 13. April 1829,
gest. 18. Juni 1911, Rothgerbermeister in
Freudental, Sohn von Machuel Levi (Grab 142)
und Genendel, geb. Kaufmann (Grab 48),
Gatte der Fanny, geb. Kaufmann (Grab 386) >

Anmerkungen:
Hebräische Inschriftenplatte herausgebrochen

Stein: H: 197, B: 53, T: 28 cm

## Abraham Herrmann

Grab 363 □

Reihe XVII

gest. 10.09.1911

Quellen:
RSA 3: 931, 57 Nr. 326; 925, 69:
< Abraham Herrmann, geb. im Mai 1846 in
Freudental, gest. 10. Sept. 1911, Viehhändler,
Sohn von Israel Herrmann (Grab 335) und Mirjam,
geb. Graf (Grab 300), Gatte der Jettchen, geb.
Marx (Grab 407) >

Anmerkung:
Inschriftenplatte herausgebrochen

Stein: H: 205, B: 51, T: 29 cm

# Grab 364 und 365

## Hirsch Jordan

● Grab 364

Reihe XVII

gest. 25.09.1911

| | |
|---|---|
| פ"נ | |
| איש ישר מנעוריו | 1 |
| צדיק בכל מעשיו | 2 |
| ורודף שלום בחייו | 3 |
| צבי בר משה | 4 |
| מת ביום א' ג' של | 5 |
| תשרי תרע"ב לפ"ק | 6 |
| תנצב"ה | 7 |
| Hirsch Jordan | 8 |
| geb. 18. April 1848 | 9 |
| gest. 24. Sept. 1911. | 10 |

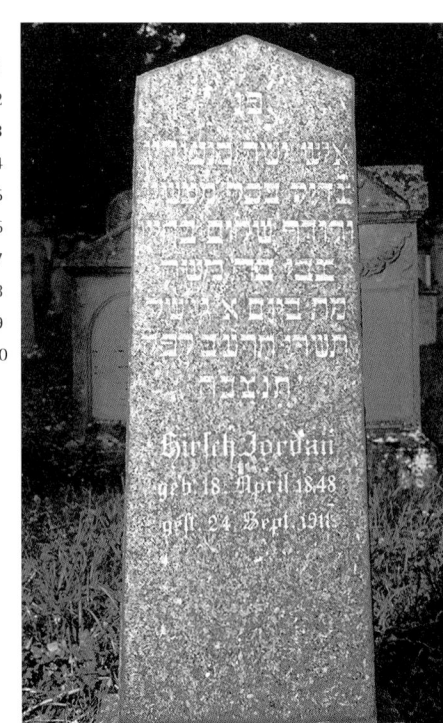

Stein: H: 142, B: 40, T: 15 cm

Hier liegt begraben
1 ein Mann, der aufrecht war von Jugend an,
2 gerecht war in allen seinen Taten
3 und nach Frieden jagte in seinem Leben.
4 Zwi, Sohn des Mosche,
5 ist gestorben am Sonntag, dem 3. des
6 Tischri 672 n.d.kl.Z.
7 T.N.Z.B.H.

Quelle:
RSA 3: 931 S. 57 Nr. 327:
< Jordan, Hirsch >

## Abraham Levi

● Grab 365

Reihe XVII

gest. 15.05.1913

| | |
|---|---|
| Hier ruht in Frieden | 1 |
| der treueste Gatte, der beste Vater | 2 |
| Abraham Levi | 3 |
| geb. 16. August 1851, gest. 15. Mai 1913. | 4 |
| פ"נ | |
| האיש הישר אוהב שלום ודובר | 5 |
| אמת סומך לעניים ואב טוב לכל | 6 |
| בני ביתו אברהם בר יצחק הלוי ז"ל | 7 |
| שהלך לעולמו ביום ה' בח' אייר | 8 |
| ונקבר ביום א' בי"א אייר תרע"ג | 9 |
| תנצב"ה | 10 |

Symbol: Levitenkanne

Stein: H: 205, B: 82, T: 20 cm

Hier liegt begraben
5 ein aufrechter Mann,
der friedensliebend war und
6 die Wahrheit sprach. Er unterstützte die
Armen und war ein guter Vater allen
7 seinen Verwandten. Avraham, Sohn des
Jitzchak Halevi, seligen Andenkens,
8 ging in seine Welt am Donnerstag,
dem 8. Ijjar,
9 und wurde begraben am Sonntag,
dem 11. Ijjar 673
10 T.N.Z.B.H.

Quellen:
RSA 3: 931, 57 Nr. 328; 925, 109;
Gedenkbuch 198, 245:
< Abraham Levi, geb. 16. Aug. 1851 in Freudental,
gest. 15. Mai 1913, Sohn von Isaak Levi (Grab 215) und
Rebekka, geb. Juda (Grab 373), Gatte der Ernestine,
geb. Wertheimer, umgekommen nach Deportation, Ort
und Zeitpunkt unbekannt. Tochter Hedwig Metzger,
geb. Levi in Auschwitz umgekommen. >

## Leopold (Jehuda) Jordan

Grab 367

Reihe XVII

gest. 04.12.1911

פ"נ
1 כ"ה יהודה בר יוסף ז"ל
2 מק"ק פריידענטאל
3 איש תמים מצא פה מנוחתו
4 פאר וכבוד נותנים לשמו
5 הוא היה בעל תפלה ובקול
6 ערב האיר לב להתפלל בכוונה
7 הלך לעולמו ביום ג' י"ד כסלו
8 ונקבר בכבוד גדול ביום ה' ט"ז בו
9 בשנת תרע"ב לפ"ק
10 תנצב"ה

Leopold Jordan
geb. 29. Okt. 1849.
gest. 4. Dez. 1911.

Symbol: fünfzackiger Stern

Stein: H: 157, B: 45, T: 15 cm

Hier liegt begraben
1 der ehrbare Jehuda, Sohn des Joseph seligen Andenkens,
2 von der Heiligen Gemeinde Freudenthal.
3 Ein tadelloser Mann hat hier seine Ruhe gefunden,
4 seinem Name wird Pracht und Ehre gegeben,
5 er war Vorbeter und mit einer angenehmen
6 Stimme erleuchtete er die Herzen, um mit voller Seele zu beten.
7 Er ging in seine Welt am Dienstag, dem 14. Kislew,
8 und wurde in großen Ehren begraben am Donnerstag, dem 16. desselben,
9 im Jahr 672 n.d.kl.Z.
10 T.N.Z.B.H.

Quellen:
RSA 3: 931, 57 Nr. 320; 925, 83:
< Leopold Jordan, geb. 31. Okt. 1849 in Zaberfeld, gest. 4. Dez. 1911, Sohn von Joseph Aaron Jordan (Grab 212) und Clara (Güdel), geb. Lauchheimer (Grab 308), in erster Ehe verheiratet mit Rosa (Riele), geb. Stein (Grab 251), in zweiter Ehe mit Fanni, geb. Stein (Grab 405) >

## Isaak Herbst

Grab 368

Reihe XVII

gest. 24.10.1915

פ"נ
1 האיש תם וישר
2 יצחק בר יקותיאל
3 מצאבערפעלד
4 נפטר בשם טוב
5 בט"ז מרחשון ונקבר
6 בי"ט מרחשון תרע"ו
7 תנצב"ה

Isak Herbst
Zaberfeld

Stein: H: 145, B: 42, T: 21 cm

Hier liegt begraben
1 ein Mann, der redlich und aufrichtig war.
2 Jitzchak, Sohn des Jekutiel
3 aus Zaberfeld,
4 ist gestorben mit gutem Namen
5 am 16. Marcheschwan, und wurde begraben
6 am 19. Marcheschwan 676
7 T.N.Z.B.H.

Quelle:
RSA 3: 931 S. 57 Nr. 331:
< Herbst, Isaak, 24. Oktober 1915 >

## Kol (Keila) Stein

▼ Grab 369

Reihe XVIII

gest. 24.11.1898

פ״ט 
קילה בת יהודה 1
אשר הלכה לעולמה 2
יום ה' י' כסלו תרנ״ט 3
לפ״ק: 4
תנצב״ה: 5

Auf der Rückseite des Steines steht:
Kol Stein
geb. 10. Apr. 1815
gest. 24. Nov. 1898.

Stein: H: 143, B: 50, T: 27 cm

Hier liegt begraben
1 Keila, Tochter des Jehuda.
2 Sie ging in ihre Welt
3 am Donnerstag, dem 10. Kislew 659
4 n.d.kl.Z.
5 T.N.Z.B.H.

Quellen:
RSA 3: 931, 57 Nr. 332; 925, 234:
< Keile/Kela Stein, geb. 10. April 1815,
gest. 24. Nov. 1898, Tochter von Löb Jacob Stein
(Grab 149) und Vogel, geb. Kahn (Grab 231),
ledig >

## Karoline Mannheimer

▼ Grab 370

Reihe XVIII

gest. 16.12.1898

פ״נ 
האשה יראת אלהים 1
קאראלינע מאנהיי' 2
מער ממאסענבאך 3
מתה ביום ו' ג' טבת 4
ונקברת ה' טבת 5
תרנ״ט לפ״ק 6
תנצב״ה 7

Auf der Rückseite des Steines steht:
Hier ruht
Karoline Mannheimer
von Massenbach
gest. d. 16. Dez. 1898.

Symbol: Kranz, Feston

Stein: H: 161, B: 53, T: 37 cm

Hier liegt begraben
1 die gottesfürchtige Frau
2 Karoline Mannhei-
3 mer von Massenbach.
4 Sie ist gestorben am Freitag, dem 3. Tewet,
5 und wurde begraben am 5. Tewet
6 659 n.d.kl.Z.
7 T.N.Z.B.H.

Quelle:
RSA 3: 931 S. 57 Nr. 333:
< Mannheimer, Karoline, 16. Dez. 1898 >

## Wolf Löb Ödheimer

Grab 351 ▼

Reihe XVII

gest. 01.11.1901

Hier liegt begraben
1. Zeew Arie,
   Sohn des Alexander.
2. Er begab sich frühmorgens
   bis abends zu seiner Arbeit,
3. sein Teil war Jammer
   und Not gewesen,
4. bis er in seine Welt ging
5. am Freitag,
   dem 19. Cheschwan
   662 n.d.kl.Z.
6. T.N.Z.B.H.

Quellen:
RSA 3: 931, 55 Nr. 314; 925, 205:
< Wolf Löw Ödheimer,
geb. 22. (!) Juli 1825,
gest. 1. Nov. 1901, Sohn von
Alexander Wolf Ödheimer (Grab 128)
und Ella, geb. Aron (Grab 239),
in erster Ehe verheiratet mit
Rösle, geb. Adelsheimer (Grab 245),
in zweiter Ehe mit Elise, geb.
Gallinger (Grab 302) >

Stein: H: 131, B: 52, T: 27 cm

1 פ״נ
2 זאב אריה בר אלכסאנדר
3 השכים והעריב למלאכתו
4 צרה ויגון היה חלקו
5 עד אשר הלך לעולמו
6 יום ו׳ י״ט חשון תרס״ב לפ״ק:

6 תנצב״ה:

Auf der Rückseite des Steines steht:
Wolf Löb Ödheimer
geb. d. 23. Juli 1823.
gest. d. 1. Nov. 1901.

## Grab 371 und 372

### Hanna Maier

▼ Grab 371

Reihe XVIII

gest. 07.03.1899

פ״ט
1 אשה מהוללה
2 חנה אשת אהרן
3 אשה אשר כל ימיה
4 רצון קונה עשתה
5 נפטרה ביום ג׳ כ״ה
6 אדר תרנ״ט לפ״ק:
7 תנצב״ה:

Auf der Rückseite des Steines steht:
Hanna Maier
geb. den 21. Sept.
1824
gest. den 7. März.
1899.

Symbol: Mohnkapseln, Feston

Stein: H: 166, B: 52, T: 25 cm

Hier liegt geborgen
1 eine gepriesene Frau.
2 Channa, Gattin des Aharon,
3 eine Frau, die alle ihre Tage
4 den Willen ihres Schöpfers tat,
5 ist gestorben am Dienstag, dem 25.
6 Adar 659 n.d.kl.Z.
7 T.N.Z.B.H.

Quellen:
RSA 3: 931, 57 Nr. 334; 925, 194:
< Hanna Maier, geb. 21. Sept. 1824,
gest. 7. März 1899, Tochter von Samuel Marx (Grab 117) und Madel, geb. Hirsch (Grab 165), Gattin des Aron Löb Maier (gest. 28.11.1882 in Hall) >

### Rebekka Wertheimer

▼ Grab 372

Reihe XVIII

gest. 11.09.1899

פ״ט
1 רבקה בת שלמה
2 אשר הלכה לעולמה
3 יום ב׳ ז׳ תשרי תר״ס
4 לפ״ק: תנצב״ה:

Auf der Rückseite des Steines steht:
Hier ruht
Rebecka
Wertheimer
geb: d: 18 Jan. 1816
gest: d: 11 Sept. 1899.

Symbol: fünfblättrige Blüte

Stein: H: 154, B: 57, T: 30 cm

Hier liegt geborgen
1 Riwka, Tochter des Schlomo.
2 Sie ging in ihre Welt
3 am Montag, dem 7. Tischri 660
4 n.d.kl.Z. T.N.Z.B.H.

Quellen:
RSA 3: 931, 57 Nr. 335; 925, 300:
< Rebekka Wertheimer, geb. 18. Jan. 1816, gest. 11. Sept. 1899, Tochter von Salomon Immanuel Wertheimer (Grab 27) u. Hanna (Grab 301), ledig >

Grab 373 und 374

## Rebekka Levi

Grab 373 ●

Reihe XVIII

gest. 05.03.1900

| | |
|---|---|
| Hier ruht | 1 |
| unsere unvergessl. | 2 |
| Mutter | 3 |
| Rebekka Levi | 4 |
| geb. Henle | 5 |
| geb. d. 27. August 1822 | 6 |
| gest. d. 5. März 1900. | 7 |
| Schlaf wohl du Teuere | 8 |
| in unserem Herzen | 9 |
| lebst Du ewig fort. | 10 |

פ״ט
11 רבקה אשת יצחק הלוי
12 בעלה ובניה יכבדו אותה
13 קרנה רמה כי צדקה אשתה¹
14 הלכה לעולמה יום ב׳ ד׳
15 ואדר תר״ס לפ״ק: תנצב״ה:

Anmerkungen:
¹ Schreibfehler, es müßte heißen עשתה
Akrostichon: Die Anfangsbuchstaben der Zeilen 11-14 ergeben den Namen „Riwka".

Stein: H: 250, B: 42, T: 42 cm

Hier liegt geborgen
11 Riwka, Gattin des Jitzchak Halevi.
12 Ihr Mann und ihre Kinder werden sie ehren,
13 berühmt war sie, da sie Wohltat übte.
14 Sie ging in ihre Welt am Montag, dem 4.
15 Weadar 660 n.d.kl.Z.  T.N.Z.B.H.

Quellen:
RSA 3: 931, 58 Nr. 336; 925, 128:
< Rebekka Levi, geb. 27. Aug. 1822 in Lehrensteinsfeld, gest. 5. März 1900, Tochter von Samuel Juda Henle und Fradel, Tochter des Abraham, Gattin des Isaak Levi (Grab 215) >

---

## Fanni (Fradel) Halle

Grab 374 ▼

Reihe XVIII

gest. 04.10.1900

פ״ט
1 פראדל אשת יצחק
2 אשה ישרה ותמימה
3 אשר הלכה לעולמה
4 יום ה׳ י״א תשרי תרס״א
5 לפ״ק:
6 תנצב״ה:

Auf der Rückseite des Steines steht:
Fanni Halle
aus Stuttgart.
geb: d: 24: Juli 1825.
gest: d: 4: Okt: 1900

Symbol: sechsblättrige Blüte, Palmzweig

Stein: H: 166, B: 58, T: 30 cm

Hier liegt geborgen
1 Fradel, Gattin des Jitzchak,
2 eine aufrechte und redliche Frau.
3 Sie ging in ihre Welt
4 am Donnerstag, dem 11. Tischri 661
5 n.d.kl.Z.
6 T.N.Z.B.H.

Quelle:
RSA 3: 931, 58 Nr. 397:
< Halle, Fanni, 4. Oktober 1900 >

# Grab 375 und 377

## Jette Kahn

▼ Grab 375

Reihe XVIII

gest. 01.12.1901

| | |
|---|---|
| פ"ט | 1 |
| יטל אשת מאיר הכהן | 1 |
| ישרה ותמימה בכל דרכיה | 2 |
| טבת שכל ונעימה במעשיה | 3 |
| לעני ולאביון פרשה כפיה | 4 |
| לגמול חסד ואמת כל ימיה | 5 |
| אשת חיל תפארת בעלה ובניה | 6 |
| הלכה לעולמה יום א' כ' כסלו | 7 |
| ונקברת יום ג' כ"ב בו תרס"ב לפ"ק: | 8 |
| תנצב"ה: | 9 |

Auf der Rückseite des Seines steht:
Hier ruht
Jette Kahn
aus Stuttgart.

Stein: H: 178, B: 49, T: 25 cm

Hier liegt geborgen
1 Jettel, Gattin des Meir Hacohen.
2 Sie war aufrichtig und redlich in allen ihren Wegen,
3 eine Frau von Verstand, wohlgefällig in ihren Taten.
4 Den Elenden und Armen breitete sie ihre Hände aus,
5 um Wohltat und Treue all ihre Lebenstage zu üben.
6 Sie war eine tüchtige Frau, die Zierde ihres Mannes und ihrer Söhne.
7 Sie ging in ihre Welt am Sonntag, dem 20. Kislew,
8 und wurde begraben Dienstag, dem 22. desselben, 662 n.d.kl.Z.
9 T.N.Z.B.H.

Quellen:
RSA 3: 931, 58 Nr. 338; 925, 91:
< Jette (Ittel) Kahn, geb. 15. Mai 1820, gest 1. Dez. 1901, Tochter von Machuel Levi (Grab 142) und Genendel, geb. Kaufmann (Grab 48), Gattin des Mayer Kahn (Grab 150) >
Anmerkung:
Akrostichon: Die Anfangsbuchstaben der Zeilen 2-4 ergeben den Namen „Jettel", die der Zeilen 5-7 den Namen „Leah", möglicherweise ist letzteres Zufall.

## Bela Levi

▼ Grab 377

Reihe XVIII

gest. 24.05.1903

| | |
|---|---|
| פ"ט | |
| בילה בת אברהם צבי | 1 |
| בתולה ישרה ותמימה | 2 |
| צרה ויגון מנתה | 3 |
| נפט' יום א' כ"ז אייר | 4 |
| תרס"ג לפ"ק: תנצב"ה: | 5 |

Auf der Rückseite des Steines steht:
Bela Levi
geb. d. 6. Juli 1828
gest. d. 24. Mai 1903

Symbol: fünfblättrige Blüte

Stein: H: 125, B: 53, T: 26 cm

Hier liegt geborgen
1 Bela, Tochter des Avraham Zwi.
2 Eine aufrichtige und redliche Jungfrau war sie,
3 Not und Trauer waren ihr Anteil.
4 Sie ist gestorben am Sonntag, dem 27. Ijjar
5 663 n.d.kl.Z. T.N.Z.B.H.

Quellen:
RSA 3: 931, 58 Nr. 340; 925, 117; 926, 6:
< Bella Levi, geb. 6. Juli 1828, gest. 24. Mai 1903, Tochter von Abraham Hirsch Levi (Grab 136) und Rebekka, geb. Jomdof (Grab 163), ledig >

# Grab 378 und 379

| | |
|---|---|
| פ"נ | 1 |
| בתולה מהוללה | 1 |
| ויקרה כל ימיה | 2 |
| אסתר בת עלא | 3 |
| לעוונטהאל | 4 |
| נפטר' ביום שבת | 5 |
| כ"ו תשרי תרס"ד | 6 |
| תנצב"ה | 7 |

Auf der Rückseite des Steines steht:
Ernstine Löwenthal
geb. 7. Dez. 1852
gest. 17. Okt. 1903.

Symbol: Mohnkapseln

Stein: H: 159, B: 51, T: 25 cm

Hier liegt begraben
1. eine gepriesene Jungfrau,
2. die beliebt war all ihre Tage.
3. Esther, Tochter der Ella
4. Löwenthal,
5. ist gestorben am Tag des Schabbat,
6. 26. Tischri 664
7. T.N.Z.B.H.

Quellen:
RSA 3: 931, 58 Nr. 341; 925, 123:
< Esther Löwenthal, geb. am 7. Dez. 1852, gest. 17. Okt. 1903, Tochter des Maier Salomon Löwenthal (Grab 318) und der Elkana, geb. Rödelsheimer (Grab 82), ledig >

**Ernstine (Esther) Löwenthal**

Grab 378 ▼

Reihe XVIII

gest. 17.10.1903

---

| | |
|---|---|
| פ"נ | |
| אשה ישרה ויקרה | 1 |
| בכל מדה טובה | 2 |
| קריינלה אשת ברמה | 3 |
| בר שמואל לאסאר | 4 |
| נפטר ביום א' ט"ו | 5 |
| תמוז תרס"ו לפ"ק: | 6 |
| תנצב"ה | 7 |

Auf der Rückseite des Steines steht:
Hier ruht
Karoline Lasar
geb. d. 29. Mai 1849.
gest. d. 8. Juli 1906.

Symbol: fünfblättrige Blüte

Stein: H: 158, B: 51, T: 26 cm

Hier liegt begraben
1. eine Frau, die aufrecht war und geachtet
2. in jeder guten Tugend.
3. Kreinle, Gattin des Berme,
4. des Sohnes des Schmuel Lasar,
5. ist gestorben am Sonntag, dem 15.
6. Tammus 666 n.d.kl.Z.
7. T.N.Z.B.H.

Quellen:
RSA 3: 931, 58 Nr. 342; 925, 103:
< Karoline Lasar, geb. 28. Mai 1849, gest. 8. Juli 1906, Tochter von Hayum Stern (Grab 332) und Rösle, geb. Hermann (Grab 225), Gattin des Bernhard Lasar (Grab 343) >

**Karoline (Kreinle) Lasar**

Grab 379 ▼

Reihe XVIII

gest. 08.07.1906

## Grab 281 und 285

### Vogel Hermann

▲ Grab 281

Reihe XIV

gest. 15.03.1821

Symbol: Blüte

Stein: H: 96, B: 59, T: 9 cm

| | |
|---|---|
| פ״נ | Hier liegt begraben |
| הילדה פיגלא | 1 das Mädchen Vögele, |
| בת כ' יצחק הכו' | 2 Tochter des ehrbaren Jitzchak Hacohen |
| מפה נפטרת ונקבר' | 3 von hier. Sie ist gestorben und wurde begraben am |
| עש״ק י״ב א״ש תק | 4 Vorabend des Heiligen Schabbat, dem 12. Adar II, 5 |
| פ״א לפ״ק תנצבה״ח | 5 81 n.d.kl.Z. T.N.Z.B.HCH. |

Quellen:
RSA 3: 929, 9 Nr. 80; 925, 84:
< Vogel, geb. 24. Dez. 1815, gest. 15. März 1821, Tochter des Isaac Moses Hermann (Hurmin) (Grab 28) und der Riffeke, geb. Horburg (Grab 108) >

### Koppel Bär (Jekutiel Dow) Kaufmann

▲ Grab 285

Reihe XIV

gest. 13.06.1859

Symbol: Strahlenkranz

Stein: H: 112, B: 49, T: 11 cm

| | |
|---|---|
| [פ]״ט | Hier liegt geborgen |
| בש[נת תר]י״ט ב[יום ש]ני | 1 Im Jahr 619, am Montag, |
| באחד עשר לחדש השלישי | 2 dem 11. des 3. Monats |
| עלה מות בחלותינו¹ | 3 ist der Tod zu unseren Fenstern hineingestiegen, |
| לקחת את מחמד עינינו | 4 um unserer Augen Freude zu rauben, |
| את הילד יקותיאל דוב | 5 das Kind Jekutiel Dow |
| המכונה קאפיל בער בן בן ציון | 6 genannt Koppel Bär, Sohn des Ben-Zion. |
| הנקבר בי' הרביעי י״ג סיון מצפ' | 7 Er wurde begraben am Mittwoch, dem 13. Siwan. Aus Zaberfeld. |
| תנצב״ה | 8 T.N.Z.B.H. |

Quelle:
RSA 3: 3362, ? (Seitenzahl zerstört):
< Koppel Bär Kaufmann, Sohn des Benzion Kaufmann, ... > (Sterbedatum nicht erhalten)

Anmerkung:
¹ verschrieben für חלונינו oder חלונותינו

## Seligmann Bär Levi

Grab 356

Reihe XVII

gest. 09.05.1907

| | |
|---|---|
| Hier liegt begraben | פ"נ |
| 1 ein berühmter Mann. | 1 איש נודע לשם |
| 2 Er ward gepriesen in den Toren, | 2 ולתהלה בשערים |
| 3 denn er übte nur Gerechtigkeit | 3 כי פעל רק צדק |
| 4 und jagte nach der Aufrichtigkeit, er liebte | 4 ורדף מישרים אהב |
| 5 die Thora und stützte | 5 את התורה וסמך |
| 6 die, die ihren Sinn auf sie (die Thora) richten. T.N.Z.B.H. | 6 את כוניה: תנצב"ה: |
| | 7 Seligmann, B. Levi, geb. 1. Nov. 1816. gest. 9. Mai 1907 |

Quellen:
RSA 3: 931, 56 Nr. 319; 925, 126:
< Seligmann Bär Levi, geb. 30. Okt. 1816, gest. 9. Mai 1907, Metzgermeister, Sohn von Isaak Bär Levi (Grab 126) und Sprinz, geb. Ulmann (Grab 160), Gatte von Jüdle, geb. Rosenheim (Grab 394) >

Stein: H: 136, B: 55, T: 29 cm

## Grab 380 und 391

### Jachette Marx

● Grab 391

Reihe XVIII

gest. 19.10.1909

|  | |  |
|---|---|---|
| פ״נ | | Hier liegt begraben |
| האשה היקרה מרת | 1 | die geachtete Frau |
| יאחט אשת משה ליב | 2 | Jachette, Gattin des Mosche Löb |
| מארקס מפה לעניים פשטה | 3 | Marx von hier. Den Armen breitete sie |
| כפיה אשה חשובה | 4 | ihre Hände aus, eine vornehme Frau war sie |
| וצנועה במעשיה התפללה | 5 | und tugendhaft in ihren Taten. Sie betete |
| בכוונה וגמלה חסד עם חיים | 6 | andächtig und übte Wohltätigkeit den Lebenden |
| ומתים נפטרה ביום ג׳ ד׳ חשון | 7 | und den Toten. Sie ist gestorben am Dienstag, dem 4. Cheschwan, |
| ונקברה ביום ה׳ ו׳ בו תר״ע לפ״ק | 8 | und wurde begraben am Donnerstag, dem 6. desselben, 670 n.d.kl.Z. |
| תנצב״ה | 9 | T.N.Z.B.H. |

Hier ruht in Frieden 10
Frau Jachette Marx 11
von Freudental 12
geb. 26. August 1823. 13
gest. 19. Oktober 1909. 14

Stein: H: 200, B: 54, T: 28 cm

Quellen:
RSA 3: 931, 59 Nr. 354; 925, 187:
< Jachette Marx, geb. 26. Aug. in Freudental, gest. 19. Okt. 1909, Tochter von Isaak Jacob Stein (Grab 130) und Fradel, geb. Ulmann (Grab 112), Gattin des Moses Löb Marx, Metzgermeister (Grab 208) >

### Bertha (Bela) Levy

● Grab 380

Reihe XVIII

gest. 17.11.1906

|  | |  |
|---|---|---|
| ב״נ | | Hier liegt begraben |
| הבתולה החסידה בילה לוי בת של | 1 | die fromme Jungfrau Bela Levi, Tochter des |
| מלמד החבר ר׳ סעליגמאנן לוי מתה | 2 | Lehrers Chawer Herr Seligmann Levi. Sie ist gestorben |
| ביום ש״ק² כ״ט חשון תרס״ז לב״ק: | 3 | am Tag des Heiligen Schabbat, 29. Cheschwan 667 n.d.kl.Z. |
| נתעב״ח³: | 4 | T.N.Z.B.H. |

Bertha Levy 5
geb. 27. Januar 1853 6
gest. 16. November 1906. 7

**Auf dem Sockel des Steines steht:**
A. Treulieb Stuttgart

Stein: H: 145, B: 64, T: 20 cm

Quellen:
RSA 3: 931, 58 Nr. 343; 925, 127:
< Bertha Levi, geb. 9. Jan. 1853, gest. 17. November 1906, Tochter von Schullehrer Seligmann Levi (Grab 209) und Vögele, geb. Kahn (Grab 317), ledig >

Anmerkungen:
Text sehr fehlerhaft geschrieben:
[1] verschrieben ב statt פ
[2] verschrieben ייי statt ש
[3] verschrieben נתעב״ח statt תנצב״ה oder תנצבה״ח

# Grab 381 und 394

## Sophie Marx

Sophie Marx
geb. Levi
am 29.3.1862
gest. 31.1.1907

Quellen:
RSA 3: 931, 58 Nr. 344; 925, 196: < Sophie Marx, geb. 29. März 1862, gest. 31. Januar 1907, Tochter von Seligmann Bär Levi (Grab 356) und Jüdle, geb. Rosenheim (Grab 394), Gattin des Jakob Marx >

Stein: H: 240, B: 42, T: 42 cm

**Sophie Marx**

Grab 381

Reihe XVIII

gest. 31.01.1907

## Jüdle (Jette) Levi

| |  | |
|---|---|---|
| פנחס הלוי] | [י]טלה אשת א[ | 1 |
| [ | מפה לעניים פ<ר>ש]ה יריה | 2 |
| [ | וצנועה במעשה [ | 3 |
| בכוונה וגמלה חסר [בחיים] | | 4 |
| [ | ומתים כל ימיה נפ[ו]טרה | 5 |
| [ | ד' ט"ז תשרי ונקבר]ה יום | 6 |
| [ | בשנת תרע"א [לפ"ק | 7 |
| [ | תנצב"ה [ | 8 |

1 [J]itle, Gattin des A[? Pinchas HaLevi]
2 von hier. Den Armen st<r>eck[te sie ihre Hände aus ]
3 und tugendhaft in ihren Taten [ ]
4 mit Gedanken. Und sie tat Wohltat den [Lebenden]
5 und den Verstorbenen all ihre Tage. Sie ist gestorben [am]
6 Mittwoch, dem 16. Tischri und wurde begraben [am ]
7 des Jahres 671 [n.d.kl.Z. ]
8 T.N.Z.B.H.[ ]

9 [ ]
10 [ Ruhe in]Frieden
11 ]aus Freudental
12 [ geb. 31. M]ärz 1817
13 [ gest. 19.] Okt. 1910.
14

Quellen:
RSA 3: 931, 60 Nr. 357; 929, 126:
< Jüdle (Jette) Levi, geb. 31.3.1817, gest. 19. Okt. 1910, Tochter von Samuel Rosenheim (Grab siehe Bamberger Jebenhausen 87) und Mathilde, geb. Regensburger (Grab 230), Gattin des Seligmann B. Levi (Grab 356) >

Anmerkung:
das ר von פרשה ist ausgelassen.
Hebräische Inschriftenplatte herausgebrochen. Kurz vor Redaktionsende sind zwei Fragmente der Inschriftenplatte gefunden worden.

Stein: H: 202, B: 54, T: 27 cm

**Jüdle (Jette) Levi**

Grab 394

Reihe XVIII

gest. 19.10.1910

## Rösle Loewe

▼ Grab 382

Reihe XVIII

gest. 23.03.1907

| | | |
|---|---|---|
| פ״נ | | Hier liegt begraben |
| אשה יקר בעלה ובניה | 1 | eine Frau, die Ehre ihres Mannes und ihrer Kinder war. |
| תמימה וישרה במעשיה | 2 | Redlich und aufrichtig war sie in ihren Taten, |
| לאביון פרשה כפיה | 3 | den Armen breitete sie ihre Hände aus, |
| לגמול חסד כל ימיה | 4 | um Wohltat zu üben all ihre Tage. |
| רעסלה בת גנענדיל | 5 | Rösle, Tochter der Gnendel, |
| אשת צבי בר משה הלוי | 6 | Gattin des Zwi, des Sohnes des Mosche Halevi, |
| נפטרה יום שבת קדש ח׳ | 7 | ist gestorben am Tag des Heiligen Schabbat, dem 8. |
| ניסן ונקברה יום א׳ י׳ | 8 | Nissan und wurde begraben am Sonntag, dem 10.[1] |
| ניסן תרס״ז: | 9 | Nissan 667 |
| תנצב״ה | 10 | T.N.Z.B.H. |

Auf der Rückseite des Steines steht:

Hier ruht
unsere liebe
gute Mutter
Rösle Loewe
geb. 22. Feb. 1835
gest. 23. März 1907.
Möge die Erde
Dir leicht sein.

Symbol: fünfblättrige Blüte

Stein: H: 190, B: 51, T: 29 cm

Quellen:
RSA 3: 931, 58 Nr. 345; 925, 131:
< Rösle Löwe, geb. 22. Febr. 1835, Tochter von Machuel Levi (Grab 142) und Genendel, geb. Kaufmann (Grab 48), Gattin d. Hirsch Löwe (Grab 349) >

Anmerkung:
[1] Der Sonntag wäre nach dem Kalender der 9. Nissan, der 10. Nissan müßte demnach der Montag sein.

## Madel „ "

▲ Grab 33

Reihe II

gest. 27.09.1815

| | | |
|---|---|---|
| פ״ט | | Hier liegt geborgen |
| הא״ח הצנועה וחסודה | 1 | eine vornehme Frau, die tugendhafte und fromme |
| מאטיל א׳ כ׳ משה [ ] | 2 | Frau Matel, Gattin des ehrbaren Mosche [ ] |
| ז״ל מפה נו״נ יום ה׳ כ״ג | 3 | seligen Andenkens von hier, gestorben und begraben am Donnerstag, |
| אלו[ל] [תקע״ה] לפ״ק | 4 | dem 23. Elu[l 575] n.d.kl.Z. |
| תנצב״ה | 5 | T.N.Z.B.H. |

Stein: H: 84, B: 63, T: 11 cm

Quellen:
RSA 3: 929, 5 Nr. 4; 925, 14; 926, 42:
< Madel, Tochter des Jacob Levi, gest. im Alter von 78 Jahren am 27. September 1815, Gattin des Moses Steppach >

## Abraham Löb Wertheimer

Grab 366

Reihe XVII

gest. 31.08.1911

1 Hier ruht
2 unvergessen
3 von den Seinen
4 unser geliebter
5 teurer Vater
6 Abraham Löb
7 Wertheimer
8 geb. 1. Mai 1826,
9 gest. 31. August 1911.
10 Ruhe sanft in Frieden.

11 פ״נ
11 איש ישר ונאמן
12 אברהם אריה בר שלמה
13 מפה כל ימיו הלך בדרך טובים
14 התפלל בכוונה וגמל חסד
15 וישב אל אדמתו בשם טוב
16 ביום ה׳ ז׳ אלול ונקבר
17 בכבוד גדול ביום א׳ י׳ בו
18 בשנת תרע״א לפ״ק
19 תנצב״ה

Hier liegt begraben
11 ein redlicher und aufrechter Mann.
12 Avraham Arie, Sohn des Schlomo
13 von hier, ging all seine Tage auf dem Weg der Guten,
14 betete andächtig und übte Wohltätigkeit.
15 Er ging zu seiner Erde zurück mit gutem Namen
16 am Donnerstag, dem 7. Elul, und wurde begraben
17 in großen Ehren am Sonntag, dem 10. desselben
18 im Jahr 671 n.d.kl.Z.
19 T.N.Z.B.H.

Quellen:
RSA 3: 931 S. 57 Nr. 329; 925, 304:
< Abraham Löb Wertheimer, geb. 1. Mai 1826 in Freudental, gest. 31. August 1911, Sohn von Salomon Immanuel Wertheimer (Grab 27) und Hanna, geb. Kaufmann (Grab 301), Gatte der Pauline, geb. Stern (Grab 392) >

Stein: H: 250, B: 38, T: 38 cm

# Grab 383 und 384

## Jochebed Wertheimer

▼ Grab 383

Reihe XVIII

gest. 12.04.1907

| | |
|---:|:---|
| פ״נ | Hier liegt begraben |
| בתולה מהוללה | 1 eine Jungfrau, die gepriesen ward |
| וישרה את כל ימיה | 2 und aufrichtig war alle ihre Tage. |
| יוכבד בת חנה | 3 Jocheved, Tochter der Channa, |
| נפטרה ביום ערב שבת | 4 ist gestorben am Tag des Vorabend des Schabbat, |
| ונקבר ביום א' ל' ניסן | 5 und wurde begraben am Sonntag, dem 30. Nissan |
| תרס״ז לפ״ק: | 6 667 n.d.kl.Z. |
| תנצב״ה | 7 T.N.Z.B.H. |

Auf der Rückseite des Steines steht:
Hier ruht
Jochebed Wertheimer
geb. d. 30. Mai 1820
gest. d. 12. April 1907.

Symbol: achtblättrige Blüte

Stein: H: 147, B: 50, T: 30 cm

Quellen:
RSA 3: 931, 59 Nr. 346; 925, 300:
< Jochebed Wertheimer, geb. 30. Mai 1820, gest. 12. Apr. 1907, Tochter des Salomon Immanuel Wertheimer (Grab 27) und der Hanna, geb. Kaufmann (Grab 301), ledig >

## Fanny (Fradel) Berlinger

▼ Grab 384

Reihe XVIII

gest. 21.11.1907

| | |
|---:|:---|
| פ״נ | Hier liegt begraben |
| אשה מהוללה ויקרה | 1 eine gepriesene und beliebte Frau, |
| הלכה בדרך תמימה | 2 die auf makellosem Wege wandelte. |
| פראדל בת יטיל | 3 Fradel, Tochter der Jettel, |
| אשת שלמה בר יוסף | 4 Gattin des Schlomo, des Sohnes des Joseph, |
| נפטרה ביום ה' ט״ו | 5 ist gestorben am Donnerstag, dem 15. |
| כסלו תרס״ח לפ״ק: | 6 Kislew 668 n.d.kl.Z. |
| תנצב״ה | 7 T.N.Z.B.H. |

Auf der Rückseite des Steines steht:
Fanny Berlinger 8
geb. Levi 9
geb. 16. März 1846 10
gest. 20. Nov. 1907. 11

Stein: H: 158, B: 50, T: 26 cm

Quellen:
RSA 3: 931, 59 Nr. 347; 925, 18:
< Fanny Berlinger, geb. 16. März 1846, gest. 21. November 1907, Tochter d. Seligmann Levi (Grab 356) u. der Jüdle, geb. Rosenheim (Grab 394), Gattin d. Salomon Berlinger (Grab 324) >

## Fanny (Fradel) Levi

Grab 386

Reihe XVIII

gest. 29.07.1908

Auf dem Sockel steht:

Hier ruht
Fanny Levi geb. Kaufmann
geb. 4. April 1836.
gest. 29. Juli 1908.

Quellen:
RSA 3: 931, 59 Nr. 349; 925, 132:
< Fanni Fradel Levi, geb. 4. April 1836 in Lauchheim, gest. 29. Juli 1908, Tochter von Moses Kaufmann in Lauchheim und Edel, geb. Hänle Gattin des Seligmann Levi, Rothgerbermeister (Grab 362) >

Anmerkung:
Hebräische Inschriftenplatte herausgebrochen

Stein: H: 195, B: 54, T: 27 cm

## Karoline (Kela) Mosbacher

Grab 387

Reihe XVIII

gest. 12.10.1908

פ"נ
הבתולה היקרה ונעימה
קילה בת אייזיק מזבכער
מפריידענטאל כל ימיה
הלכה בדרך טובים וגמלה
חסד עם כל קרוביה וגם
סבלה באהבה מכאוביה
נפטרה ביום ב' י"ז תשרי
ונקברה
בכבוד גדול ביום ד'
י"ט בו תרס"ט לפ"ק
תנצב"ה

Hier liegt begraben
1 die beliebte und angenehme Jungfrau
2 Kela, Tochter des Eisik Mosbacher
3 aus Freudental. All ihre Tage
4 ging sie auf dem Weg der Guten, übte
5 Wohltat mit allen ihren Verwandten und hat auch
6 ihre Schmerzen mit Liebe gelitten.
7 Sie ist gestorben am Montag, dem 17. Tischri, und wurde begraben
8 in großen Ehren am Mittwoch,
9 dem 19. desselben, 669 n.d.kl.Z.
10 T.N.Z.B.H.

11 Hier ruhe in Frieden
12 Karoline Mosbacher von
13 Freudental
14 geb. 18. Okt. gest. 12. Okt.
15 1846 1908.

Quellen:
RSA 3: 931, 59 Nr. 350; 925, 184:
< Karoline Mosbacher, geb. 28. Okt. 1846, gest. 12. Okt. 1908, Tochter von Isaak Mosbacher (Grab 329) und Sara, geb. Strauß (Grab 222), ledig >

Stein: H: 170, B: 51, T: 23 cm

## Grab 389 und 390

### Emma (Hanna) Marx

▼ Grab 389

Reihe XVIII

gest. 02.03.1909

Symbol: abgebrochene Säule

Stein: H: 210, B: 36, T: 25 cm

Auf der Rückseite des Steines steht:

Hier ruhe in Frieden,
Emma Marx
von Freudental
geb. 8. Juli 1893.
gest. 2. März 1909.

Quellen:
RSA 3: 931, 59 Nr. 352; 925, 198:
< Hanna Marx, geb. 3. Juli 1893, gest.
2. März 1909, Tochter von Wolf Marx (Grab 418)
und Emilie, geb. Marx (Grab 376) >

Anmerkung:
Hebräische Inschriftenplatte herausgebrochen

### Jette (Jendle) Jordan

● Grab 390

Reihe XVIII

gest. 26.03.1909

Symbol: drei konzentrische Kreise, der äußerste als achtblättrige Blüte stilisiert

Stein: H: 157, B: 50, T: 25 cm

|  | |  |
|---|---|---|
| פ"נ | | Hier liegt begraben |
| האשה הישרה וחשובה | 1 | die aufrichtige und vornehme Frau |
| יענדלה אשת משה מפה | 2 | Jendle, Gattin des Mosche von hier. |
| פעלה טוב כל ימיה ויבך | 3 | Sie tat Gutes all ihre Tage, und es weint ihr |
| אחריה כל מכירי צדקתה | 4 | jeder nach, der ihre Gerechtigkeit |
| וטובה ותשב אל אדמתה | 5 | und ihre Güte kannte. Sie kehrte in ihre Erde zurück |
| ביום ו' ד' ניסן ונקברה ביום א' | 6 | am Freitag, dem 4. Nissan und wurde begraben am Sonntag, |
| ו' בו בשנת תרס"ט לפ"ק | 7 | dem 6. desselben, im Jahr 669 n.d.kl.Z. |
| תנצב"ה | 8 | T.N.Z.B.H. |

Hier ruhe in Frieden 9
Jette Jordan 10
geb. 24. Jan. 1853 11
gest. 26. März 1909. 12

Quellen:
RSA 3: 931, 59 Nr. 353; 925, 64:
< Jette Jordan, geb. 24. Jan. 1853, gest. 26. März 1909, Tochter von Isaak Mosbacher (Grab 329) und Sara, geb. Strauß (Grab 222), Gattin des Moritz Jordan (Grab 340) >

# Grab 401 und 402

## Hannchen (Henle) Weil

Grab 401

Reihe XX

gest. 01.04.1911

| | |
|---|---|
| פ"נ | Hier liegt begraben |
| אשה ישרה ונעימה | eine aufrechte und wohlgefällige Frau, |
| הלכה בדרך תמימה | die auf makellosem Wege wandelte, |
| עשתה צדקה כל ימיה | und Wohltätigkeit übte alle ihre Tage. |
| והדריכה למישרים | Zu Aufrichtigkeit erzog sie |
| את בניה ה"ה מרת | ihre Söhne. Sie, Frau |
| הנלא בת מרים | Henle, Tochter der Miriam, |
| מתה בי' ש"ק ג' ניסן | ist gestorben am Tag des Heiligen Schabbat, dem 3. Nissan |
| תרע"א לפ"ק | 671 n.d.kl.Z. |
| תנצב"ה | T.N.Z.B.H. |

Hannchen Weil
geb. 23. Sept. 1842
gest. 1. April 1911.

Stein: H: 136, B: 40, T: 16 cm

**Quellen:**
RSA 3: 931, 60 Nr. 364; 925, 292:
< Hannchen Weil, geb. 23. Sept. 1842, gest. 1. April 1911, Tochter d. Moses Hirsch Marx (Grab 217) und der Mirjam (Grab 311), Gattin d. Joseph Weil (Grab 320) >

## Mina Stein

Grab 402

Reihe XX

gest. 07.08.1912

| | |
|---|---|
| פ"נ | Hier liegt begraben |
| אשה ישרה ונעימה | ein aufrechte und wohlgefällige Frau. |
| מינה אשת יצחק | Mina, Gattin des Jitzchak, |
| מתה ביום כ"ד אב | ist gestorben am 24. Aw |
| [תרע"ב לפ"ק] | [ 672 n.d.kl.Z. ] |
| | Edel war ihr Tun, |
| | mög sie in Frieden ruhn. |
| תנצב"ה: | T.N.Z.B.H. |

Symbol: fünfzackiger Stern

Stein: H: 133, B: 44, T: 24 cm

**Quellen:**
RSA 3: 931, 60 Nr. 365:
< Stein [................................]1912 >
(Film teilweise verdorben)

RSA 3: 925 S. 247:
< Mina Stein, geb. 16. März 1853 in München, gest. 24. Av 5672, Tochter des Joseph Hanauer, Handelsmann zu München und der Mamel, geb. Kahn, Gattin des Isaak Löb Stein (Grab 321) >

## Thekla (Teichle) Berlinger

● Grab 403

Reihe XX

gest. 12.03.1914

| | |
|---|---|
| פ״נ | |
| הנערה בתולה | 1 |
| טייכלה בת פאגעלה | 2 |
| מתה י״ד אדר ונקברה | 3 |
| בכבוד רוב עם י״ז אדר תרע״ד | 4 |
| תנצב״ה | 5 |
| Thekla Berlinger | 6 |
| geb. 3. April 1878, | 7 |
| gest. 12. März 1914. | 8 |

Symbol: sechszackiger Stern

Stein: H: 137, B: 37, T: 14 cm

Hier liegt begraben
1. das Mädchen, die Jungfrau
2. Teichle, Tochter der Vögele.
3. Sie ist gestorben am 14. Adar und wurde begraben
4. in Ehren mit viel Volk am 17. Adar 674
5. T.N.Z.B.H.

Quellen:
RSA 3: 931, 61 Nr. 366; 925, 18:
< Thekla Berlinger, geb. 2. April 1878, gest. 12. März 1914, Tochter von Salomon Berlinger (Grab 324) und Fanny, geb. Levi (Grab 384), ledig >

---

## Mina (Mindel) Stein

● Grab 404

Reihe XX

gest. 08.11.1917

| | |
|---|---|
| פ״נ | |
| אשת חיל מי ימצא | 1 |
| מינדל אשת יעקוב | 2 |
| בטח בה לב בעלה | 3 |
| ולב בניה ובנותיה | 4 |
| ביתה היה פתוח לעניים | 5 |
| הלכה לבית אביה | 6 |
| ביום כ״ג חשון תרע״ז[1] | 7 |
| תנצב״ה | 8 |
| Mina Stein | 9 |
| geb. Heidenheimer | 10 |
| geb. 4. Sept. 1858 | 11 |
| gest. 7. Nov. 1917. | 12 |

Stein: H: 136, B: 41, T: 18 cm

Hier liegt begraben
1. <Glücklich,>wem eine tüchtige Frau beschert ist,
2. Mindel, Gattin des Jaakow,
3. ihres Mannes Herz kann sich auf sie verlassen,
4. und ebenso die Herzen ihrer Söhne und ihrer Töchter.
5. Ihr Haus war offen für die Armen.
6. Sie ging zum Haus ihres Vaters
7. am 23. Cheschwan 677[1]
8. T.N.Z.B.H.

Quellen:
RSA 3: 931, 61 Nr. 367; 925, 255:
< Mina Stein, geb. 4. Sept. 1858 in Berlichingen, gest. am 8. Nov. 1917 in Weinsberg, begr. am 11. Nov. 1917 in Freudental, Tochter von Isaak Heidenheim und Babette, geb. Adler, Gattin des Jacob David Stein (Grab 428) >

Anmerkung:
Ein erneuerter Stein für Mina Stein ist Nr. 413.
[1] Richtig muß es das Jahr 678 sein.

# Grab 405 und 406

|  | Hier liegt begraben | Auguste (Gatul) |
|---|---|---|
| פ"נ | | Blum |
| 1 אשת חיל | 1 eine tüchtige Frau, | |
| 2 **ג**מילות חסד פעלה | 2 die Wohltätigkeit übte. | Grab 405 ● |
| 3 **ט**ובת לב לבעלה | 3 Sie war gutherzig zu ihrem Mann, | |
| 4 **ו**אם אוגבת לבניה | 4 eine geliebte Mutter ihren Söhnen, | Reihe XX |
| 5 **ל**זכרון טוב למכיריה | 5 und eine gute Erinnerung ihren Bekannten. | |
| 6 גטול א' בנימין ב' מרדכי | 6 Gatul, Gattin des Benjamin, des Sohnes des Mordechai, | gest. 04.01.1920 |
| 7 מתה בי"ג טבת תר"ף | 7 ist gestorben am 13. Tewet 680 | |
| 8 תנצב"ה | 8 T.N.Z.B.H. | |

9 Hier ruht
10 Auguste Blum
11 geb. 25. Sept. 1856
12 gest. 4. Jan. 1920

Symbol: Blumenkorb

Stein: H: 162, B: 59, T: 28 cm

Quellen:
RSA 3: 931, 61 Nr. 368; 925, 19:
< Auguste Blum, geb. 25. Sept. 1856, gest. 4. Jan. 1920, Tochter von Majer Salomon Löwenthal (Grab 318) und Elkana, geb. Rödelsheimer (Grab 82), Gattin des Wolf Blum (Grab 406) >

Anmerkung:
Akrostichon: Die Anfangsbuchstaben der Zeilen 2-5 ergeben den Namen „Gatul".

---

|  | Hier liegt begraben | Wolf (Benjamin) |
|---|---|---|
| פ"נ | | Blum |
| 1 כמ"ר בנימין בר מרדכי | 1 der ehrbare Herr Benjamin, Sohn des Mordechai | |
| 2 בלום מפה | 2 Blum von hier. | Grab 406 ● |
| 3 איש ירא ה' מנעוריו | 3 Er war ein gottesfürchtiger Mann seit seiner Jugend, | Reihe XX |
| 4 תם וישר בכל מעשיו | 4 redlich und aufrecht in all seinen Taten. | |
| 5 ורודף שלום כל ימי חייו | 5 Nach Frieden jagte er all seine Lebenstage. | gest. 19.06.1926 |
| 6 נפטר בש"ק חקת ז' תמוז | 6 Er ist gestorben am Heiligen Schabbat Chukkot[2], dem 7. Tammus | |
| 7 ונקבר ביום ב' ט' תמוז | 7 und wurde begraben am Montag, dem 9. Tammus | |
| 8 תרפ"ו לפ"ק | 8 686 n.d.kl.Z. | |
| 9 רנצב"ה[1] | 9 T.N.Z.B.H. | |

10 Wolf Blum
11 von Freudenthal
12 geb. 20. März 1862, gest. 19. Juni 1926.

Symbol: Blumenkorb

Stein: H: 162, B: 59, T: 28 cm

Quellen:
RSA 3: 931, 61 Nr. 369, 925, 19:
< Wolf Blum, geb. 30. März 1862 in Hochhausen/Neckar, gest. 19. Juni 1926, Sohn von Marx Blum und Karoline, geb. Adler in Hochhausen, Gatte der Auguste, geb. Löwenthal (Grab 405) (vgl. Nebel Geschichte 73, 82) >

Anmerkungen:
[1] fehlerhaft statt תנצב"ה
[2] Schabbatlesung am 7. Tammus 5686: Chukkot, Gesetze Num 19:1-22:1; hier 19:2.

## Grab 393 und 407

### Lina (Zippora) Herrmann

● Grab 393

Reihe XVIII

gest. 08.01.1910

| | |
|---|---|
| פ"נ | |
| האשה היקרה ונעימה | 1 |
| צפורה אשת משה אריה | 2 |
| מפה כל ימיה הלכה בדרך | 3 |
| הישר וגם סבלה באהבה | 4 |
| יסוריה מתה במבחר שנותיה | 5 |
| כ"ז טבת ונקברה למחרתו | 6 |
| בשנת תר"ע לפ"ק | 7 |
| תנצב"ה | 8 |
| Hier ruht | 9 |
| meine innigst geliebte Frau | 10 |
| Lina Herrmann | 11 |
| geb. in Merchingen 18. Jann 1883 | 12 |
| gest. 7. Janu. 1910. | 13 |

Stein: H: 161, B: 48, T: 25 cm

Hier liegt begraben
1 die liebe und angenehme Frau
2 Zippora, Gattin des Mosche Arie
3 von hier. All ihre Tage wandelte sie auf rechtem
4 Weg und trug auch ihre Leiden mit Liebe.
5 Sie ist gestorben in der Blüte ihrer Jahre
6 am 27. Tewet, und wurde begraben am nächsten Tag,
7 im Jahr 670 n.d.kl.Z.
8 T.N.Z.B.H.

Quellen:
RSA 3: 931, 60 Nr. 356; 925, 70:
< Lina Herrmann, geb. 18. Jan. 1883 in Merchingen, gest. 8. Jan. 1910, Tochter von Leopold und Karoline Fleischhacker in Merchingen, erste Gattin des Moritz Herrmann, Bauer in Freudental > Moritz Herrmann und seine zweite Ehefrau Sidonie geb. Rosenfeld sind nach Theresienstadt, dann nach Auschwitz deportiert worden und dort umgekommen. Der Sohn Adolf ist zunächst nach Belgien geflohen, von dort nach Auschwitz deportiert worden und umgekommen. Tochter Lina verh. Hoppe ist 1939 in die USA geflohen, Sohn Julius bereits 1937. (Nebel, Geschichte 128)

### Jette Herrmann

● Grab 407

Reihe XX

gest. 15.05.1922

| | |
|---|---|
| ] | |
| [ הכן. . [ | 1 |
| דרשה טוב בעלה | 2 |
| ובניה כל ימיה ה"ה | 3 |
| ייטל אשת אברהם | 4 |
| מתה י"ז אייר תרע"ב[1] | 5 |
| Jette Hermann | 6 |
| 20. Aug. 1852 - 15. Mai 1922. | 7 |
| תנצב"ה | 8 |

Symbol: Mohnkapseln

Stein: H: 145, B: 50, T: 19 cm

[ ]
1 die [ ]
2 sie trachtete nach dem Guten für ihren Mann
3 und für ihre Söhne alle ihre Tage. Sie,
4 Jettel, Gattin des Avraham,
5 ist gestorben am 17. Ijjar 672[1].

8 T.N.Z.B.H.

Quellen:
RSA 3: 931, 61 Nr. 370; 925, 69:
< Jette Herrmann, geb. 20. August 1852 in Freudental, gest. 15. Mai 1922, Tochter von Moses Löb Marx (Grab 208) und Jachet, geb. Stein (Grab 391), Gattin des Abraham Herrmann (Grab 363) >

Anmerkung:
[1] Die Jahreszahl muß 682 heißen.

## Pauline (Sprinzle) Wertheimer

Grab 392

Reihe XVIII

gest. 31.12.1909

---

Hier ruht
unsere gute 1
treubesorgte 2
Gattin u. Mutter 3
Pauline 4
Wertheimer 5
geb. Stern 6
geb. 15. Juni 1839 7
gest. 31. Dez. 1909. 8
------------ 9
Dein Leben war sorgende 10
Liebe 11
liebend Gedenken folgt 12
Dir ins Grab 13

פ״נ
אשת חיל תפארת משפחתה 14

שפרינצלע אשת אברהם אריה 15
מפה לעניים פשטה כפיה אשה 16

צנועה במעשיה וגמלה חסד עם 17

חיים ומתים כל ימיה נפטרה 18

כ׳ טבת ונקברה למחרתו 19

בשנת תר״ע לפ״ק 20
תנצב״ה 21

Hier liegt begraben
14 eine tüchtige Frau,
die Zierde ihrer Familie,
15 Sprinzle, Gattin des Avraham Arie
16 von hier. Sie breitete ihre Hände den
Armen aus und war eine Frau,
17 die tugendhaft war in ihren Taten und
Wohltätigkeit übte
18 an Lebenden und Toten alle ihre Tage.
Sie ist gestorben
19 am 20. Tewet und wurde begraben am
nächsten Tag
20 im Jahr 670 n.d.kl.Z.
21 T.N.Z.B.H.

Quellen:
RSA 3: 931, 59 Nr. 355; 925, 304:
< Pauline Wertheimer, geb. 15. Juni 1839 in Sontheim, gest. 31. Dez. 1909, Tochter von Abraham Stern, Handelsmann in Sontheim und Zerle, geb. Falk, Gattin des Abraham Löb Wertheimer (Grab 366) >

Stein: H: 240, B: 38, T: 38 cm

## Grab 408 und 409

**Fany (Fratel) Jordan**

● Grab 408

Reihe XX

gest. 08.04.1925

| | |
|---|---|
| פ״נ | Hier liegt begraben |
| אשה צנועה בכל דרכיה 1 | eine Frau, die tugendhaft war in all ihren Wegen, |
| ישרה ותמימה במעשיה | |
| דרשה טוב בעלה כל ימיה 2 | gerecht und tadellos in ihren Taten. |
| והדריכה למישרים את בניה 3 | Sie trachtete nach dem Guten für ihren Mann all ihre Tage |
| פראטל אשת יהודה בר יוסף | |
| מתה ביום ד' י״ד ניסן תרפ״ה 4 | und erzog ihre Söhne zur Aufrichtigkeit. |
| | 5 Fratel, Gattin des Jehuda, des Sohnes des Joseph, |
| | 6 ist gestorben am Mittwoch, dem 14. Nissan 685 |
| Fany Jordan 7 | |
| geb. Stein 8 | |
| geb. 23. Aug. 1854 9 | |
| gest. 8. April 1925. 10 | |
| תנצב״ה 11 | T.N.Z.B.H. |

Stein: H: 162, B: 44, T: 16 cm

**Quellen:**
RSA 3: 931, 61 Nr. 371; 925, 83:
< Fanni Jordan, geb. 23. Aug. in Freudental, gest. 8. April 1925, Tochter von Isaac Veit Stein (Grab 331) und Mammi, geb. Lehmann (Grab 315), zweite Gattin des Leopold Jordan (Grab 367) >

---

**Jette Neu und Fany Levi**

● Grab 409

Reihe XX

gest. 19.11.1929
gest. 02.11.1930

| | |
|---|---|
| תנצב״ה 1 | T.N.Z.B.H. |
| Mutter und Tochter im Tode 2 | |
| vereint 3 | |
| Jette Neu 4 | |
| geb. 27. Okt. 1866 5 | |
| gest. 19. Nov. 1929 6 | |
| Fany Levi 7 | |
| geb. 27. Nov. 1839 8 | |
| gest. 2. Nov. 1930 9 | |
| Ihr Andenken bleibe zum Segen 10 | |
| זכרונן לברכה 11 | Ihr Andenken gereiche zum Segen |

Stein: H: 119, B: 40, T: 14 cm

**Quelle:**
RSA 3: 931, 61 Nr. 372:
< Fanny Levi und Tochter Jette Neu >

## Viktor (Avigdor) Kaufmann

Grab 414

Reihe XXI

gest. 24.10.1917

| | |
|---|---|
| פ"נ | Hier liegt begraben |
| אביגדור בר 1 | Avigdor, Sohn des |
| בן ציון מצאבער- 2 | Ben Zion aus Zaber- |
| פעלד נפטר בשם 3 | feld. Er ist gestorben mit |
| טוב ח' מרחשון תרע"ח 4 | gutem Namen am 8. Marcheschwan 678 |
| תנצב"ה 5 | T.N.Z.B.H. |
| Viktor Kaufmann 6 | |
| Zaberfeld 7 | |

Quelle:
RSA 3: 931, 62 Nr. 372:
< Kaufmann, Viktor v. Zaberfeld, 24. Okt. 1917 >

Stein: H: 126, B: 47, T: 14 cm

## Isidor (Jizchak) Mannasse

Grab 415

Reihe XXI

gest. 16.10.1918

| | |
|---|---|
| פ"נ | Hier liegt begraben |
| In der Blüte abgerissen, 1 | |
| Eilst du früh dem Grabe zu; 2 | |
| Ruhe sanft im Schoß der Erde, 3 | |
| Du geliebter, guter Sohn! 4 | |
| Hier ruht unser geliebter 5 | |
| Sohn u. Bruder 6 | |
| Isidor Mannasse 7 | |
| geb. 1. Okt. 1887 8 | |
| gest. 16. Okt. 1918. 9 | |
| תנצב"ה 10 | T.N.Z.B.H. |
| הבחור החשוב 11 | Der vornehme Jüngling |
| יצחק בר אברהם 12 | Jitzchak, Sohn des Avraham, |
| קרבן מלחמת העולם 13 | ein Opfer des Weltkrieges, |
| נ' י' חשון תרע"ט 14 | ist gestorben am 10. Cheschwan 679 |
| לדאבון 15 | zum Leidwesen |
| אביו ואמו 16 | seines Vaters und seiner Mutter |
| ואחותו 17 | und seiner Schwester |

Quellen:
RSA 3: 931, 62 Nr. 378; 925, 195:
< Isidor Manasse, geb. 1. Okt. 1887 in Talheim, gest. 16.10.1918, Sohn von Abraham Manasse und Jettle, geb. Stein (Grab 410) >

Stein: H: 170, B: 52, T: 15 cm

# Grab 418 und 419

## Wolf Marx

● Grab 418

Reihe XXI

gest. 30.03.1920

Symbol: Schofar

Stein: H: 124, B: 43, T: 14 cm

| | |
|---:|:---|
| פ"נ | Hier liegt begraben |
| איש הולך תמים היה 1 | ein Mann, der tadellos lebte, |
| אהב הצדק והמישרים 2 | er liebte die Gerechtigkeit und die Aufrichtigkeit, |
| פרנס ובעל תוקע לקהל 3 | und war Vorsteher und Schofarbläser der hiesigen |
| דפה זאב בר אליעזר 4 | Gemeinde. Zeew, Sohn des Elieser, |
| מת ביום ג' י"א ניסן תר"פ: 5 | ist gestorben am Dienstag, dem 11. Nissan 680 |
| Wolf Marx 6 | |
| 7. Aug. 1855 - 30. März 1920 7 | |
| תנצב"ה 8 | T.N.Z.B.H. |

Quellen:
RSA 3: 931, 62 Nr. 381; 925, 198:
< Wolf Marx, geb. 7.8.1855, gest. 30. März 1920, Sohn von Liebmann Marx (Grab 330) und Hanna geb. Kaufmann (Grab 246), verheiratet in erster Ehe mit Emilie, geb. Marx (Grab 376), in zweiter Ehe mit Regine, geb. Hangewitz, geb. 15.2.1866, nach der Deportation in das KZ Theresienstaedt umgekommen am 10.12.1942 (Gedenkbuch 240) >

## Bernhard (Issachar) Stein

● Grab 419

Reihe XXI

gest. 28.12.1923

Stein: H: 142, B: 40, T: 16 cm

| | |
|---:|:---|
| פ"נ | Hier liegt begraben |
| איש צדיק וישר בנדיבים 1 | ein gerechter und aufrichtiger Mann unter den Freigiebigen. |
| הלך תמיד דרך טובים 2 | Er ging immer auf dem Weg der Guten, |
| דבק נפשו באלהים חיים 3 | seine Seele hing am Gott des Lebens |
| וכל מעשיו היו לשם שמים 4 | und alle seine Taten geschahen um des Himmels willen. |
| יששכר בר יצחק מת ב 5 | Issachar, Sohn des Jitzchak, ist gestorben am |
| עש"ק כ' טבת תרפ"ד 6 | Vorabend des Heiligen Schabbat, 20. Tewet 684 |
| לפ"ק: 7 | n.d.kl.Z. |
| Bernhard Stein 8 | |
| 8. Juli 1852 - 27. Dez. 1923 9 | |

Quellen:
RSA 3: 931, 62 Nr. 382; 925, 252:
< Bernhard Stein, geb. 8.7.1852, gest. 28. Dez. 1923, Sohn von Isaak Veit Stein (Grab 331) und Mammi, geb. Lehmann (Grab 315), Gatte von Karoline, geb. Marx, umgekommen im KZ Theresienstadt am 12.2.1943 (Gedenkbuch 331) >

Anmerkung:
Gedicht mit Endreim

Grab 420 und 421

| | |
|---|---|
| פ״נ | Hier liegt begraben |
| איש תם וישר במעשיו 1 | ein Mann, der redlich und gerecht war in seinen Taten, |
| אוהב שלום בכל ימיו 2 | er liebte Frieden all seine Tage. |
| מנחם בר יעקב צבי 3 | Menachem, Sohn des Jaakow Zwi, |
| נפטר בכ״ט חשון תר״ץ 4 | ist gestorben am 29. Cheschwan 690 |
| תנצב״ה 5 | T.N.Z.B.H. |

Manasse Stein 6
geb. 12. Sept. 1853 7
gest. 1. Dez. 1929 8

**Manasse (Menachem) Stein**

Grab 420

Reihe XXI

gest. 02.12.1929

Quellen:
RSA 3: 931, 62 Nr. 384; 925, 240:
< Manasse Stein, geb. 12.9.1853, gest. 2. Dez. 1929, Sohn v. Jacob Hirsch Stein u. Beßle, geb. Lindauer, war verheiratet mit Lina, geb. Strauß (1931 nach Gundelsheim verzogen) >

Stein: H: 146, B: 50, T: 18 cm

---

| | |
|---|---|
| פ״נ | Hier liegt begraben |
| שלמה בר דוד 1 | Schlomo, Sohn des David, |
| איש תם וישר נפטר ז׳ 2 | ein redlicher und gerechter Mann. Er ist gestorben am 7. Tammus 690 |
| בתמוז תר״ץ | |
| תנצב״ה 3 | T.N.Z.B.H. |

Salomon Stein 4
geb. 24. Okt. 1866 5
gest. 3. Juli 1930 6
Sara Stein 7
geb. Kuenstler 8
1869-1940 9

**Salomon Stein und Sara Stein**

Grab 421

Reihe XXI

gest. 03.07.1930

Quellen:
RSA 3: 931, 62 Nr. 385+386; 925, 258:
< Salomon Stein, geb. 24.10.1866, gest. 3. Juli 1930, Sohn v. David Stein (Grab 358) u. Bela, geb. Berlinger (Grab 309), Gatte der Sara Stein, geb. Künstler, Tochter von Samuel Künstler und Zilli, geb. Oppenheim, geb. 16.9.1869 in Brünn (?) >
Sara Stein wurde am 17.11.1940 in Grafeneck ermordet, sie wurde Opfer des „Euthanasie"-Programms. Gedenkbuch 331.

Stein: H: 155, B: 70, T: 17 cm

## Grab 422 und 423

**Auguste (Gitel) Marx**

● Grab 422

Reihe XXII

gest. 08.12.1931

| | |
|---|---|
| פ"נ | Hier liegt begraben |
| בתולה נעימה גיטל בת מרים 1 | eine angenehme Jungfrau. Gitel, Tochter der Miriam |
| מתה כ"ח כסלו תרצ"ב 2 | ist gestorben am 28. Kislew 692 |
| Auguste Marx 3 | |
| geb. 2. Juni 1855 4 | |
| gest. 8. Dez. 1931 5 | |
| תנצב"ה 6 | T.N.Z.B.H. |

Stein: H: 97, B: 50, T: 19 cm

Quellen:
RSA 3: 925, 182:
< Gustel od. Gütchen, geb. als Zwilling des Samuel am 2. Juni 1855, gest. 8. Dez. 31, Tochter v. Moses Hirsch Marx (Grab 217) u. Mirjam, geb. Hahn (Grab 311), ledig >

**Auguste (Genendel) Mayer**

● Grab 423

Reihe XXII

gest. 21.02.1935

| | |
|---|---|
| פ"נ | Hier liegt begraben |
| געננדעל 1 | Genendel |
| מייאר 2 | Mayer. |
| מת י"ח באדר 3 | Sie ist gestorben am 18. Adar |
| תרצ"ה 4 | 695 |
| תנצב"ה 5 | T.N.Z.B.H. |
| Auguste Mayer 6 | |
| geb. Levi 7 | |
| 1857-1935 8 | |

Stein: H: 108, B: 39, T: 13 cm

Quellen:
RSA 3: 925, 128, 181:
< Genendel Auguste Mayer geb. Levi, geb. 18.1.1857, Tochter von Isaak Levi (Grab 215) und Babette, geb. Henle Juda (Grab 373), Gattin des Alexander Mayer >

| | | | Emmy (Nechama) Weil |
|---|---|---|---|
| פ"נ | | Hier liegt begraben | |
| מ' נחמה בת מנחם | 1 | Frau Nechama, Tochter des Menachem. | Grab 424 ● |
| מת כ"ז באייר תרצ"ה | 2 | Sie ist gestorben am 27. Ijjar 695 | |
| תנצב"ה | 3 | T.N.Z.B.H. | Reihe XXII |
| Emmy Weil | 4 | | |
| 25.1.1911-30.5.1935 | 5 | | gest. 30.05.1935 |

Quelle:
RSA 3: 925, 2934:
< Emmi Weil, geb. 25.1.1911 in Freudental, gest. 30.5.1935, Tochter von Emil Weil (Grab 360) und Frida, geb. Jordan >
Nebel Geschichte 81.

Stein: H: 89, B: 49, T: 12 cm

---

| | | | Fanny (Frumet) Wertheimer |
|---|---|---|---|
| פ"נ | | Hier liegt begraben | |
| פרומעט אשת אליעזר | 1 | Frumet, Gattin des Elieser. | Grab 425 ● |
| מת בי"ג ניסן תרפ"ו[1] | 2 | Sie ist gestorben am 13. Nissan 696 | |
| תנצב"ה | 3 | T.N.Z.B.H. | Reihe XXII |
| Fanny Wertheimer | 4 | | |
| geb. Weikersheimer | 5 | | gest. 05.04.1936 |
| 1873-1936 | 6 | | |

Quellen:
RSA 3: 925, 306:
< Fanni Wertheimer geb. Weikersheimer, geb. 16.7.1873 in Gaukönigshofen, Tochter von Jeremias Weikersheimer und Sara geb. Sontheimer, Gattin des Leser Hirsch Wertheimer >
Vgl. Nebel Geschichte 81.

Anmerkung:
[1] verschrieben תרפ"ו statt תרצ"ו

Stein: H: 126, B: 60, T: 13 cm

# Grab 411 und 432

## Fritz Maier (Uri Schraga) Kahn

● Grab 411

Reihe XXI

gest. 12.03.1916

פ"נ
1 שׁומר מצוות בכוונה
2 רודף שלום באמונה
3 גומל טוב לאביונים
4 אוהב תורה ונבונים
5 אורי שרגא ב' מאיר
6 הכהן שהלך למנוחה במוצ'
7 ש"ק בז' אדר שני תרע"ו
8 תנצב"ה
9 Fritz M. Kahn.
10 geb. 22. Juli 1841.
11 gest. 11. März 1916.

Symbol: segnende Hände

Stein: H: 131, B: 43, T: 25 cm

Hier liegt begraben
1 der die Gebote mit vollem Herzen achtete,
2 der dem Frieden im Glauben nachjagte,
3 der Wohltat für die Armen übte,
4 der die Thora und die Weisen liebte.
5 Uri Schraga, Sohn des Meir
6 Hacohen, ging zur Ruhe am Ausgang des
7 Heiligen Schabbat, am 7. Adar II, 676
8 T.N.Z.B.H.

Quellen:
RSA 3: 931, 61 Nr. 375; 925, 92:
< Veit, genannt Fritz Maier Kahn, geb. 22.7.1841, gest. 11.3.1916, wohnhaft in Stuttgart, Sohn v. Maier Kahn (Grab 150) u. Ittel, geb. Levi (Grab 375), Gatte d. Friederike (Frida), geb. Löb, (Grab siehe Hahn, Pragfriedhof 111) >

Anmerkungen:
Akrostichon: Die Anfangsbuchstaben der Zeilen 1-4 ergeben den Namen „Schraga". Die hebräische Inschrift ist ein Gedicht mit Endreim.

## Max Abraham (Mordechai) Marx

● Grab 432

Reihe XXIII

gest. 14.06.1933

פ"נ
1 מרדכי בר אברהם
2 מת בכ' סיון תרצ"ג
3 תנצב"ה
4 Max A. Marx
5 1852-1933.

Stein: H: 96, B: 44, T: 11 cm

Hier liegt begraben
1 Mordechai, Sohn des Abraham.
2 Er ist gestorben am 20. Siwan 693
3 T.N.Z.B.H.

Quellen:
RSA 3: 931, 63 Nr. 396; 925, 197:
< Max (Marx) Abraham Marx, geb. 13.1.1852, gest. 14. Juni 1933 in Massenbach bei seiner Tochter Ida Bär und nach Freudental überführt, beerdigt am 16.6.1933, Sohn von Abraham Marx (Grab 154) und Hanna, geb. Rothschild, Gatte der Gustel, geb. Hirschmann >

# Jette und Abraham Manasse

Grab 410
Reihe XX

gest. 25.09.1931
gest. 08.07.1933

Jette
Manasse
geb. Stein
geb. 8. Nov. 1857, gest. 25. Sept. 1931

Hier liegt begraben
- eine gerechte und himmelsfürchtige Frau,
- die Wohltätigkeit übte mit offenen Händen.
- Jettle, Gattin des Avraham,
- ist gestorben am 14. Tischri 692
- T.N.Z.B.H.

Hier liegt begraben
- ein gerechter, redlicher und aufrichtiger Mann.
- Avraham, Sohn des Menachem,
- ist gestorben mit gutem Namen am 14. Tammus
- und wurde begraben am 16. desselben, 693 n.d.kl.Z.
- T.N.Z.B.H.

פ״נ
אשה צדיקה ויראה שמים
גמלה חסד בפתיחת ידים
יעטלא אשת אברהם
נפטרה י״ד בתשרי תרצ״ב
תנצב״ה

פ״נ
איש צדיק תם וישר
אברהם בר מנחם
נפטר בשם טוב י״ד תמוז
ונקבר ט״ז בו תרצ״ג לפ״ק
תנצב״ה

Abraham Manasse
geb. 13. Juli 1853
gest. 8. Juli 1933

Quellen:
RSA 3: 931, 61 Nr. 373a+b;
925, 195:
< Jette Manasse, geb. 8.11.1857 in Freudental, gest. 25. Sept. 1931, Tochter von Isaak Veit Stein (Grab 331) und Mammi, geb. Lehmann (Grab 315), Gattin des Abraham Manasse, Sohn von Manes Manasse und Sara, geb. Rosenstein, geb. 13.7.1853 in Talheim, gest. 8. Juli 1933 >

Symbol: zwei Palmzweige

Stein: H: 132, B: 67, T: 14 cm

## Grab 426 und 427

**Max M. (Mordechai) Marx**

● Grab 426

Reihe XXIII

gest. 23.01.1931

פ"נ 1
איש ישר ונאמן מרדכי בן
משה צבי מ ו' שבט תרצ"א 2

Max M. Marx 3
geb. 30. Mai 1846 4
gest. 23. Jan. 1931 5
תנצב"ה 6

Stein: H: 118, B: 51, T: 15 cm

Hier liegt begraben
1 ein gerechter und treuer Mann. Mordechai, Sohn des
2 Mosche Zwi, ist gestorben am 6. Schewat 691

6 T.N.Z.B.H.

Quellen:
RSA 3: 931, 63 Nr. 387; 925, 124:
< Marx, Max (Mordechai), geb. 30.5.1846, gest. 23. Jan. 1931, Sohn von Moses Hirsch Marx (Grab 217) und Mirjam, geb. Hahn (Grab 311), ledig >

---

**Salomon Falk**

● Grab 427

Reihe XXIII

gest. 24.03.1931

פ"נ 1
איש צדיק וישר אוהב שלום ואמת
שלמה בר אשר 2
נפטר ביום ו' בניסן תרצ"א 3
תנצב"ה 4
Salomon Falk 5
geb. 30. Sept. 1865 6
gest. 24. März 1931 7

Stein: H: 126, B: 65, T: 15 cm

Hier liegt begraben
1 ein Mann, der gerecht und aufrichtig war, er liebte Frieden und Treue.
2 Schlomo, Sohn des Ascher,
3 ist gestorben am 6. Nissan 691
4 T.N.Z.B.H.

Quellen:
RSA 3: 931, 63 Nr. 388; 925, 44:
< Salomon Falk, geb. 30.9.1865 in Steierbach bei Schwäbisch Hall, gest. 24. März 1931, Sohn von Israel Falk und Babette, geb. Reiß, war verheiratet mit Rosa, geb. Hermann >
Salomon Falk war Gemeindepfleger (Nebel Geschichte 72, 74, 83).

# Grab 428 und 429

| | |
|---|---|
| פ״נ | |
| איש תם וישר | 1 |
| אהב שלום ויקר | 2 |
| יעקב בר דוד | 3 |
| נפטר י״ב בניסן | 4 |
| תנצב״ה | 5 |
| Jakob Stein | 6 |
| geb. 5. Dez. 1857 | 7 |
| gest. 30. März 1931 | 8 |

Stein: H: 144, B: 40, T: 18 cm

1 Hier liegt begraben
2 ein redlicher und gerechter Mann, er liebte den Frieden und war geehrt.
3 Jaakow, Sohn des David,
4 ist gestorben am 12. Nissan
5 T.N.Z.B.H.

Quellen:
RSA 3: 931, 63 Nr. 390; 925, 255:
< Jakob Stein, geb. 5.12.1857, gest. 30.3.1931, Sohn v. David Stein (Grab 358) u. Bela, geb. Berlinger (Grab 309), Gatte d. Mina, geb. Heidenheimer (Grab 404) >

**Jakob Stein**

Grab 428

Reihe XXIII

gest. 30.03.1931

---

| | |
|---|---|
| איש ישר בפני יודעיו | 1 |
| עשה רק טוב כל ימיו | 2 |
| יהויקים בר יצחק | 3 |
| נפטר יום א׳ בכסלו | 4 |
| תנצב״ה | 5 |
| Gustav Herbst | 6 |
| geb. 28. Febr. 1878 verungl. | 7 |
| und gest. 10. Nov. 1931 | 8 |

Stein: H: 167, B: 67, T: 16 cm

1 Ein Mann, der aufrecht war gegenüber seinen Bekannten
2 und all seine Lebenstage nur Gutes tat.
3 Jehojakim, Sohn des Jitzchak,
4 ist gestorben am 1. Kislew
5 T.N.Z.B.H.

Quelle:
RSA 3: 931 S. 63 Nr. 391:
< Herbst, Gustav, 11. Nov. 1931 >

Anmerkung:
Sterbedatum auf dem Grabstein und in der Gräberliste differieren um einen Tag.

**Gustav (Jehojakim) Herbst**

Grab 429

Reihe XXIII

gest. 10.11.1931

## Grab 416 und 431

**Ferdinand (Schraga) Jordan**

● Grab 416

Reihe XXI

gest. 14.11.1918

| | |
|---|---|
| פ״נ | |
| Zu schmerzlich war für uns dein Scheiden, | 1 |
| Zu bitter dein zu früher Tod! | 2 |
| Doch du bist nun befreit von Leiden, | 3 |
| Befreit von jeder Erdennot. | 4 |
| Hier ruht unser geliebter | 5 |
| Sohn u. Bruder | 6 |
| Ferdinand Jordan | 7 |
| geb. 7. Juli 1880 | 8 |
| gest. 14. Nov. 1918 | 9 |
| תנצב״ה | 10 |
| | |
| פ״נ | |
| מהיר היה במלאכתו | 11 |
| בזמן קצר פעולתו | 12 |
| ושכר הרבה מוכן לו | 13 |
| | |
| ה״ה הבחור שרגא ב׳ יהודה | 14 |
| אשר נפטר בחצי ימיו בי׳ | 15 |
| | |
| ה׳ י׳ כסלו תרע״ט לפ״ק | 16 |
| תנצב״ה | 17 |

Stein: H: 170, B: 52, T: 15 cm

1 Hier liegt begraben

10 T.N.Z.B.H.

Hier liegt begraben
11 geschickt war er in seiner Arbeit,
12 doch nur für kurze Zeit war seine Tätigkeit
13 und er wird einen großen Lohn bekommen.
14 Er, der Jüngling Schraga, Sohn des Jehuda,
15 starb in der Mitte seines Lebens, am Donners-
16 tag, dem 10. Kislew 679 n.d.kl.Z.
17 T.N.Z.B.H.

Quellen:
RSA 3: 931, 62 Nr. 379; 925, 83:
< Ferdinand Jordan, geb. am 7.7.1880 in Freudental, gest. 4. Nov. 1918, Sohn von Leopold Jordan (Grab 367) und Rosa Riele, geb. Stein (Grab 251), ledig >

**Berthold Jordan**

● Grab 431

Reihe XXIII

gest. 28.03.1932

| | |
|---|---|
| פ״נ | |
| Berthold Jordan | 1 |
| geb. 20. Jan. 1884 | 2 |
| gest. 28. März 1932 | 3 |
| תנצב״ה: | 4 |

Stein: H: 89, B: 56, T: 14 cm

Hier liegt begraben

4 T.N.Z.B.H.

Quellen:
RSA 3: 931, 63 Nr. 395; 925, 83:
< Jordan, Berthold, geb. 20.1.1884 in Freudental, gest. 28. März 1932, Sohn von Leopold Jordan (Grab 367) und Rosa, geb. Stein (Grab 251) > Nebel, Geschichte 70.

## Michael Max Loewe

Grab 417

Reihe XXI

gest. 25.04.1919

Hier liegt begraben

5 T.N.Z.B.H.

פ״נ
Unser lieber Vater 1
und Bruder
Max Loewe 2
geb. 2. Sept. 1857 3
gest. 25. April 1919 4
תנצב״ה 5

Quellen:
RSA 3: 931, 62 Nr. 380;
925, 131:
< Michael Max Löwe, geb.
2.9.1857, gest. 25. April 1919,
Sohn von Hirsch Löwe (Grab
349) und Rösle, geb. Levi
(Grab 382), ledig >

Symbol: Levitenkanne

Stein: H: 169, B: 71, T: 17 cm

# Grab 433 und 434

## Nyss Jakub

■ Grab 433

Reihe XXIV

gest. 16.09.1945

Jude
Nyss Jakub
3.3.1914
16.9.1945

Symbol: Davidstern

Stein: H: 48, B: 54, T: 13 cm

**Anmerkung:**
Ende der 40er Jahre befand sich im Schloß Freudental ein Pflegeheim für die ehemaligen Inhaftierten des Konzentrationslagers Vaihingen/Enz, Außenstelle des KZ Natzweiler/Elsaß. Jakub Nyss aus Radom (Polen) erlag hier den Folgen von Verschleppung, Lagerhaft, Zwangsarbeit, Hunger und Mißhandlung.

## Harczyk Hirsz

■ Grab 434

Reihe XXIV

gest. 06.07.1946

Jude
Harczyk Hirsz
16.5.1930
6.7.1946

Symbol: Davidstern

Stein: H: 48, B: 58, T: 13 cm

**Anmerkung:**
Harczyk Hirsz war im KZ Vaihingen/Enz, einer Außenstelle des Konzentrationslagers Natzweiler/Elsaß, interniert. Er lebte nach dem Einmarsch der Alliierten im Pflegeheim für ehemalige KZ-Häftlinge im Schloß Freudental und erlag dort den Folgen von Lagerhaft, Zwangsarbeit, Verschleppung, Hunger und Mißhandlung.

## Josef Jordan

Grab 430

Reihe XXIII

gest. 12.12.1931

| | |
|---|---|
| פ״נ | Hier liegt begraben |
| איש טוב לבב | ein gutherziger und gottesfürchtiger Mann, |
| וירא אלהים רועה עדתו בחכמה | er hat seine Gemeinde mit Weisheit und Gerechtigkeit |
| וצדק ומישרים | und Aufrichtigkeit gehütet. |
| הפרנס יוסף בר יהודה | Der Vorsteher Joseph, Sohn des Jehuda, |
| נפטר ביום ב׳ לטבת תרצ״ב לפ״ק | ist gestorben am 2. Tewet 692 n.d.kl.Z. |
| תנצב״ה | T.N.Z.B.H. |

Josef Jordan Gemeinderat
geb. 30. Dez. 1877   gest. 12. Dez. 1931

Quellen:
RSA 3: 931, 63 Nr. 393; 925, 60:
< Josef Jordan, geb. 30.12.1877 in Freudental, gest. 12.12.1931, Sohn v. Leopold Jordan (Grab 367) u. Rosa, geb. Stein (Grab 251), Gatte d. Klara, geb. Rödelsheimer >

Zu Josef Jordan ferner:
Nebel, Geschichte 72, 73, 81, 93.
Klara Jordan, geb. Rödelsheimer, ist nach der Deportation nach Riga am 1.12.1941 umgekommen (Gedenkbuch 144).

Stein: H: 87, B: 125, T: 18 cm

# Gefallene Deutsche Juden

## Frontbriefe 1914-18

Herausgegeben vom
**Reichsbund Jüdischer Frontsoldaten E.V.**

Mit einer Zeichnung von Max Liebermann

6.—7. Tausend

Vortrupp Verlag / Berlin SW

Kriegsbriefe gefallener deutscher Juden 1935
(Seite 16 bis 17)

---

Berthold Elsaß, Leutnant d. Res.,
Landw.Inf.Regt. 120,
geboren: 3. 8. 1885, Ludwigsburg,
gefallen: 24. 3. 1916.

Aus einem Brief an einen Freund.

... Mir hat der Krieg schon viel Schweres gebracht ... Am 11. August ging es ins Feld mit dem Res.Inf.Regt. 121 bei Hochwald, am 18. August bekam ich meine Feuertaufe. Mit dem Bajonett auf die Alpenjäger, das war gleich der richtige Empfang. Diesen Abend, unfähig noch zum Denken, moralisch kaputt, werde ich wohl nie vergessen. Am 19. stürmten wir ins 1100 m hohe Hochfeld, am 20. August ging es in das Brennstal. Häuserkämpfe in Belmont. Es geht Tag und Nacht weiter ... Am 24. machte ich den Sturm auf den Donon mit. Hier ereilte mich mein Schicksal, ein Schuß durch meinen linken Oberschenkel ... Anfang Oktober kam ich wieder zu meinem Regiment. Hier machte ich schwere Kämpfe mit in der Nähe von Arras gegen Engländer und Turkos. In der Nacht des 6. November schlugen wir drei Nachtangriffe ab. Da schlug vor mir eine Granate ein und dann wußte ich nichts mehr von mir. Ein Splitter schlug mir die Schädeldecke auf, einen Splitter bekam ich in den Arm, einen in die linke Schulter. Außerdem hatte ich eine starke Gehirnerschütterung. Vom Feldlazarett kam ich nach Hagen, wo ich monatelang lag. Es sah nicht gut aus mit mir. Ich wurde dreimal operiert. Zuerst wurde der Splitter aus dem Kopf entfernt, dann ein Stück vom Helmwappen, dann noch ein Knochenstück, nach der dritten Operation ließen Eiterung und Fieber nach. Arm und Schulter heilten gut ab. Die Vertiefung am Kopf machte mir Beschwerden, so daß ich keinen Helm tragen konnte. Ich meldete mich freiwillig ins Feld und kam so am 30. April zum Landw.Inf.Regt. 120 des Bayer. III. Armeekorps ... Ich bin der einzige jüdische Offizier in meinem Regiment ... So habe ich bis jetzt den Krieg verbracht, und fühle mich trotz meiner vier Löcher im Körper ganz wohl ... Das hätten wir uns beide doch nicht träumen lassen, auch noch solch einen mörderischen Weltkrieg mitmachen zu müssen, aber hoffentlich erreichen wir Juden mit diesem Krieg auch endlich die Gleichberechtigung in jeder Weise.

Gedenkstein 436

> Zum Andenken
> an unsere
> jüd. Mitbürger
> die im I. Weltkrieg
> gefallen sind
>
> Isidor Levi
> Robert Neu
> Julius Marx
> Eugen Jordan
> Isidor Manasse
>
> 1914–1918

Gedenkstein
gestiftet 1988
von Arthur Gräf

## Julius Marx

■ Grab 435

Reihe XXIV

gest. 17.10.1970

### Mein kleines Dorf

Ich hört' in mancher Stadt
Der Glocken Festgeläute,
Doch nirgens in der weiten Welt
Hört ich so jubelnd ihre Töne klingen,
Konnt mich ihr Zauber auf die Kniee zwingen,
Wie einst zur Abendruh
Ihr trauter Klang
Daheim in meinem Dorf.

In gar so manches Land
Trug mich der Ruf der Ferne-.
Ich sah den schönsten Gottesdom
Mit schlanken Säulen, goldenen Altären
Und Perlgeschmeid aus fernen Weltenmeeren,
Doch keine Kirche war
So schön, wie die
Daheim in meinem Dorf.

Ich hört zu manchem Gott
in vielen Sprachen beten
In Kathedralen und Moscheen -
Ich hörte singen und die Orgel rauschen,
Doch mocht ich keinem Lied so gerne lauschen,
Wie dem der Nachtigall
Beim Rosenstrauch,
Daheim in meinem Dorf.

Ich sah gar manchen Fluss
Und fuhr durch viele Meere
Auf Schiffen voller Glanz und Pracht -
Da musst ich oft an jenes Schifflein denken,
Das ich mit kleinen Händen durfte lenken
Entlang dem Weidenbusch
Am kleinen Bach,
Daheim bei meinem Dorf -

Und sah im Traum das Dorf
Am Waldesrand im Tale -
Mich rief der Kirche Glockenklang;
Im Wiesengrund hört ich das Bächlein singen,
Es wollt vor Weh mir fast das Herz zerspringen, -
Da trieb's mich heim zu dir
Mein stilles Tal,
Zu dir, mein kleines Dorf.

Doch wehe mir, - kein Gruss,
Kein freudiges Erkennen -
Einst Freunde, trennt uns nun das Blut...
In wildem Hass, mit drohender Gebärde
Vertriebt ihr mich aus meiner Heimaterde.

Ich floh den Bach entlang
Beim Glockenklang -
Oh, du mein kleines Dorf!

Julius Marx 1945

**Julius Marx**

Grab 435

Reihe **XXIV**

gest. 17.10.1970

Julius Marx
geb. 27. Febr. 1888
gest. 17. Okt. 1970
im Gedenken
an meine beiden Brüder
Louis Marx
Albert Marx
gestorben in New York
„O du
mein kleines Dorf"

Quellen:
RSA 3: 925, 191:
< Julius Marx, geb. 27.2.1888, Sohn von Hirsch Marx und Karoline, geb. Heß von Merchingen, Brüder: Louis geb. 30.5.1886 und Albert geb. 25.1.1889 >

Julius Marx suchte sich im Jahre 1967 auf dem Friedhof seiner früheren Heimatstadt Freudental seinen Grabplatz aus und wurde als letzter Freudentaler Jude auf diesem Friedhof beerdigt.
Nebel, Geschichte 29, 32, 46, 67, 69ff., 86, 101.

Anmerkungen:
Das Zitat "O du mein kleines Dorf" ist Teil eines Gedichtes, das Julius Marx über seine Heimatstadt Freudental geschrieben hat.

Stein: H: 118, B: 58, T: 19 cm

# Grabregister

| Grab | Reihe | Name | geboren | gestorben | Seite |
|---|---|---|---|---|---|
| 1 | I | Ballenberg, Pesle | 06.1742 | 04.12.1811 | 48 |
| 2 | I | Götsch, Jordan | 1769 | 28.06.1812 | 47 |
| 3 | I | Ansbacher, Marx Jacob (Mordechai) | 1732 | 28.02.1813 | 50 |
| 4 | I | Levi, Joseph | 04.1744 | 13.10.1813 | 48 |
| 5 | I | Stein, Isaak Löb | 08.1739 | 04.02.1814 | 70 |
| 6 | I | Ballenberg, Abraham Elias | 11.1735 | 31.10.1814 | 71 |
| 7 | I | Horkheimer, Simon Isak | 03.1737 | 24.07.1815 | 51 |
| 8 | I | Elsäßer, Alexander Nathan | 19.04.1731 | 17.04.1816 | 52 |
| 9 | I | „  " | | | 70 |
| 10 | I | Hirschmann, Hirsch | 12.1743 | 30.01.1820 | 50 |
| 11 | I | Benedikt, Baruch | 1734 | 16.05.1821 | 51 |
| 12 | I | Maier, Juda | | | 71 |
| 13 | I | Mayer, Samuel | 1757 | 01.01.1821 | 57 |
| 14 | I | Maier, Aron | 1734 | 04.10.1822 | 48 |
| 15 | I | Mayer Brill, Löb (Jehuda) | 1738 | 04.01.1823 | 56 |
| 16 | I | Ulmann, Löb Gabriel | 1766 | 27.01.1824 | 56 |
| 17 | I | Mayer, Moses Isaac | 22.06.1790 | 06.03.1824 | 58 |
| 18 | I | Kahn, Veit | 02.12.1757 | 02.04.1824 | 58 |
| 19 | I | Levi, Jacob | 25.05.1776 | 16.10.1825 | 59 |
| 20 | I | Dötelbach, Gabriel Mendel | 1750 | 08.05.1832 | 59 |
| 21 | I | Ulmann, Salomon | 1763 | 30.05.1832 | 70 |
| 22 | I | Elsässer, Alexander Baruch | 02.08.1779 | 10.03.1835 | 54 |
| 23 | I | Horkheimer, Hayum Löb | 02.1777 | 24.06.1835 | 60 |
| 24 | I | Ballenberg, Elias Abraham (Ascher) | 02.03.1770 | 11.07.1836 | 62 |
| 25 | I | Kaufmann, Abraham (Jekutiel) | 08.1761 | 27.01.1837 | 62 |
| 26 | I | Levi, Immanuel | 17.01.1768 | 15.08.1837 | 63 |
| 27 | I | Wertheimer, Salomon Immanuel | 24.05.1772 | 05.10.1837 | 63 |
| 28 | I | Herrmann, Isaak Moses (Sekel) | 07.1773 | 29.05.1841 | 64 |
| 29 | I | Wertheimer, Rechel | 1776 | 17.05.1821 | 64 |
| 30 | I | Löwenthal, Esther | 1784 | 02.05.1819 | 65 |
| 31 | I | Ulmann, Hanna | 1771 | 24.04.1818 | 49 |
| 32 | II | Wertheimer, Elenora (Ella) | 1782 | 29.07.1814 | 49 |
| 33 | II | „  ", Madel | 1738 | 27.09.1815 | 256 |
| 34 | II | „  ", Fradche | | 20.12.1818 | 49 |
| 35 | II | Benedikt, Rösle | | 03.08.1832 | 66 |
| 36 | II | Benedikt, Isaak | | 16.12.1820 | 68 |
| 37 | II | Jordan, Aron Moses | | | 66 |
| 38 | II | Ehrenheimer, Jaakow | | 05.03.1824 | 68 |
| 39 | II | „  ", Seligmann (Hoffaktor) | | 29.05.1825 | 67 |
| 40 | II | Lazarus, Götsch | 12.1766 | 20.10.1827 | 69 |
| 41 | II | Mayer, Löb | 04.06.1784 | 30.04.1829 | 69 |
| 42 | II | Marx, Löb Bär | | 29.06.1831 | 65 |
| 43 | II | Mosbacher, Hayum Joseph Isaak | 10.1768 | 28.03.1835 | 72 |
| 44 | II | Stein, Veit Isaak (Uri Schraga) | 08.08.1777 | 29.08.1837 | 72 |
| 45 | II | Levi, Mayer Gumpel | 1764 | 16.06.1841 | 73 |
| 46 | II | Wertheimer, Joseph Immanuel | 12.01.1767 | 10.04.1842 | 73 |
| 47 | II | Simon, Löb | 20.11.1776 | 02.09.1842 | 76 |
| 48 | II | Levi, Genendel | 1801 | 23.08.1841 | 74 |
| 49 | II | Mayer, Breinle | 02.01.1812 | 18.07.1840 | 74 |
| 50 | II | Ulmann, Mehrle | 12.12.1804 | 26.12.1830 | 86 |

| Grab | Reihe | Name | geboren | gestorben | Seite |
|---|---|---|---|---|---|
| 51 | III | Benedikt, Fradel | | 08.05.1816 | 78 |
| 52 | III | Benedikt, Seligmann Löb | | 13.07.1860 | 80 |
| 53 | III | Levi, Ittel | 1750 | 05.03.1819 | 86 |
| 54 | III | Dötelbach, Chaja Sara | 1750 | 16.08.1819 | 75 |
| 55 | III | Elsäßer, Kela | 1741 | 02.04.1821 | 55 |
| 56 | III | Daußge, Gittiche | 1731 | 05.07.1821 | 75 |
| 57 | III | Goldschmidt, Channa | | 03.03.1822 | 86 |
| 58 | III | Uhlmann, Jitle | | 07.07.1822 | 82 |
| 59 | III | „  ", Fradel | 1753 | 24.01.1824 | 82 |
| 60 | III | Herrmann, Hanna | 1740 | 09.03.1824 | 87 |
| 61 | III | Stein, Sara | | 19.06.1824 | 83 |
| 62 | III | Levi, Scheinle | | 20.05.1825 | 83 |
| 63 | III | Levi, Breindl | | 28.05.1825 | 84 |
| 64 | III | Hirschmann, Kreinle | 1759 | 20.06.1825 | 84 |
| 65 | III | Horkheimer, Michael Simon (Machuel) | 20.11.1788 | 26.04.1827 | 85 |
| 66 | III | Levi, Hanne | 1754 | 14.06.1827 | 85 |
| 67 | III | Kahn, Esther | 1767 | 01.03.1842 | 88 |
| 68 | III | Levi, Riele (Rachel) | 1770 | 01.12.1842 | 88 |
| 69 | III | Stein, Riele | 08.1790 | 04.05.1843 | 89 |
| 70 | III | Kahn, Marianne (Miriam) | 1776 | 19.05.1844 | 89 |
| 71 | III | Simon, Rösle | 1782 | 09.08.1848 | 90 |
| 72 | III | Löwe, Sara | 1794 | 04.11.1848 | 90 |
| 73 | III | Levi, Gnendel | 1780 | 18.11.1848 | 91 |
| 74 | III | Strauß, Gnendel | 12.1780 | 22.11.1848 | 91 |
| 75 | III | Kahn, Gnendel | | 26.04.1850 | 87 |
| 76 | III | Horkheimer, Mathilde (Matele) | 19.11.1821 | 25.05.1850 | 94 |
| 77 | III | Löwenthal, Rösle | 1804 | 24.03.1851 | 92 |
| 78 | III | Stein, Kehla | 08.03.1788 | 04.04.1851 | 93 |
| 79 | III | Lazarus, Merle | 1775 | 03.06.1856 | 95 |
| 80 | III | Levi, Genendel | 1784 | 22.07.1856 | 92 |
| 81 | III | Levi, Rösle | 1779 | 30.01.1857 | 93 |
| 82 | III | Löwenthal, Elisa (Elkana) | 08.03.1812 | 21.10.1857 | 96 |
| 83 | IV | Benedikt, Blümche | 18.04.1771 | 30.06.1828 | 96 |
| 84 | IV | Ottenheimer, Zartel | | 04.03.1830 | 100 |
| 85 | IV | Jordan, Gitel | | 17.02.1833 | 87 |
| 86 | IV | „  ", Hindl | | 28.10.1833 | 70 |
| 87 | IV | Marx, Hanna | 05.1787 | 21.03.1834 | 97 |
| 88 | IV | „  ", Lea | | 19.09.1836 | 97 |
| 89 | IV | Stein, Zippora | 09.1783 | 27.03.1837 | 100 |
| 90 | IV | Hirschmann, Gudel | 1792 | 23.09.1837 | 98 |
| 91 | IV | Levi, Frummet | 1754 | 07.04.1839 | 98 |
| 92 | IV | Aron, Hefele | 08.1788 | 13.11.1839 | 99 |
| 93 | IV | Ballenberg, Breinle | 1774 | 26.01.1840 | 99 |
| 94 | IV | Stein, Grösle | 15.02.1820 | 26.04.1840 | 76 |
| 95 | IV | „  ", Lea Jendle | | 12.10.1842 | 101 |
| 96 | V | Aron, Jettel | 06.1783 | 08.09.1843 | 100 |
| 97 | V | „  ", Golda | | 26.12.1845 | 101 |
| 98 | V | Maier, Ella | 1787 | 13.03.1846 | 103 |
| 99 | V | Kaufmann, Esther | 1774 | 24.11.1846 | 102 |
| 100 | V | Maier, Rachel | 11.07.1762 | 18.12.1847 | 102 |

# Grabregister

| Grab | Reihe | Name | geboren | gestorben | Seite |
|---|---|---|---|---|---|
| 101 | V | Löwenthal, Esther | 1776 | 30.12.1847 | 104 |
| 102 | V | Hermann, Sara | 1775 | 23.06.1848 | 104 |
| 103 | V | „ ", Hanna | | 29.03.1849 | 105 |
| 104 | V | Levi, Babette (Bella) | 04.1791 | 05.02.1850 | 105 |
| 105 | V | Marx, Jendle | 1786 | 11.02.1850 | 106 |
| 106 | V | Stein, Babet (Bela) | 28.12.1799 | 01.08.1851 | 101 |
| 107 | V | Levi, Ittle | 1773 | 26.01.1853 | 108 |
| 108 | V | Herrmann, Rebekka | 1779 | 04.12.1853 | 109 |
| 109 | V | Elsäßer, Jüttle | 1766 | 11.07.1855 | 107 |
| 110 | V | Uhlmann, Gella | 1779 | 18.11.1855 | 109 |
| 111 | V | Stein, Hindel | 1785 | 06.01.1856 | 109 |
| 112 | V | Stein, Fradel (Riwka) | 1797 | 27.09.1856 | 107 |
| 113 | V | Löwenthal, Sara | 04.1791 | 02.06.1857 | 110 |
| 114 | VI | Löwenthal, Salomon Löb | 12.07.1772 | 28.09.1842 | 110 |
| 115 | VI | Kaufmann, Isaak | 19.08.1771 | 21.02.1843 | 111 |
| 116 | VI | Marx, Maier | 1771 | 23.04.1843 | 111 |
| 117 | VI | Marx, Samuel | 14.01.1775 | 26.10.1845 | 112 |
| 118 | VI | Levi, Seligmann Joseph | 03.11.1780 | 08.01.1846 | 112 |
| 119 | VI | Kahn, Judas | 02.01.1794 | 13.01.1846 | 113 |
| 120 | VI | Levi, Michael | 15.02.1773 | 08.01.1847 | 113 |
| 121 | VI | Bär, Jakob | 1776 | 06.04.1847 | 114 |
| 122 | VI | Levi, Seligmann | 1764 | 09.04.1847 | 114 |
| 123 | VI | Herrmann, Gabriel Hirsch | 27.06.1768 | 19.11.1847 | 115 |
| 124 | VI | Mayer, Liebmann (Elieser) | 03.01.1778 | 08.02.1848 | 116 |
| 125 | VII | „ ", Zwi Hirsch | | 05.06.1848 | 115 |
| 126 | VII | Levi, Isaak Bär | 20.12.1779 | 02.08.1849 | 118 |
| 127 | VII | Kahn, Löser | | 06.08.1849 | 118 |
| 128 | VII | Ödheimer, Alexander Wolf | 03.05.1785 | 23.10.1850 | 119 |
| 129 | VII | Ballenberg, Jakob Abraham | 17.02.1772 | 28.08.1851 | 119 |
| 130 | VII | Stein, Isaak Jakob | 17.02.1786 | 21.09.1851 | 120 |
| 131 | VII | Kahn, Samuel Marx | 27.02.1776 | 17.04.1852 | 120 |
| 132 | VII | Stein, Kiffe Isaak | 06.01.1786 | 19.02.1853 | 184 |
| 133 | VII | Strauß, Samson Levi | 08.07.1778 | 12.06.1854 | 121 |
| 134 | VII | Weinsberger, Simon | 1798 | 26.11.1854 | 108 |
| 135 | VII | Stein, Mayer Hirsch | 06.09.1817 | 26.03.1855 | 121 |
| 136 | VII | Levi, Abraham Hirsch | 12.09.1778 | 23.12.1864 | 122 |
| 137 | VII | Levi, Judas Seligmann | 27.01.1782 | 26.07.1865 | 122 |
| 138 | VII | Löwe, Sigmund (Seligmann) | 21.09.1829 | 03.08.1865 | 117 |
| 139 | VII | Löwenthal, Moses Löb | 27.02.1775 | 22.02.1867 | 123 |
| 140 | VII | Berlinger, Joseph Gerson | 06.1792 | 14.07.1867 | 123 |
| 141 | VII | Ulmann, Gabriel Löb | 02.08.1793 | 12.01.1868 | 124 |
| 142 | VIII | Levi, Michael | 12.06.1787 | 20.12.1855 | 128 |
| 143 | VIII | Grünwald, Seligmann Samson | 23.07.1800 | 12.05.1856 | 130 |
| 144 | VIII | Kahn, David Veit | 17.06.1790 | 28.11.1856 | 126 |
| 145 | VIII | Stein, Abraham | 12.08.1782 | 24.12.1856 | 124 |
| 146 | VIII | Levi, Manasse (Menachem) | 06.05.1778 | 13.02.1857 | 127 |
| 147 | VIII | Simon, Benjamin | 10.03.1817 | 10.02.1858 | 132 |
| 148 | VIII | Graf, David | 08.06.1778 | 16.10.1859 | 132 |
| 149 | VIII | Stein, Löb Jacob (Jehuda) | 02.03.1780 | 18.02.1860 | 133 |
| 150 | VIII | Kahn, Maier | 20.03.1806 | 14.07.1860 | 129 |

| Grab | Reihe | Name | geboren | gestorben | Seite |
|---|---|---|---|---|---|
| 151 | VIII | Wolf, Moses Hirsch | 02.05.1779 | 18.01.1861 | 133 |
| 152 | VIII | Aron, Maier Löb | 17.07.1779 | 08.03.1861 | 125 |
| 153 | VIII | Maier aus Schnaittach, Joseph | 13.09.1774 | 31.05.1861 | 136 |
| 154 | VIII | Marx, Abraham | 14.03.1819 | 27.01.1863 | 134 |
| 155 | VIII | Marx, Immanuel (Mendel) | 26.03.1781 | 02.02.1863 | 134 |
| 156 | IX | Kauffmann, Bela | 1780 | 06.03.1840 | 125 |
| 157 | IX | Jordan, Vögely (Matele) | 1780 | 09.03.1840 | 135 |
| 158 | IX | Strauß, Vögele | 17.05.1812 | 31.05.1848 | 135 |
| 159 | IX | Mosbacher, Hanna | 03.1814 | 11.02.1850 | 138 |
| 160 | IX | Levi, Sprinz | 1791 | 05.11.1857 | 138 |
| 161 | IX | Levi, Rösle | 1799 | 25.12.1857 | 139 |
| 162 | IX | Heumann, Hanna (Chawwale) | 1793 | 11.04.1858 | 139 |
| 163 | IX | Levi, Rebekka | 17.04.1784 | 04.03.1859 | 140 |
| 164 | IX | Levi, Rebekka | 1784 | 11.03.1859 | 140 |
| 165 | IX | Marx, Madel | 1785 | 22.03.1859 | 141 |
| 166 | IX | Horkheimer, Hendle | 1789 | 23.09.1859 | 143 |
| 167 | IX | Hirschmann, Babet (Baier) | 24.03.1806 | 15.12.1860 | 142 |
| 168 | IX | Kahn, Frumet | 1804 | 25.03.1862 | 141 |
| 169 | IX | Ulmann, Jochebed | 22.11.1837 | 05.05.1862 | 142 |
| 170 | IX | Mosbacher, Rösle | 1774 | 14.10.1862 | 144 |
| 171 | IX | Kahn, Lisette (Ella) | 26.02.1803 | 14.01.1863 | 144 |
| 172 | IX | Steinteker, Gitel | 1780 | 30.12.1863 | 71 |
| 173 | IX | Adler, Esther | 29.03.1808 | 15.03.1864 | 146 |
| 174 | IX | Mayer, Regina (Rechele) | 1798 | 27.06.1864 | 148 |
| 175 | IX | Aron, Edel | 1805 | 10.08.1864 | 148 |
| 176 | IX | Wolf, Mindel | 1772 | 25.03.1865 | 145 |
| 177 | IX | Wertheimer, Vogel | 1803 | 02.08.1865 | 145 |
| 178 | IX | Wertheimer, Nanette (Nachma) | 17.07.1813 | 09.09.1865 | 146 |
| 179 | IX | Kahn, Jochebed | 02.1802 | 27.06.1866 | 149 |
| 180 | IX | Löwenthal, Sophie (Sprinz) | 1809 | 29.08.1866 | 149 |
| 181 | IX | Levi, Riele | | 07.02.1867 | 106 |
| 182 | IX | Graf, Reichel | 09.07.1790 | 01.11.1867 | 150 |
| 183 | IX | Berlinger, Fradel | 08.1797 | 01.12.1867 | 147 |
| 184 | IX | Aron, Karoline (Kreinle) | 18.11.1843 | 19.12.1867 | 151 |
| 185 | IX | Ballenberg, Fanni (Vogel) | 1805 | 03.10.1868 | 147 |
| 186 | IX | Levi (Lövi), Zerle | 07.1800 | 03.12.1868 | 150 |
| 187 | IX | Levi, Gundel | | | 236 |
| 188 | X | Mayer, Jospa (Joseph) | | 17.01.1826 | 152 |
| 189 | X | Lazarus, Hayum | 1753 | 04.04.1834 | 152 |
| 190 | X | Daußge, Bär (Issachar) | 12.03.1762 | 17.08.1842 | 151 |
| 191 | X | Simon, Schmaia | 01.08.1785 | 07.09.1842 | 127 |
| 192 | X | Marx, Samuel | 03.07.1825 | 08.05.1843 | 126 |
| 193 | X | Dötelbach, Moses Hirsch | 15.01.1780 | 13.10.1843 | 108 |
| 194 | X | Elsäßer, Joseph Alexander | 03.07.1768 | 25.03.1844 | 154 |
| 195 | X | Levi, Samuel | 20.11.1818 | 25.05.1844 | 154 |
| 196 | X | Aron, Joseph | 16.08.1825 | 04.03.1858 | 155 |
| 197 | X | Dötelbach, Bär (Issachar) | 12.06.1776 | 30.04.1859 | 155 |
| 198 | X | Löwenthal, Jechiel Hirsch | 04.11.1816 | 07.09.1861 | 152 |
| 199 | X | Jordan, Aaron | 22.06.1845 | 29.10.1865 | 156 |
| 200 | X | Wertheimer, Benzion | 31.03.1812 | 06.10.1868 | 156 |

# Grabregister

| Grab | Reihe | Name | geboren | gestorben | Seite |
|---|---|---|---|---|---|
| 201 | X | Mayer, Lehmann (Jehuda) | 23.10.1821 | 23.03.1869 | 169 |
| 202 | X | Hirschmann, Jechiel | 05.03.1788 | 24.03.1869 | 157 |
| 203 | X | Jordan, Götsch (Eljakim) | 18.07.1850 | 04.07.1869 | 157 |
| 204 | X | Aron, Isaak | 23.08.1790 | 16.07.1869 | 160 |
| 205 | X | Ulmann, Isaak Löb | 15.08.1795 | 19.10.1872 | 160 |
| 206 | X | Levi, Bär Jakob (Issachar) | 28.05.1810 | 04.02.1873 | 161 |
| 207 | X | Marx, Moritz (Mordechai) | 03.06.1805 | 11.05.1873 | 161 |
| 208 | X | Marx, Moses Löb | 27.10.1823 | 20.05.1873 | 162 |
| 209 | X | Levi, Seligmann | 27.06.1814 | 25.08.1873 | 177 |
| 210 | X | Kahn, Samuel |  | 04.11.1873 | 174 |
| 211 | X | Jordan, Götsch Aron | 02.04.1816 | 07.02.1874 | 162 |
| 212 | X | Jordan, Joseph | 24.05.1813 | 02.07.1874 | 163 |
| 213 | X | Löwe, Moses | 17.12.1784 | 22.08.1874 | 163 |
| 214 | X | Marx, Wolf Löb | 26.07.1816 | 07.07.1875 | 164 |
| 215 | X | Levi, Isaak | 15.07.1813 | 22.07.1875 | 170 |
| 216 | X | Ullmann, Kusiel Löb (Jekutiel) | 25.04.1804 | 10.08.1877 | 171 |
| 217 | X | Marx, Moses Hirsch | 21.05.1815 | 10.12.1877 | 166 |
| 218 | X | Levi, Raphael Maier | 08.07.1800 | 05.01.1878 | 165 |
| 219 | X | Rothschild, Simson | 01.02.1803 | 04.01.1879 | 165 |
| 220 | X | Kahn, Löb (Jehuda) |  | 29.06.1879 | 166 |
| 221 | XI | Mayer, Madel | 27.09.1816 | 17.09.1869 | 158 |
| 222 | XI | Mosbacher, Sara (Zartel) | 28.06.1813 | 03.04.1870 | 167 |
| 223 | XI | Ballenberg, Hanna | 1778 | 31.08.1870 | 167 |
| 224 | XI | Levi, Brendel | 09.04.1809 | 05.05.1871 | 164 |
| 225 | XI | Stern, Rösle | 09.10.1811 | 02.07.1871 | 153 |
| 226 | XI | Juda, Bertha (Beierle) | 30.06.1851 | 11.08.1871 | 172 |
| 227 | XI | Stern, Fanny (Vogel) | 07.05.1843 | 11.05.1872 | 153 |
| 228 | XI | Kaufmann, Babette (Breinle) | 18.02.1812 | 16.11.1873 | 174 |
| 229 | XI | Ulmann, Mindel | 05.01.1817 | 18.12.1873 | 174 |
| 230 | XI | Rosenheim, Madel | 03.09.1788 | 28.02.1874 | 172 |
| 231 | XI | Stein, Vogel | 25.07.1792 | 18.03.1874 | 173 |
| 232 | XI | Bärle, Babette (Breinle) |  | 04.10.1874 | 173 |
| 233 | XI | Ulmann, Brendel | 1798 | 25.09.1875 | 176 |
| 234 | XI | Stern, Augusta (Gitel) | 18.04.1845 | 12.10.1875 | 176 |
| 235 | XI | Ulmann, Regine (Rechle) | 19.11.1802 | 06.02.1876 | 178 |
| 236 | XI | Ehrlich, Marianne (Miriam) | 12.1803 | 27.04.1876 | 178 |
| 237 | XI | Marx, Klara (Riwka) | 25.05.1845 | 24.11.1877 | 179 |
| 238 | XI | Kauffmann, Bela |  | 10.01.1878 | 253 |
| 239 | XI | Ödheimer, Ella | 10.05.1789 | 31.12.1878 | 180 |
| 240 | XI | Ödheimer, Ella |  | 12.04.1879 | 179 |
| 241 | XI | Jordan, Lea |  | 12.04.1879 | 182 |
| 242 | XI | „ " |  |  | 175 |
| 243 | XI | Ulmann, Brendel | 18.06.1805 | 13.08.1879 | 192 |
| 244 | XI | „ " |  |  | 175 |
| 245 | XI | Ödheimer, Rösle | 17.03.1839 | 17.05.1880 | 192 |
| 246 | XI | Marx, Hanna | 25.09.1832 | 16.11.1880 | 193 |
| 247 | XI | Marx, Chajja Miriam | 12.12.1813 | 01.05.1881 | 193 |
| 248 | XI | Maier, Sara | 21.08.1812 | 02.06.1881 | 168 |
| 249 | XI | Levi, Sara Merle | 17.07.1820 | 14.08.1881 | 194 |
| 250 | XI | Haas, Rebekka | 06.06.1820 | 26.08.1882 | 241 |

## Grabregister

| Grab | Reihe | Name | geboren | gestorben | Seite |
|---|---|---|---|---|---|
| 251 | XI | Jordan, Rosa (Riele) | 01.08.1848 | 28.01.1884 | 194 |
| 252 | XI | Hirschmann, Lea | 18.11.1821 | 03.04.1884 | 195 |
| 253 | XI | Levi, Babette (Beierle) | 29.07.1810 | 14.03.1885 | 195 |
| 254 | XII | Jordan, Albert (Aharon) | | 21.07.1896 | 175 |
| 255 | XII | Kaufmann, Emma | 04.01.1895 | 02.1896 | 182 |
| 256 | XII | Herrmann, Emilie (Riwka) | 25.01.1883 | 14.12.1893 | 196 |
| 257 | XII | Levi, Alwine | 06.03.1884 | 12.12.1893 | 185 |
| 258 | XII | Jordan, Hedwig | 30.03.1893 | 06.12.1893 | 182 |
| 259 | XII | Kaufmann, Hermann (Zwi) | 04.10.1885 | 03.11.1893 | 203 |
| 260 | XII | Marx, Ferdinand (Schraga) | 10.03.1886 | 17.10.1891 | 196 |
| 261 | XII | Stein, Bertha (Blümle) | 02.05.1887 | 15.07.1892 | 197 |
| 262 | XII | „   " | | | 174 |
| 263 | XII | Berlinger, Babette | 22.10.1880 | 18.04.1886 | 183 |
| 264 | XII | „   " | | | 174 |
| 265 | XII | „   ", Avraham | | 08.11.1881 | 183 |
| 266 | XII | „   ", Jehuda | | 18.08.1879 | 183 |
| 267 | XII | Stein, Jakob | 22.07.1821 | 16.10.1831 | 186 |
| 268 | XIII | Berlinger, Flora (Fradel) | 19.11.1868 | 02.02.1873 | 197 |
| 269 | XIII | Aron, Jonas | 02.05.1856 | 25.11.1864 | 200 |
| 270 | XIII | Hirschmann, Abraham | 04.03.1862 | 13.11.1865 | 201 |
| 271 | XIII | „   ", Chana | | | 186 |
| 272 | XIII | Levi, Jacob (Jokel) | 16.11.1809 | 14.02.1814 | 190 |
| 273 | XIII | „   ", Benjamin | | 15.04.1828 | 200 |
| 274 | XIII | Wolf, Daniel | 1821 | 17.06.1825 | 186 |
| 275 | XIII | Levi, Henle (Henna) | 18.11.1821 | 12.04.1828 | 187 |
| 276 | XIII | Wertheimer, Immanuel | 09.12.1854 | 29.07.1859 | 201 |
| 277 | XIII | Löwe, Hermann (Zwi) | 03.07.1860 | 26.02.1861 | 187 |
| 278 | XIII | Stein, Jakob | 08.01.1862 | 10.04.1863 | 187 |
| 279 | XIV | Ulmann, Marx (Mordechai Chajjim) | 30.07.1809 | 23.11.1814 | 190 |
| 280 | XIV | Levi, Michael | 16.10.1812 | 07.07.1814 | 189 |
| 280 | XIV | Levi, Salomon | 16.10.1812 | 10.08.1814 | 189 |
| 281 | XIV | Hermann, Vogel | 24.12.1815 | 15.03.1821 | 252 |
| 282 | XIV | „   ", Herz | | 30.11.1824 | 199 |
| 282 | XIV | „   ", Itzik | | 21.12.1824 | 199 |
| 283 | XIV | „   ", Huna | | 30.05.1827 | 77 |
| 284 | XIV | Strauß, Lazarus (Elieser) | 18.02.1853 | 27.02.1855 | 77 |
| 285 | XIV | Kaufmann, Koppel Bär (Jekutiel Dow) | | 13.06.1859 | 252 |
| 286 | XV | „   ", Jaakow Zwi | | 11.01.1813 | 180 |
| 287 | XIV | Levi, Emil (Menachem) | 31.08.1847 | 09.10.1851 | 211 |
| 288 | XV | Berlinger, Sprinzle | 28.03.1832 | 24.04.1833 | 180 |
| 289 | XV | „   ", David | | 15.12.1815 | 181 |
| 290 | XII | Strauss, Isaak Levi | 16.12.1815 | 19.01.1880 | 184 |
| 291 | XII | Mayer, Nathan Samuel | 04.01.1798 | 17.07.1880 | 188 |
| 292 | XII | Roth, Löb (Jehuda) | 26.08.1805 | 10.07.1881 | 188 |
| 293 | XII | Kaufmann, Benzion | | 31.07.1881 | 198 |
| 294 | XII | Levi, Moses Abraham | 05.07.1816 | 11.12.1881 | 198 |
| 295 | XII | Jordan, Moses | | 21.01.1882 | 202 |

# Grabregister

| Grab | Reihe | Name | geboren | gestorben | Seite |
|---|---|---|---|---|---|
| 296 | XII | Levi, Liebmann (Elieser) | 10.02.1806 | 04.06.1884 | 202 |
| 297 | XIII | Strauß, Jeanette (Scheindel) | 03.04.1810 | 23.10.1885 | 204 |
| 298 | XIII | Wertheimer, Fradel | 27.10.1810 | 22.03.1886 | 204 |
| 299 | XIII | Juda, Zerline | 03.08.1820 | 22.02.1888 | 205 |
| 300 | XIII | Herrmann, Marianne (Miriam) | 22.05.1815 | 26.02.1888 | 205 |
| 301 | XIII | Wertheimer, Hanna | 1798 | 20.09.1888 | 206 |
| 302 | XIII | Oedheimer, Elise (Ella) | 01.04.1846 | 03.01.1889 | 206 |
| 303 | XIII | Berlinger, Gella Chaja | 17.11.1827 | 21.05.1889 | 207 |
| 304 | XIV | Hirschmann, Bella (Beile) | 14.10.1823 | 10.08.1889 | 207 |
| 305 | XIV | Wertheimer, Milka | 24.11.1810 | 27.09.1889 | 190 |
| 306 | XIV | Jordan, Ernstine (Esther) |  | 26.11.1890 | 208 |
| 307 | XIV | Türkheimer, Magdaline (Madel) |  | 12.02.1892 | 212 |
| 308 | XIV | Jordan, Klara (Gitel) | 26.10.1814 | 16.03.1892 | 208 |
| 309 | XIV | Stein, Bela | 20.10.1830 | 20.11.1892 | 209 |
| 310 | XIV | Stein, Bessle | 05.10.1826 | 03.02.1893 | 209 |
| 311 | XV | Marx, Mirjam | 07.12.1820 | 23.06.1893 | 210 |
| 312 | XV | Levi, Rebekka | 12.09.1812 | 27.06.1893 | 210 |
| 313 | XV | Kaufmann, Hanna | 04.03.1831 | 12.11.1895 | 212 |
| 314 | XV | Berlinger, Rebecca (Rifka) | 04.08.1823 | 11.05.1896 | 213 |
| 315 | XV | Stein, Mammi | 02.10.1818 | 25.05.1896 | 213 |
| 316 | XV | Rothschild, Sprinz | 10.03.1808 | 26.09.1896 | 216 |
| 317 | XV | Levi, Fanni (Vögele) | 17.04.1823 | 27.10.1896 | 215 |
| 318 | XVI | Löwenthal, Maier Salomon | 17.02.1806 | 02.11.1884 | 214 |
| 319 | XVI | Ullmann, Salomon |  | 24.04.1885 | 214 |
| 320 | XVI | Weil, Josef | 01.12.1838 | 02.09.1885 | 220 |
| 321 | XVI | Stein, Isaak Löb | 10.05.1825 | 24.10.1885 | 216 |
| 322 | XVI | Hirschmann, Samuel Löb (Schalom Arie) | 06.11.1801 | 14.12.1885 | 217 |
| 323 | XVI | Kauffmann, Kaufmann (Jekutiel) |  | 17.04.1886 | 217 |
| 324 | XVI | Berlinger, Salomo | 28.03.1836 | 04.05.1886 | 221 |
| 325 | XVI | Spatz, Jakob (Joel) | 24.05.1838 | 18.02.1887 | 221 |
| 326 | XVI | Haas, Moses | 02.05.1811 | 26.06.1887 | 218 |
| 327 | XVI | Löwe, Jakob | 28.05.1859 | 01.12.1887 | 222 |
| 328 | XVI | Juda, Löw (Löb Manasse) | 24.04.1820 | 21.04.1888 | 222 |
| 329 | XVI | Mosbacher, Isaak | 12.03.1812 | 13.05.1888 | 225 |
| 330 | XVI | Marx, Lippmann | 17.01.1821 | 16.09.1888 | 223 |
| 331 | XVI | Stein, Isaak Veit | 11.05.1814 | 11.12.1888 | 240 |
| 331 | XVI | Stein, Hannchen |  | 12.09.1942 | 240 |
| 332 | XVI | Stern, Hayum Samuel | 14.06.1803 | 08.12.1890 | 237 |
| 333 | XVI | Mannheimer, Lazarus (Elieser) | 13.03.1815 | 11.12.1890 | 224 |
| 334 | XVI | Wolf, Wolf | 29.12.1812 | 06.02.1891 | 224 |
| 335 | XVI | Herrmann, Israel | 17.08.1808 | 11.10.1891 | 226 |
| 336 | XVI | Kahn, Moritz (Moses) | 24.07.1835 | 11.11.1891 | 231 |
| 337 | XVI | Stein, Louis (Jehuda) | 29.03.1862 | 20.03.1892 | 226 |
| 338 | XVI | Ulmann, Gabriel | 03.10.1835 | 26.04.1892 | 227 |
| 339 | XVI | Levi, Moses Hayum | 25.08.1815 | 09.06.1894 | 227 |
| 340 | XVI | Jordan, Moritz (Mosche) | 16.03.1851 | 19.11.1894 | 232 |
| 341 | XVI | „     ", Aharon |  | 11.1894 | 232 |
| 342 | XVI | Aron, Aron | 16.12.1828 | 30.12.1894 | 233 |
| 343 | XVI | Laser, Bernhard (Berme) | 06.09.1853 | 05.03.1895 | 233 |
| 344 | XVI | Spatz, Wilhelm (Benjamin) | 05.02.1874 | 29.01.1897 | 234 |
| 345 | XVI | Dreifuss, Mathilde (Madel) | 09.06.1818 | 20.05.1898 | 234 |

| Grab | Reihe | Name | geboren | gestorben | Seite |
|---|---|---|---|---|---|
| 346 | XVI | Kaufmann, Elise (Ella) | 09.08.1856 | 23.12.1896 | 235 |
| 347 | XVII | Stein, Süsser (Mordechai) | 11.07.1820 | 02.05.1897 | 235 |
| 348 | XVII | Stein, Jakob Hirsch | 15.02.1817 | 02.07.1900 | 238 |
| 349 | XVII | Loewe, Hirsch | 05.02.1821 | 15.11.1900 | 239 |
| 350 | XVII | Spatz, Julius (Jehuda) | 20.03.1864 | 01.10.1901 | 238 |
| 351 | XVII | Ödheimer, Wolf Löb | 23.07.1823 | 01.11.1901 | 247 |
| 352 | XVII | Jordan, Wolf (Benjamin) | 27.05.1841 | 21.11.1903 | 230 |
| 353 | XVII | Hirschmann, Moses | 10.12.1819 | 06.02.1904 | 230 |
| 354 | XVII | Kaufmann, Herz (Naphtali) | 28.08.1849 | 05.03.1904 | 236 |
| 355 | XVII | Brandes, Abraham | | 16.11.1906 | 223 |
| 356 | XVII | Levi, Seligmann Bär | 01.11.1816 | 09.05.1907 | 253 |
| 357 | XVII | Levi, Adolf (Aron Löb) | 25.06.1848 | 22.08.1907 | 191 |
| 358 | XVII | Stein, David | 10.11.1826 | 18.07.1909 | 191 |
| 359 | XVII | Weizmann, Jakob | | 21.09.1904 | 191 |
| 360 | XVII | Weil, Emil (Menachem) | 24.01.1873 | 19.05.1910 | 242 |
| 361 | XVII | Berlinger, Gabriel | 18.04.1829 | 28.11.1910 | 242 |
| 362 | XVII | Levi, Seligmann | 13.04.1829 | 18.06.1911 | 243 |
| 363 | XVII | Herrmann, Abraham | 05.1846 | 10.09.1911 | 243 |
| 364 | XVII | Jordan, Hirsch | 18.04.1848 | 25.09.1911 | 244 |
| 365 | XVII | Levi, Abraham | 16.08.1851 | 15.05.1913 | 244 |
| 366 | XVII | Wertheimer, Abraham Löb | 01.05.1826 | 31.08.1911 | 257 |
| 367 | XVII | Jordan, Leopold (Jehuda) | 29.10.1849 | 04.12.1911 | 245 |
| 368 | XVII | Herbst, Isaak | | 24.10.1915 | 245 |
| 369 | XVIII | Stein, Kol (Keila) | 10.04.1815 | 24.11.1898 | 246 |
| 370 | XVIII | Mannheimer, Karoline | | 16.12.1898 | 246 |
| 371 | XVIII | Maier, Hanna | 21.09.1824 | 07.03.1899 | 248 |
| 372 | XVIII | Wertheimer, Rebekka | 18.01.1816 | 11.09.1899 | 248 |
| 373 | XVIII | Levi, Rebekka | 27.08.1822 | 05.03.1900 | 249 |
| 374 | XVIII | Halle, Fanni (Fradel) | 24.07.1825 | 04.10.1900 | 249 |
| 375 | XVIII | Kahn, Jette | 15.05.1820 | 01.12.1901 | 250 |
| 376 | XVIII | Marx, Emilie (Mindel) | 04.12.1862 | 22.03.1903 | 220 |
| 377 | XVIII | Levi, Bela | 06.07.1828 | 24.05.1903 | 250 |
| 378 | XVIII | Löwenthal, Ernstine (Esther) | 07.12.1852 | 17.10.1903 | 251 |
| 379 | XVIII | Lasar, Karoline (Kreinle) | 29.05.1849 | 08.07.1906 | 251 |
| 380 | XVIII | Levy, Bertha (Bela) | 27.01.1853 | 16.11.1906 | 254 |
| 381 | XVIII | Marx, Sophie | 29.03.1862 | 31.01.1907 | 255 |
| 382 | XVIII | Loewe, Rösle | 22.02.1835 | 23.03.1907 | 256 |
| 383 | XVIII | Wertheimer, Jochebed | 30.05.1820 | 12.04.1907 | 258 |
| 384 | XVIII | Berlinger, Fanny (Fradel) | 16.03.1846 | 21.11.1907 | 258 |
| 385 | XVIII | Herbst, Fanny (Vögele) | 19.10.1845 | 16.12.1907 | 181 |
| 386 | XVIII | Levi, Fanny (Fradel) | 04.04.1836 | 29.07.1908 | 259 |
| 387 | XVIII | Mosbacher, Karoline (Kela) | 18.10.1846 | 12.10.1908 | 259 |
| 388 | XVIII | Kaufmann, Sara | 18.09.1850 | 10.02.1909 | 229 |
| 389 | XVIII | Marx, Emma (Hanna) | 08.07.1893 | 02.03.1909 | 260 |
| 390 | XVIII | Jordan, Jette (Jendle) | 24.01.1853 | 26.03.1909 | 260 |
| 391 | XVIII | Marx, Jachette | 26.08.1823 | 19.10.1909 | 254 |
| 392 | XVIII | Wertheimer, Pauline (Sprinzle) | 15.06.1839 | 31.12.1909 | 265 |
| 393 | XVIII | Herrmann, Lina (Zippora) | 18.01.1883 | 07.01.1910 | 264 |
| 394 | XVIII | Levi, Jüdle (Jette) | 31.03.1817 | 19.10.1910 | 255 |
| 395 | XIX | Jordan, Leopold (Elieser) | | 21.11.1905 | 181 |

# Grabregister

| Grab | Reihe | Name | geboren | gestorben | Seite |
|---|---|---|---|---|---|
| 396 | XIX | Herbst, Auguste | 31.05.1907 | 21.05.1908 | 228 |
| 397 | XIX | Herbst, Sigfried | 13.08.1908 | 23.09.1908 | 228 |
| 398 | XIX | Herbst, Hugo | 20.11.1909 | 14.07.1910 | 228 |
| 399 | XIX | „ ", Jitzchak | | 30.07.1917 | 240 |
| 400 | XIX | Jordan, Rosa | | 02.11.1903 | 229 |
| 401 | XX | Weil, Hannchen (Henle) | 23.09.1842 | 01.04.1911 | 261 |
| 402 | XX | Stein, Mina | 16.03.1853 | 07.08.1912 | 261 |
| 403 | XX | Berlinger, Thekla (Teichle) | 03.04.1878 | 12.03.1914 | 262 |
| 404 | XX | Stein, Mina (Mindel) | 04.09.1858 | 08.11.1917 | 262 |
| 405 | XX | Blum, Auguste (Gatul) | 25.09.1856 | 04.01.1920 | 263 |
| 406 | XX | Blum, Wolf (Benjamin) | 20.03.1862 | 19.06.1926 | 263 |
| 407 | XX | Herrmann, Jette | 20.08.1852 | 15.05.1922 | 264 |
| 408 | XX | Jordan, Fany (Fratel) | 23.08.1854 | 08.04.1925 | 266 |
| 409 | XX | Neu, Jette | 27.10.1866 | 19.11.1929 | 266 |
| 409 | XX | Levi, Fany | 27.11.1839 | 02.11.1930 | 266 |
| 410 | XX | Manasse, Jette | 08.11.1857 | 25.09.1931 | 273 |
| 410 | XX | Manasse, Abraham | 13.07.1853 | 08.07.1933 | 273 |
| 411 | XXI | Kahn, Fritz Maier (Uri Schraga) | 22.07.1841 | 12.03.1916 | 272 |
| 412 | XXI | Kaufmann, Hirsch | | 01.04.1917 | 229 |
| 413 | XXI | Stein, Minna | 04.09.1858 | 07.11.1917 | 174 |
| 414 | XXI | Kaufmann, Viktor (Avigdor) | | 24.10.1917 | 267 |
| 415 | XXI | Mannasse, Isidor (Jitzchak) | 01.10.1887 | 16.10.1918 | 267 |
| 416 | XXI | Jordan, Ferdinand (Schraga) | 07.07.1880 | 14.11.1918 | 276 |
| 417 | XXI | Loewe, Michael Max | 02.09.1857 | 25.04.1919 | 277 |
| 418 | XXI | Marx, Wolf | 07.08.1855 | 30.03.1920 | 268 |
| 419 | XXI | Stein, Bernhard (Issachar) | 08.07.1852 | 27.12.1923 | 268 |
| 420 | XXI | Stein, Manasse (Menachem) | 12.09.1853 | 02.12.1929 | 269 |
| 421 | XXI | Stein, Salomon | 24.10.1866 | 03.07.1930 | 269 |
| 421 | XXI | Stein, Sara | 16.09.1869 | 17.11.1940 | 269 |
| 422 | XXII | Marx, Auguste (Gitel) | 02.06.1855 | 08.12.1931 | 270 |
| 423 | XXII | Mayer, Auguste (Genendel) | 18.01.1857 | 21.02.1935 | 270 |
| 424 | XXII | Weil, Emmy (Nechama) | 25.01.1911 | 30.05.1935 | 271 |
| 425 | XXII | Wertheimer, Fanny (Frumet) | 16.07.1873 | 05.04.1936 | 271 |
| 426 | XXIII | Marx, Max M. (Mordechai) | 30.05.1846 | 23.01.1931 | 274 |
| 427 | XXIII | Falk, Salomon | 30.09.1865 | 24.03.1931 | 274 |
| 428 | XXIII | Stein, Jakob | 05.12.1857 | 30.03.1931 | 275 |
| 429 | XXIII | Herbst, Gustav (Jehojakim) | 28.02.1878 | 10.11.1931 | 275 |
| 430 | XXIII | Jordan, Josef | 30.12.1877 | 12.12.1931 | 279 |
| 431 | XXIII | Jordan, Berthold | 20.01.1884 | 28.03.1932 | 276 |
| 432 | XXIII | Marx, Max Abraham (Mordechai) | 13.01.1852 | 14.06.1933 | 272 |
| 433 | XXIV | Nyss, Jakub | 03.03.1914 | 16.09.1945 | 278 |
| 434 | XXIV | Harczyk, Hirsz | 16.05.1930 | 06.07.1946 | 278 |
| 435 | XXIV | Marx, Julius | 27.02.1888 | 17.10.1970 | 282 |

# Namensregister

| Name | geboren | gestorben | Grab | Reihe | Seite |
|---|---|---|---|---|---|
| Adler, Esther | 29.03.1808 | 15.03.1864 | 173 | IX | 146 |
| Ansbacher, Marx Jacob (Mordechai) | 1732 | 28.02.1813 | 3 | I | 50 |
| Aron, Aron | 16.12.1828 | 30.12.1894 | 342 | XVI | 233 |
| Aron, Edel | 1805 | 10.08.1864 | 175 | IX | 148 |
| Aron, Hefele | 08.1788 | 13.11.1839 | 92 | IV | 99 |
| Aron, Isaak | 23.08.1790 | 16.07.1869 | 204 | X | 160 |
| Aron, Jettel | 06.1783 | 08.09.1843 | 96 | V | 100 |
| Aron, Jonas | 02.05.1856 | 25.11.1864 | 269 | XIII | 200 |
| Aron, Joseph | 16.08.1825 | 04.03.1858 | 196 | X | 155 |
| Aron, Karoline (Kreinle) | 18.11.1843 | 19.12.1867 | 184 | IX | 151 |
| Aron, Maier Löb | 17.07.1779 | 08.03.1861 | 152 | VIII | 125 |
| Bär, Jakob | 1776 | 06.04.1847 | 121 | VI | 114 |
| Bärle, Babette (Breinle) |  | 04.10.1874 | 232 | XI | 173 |
| Ballenberg, Abraham Elias | 11.1735 | 31.10.1814 | 6 | I | 71 |
| Ballenberg, Breinle | 1774 | 26.01.1840 | 93 | IV | 99 |
| Ballenberg, Elias Abraham (Ascher) | 02.03.1770 | 11.07.1836 | 24 | I | 62 |
| Ballenberg, Fanni (Vogel) | 1805 | 03.10.1868 | 185 | IX | 147 |
| Ballenberg, Hanna | 1778 | 31.08.1870 | 223 | XI | 167 |
| Ballenberg, Jakob Abraham | 17.02.1772 | 28.08.1851 | 129 | VII | 119 |
| Ballenberg, Pesle | 06.1742 | 04.12.1811 | 1 | I | 48 |
| Benedikt, Baruch | 1734 | 16.05.1821 | 11 | I | 51 |
| Benedikt, Blümche | 18.04.1771 | 30.06.1828 | 83 | IV | 96 |
| Benedikt, Fradel |  | 08.05.1816 | 51 | III | 78 |
| Benedikt, Isaak |  | 16.12.1820 | 36 | II | 68 |
| Benedikt, Rösle |  | 03.08.1832 | 35 | II | 66 |
| Benedikt, Seligmann Löb |  | 13.07.1860 | 52 | III | 80 |
| Berlinger, Babette | 22.10.1880 | 18.04.1886 | 263 | XII | 183 |
| Berlinger, Fanny (Fradel) | 16.03.1846 | 21.11.1907 | 384 | XVIII | 258 |
| Berlinger, Flora (Fradel) | 19.11.1868 | 02.02.1873 | 268 | XIII | 197 |
| Berlinger, Fradel | 08.1797 | 01.12.1867 | 183 | IX | 147 |
| Berlinger, Gabriel | 18.04.1829 | 28.11.1910 | 361 | XVII | 242 |
| Berlinger, Gella Chaja | 17.11.1827 | 21.05.1889 | 303 | XIII | 207 |
| Berlinger, Joseph Gerson | 06.1792 | 14.07.1867 | 140 | VII | 123 |
| Berlinger, Rebecca (Rifka) | 04.08.1823 | 11.05.1896 | 314 | XV | 213 |
| Berlinger, Salomo | 28.03.1836 | 04.05.1886 | 324 | XVI | 221 |
| Berlinger, Sprinzle | 28.03.1832 | 24.04.1833 | 288 | XV | 180 |
| Berlinger, Thekla (Teichle) | 03.04.1878 | 12.03.1914 | 403 | XX | 262 |
| Blum, Auguste (Gatul) | 25.09.1856 | 04.01.1920 | 405 | XX | 263 |
| Blum, Wolf (Benjamin) | 20.03.1862 | 19.06.1926 | 406 | XX | 263 |
| Brandes, Abraham |  | 16.11.1906 | 355 | XVII | 223 |
| Daußge, Bär (Issachar) | 12.03.1762 | 17.08.1842 | 190 | X | 151 |
| Daußge, Gittiche | 1731 | 05.07.1821 | 56 | III | 75 |
| Dötelbach, Bär (Issachar) | 12.06.1776 | 30.04.1859 | 197 | X | 155 |
| Dötelbach, Gabriel Mendel | 1750 | 08.05.1832 | 20 | I | 59 |
| Dötelbach, Moses Hirsch | 15.01.1780 | 13.10.1843 | 193 | X | 108 |
| Dötelbach, Sara | 1750 | 16.08.1819 | 54 | III | 75 |
| Dreifuss, Mathilde (Madel) | 09.06.1818 | 20.05.1898 | 345 | XVI | 234 |
| Ehrenheimer, Jaakow |  | 05.03.1824 | 38 | II | 68 |
| Ehrlich, Marianne (Miriam) | 12.1803 | 27.04.1876 | 236 | XI | 178 |
| Elsäßer, Alexander Baruch | 02.08.1779 | 10.03.1835 | 22 | I | 54 |

# Namensregister

| Name | geboren | gestorben | Grab | Reihe | Seite |
|---|---|---|---|---|---|
| Elsäßer, Alexander Nathan | 19.04.1731 | 17.04.1816 | 8 | I | 52 |
| Elsäßer, Joseph Alexander | 03.07.1768 | 25.03.1844 | 194 | X | 154 |
| Elsäßer, Jüttle | 1766 | 11.07.1855 | 109 | V | 107 |
| Elsäßer, Kela | 1741 | 02.04.1821 | 55 | III | 55 |
| Falk, Salomon | 30.09.1865 | 24.03.1931 | 427 | XXIII | 274 |
| Götsch, Jordan | 1769 | 28.06.1812 | 2 | I | 47 |
| Goldschmidt, Chana |  | 03.03.1822 | 57 | III | 86 |
| Graf, David | 08.06.1778 | 16.10.1859 | 148 | VIII | 132 |
| Graf, Reichel | 09.07.1790 | 01.11.1867 | 182 | IX | 150 |
| Grünwald, Seligmann Samson | 23.07.1800 | 12.05.1856 | 143 | VIII | 130 |
| Haas, Moses | 02.05.1811 | 26.06.1887 | 326 | XVI | 218 |
| Haas, Rebekka | 08.06.1820 | 26.08.1882 | 250 | XI | 241 |
| Halle, Fanni (Fradel) | 24.07.1825 | 04.10.1900 | 374 | XVIII | 249 |
| Harczyk, Hirsz | 16.05.1930 | 06.07.1946 | 434 | XXIV | 278 |
| Herbst, Auguste | 31.05.1907 | 21.05.1908 | 396 | XIX | 228 |
| Herbst, Fanny (Vögele) | 19.10.1845 | 16.12.1907 | 385 | XVIII | 181 |
| Herbst, Gustav (Jehojakim) | 28.02.1878 | 10.11.1931 | 429 | XXIII | 275 |
| Herbst, Hugo | 20.11.1909 | 14.07.1910 | 398 | XIX | 228 |
| Herbst, Isaak |  | 24.10.1915 | 368 | XVII | 245 |
| Herbst, Sigfried | 13.08.1908 | 23.09.1908 | 397 | XIX | 228 |
| Hermann, Sara | 1775 | 23.06.1848 | 102 | V | 104 |
| Hermann, Vogel | 24.12.1815 | 15.03.1821 | 281 | XIV | 252 |
| Herrmann, Abraham | 05.1846 | 10.09.1911 | 363 | XVII | 243 |
| Herrmann, Emilie (Riwka) | 25.01.1883 | 14.12.1893 | 256 | XII | 196 |
| Herrmann, Gabriel Hirsch | 27.06.1768 | 19.11.1847 | 123 | VI | 115 |
| Herrmann, Hanna | 1740 | 09.03.1824 | 60 | III | 87 |
| Herrmann, Isaak Moses (Sekel) | 07.1773 | 29.05.1841 | 28 | I | 64 |
| Herrmann, Israel | 17.08.1808 | 11.10.1891 | 335 | XVI | 226 |
| Herrmann, Jette | 20.08.1852 | 15.05.1922 | 407 | XX | 264 |
| Herrmann, Lina (Zippora) | 18.01.1883 | 07.01.1910 | 393 | XVIII | 264 |
| Herrmann, Marianne (Miriam) | 22.05.1815 | 26.02.1888 | 300 | XIII | 205 |
| Herrmann, Rebekka | 1779 | 04.12.1853 | 108 | V | 109 |
| Heumann, Hanna (Chawwale) | 1793 | 11.04.1858 | 162 | IX | 139 |
| Hirschmann, Abraham | 04.03.1862 | 13.11.1865 | 270 | XIII | 201 |
| Hirschmann, Babet (Baier) | 24.03.1806 | 15.12.1860 | 167 | IX | 142 |
| Hirschmann, Bella (Beile) | 14.10.1823 | 10.08.1889 | 304 | XIV | 207 |
| Hirschmann, Gudel | 1792 | 23.09.1837 | 90 | IV | 98 |
| Hirschmann, Hirsch | 12.1743 | 30.01.1820 | 10 | I | 50 |
| Hirschmann, Jechiel | 05.03.1788 | 24.03.1869 | 202 | X | 157 |
| Hirschmann, Kreinle | 1759 | 20.06.1825 | 64 | III | 84 |
| Hirschmann, Lea | 18.11.1821 | 03.04.1884 | 252 | XI | 195 |
| Hirschmann, Moses | 10.12.1819 | 06.02.1904 | 353 | XVII | 230 |
| Hirschmann, Samuel Löb (Schalom Arie) | 06.11.1801 | 14.12.1885 | 322 | XVI | 217 |
| Horkheimer, Hayum Löb | 02.1777 | 24.06.1835 | 23 | I | 60 |
| Horkheimer, Hendle | 1789 | 23.09.1859 | 166 | IX | 143 |
| Horkheimer, Michael Simon (Machuel) | 20.11.1788 | 26.04.1827 | 65 | III | 85 |
| Horkheimer, Mathilde (Matele) | 19.11.1821 | 25.05.1850 | 76 | III | 94 |
| Horkheimer, Simon Isak | 03.1737 | 24.07.1815 | 7 | I | 51 |
| Jordan, Aaron | 22.06.1845 | 29.10.1865 | 199 | X | 156 |
| Jordan, Aaron Moses |  |  | 37 | II | 66 |

| Name | geboren | gestorben | Grab | Reihe | Seite |
|---|---|---|---|---|---|
| Jordan, Albert (Aharon) | | | 254 | XII | 175 |
| Jordan, Berthold | 20.01.1884 | 28.03.1932 | 431 | XXIII | 276 |
| Jordan, Ernstine (Esther) | | 26.11.1890 | 306 | XIV | 208 |
| Jordan, Fany (Fratel) | 23.08.1854 | 08.04.1925 | 408 | XX | 266 |
| Jordan, Ferdinand (Schraga) | 07.07.1880 | 14.11.1918 | 416 | XXI | 276 |
| Jordan, Gitel | | 17.02.1833 | 85 | IV | 87 |
| Jordan, Götsch Aron | 02.04.1816 | 07.02.1874 | 211 | X | 162 |
| Jordan, Götsch (Eljakim) | 18.07.1850 | 04.07.1869 | 203 | X | 157 |
| Jordan, Hedwig | 30.03.1893 | 06.12.1893 | 258 | XII | 182 |
| Jordan, Hirsch | 18.04.1848 | 25.09.1911 | 364 | XVII | 244 |
| Jordan, Jette (Jendle) | 24.01.1853 | 26.03.1909 | 390 | XVIII | 260 |
| Jordan, Josef | 30.12.1877 | 12.12.1931 | 430 | XXIII | 279 |
| Jordan, Joseph | 24.05.1813 | 02.07.1874 | 212 | X | 163 |
| Jordan, Klara (Gitel) | 26.10.1814 | 16.03.1892 | 308 | XIV | 208 |
| Jordan, Lea | | 12.04.1879 | 241 | XI | 182 |
| Jordan, Leopold (Elieser) | | 21.11.1905 | 395 | XIX | 181 |
| Jordan, Leopold (Jehuda) | 29.10.1849 | 04.12.1911 | 367 | XVII | 245 |
| Jordan, Moritz (Mosche) | 16.03.1851 | 19.11.1894 | 340 | XVI | 232 |
| Jordan, Moses | | 21.01.1882 | 295 | XII | 202 |
| Jordan, Rosa | | 02.11.1903 | 400 | XIX | 229 |
| Jordan, Rosa (Riele) | 01.08.1848 | 28.01.1884 | 251 | XI | 194 |
| Jordan, Vögely (Matele) | 1780 | 09.03.1840 | 157 | IX | 135 |
| Jordan, Wolf (Benjamin) | 27.05.1841 | 21.11.1903 | 352 | XVII | 230 |
| Juda, Bertha (Beierle) | 30.06.1851 | 11.08.1871 | 226 | XI | 172 |
| Juda, Löw (Löb Manasse) | 24.04.1820 | 21.04.1888 | 328 | XVI | 222 |
| Juda, Zerline | 03.08.1820 | 22.02.1888 | 299 | XIII | 205 |
| Kahn, David Veit | 17.06.1790 | 28.11.1856 | 144 | VIII | 126 |
| Kahn, Esther | 1767 | 01.03.1842 | 67 | III | 88 |
| Kahn, Fritz Maier (Uri Schraga) | 22.07.1841 | 12.03.1916 | 411 | XXI | 272 |
| Kahn, Frumet | 1804 | 25.03.1862 | 168 | IX | 141 |
| Kahn, Gnendel | | 26.04.1850 | 75 | III | 87 |
| Kahn, Jette | 15.05.1820 | 01.12.1901 | 375 | XVIII | 250 |
| Kahn, Jochebed | 02.1802 | 27.06.1866 | 179 | IX | 149 |
| Kahn, Judas | 02.01.1794 | 13.01.1846 | 119 | VI | 113 |
| Kahn, Lisette (Ella) | 26.02.1803 | 14.01.1863 | 171 | IX | 144 |
| Kahn, Löb (Jehuda) | | 29.06.1879 | 220 | X | 166 |
| Kahn, Löser | | 06.08.1849 | 127 | VII | 118 |
| Kahn, Maier | 20.03.1806 | 14.07.1860 | 150 | VIII | 129 |
| Kahn, Marianne (Miriam) | 1776 | 19.05.1844 | 70 | III | 89 |
| Kahn, Moritz (Moses) | 24.07.1835 | 11.11.1891 | 336 | XVI | 231 |
| Kahn, Samuel | | 04.11.1873 | 210 | X | 174 |
| Kahn, Samuel Marx | 27.02.1776 | 17.04.1852 | 131 | VII | 120 |
| Kahn, Veit | 02.12.1757 | 02.04.1824 | 18 | I | 58 |
| Kauffmann, Bela | | 10.01.1878 | 238 | XI | 153 |
| Kauffmann, Bela | 1780 | 06.03.1840 | 156 | IX | 125 |
| Kauffmann, Kaufmann (Jekutiel) | | 17.04.1886 | 323 | XVI | 217 |
| Kaufmann, Abraham (Jekutiel) | 08.1761 | 27.01.1837 | 25 | I | 62 |
| Kaufmann, Babette (Breinle) | 18.02.1812 | 16.11.1873 | 228 | XI | 174 |
| Kaufmann, Benzion | | 31.07.1881 | 293 | XII | 198 |
| Kaufmann, Elise (Ella) | 09.08.1856 | 23.12.1896 | 346 | XVI | 235 |

# Namensregister

| Name | geboren | gestorben | Grab | Reihe | Seite |
|---|---|---|---|---|---|
| Kaufmann, Emma | 04.01.1895 | 02.1896 | 255 | XII | 182 |
| Kaufmann, Esther | 1774 | 24.11.1846 | 99 | V | 102 |
| Kaufmann, Hanna | 04.03.1831 | 12.11.1895 | 313 | XV | 212 |
| Kaufmann, Hermann (Zwi) | 04.10.1885 | 03.11.1893 | 259 | XII | 203 |
| Kaufmann, Herz (Naphtali) | 28.08.1849 | 05.03.1904 | 354 | XVII | 236 |
| Kaufmann, Hirsch | | 01.04.1917 | 412 | XXI | 229 |
| Kaufmann, Isaak | 19.08.1771 | 21.02.1843 | 115 | VI | 111 |
| Kaufmann, Koppel Bär (Jekutiel Dow) | | 13.06.1859 | 285 | XIV | 252 |
| Kaufmann, Sara | 18.09.1850 | 10.02.1909 | 388 | XVIII | 229 |
| Kaufmann, Viktor (Avigdor) | | 24.10.1917 | 414 | XXI | 267 |
| Lasar, Karoline (Kreinle) | 29.05.1849 | 08.07.1906 | 379 | XVIII | 251 |
| Laser, Bernhard (Berme) | 06.09.1853 | 05.03.1895 | 343 | XVI | 233 |
| Lazarus, Götsch | 12.1766 | 20.10.1827 | 40 | II | 69 |
| Lazarus, Hayum | 1753 | 04.04.1834 | 189 | X | 152 |
| Lazarus, Merle | 1775 | 03.06.1856 | 79 | III | 95 |
| Levi, Abraham | 16.08.1851 | 15.05.1913 | 365 | XVII | 244 |
| Levi, Abraham Hirsch | 12.09.1778 | 23.12.1864 | 136 | VII | 122 |
| Levi, Adolf (Aron Löb) | 25.06.1848 | 22.08.1907 | 357 | XVII | 191 |
| Levi, Alwine | 06.03.1884 | 12.12.1893 | 257 | XII | 185 |
| Levi, Babette (Bella) | 04.1791 | 05.02.1850 | 104 | V | 105 |
| Levi, Babette (Beierle) | 29.07.1810 | 14.03.1885 | 253 | XI | 195 |
| Levi, Bär Jakob (Issachar) | 28.05.1810 | 04.02.1873 | 206 | X | 161 |
| Levi, Bela | 06.07.1828 | 24.05.1903 | 377 | XVIII | 250 |
| Levi, Breindl | | 28.05.1825 | 63 | III | 84 |
| Levi, Brendel | 09.04.1809 | 05.05.1871 | 224 | XI | 164 |
| Levi, Emil (Menachem) | 31.08.1847 | 09.10.1851 | 287 | XIV | 211 |
| Levi, Fanni (Vögele) | 17.04.1823 | 27.10.1896 | 317 | XV | 215 |
| Levi, Fanny (Fradel) | 04.04.1836 | 29.07.1908 | 386 | XVIII | 259 |
| Levi, Fany | 27.11.1839 | 02.11.1930 | 409 | XX | 266 |
| Levi, Frummet | 1754 | 07.04.1839 | 91 | IV | 98 |
| Levi, Genendel | 1784 | 22.07.1856 | 80 | III | 92 |
| Levi, Genendel | 1801 | 23.08.1841 | 48 | II | 74 |
| Levi, Gnendel | 1780 | 18.11.1848 | 73 | III | 91 |
| Levi, Gundel | | | 187 | IX | 236 |
| Levi, Hanne | 1754 | 14.06.1827 | 66 | III | 85 |
| Levi, Henle (Hanna) | 18.11.1821 | 12.04.1828 | 275 | XIII | 187 |
| Levi, Immanuel | 17.01.1768 | 15.08.1837 | 26 | I | 63 |
| Levi, Isaak | 15.07.1813 | 22.07.1875 | 215 | X | 170 |
| Levi, Isaak Bär | 20.12.1779 | 02.08.1849 | 126 | VII | 118 |
| Levi, Ittel | 1750 | 05.03.1819 | 53 | III | 86 |
| Levi, Ittle | 1773 | 26.01.1853 | 107 | V | 108 |
| Levi, Jacob | 25.05.1776 | 16.10.1825 | 19 | I | 59 |
| Levi, Jacob (Jokel) | 16.11.1809 | 14.02.1814 | 272 | XIII | 190 |
| Levi, Joseph | 04.1744 | 13.10.1813 | 4 | I | 48 |
| Levi, Judas Seligmann | 27.01.1782 | 26.07.1865 | 137 | VII | 122 |
| Levi, Jüdle (Jette) | 31.03.1817 | 19.10.1910 | 394 | XVIII | 255 |
| Levi, Liebmann (Elieser) | 10.02.1806 | 04.06.1884 | 296 | XII | 202 |
| Levi, Manasse (Menachem) | 06.05.1778 | 13.02.1857 | 146 | VIII | 127 |
| Levi, Mayer Gumpel | 1764 | 16.06.1841 | 45 | II | 73 |
| Levi, Michael | 15.02.1773 | 08.01.1847 | 120 | VI | 113 |

| Name | geboren | gestorben | Grab | Reihe | Seite |
|---|---|---|---|---|---|
| Levi, Michael | 12.06.1787 | 20.12.1855 | 142 | VIII | 128 |
| Levi, Michael | 16.10.1812 | 07.07.1814 | 280 | XIV | 189 |
| Levi, Moses Abraham | 05.07.1816 | 11.12.1881 | 294 | XII | 198 |
| Levi, Moses Hayum | 25.08.1815 | 09.06.1894 | 339 | XVI | 227 |
| Levi, Raphael Maier | 08.07.1800 | 05.01.1878 | 218 | X | 165 |
| Levi, Rebekka | 17.04.1782 | 04.03.1859 | 163 | IX | 140 |
| Levi, Rebekka | 1784 | 11.03.1859 | 164 | IX | 140 |
| Levi, Rebekka | 27.08.1822 | 05.03.1900 | 373 | XVIII | 249 |
| Levi, Rebekka | 12.09.1812 | 27.06.1893 | 312 | XV | 210 |
| Levi, Riele | | 07.02.1867 | 181 | IX | 106 |
| Levi, Riele (Rachel) | 1770 | 01.12.1842 | 68 | III | 88 |
| Levi, Rösle | 1779 | 30.01.1857 | 81 | III | 93 |
| Levi, Rösle | 1799 | 25.12.1857 | 161 | IX | 139 |
| Levi, Salomon | 16.10.1812 | 10.08.1814 | 280 | XIV | 189 |
| Levi, Samuel | 20.11.1818 | 25.05.1844 | 195 | X | 154 |
| Levi, Sara Merle | 17.07.1820 | 14.08.1881 | 249 | XI | 194 |
| Levi, Scheinle | | 20.05.1825 | 62 | III | 83 |
| Levi, Seligmann | 27.06.1814 | 25.08.1873 | 209 | X | 177 |
| Levi, Seligmann | 13.04.1829 | 18.06.1911 | 362 | XVII | 243 |
| Levi, Seligmann | 1764 | 09.04.1847 | 122 | VI | 114 |
| Levi, Seligmann Bär | 01.11.1816 | 09.05.1907 | 356 | XVII | 253 |
| Levi, Seligmann Joseph | 03.11.1780 | 08.01.1846 | 118 | VI | 112 |
| Levi, Sprinz | 1791 | 05.11.1857 | 160 | IX | 138 |
| Levi (Lövi), Zerle | 07.1800 | 03.12.1868 | 186 | IX | 150 |
| Levy, Bertha (Bela) | 27.01.1853 | 16.11.1906 | 380 | XVIII | 254 |
| Loewe, Hirsch | 05.02.1821 | 15.11.1900 | 349 | XVII | 239 |
| Loewe, Michael Max | 02.09.1857 | 25.04.1919 | 417 | XXI | 277 |
| Loewe, Rösle | 22.02.1835 | 23.03.1907 | 382 | XVIII | 256 |
| Löwe, Hermann (Zwi) | 03.07.1860 | 26.02.1861 | 277 | XIII | 187 |
| Löwe, Jakob | 28.05.1859 | 01.12.1887 | 327 | XVI | 222 |
| Löwe, Moses | 17.12.1784 | 22.08.1874 | 213 | X | 163 |
| Löwe, Sara | 1794 | 04.11.1848 | 72 | III | 90 |
| Löwe, Sigmund (Seligmann) | 21.09.1829 | 03.08.1865 | 138 | VII | 117 |
| Löwenthal, Elisa (Elkana) | 08.03.1812 | 21.10.1857 | 82 | III | 96 |
| Löwenthal, Ernstine (Esther) | 07.12.1852 | 17.10.1903 | 378 | XVII | 251 |
| Löwenthal, Esther | 1784 | 02.05.1819 | 30 | I | 65 |
| Löwenthal, Esther | 1776 | 30.12.1847 | 101 | V | 104 |
| Löwenthal, Jechiel Hirsch | 04.11.1816 | 07.09.1861 | 198 | X | 152 |
| Löwenthal, Maier (Salomon) | 17.02.1806 | 02.11.1884 | 318 | XVI | 214 |
| Löwenthal, Moses Löb | 27.02.1775 | 22.02.1867 | 139 | VII | 123 |
| Löwenthal, Rösle | 1804 | 24.03.1851 | 77 | III | 92 |
| Löwenthal, Salomon Löb | 12.07.1772 | 28.09.1842 | 114 | VI | 110 |
| Löwenthal, Sara | 04.1791 | 02.06.1857 | 113 | V | 110 |
| Löwenthal, Sophie (Sprinz) | 1809 | 29.08.1866 | 180 | IX | 149 |
| Maier, Aron | 1734 | 04.10.1822 | 14 | I | 48 |
| Maier aus Schnaittach, Joseph | 13.09.1774 | 31.05.1861 | 153 | VIII | 136 |
| Maier, Ella | 1787 | 13.03.1846 | 98 | V | 103 |
| Maier, Hanna | 21.09.1824 | 07.03.1899 | 371 | XVIII | 248 |
| Maier, Juda | | | 12 | I | 71 |
| Maier, Rachel | 11.07.1762 | 18.12.1847 | 100 | V | 102 |

# Namensregister

| Name | geboren | gestorben | Grab | Reihe | Seite |
|---|---|---|---|---|---|
| Maier, Sara | 21.08.1812 | 02.06.1881 | 248 | XI | 168 |
| Manasse, Abraham | 13.07.1853 | 08.07.1933 | 410 | XX | 273 |
| Manasse, Jette | 08.11.1857 | 25.09.1931 | 410 | XX | 273 |
| Mannasse, Isidor (Jitzchak) | 01.10.1887 | 16.10.1918 | 415 | XXI | 267 |
| Mannheimer, Karoline | | 16.12.1898 | 370 | XVIII | 246 |
| Mannheimer, Lazarus (Elieser) | 13.03.1815 | 11.12.1890 | 333 | XVI | 224 |
| Marx, Abraham | 14.03.1819 | 27.01.1863 | 154 | VIII | 134 |
| Marx, Auguste (Gitel) | 02.06.1855 | 08.12.1931 | 422 | XXII | 270 |
| Marx, Chajja Miriam | 12.12.1813 | 01.05.1881 | 247 | XI | 193 |
| Marx, Emilie (Mindel) | 04.12.1862 | 22.03.1903 | 376 | XVIII | 220 |
| Marx, Emma (Hanna) | 08.07.1893 | 02.03.1909 | 389 | XVIII | 260 |
| Marx, Ferdinand (Schraga) | 10.03.1886 | 17.10.1891 | 260 | XII | 196 |
| Marx, Hanna | 05.1787 | 21.03.1834 | 87 | IV | 97 |
| Marx, Hanna | 25.09.1832 | 16.11.1880 | 246 | XI | 193 |
| Marx, Immanuel (Mendel) | 26.03.1781 | 02.02.1863 | 155 | VIII | 134 |
| Marx, Jachette | 26.08.1823 | 19.10.1909 | 391 | XVIII | 254 |
| Marx, Jendle | 1786 | 11.02.1850 | 105 | V | 106 |
| Marx, Julius | 27.02.1888 | 17.10.1970 | 435 | XXIV | 282 |
| Marx, Klara (Riwka) | 25.05.1845 | 24.11.1877 | 237 | XI | 179 |
| Marx, Lippmann | 17.01.1821 | 16.09.1888 | 330 | XVI | 223 |
| Marx, Löb Bär | | 29.06.1831 | 42 | II | 65 |
| Marx, Madel | 1785 | 22.03.1859 | 165 | IX | 141 |
| Marx, Maier | 1771 | 23.04.1843 | 116 | VI | 111 |
| Marx, Max Abraham (Mordechai) | 13.01.1852 | 14.06.1933 | 432 | XXIII | 272 |
| Marx, Max M. (Mordechai) | 30.05.1846 | 23.01.1931 | 426 | XXIII | 274 |
| Marx, Mirjam | 07.12.1820 | 23.06.1893 | 311 | XV | 210 |
| Marx, Moritz (Mordechai) | 03.06.1805 | 11.05.1873 | 207 | X | 161 |
| Marx, Moses Hirsch | 21.05.1815 | 10.12.1877 | 217 | X | 166 |
| Marx, Moses Löb | 27.10.1823 | 20.05.1873 | 208 | X | 162 |
| Marx, Samuel | 14.01.1775 | 26.10.1845 | 117 | VI | 112 |
| Marx, Samuel | 03.07.1825 | 08.05.1843 | 192 | X | 126 |
| Marx, Sophie | 29.03.1862 | 31.01.1907 | 381 | XVIII | 255 |
| Marx, Wolf | 07.08.1855 | 30.03.1920 | 418 | XXI | 268 |
| Marx, Wolf Löb | 26.07.1816 | 07.07.1875 | 214 | X | 164 |
| Mayer, Auguste (Genendel) | 18.01.1857 | 21.02.1935 | 423 | XXII | 270 |
| Mayer, Breinle | 02.01.1812 | 18.07.1840 | 49 | II | 74 |
| Mayer, Jospa (Joseph) | | 17.01.1826 | 188 | X | 152 |
| Mayer, Lehmann (Jehuda) | 23.10.1821 | 23.03.1869 | 201 | X | 169 |
| Mayer, Liebmann (Elieser) | 03.01.1778 | 08.02.1848 | 124 | VI | 116 |
| Mayer, Löb | 04.06.1784 | 30.04.1829 | 41 | II | 69 |
| Mayer, Madel | 27.09.1816 | 17.09.1869 | 221 | XI | 158 |
| Mayer, Moses Isaac | 22.06.1790 | 06.03.1824 | 17 | I | 58 |
| Mayer, Nathan Samuel | 04.01.1798 | 17.07.1880 | 291 | XII | 188 |
| Mayer, Regina (Rechele) | 1798 | 27.06.1864 | 174 | IX | 148 |
| Mayer, Samuel | 1757 | 01.01.1821 | 13 | I | 57 |
| Mayer Brill, Löb (Jehuda) | 1738 | 04.01.1823 | 15 | I | 56 |
| Mosbacher, Hanna | 03.1814 | 11.02.1850 | 159 | IX | 138 |
| Mosbacher, Hayum Joseph Isaak | 10.1768 | 28.03.1835 | 43 | II | 72 |
| Mosbacher, Isaak | 12.03.1812 | 13.05.1888 | 329 | XVI | 225 |
| Mosbacher, Karoline (Kela) | 18.10.1846 | 12.10.1908 | 387 | XVIII | 259 |

# Namensregister

| Name | geboren | gestorben | Grab | Reihe | Seite |
|---|---|---|---|---|---|
| Mosbacher, Rösle | 1774 | 14.10.1862 | 170 | IX | 144 |
| Mosbacher, Sara (Zartel) | 28.06.1813 | 03.04.1870 | 222 | XI | 167 |
| Neu, Jette | 27.10.1866 | 19.11.1929 | 409 | XX | 266 |
| Nyss, Jakub | 03.03.1914 | 16.09.1945 | 433 | XXIV | 278 |
| Oedheimer, Elise (Ella) | 01.04.1846 | 03.01.1889 | 302 | XIII | 206 |
| Ödheimer, Alexander Wolf | 03.05.1785 | 23.10.1850 | 128 | VII | 119 |
| Ödheimer, Ella | 10.05.1789 | 31.12.1878 | 239 | XI | 180 |
| Ödheimer, Ella |  | 12.04.1879 | 240 | XI | 179 |
| Ödheimer, Rösle | 17.03.1839 | 20.05.1880 | 245 | XI | 192 |
| Ödheimer, Wolf Löb | 23.07.1823 | 01.11.1901 | 351 | XVII | 247 |
| Ottenheimer, Zartel |  | 04.03.1830 | 84 | IV | 100 |
| Rosenheim, Madel | 03.09.1788 | 28.02.1874 | 230 | XI | 172 |
| Roth, Löb (Jehuda) | 26.08.1805 | 10.07.1881 | 292 | XII | 188 |
| Rothschild, Simson | 01.02.1803 | 04.01.1879 | 219 | X | 165 |
| Rothschild, Sprinz | 10.03.1808 | 26.09.1896 | 316 | XV | 216 |
| Simon, Benjamin | 10.03.1817 | 10.02.1858 | 147 | VIII | 132 |
| Simon, Löb (Jehuda Arie) | 20.11.1776 | 02.09.1842 | 47 | II | 76 |
| Simon, Rösle | 1782 | 09.08.1848 | 71 | III | 90 |
| Simon, Schmaja | 01.08.1785 | 07.09.1842 | 191 | X | 127 |
| Spatz, Jakob (Joel) | 24.05.1838 | 18.02.1887 | 325 | XVI | 221 |
| Spatz, Julius (Jehuda) | 20.03.1864 | 01.10.1901 | 350 | XVII | 238 |
| Spatz, Wilhelm (Benjamin) | 05.02.1874 | 29.01.1897 | 344 | XVI | 234 |
| Stein, Abraham | 12.08.1782 | 24.12.1856 | 145 | VIII | 124 |
| Stein, Babet (Bela) | 28.12.1799 | 01.08.1851 | 106 | V | 101 |
| Stein, Bela | 20.10.1830 | 20.11.1892 | 309 | XIV | 209 |
| Stein, Bernhard (Issachar) | 08.07.1852 | 27.12.1923 | 419 | XXI | 268 |
| Stein, Bertha (Blümle) | 02.05.1887 | 15.07.1892 | 261 | XII | 197 |
| Stein, Bessle | 05.10.1826 | 03.02.1893 | 310 | XIV | 209 |
| Stein, David | 10.11.1826 | 18.07.1909 | 358 | XVII | 191 |
| Stein, Fradel (Riwka) | 1797 | 27.09.1856 | 112 | V | 107 |
| Stein, Grösle | 15.02.1820 | 26.04.1840 | 94 | IV | 76 |
| Stein, Hannchen |  | 12.09.1942 | 331 | XVI | 240 |
| Stein, Hindel | 1785 | 06.01.1856 | 111 | V | 109 |
| Stein, Isaak Jakob | 17.02.1786 | 21.09.1851 | 130 | VII | 120 |
| Stein, Isaak Löb | 10.05.1825 | 24.10.1885 | 321 | XVI | 216 |
| Stein, Isaak Löb | 08.1739 | 04.02.1814 | 5 | I | 70 |
| Stein, Isaak Veit | 11.05.1814 | 11.12.1888 | 331 | XVI | 240 |
| Stein, Jakob | 22.07.1821 | 16.10.1831 | 267 | XII | 186 |
| Stein, Jakob | 08.01.1862 | 10.04.1863 | 278 | XIII | 187 |
| Stein, Jakob | 05.12.1857 | 30.03.1931 | 428 | XXIII | 275 |
| Stein, Jakob Hirsch | 15.02.1817 | 02.07.1900 | 348 | XVII | 238 |
| Stein, Kehla | 08.03.1788 | 04.04.1851 | 78 | III | 93 |
| Stein, Kiffe Isaak | 06.01.1786 | 19.02.1853 | 132 | VII | 184 |
| Stein, Kol (Keila) | 10.04.1815 | 24.11.1898 | 369 | XVIII | 246 |
| Stein, Löb Jacob (Jehuda) | 02.03.1780 | 18.02.1860 | 149 | VIII | 133 |
| Stein, Louis (Jehuda) | 29.03.1862 | 20.03.1892 | 337 | XVI | 226 |
| Stein, Mammi | 02.10.1818 | 25.05.1896 | 315 | XV | 213 |
| Stein, Manasse (Menachem) | 12.09.1853 | 01.12.1929 | 420 | XXI | 269 |
| Stein, Mayer Hirsch | 06.09.1817 | 26.03.1855 | 135 | VII | 121 |
| Stein, Mina | 16.03.1853 | 07.08.1912 | 402 | XX | 261 |

# Namensregister

| Name | geboren | gestorben | Grab | Reihe | Seite |
|---|---|---|---|---|---|
| Stein, Mina (Mindel) | 04.09.1858 | 08.11.1917 | 404 | XX | 262 |
| Stein, Minna | 04.09.1858 | 08.11.1917 | 413 | XXI | 174 |
| Stein, Riele | 08.1790 | 04.05.1843 | 69 | III | 89 |
| Stein, Salomon | 24.10.1866 | 03.07.1930 | 421 | XXI | 269 |
| Stein, Sara |  | 19.06.1824 | 61 | III | 83 |
| Stein, Sara | 16.09.1869 | 17.11.1940 | 421 | XXI | 269 |
| Stein, Süsser (Mordechai) | 11.07.1820 | 02.05.1897 | 347 | XVII | 235 |
| Stein, Veit Isaak (Uri Schraga) | 08.08.1777 | 29.08.1837 | 44 | II | 72 |
| Stein, Vogel | 25.07.1792 | 18.03.1874 | 231 | XI | 173 |
| Stein, Zippora | 09.1783 | 27.03.1837 | 89 | IV | 100 |
| Steinteker, Gitel | 1780 | 30.12.1863 | 172 | IX | 71 |
| Stern, Augusta (Gitel) | 18.04.1845 | 12.10.1875 | 234 | XI | 176 |
| Stern, Fanny (Vogel) | 07.05.1843 | 11.05.1872 | 227 | XI | 153 |
| Stern, Hayum Samuel | 14.06.1803 | 08.12.1890 | 332 | XVI | 237 |
| Stern, Rösle | 09.10.1811 | 02.07.1871 | 225 | XI | 153 |
| Strauss, Isaak Levi | 16.12.1815 | 19.01.1880 | 290 | XII | 184 |
| Strauß, Gnendel | 12.1780 | 22.11.1848 | 74 | III | 91 |
| Strauß, Jeanette (Scheindel) | 03.04.1810 | 23.10.1885 | 297 | XIII | 204 |
| Strauß, Lazarus (Elieser) | 18.02.1853 | 27.02.1855 | 284 | XIV | 77 |
| Strauß, Samson Levi | 08.07.1778 | 12.06.1854 | 133 | VII | 121 |
| Strauß, Vögele | 17.05.1812 | 31.05.1848 | 158 | IX | 135 |
| Türkheimer, Magdaline (Madel) |  | 12.02.1892 | 307 | XIV | 212 |
| Uhlmann, Gella | 1779 | 18.11.1855 | 110 | V | 109 |
| Uhlmann, Jitle |  | 07.07.1822 | 58 | III | 82 |
| Ullmann, Kusiel Löb (Jekutiel) | 25.04.1804 | 10.08.1877 | 216 | X | 171 |
| Ullmann, Salomon |  | 24.04.1885 | 319 | XVI | 214 |
| Ulmann, Brendel | 1798 | 25.09.1875 | 233 | XI | 176 |
| Ulmann, Brendel | 18.06.1805 | 13.08.1879 | 243 | XI | 192 |
| Ulmann, Jochebed | 22.11.1837 | 05.05.1862 | 169 | IX | 142 |
| Ulmann, Gabriel | 03.10.1835 | 26.04.1892 | 338 | XVI | 227 |
| Ulmann, Gabriel Löb | 02.08.1793 | 12.01.1868 | 141 | VII | 124 |
| Ulmann, Hanna | 1771 | 24.04.1818 | 31 | I | 49 |
| Ulmann, Isak Löb | 15.08.1795 | 19.10.1872 | 205 | X | 160 |
| Ulmann, Löb Gabriel | 1766 | 27.01.1824 | 16 | I | 56 |
| Ulmann, Marx (Mordechai Chajjim) | 30.07.1809 | 23.11.1814 | 279 | XIV | 190 |
| Ulmann, Mehrle | 12.12.1804 | 26.12.1830 | 50 | II | 86 |
| Ulmann, Mindel | 05.01.1817 | 18.12.1873 | 229 | XI | 174 |
| Ulmann, Regine (Rechle) | 19.11.1802 | 06.02.1876 | 235 | XI | 178 |
| Ulmann, Salomon | 1763 | 30.05.1832 | 21 | I | 70 |
| Weil, Emil (Menachem) | 24.01.1873 | 19.05.1910 | 360 | XVII | 242 |
| Weil, Emmy (Nachama) | 25.01.1911 | 30.05.1935 | 424 | XXII | 271 |
| Weil, Hannchen (Henle) | 23.09.1842 | 01.04.1911 | 401 | XX | 261 |
| Weil, Josef | 01.12.1838 | 02.09.1885 | 320 | XVI | 220 |
| Weinsberger, Simon | 1798 | 26.11.1854 | 134 | VII | 108 |
| Weizmann, Jakob |  | 21.09.1904 | 359 | XVII | 191 |
| Wertheimer, Abraham Löb | 01.05.1826 | 31.08.1911 | 366 | XVII | 257 |
| Wertheimer, Benzion | 31.03.1812 | 06.10.1868 | 200 | X | 156 |
| Wertheimer, Elenora (Ella) | 1782 | 29.07.1814 | 32 | II | 49 |
| Wertheimer, Fanny (Frumet) | 16.07.1873 | 05.04.1936 | 425 | XXII | 271 |
| Wertheimer, Fradel | 27.10.1810 | 22.03.1886 | 298 | XIII | 204 |

| Name | geboren | gestorben | Grab | Reihe | Seite |
|---|---|---|---|---|---|
| Wertheimer, Hanna | 1798 | 20.09.1888 | 301 | XIII | 206 |
| Wertheimer, Immanuel | 09.12.1854 | 29.07.1859 | 276 | XIII | 201 |
| Wertheimer, Jochebed | 30.05.1820 | 12.04.1907 | 383 | XVIII | 258 |
| Wertheimer, Joseph Immanuel | 12.01.1767 | 10.04.1842 | 46 | II | 73 |
| Wertheimer, Milka | 24.11.1810 | 27.09.1889 | 305 | XIV | 140 |
| Wertheimer, Nanette (Nachma) | 17.07.1813 | 09.09.1865 | 178 | IX | 146 |
| Wertheimer, Pauline (Sprinzle | 15.06.1839 | 31.12.1909 | 392 | XVIII | 265 |
| Wertheimer, Rebekka | 18.01.1816 | 11.09.1899 | 372 | XVIII | 248 |
| Wertheimer, Rechel | 1776 | 17.05.1821 | 29 | I | 64 |
| Wertheimer, Salomon Immanuel | 24.05.1772 | 05.10.1837 | 27 | I | 63 |
| Wertheimer, Vogel | 1803 | 02.08.1865 | 177 | IX | 145 |
| Wolf, Daniel | 1821 | 17.06.1825 | 274 | XIII | 186 |
| Wolf, Mindel | 1772 | 25.03.1865 | 176 | IX | 145 |
| Wolf, Moses Hirsch | 02.05.1779 | 18.01.1861 | 151 | VIII | 133 |
| Wolf, Wolf | 29.12.1812 | 06.02.1891 | 334 | XVI | 224 |
| „   ", Aharon | | 11.1894 | 341 | XVI | 232 |
| „   ", Avraham | | 08.11.1881 | 265 | XII | 183 |
| „   ", Benjamin | | 15.04.1828 | 273 | XIII | 200 |
| „   ", Chana | | | 271 | XIII | 186 |
| „   ", David | | 15.12.1815 | 289 | XV | 181 |
| „   ", Fradche | | 20.12.1818 | 34 | II | 49 |
| „   ", Fradel | 1753 | 24.01.1824 | 59 | III | 82 |
| „   ", Golda | | 26.12.1845 | 97 | V | 101 |
| „   ", Hanna | | 29.03.1849 | 103 | V | 105 |
| „   ", Herz | | 30.11.1824 | 282 | XIV | 199 |
| „   ", Hindl | | 28.10.1833 | 86 | IV | 70 |
| „   ", Huna | | 30.05.1827 | 283 | XIV | 77 |
| „   ", Itzik | | 21.12.1824 | 282 | XIV | 199 |
| „   ", Jaakow Zwi | | 11.01.1813 | 286 | XV | 180 |
| „   ", Jehuda | | 18.08.1879 | 266 | XII | 183 |
| „   ", Jitzchak | | 30.07.1917 | 399 | XIX | 240 |
| „   ", Lea | | 19.09.1836 | 88 | IV | 97 |
| „   ", Lea Jendle | | 12.10.1842 | 95 | V | 101 |
| „   ", Madel | 1738 | 27.09.1815 | 33 | II | 256 |
| „   ", Seligmann (Hoffaktor) | | 29.05.1825 | 39 | II | 67 |
| „   ", Zwi Hirsch | | 05.06.1848 | 125 | VII | 115 |

## Ortsregister (außer Freudental)

| Ort | Name | geboren | gestorben | Grab | Reihe | Seite |
|---|---|---|---|---|---|---|
| Affaltrach | Ballenberg, Hanna | 1778 | 31.08.1870 | 223 | XI | 167 |
| Affaltrach | Marx, Hanna | 25.09.1832 | 16.11.1880 | 246 | XI | 193 |
| Berlichingen | Marx, Klara (Riwka) | 25.05.1845 | 24.11.1877 | 237 | XI | 179 |
| Berlichingen | Stein, Mina (Mindel) | 04.09.1858 | 08.11.1917 | 404 | XX | 262 |
| Berlichingen | Stein, Minna | 04.09.1858 | 08.11.1917 | 413 | XXI | 174 |
| Berwangen | Marx, Mirjam | 07.12.1821 | 23.06.1893 | 311 | XV | 210 |
| Düsseldorf | Benedikt, Blümche | 18.04.1771 | 30.06.1828 | 83 | IV | 96 |
| Eppingen | Marx, Jendle | 1786 | 11.02.1850 | 105 | V | 106 |
| Flehingen | Kaufmann, Babette (Breinle) | 18.02.1812 | 16.11.1873 | 228 | XI | 174 |
| Fürth/Bayern | Maier, Joseph | 13.09.1774 | 31.05.1861 | 153 | VIII | 136 |
| Gaukönigshofen | Wertheimer, Fanny (Frumet) | 16.07.1873 | 05.04.1936 | 425 | XXII | 271 |
| Großeicholzheim | Spatz, Jakob (Joel) | 24.05.1838 | 18.02.1887 | 325 | XVI | 221 |
| Heidelsheim | Bärle, Babette (Breinle) | | 04.10.1874 | 232 | XI | 173 |
| Heidelsheim | Levi, Babette (Bella) | 04.1791 | 05.02.1850 | 104 | V | 105 |
| Heidelsheim | Mayer, Regina (Rechele) | 1798 | 27.06.1864 | 174 | IX | 148 |
| Hochberg | Stein, Hindel | 1785 | 06.01.1856 | 111 | V | 109 |
| Hochhausen/Neckar | Blum, Wolf (Benjamin) | 20.03.1862 | 19.06.1926 | 406 | XX | 263 |
| Ittlingen | Weil, Josef | 01.12.1838 | 02.09.1885 | 320 | XVI | 220 |
| Jebenhausen | Horkheimer, Mathilde | 19.11.1821 | 25.05.1850 | 76 | III | 94 |
| Jebenhausen | Jordan, Klara (Gitel) | 24.10.1814 | 16.03.1892 | 308 | XIV | 208 |
| Jebenhausen | Rosenheim, Madel | 03.09.1788 | 28.02.1874 | 230 | XI | 172 |
| Jebenhausen | Stein, Bessle | 05.10.1826 | 03.02.1893 | 310 | XIV | 209 |
| Kassel | Haas, Rebekka | 08.06.1820 | 26.08.1882 | 250 | XI | 241 |
| Lauchheim | Levi, Fanny (Fradel) | 04.04.1836 | 29.07.1908 | 386 | XVIII | 259 |
| Lehrensteinsfeld | Juda, Löw (Löb Manasse) | 24.04.1820 | 21.04.1888 | 328 | XVI | 222 |
| Lehrensteinsfeld | Levi, Rebekka | 27.08.1822 | 05.03.1900 | 373 | XVIII | 249 |
| Ludwigsburg | Götsch, Jordan | 1769 | 28.06.1812 | 2 | I | 47 |
| Mardorf bei Marburg | Haas, Moses | 02.05.1811 | 26.06.1887 | 326 | XVI | 218 |
| Massenbach | Mannheimer, Lazarus (Elieser) | 13.03.1815 | 11.12.1890 | 333 | XVI | 224 |
| Meckesheim | Stein, Babet (Bela) | 28.12.1799 | 01.08.1851 | 106 | V | 101 |
| Merchingen | Herrmann, Lina (Zippora) | 18.01.1883 | 07.01.1910 | 393 | XVIII | 264 |
| Meseritz bei Frankfurt/O. | Steinteker, Gittel | 1780 | 30.12.1863 | 172 | IX | 71 |
| Michelfeld | Stein, Kehla | 08.03.1788 | 04.04.1851 | 78 | III | 93 |
| Mingolsheim | Hirschmann, Jechiel | 05.03.1788 | 24.03.1869 | 202 | X | 157 |
| Mittelshofen | Oedheimer, Elise (Ella) | 01.04.1846 | 03.01.1889 | 302 | XIII | 206 |
| Mühringen | Grünwald, Seligmann Samson | 23.07.1800 | 12.05.1856 | 143 | VIII | 130 |
| München | Stein, Mina | 16.03.1853 | 07.08.1912 | 402 | XX | 261 |
| Münzesheim | Türkheimer, Magdaline (Madel) | | 12.02.1892 | 307 | XIV | 212 |
| Olnhausen | Marx, Hanna | 05.1787 | 21.03.1834 | 87 | IV | 97 |
| Radom (Polen) | Nyss, Jakub | 03.03.1914 | 16.09.1945 | 433 | XXIV | 278 |
| Radom (Polen) | Hirsch, Harczyk | 16.05.1930 | 06.07.1946 | 434 | XXIV | 278 |
| Sontheim | Wertheimer, Pauline (Sprinzle) | 15.06.1839 | 31.12.1909 | 392 | XVIII | 265 |
| Steierbach bei Schwäb. Hall | Falk, Salomon | 30.09.1865 | 24.03.1931 | 427 | XXIII | 274 |
| Stuttgart | Benedikt, Baruch | 1734 | 16.05.1821 | 11 | I | 51 |
| Stuttgart | Benedikt, Fradel | | 08.05.1816 | 51 | III | 78 |
| Stuttgart | Benedikt, Rösle | | 03.08.1832 | 35 | II | 66 |
| Stuttgart | Benedikt, Seligmann Löb | | 13.07.1860 | 52 | III | 80 |
| Stuttgart | Ehrenheimer, Jaakow | | 05.03.1824 | 38 | II | 68 |
| Stuttgart | Halle, Fanni (Fradel) | 24.07.1825 | 04.10.1900 | 374 | XVIII | 249 |
| Stuttgart | Kahn, Judas | 02.01.1794 | 13.01.1846 | 119 | VI | 113 |

| Ort | Name | geboren | gestorben | Grab | Reihe | Seite |
|---|---|---|---|---|---|---|
| Stuttgart | Mayer, Löb | 04.06.1784 | 30.04.1829 | 41 | II | 69 |
| Stuttgart | „  ", Herz | | 30.11.1824 | 282 | XIV | 199 |
| Stuttgart | „  ", Itzik | | 21.12.1824 | 282 | XIV | 199 |
| Stuttgart | „  ", Seligmann (Hoffaktor) | | 29.05.1825 | 39 | II | 67 |
| Talheim | Manasse, Abraham | 13.07.1853 | 08.07.1933 | 410 | XX | 273 |
| Talheim | Mannasse, Isidor (Jitzchak) | 01.10.1887 | 16.10.1918 | 415 | XXI | 267 |
| Unterschwandorf | Löwenthal, Elisa | 08.03.1812 | 21.10.1857 | 82 | III | 96 |
| Waldhausen | Spatz, Julius (Jehuda) | 20.03.1864 | 01.10.1901 | 350 | XVII | 238 |
| Wittersheim (Elsaß) | Elsäßer, Alexander Nathan | 19.04.1731 | 17.04.1816 | 8 | I | 52 |
| Zaberfeld | Herbst, Auguste | 31.05.1907 | 21.05.1908 | 396 | XIX | 228 |
| Zaberfeld | Herbst, Fanny (Vögele) | 19.10.1845 | 16.12.1907 | 385 | XVIII | 181 |
| Zaberfeld | Herbst, Hugo | 20.11.1909 | 14.07.1910 | 398 | XIX | 228 |
| Zaberfeld | Herbst, Isaak | | 24.10.1915 | 368 | XVII | 245 |
| Zaberfeld | Herbst, Sigfried | 13.08.1908 | 23.09.1908 | 397 | XIX | 228 |
| Zaberfeld | Jordan, Aaron Moses | | | 37 | II | 66 |
| Zaberfeld | Jordan, Albert (Aharon) | | | 254 | XII | 175 |
| Zaberfeld | Jordan, Ernstine (Esther) | | 26.11.1890 | 306 | XIV | 208 |
| Zaberfeld | Jordan, Gitel | | 17.02.1833 | 85 | IV | 87 |
| Zaberfeld | Jordan, Götsch Aron | 02.04.1816 | 07.02.1874 | 211 | X | 162 |
| Zaberfeld | Jordan, Hedwig | 30.03.1893 | 06.12.1893 | 258 | XII | 182 |
| Zaberfeld | Jordan, Joseph | 24.05.1813 | 02.07.1874 | 212 | X | 163 |
| Zaberfeld | Jordan, Lea | | 12.04.1879 | 241 | XI | 182 |
| Zaberfeld | Jordan, Leopold (Elieser) | | 21.11.1905 | 395 | XIX | 181 |
| Zaberfeld | Jordan, Leopold (Jehuda) | 29.10.1849 | 04.12.1911 | 367 | XVII | 245 |
| Zaberfeld | Jordan, Moritz (Mosche) | 16.03.1851 | 19.11.1894 | 340 | XVI | 232 |
| Zaberfeld | Jordan, Moses | | 21.01.1882 | 295 | XII | 202 |
| Zaberfeld | Jordan, Wolf (Benjamin) | 27.05.1841 | 21.11.1903 | 352 | XVII | 230 |
| Zaberfeld | Kahn, Gnendel | | 26.04.1850 | 75 | III | 87 |
| Zaberfeld | Kahn, Löb Jehuda | | 29.06.1879 | 220 | X | 166 |
| Zaberfeld | Kahn, Löser | | 06.08.1849 | 127 | VII | 118 |
| Zaberfeld | Kaufmann, Benzion | | 31.07.1881 | 293 | XII | 198 |
| Zaberfeld | Kaufmann, Elise (Ella) | 09.08.1856 | 23.12.1896 | 346 | XVI | 235 |
| Zaberfeld | Kaufmann, Hanna | 04.03.1831 | 12.11.1895 | 313 | XV | 212 |
| Zaberfeld | Kaufmann, Herz (Naphtali) | 28.08.1849 | 05.03.1904 | 354 | XVII | 236 |
| Zaberfeld | Kaufmann, Hirsch | | 01.04.1917 | 412 | XXI | 229 |
| Zaberfeld | Kaufmann, Koppel Bär (Jekutiel Dow) | | 13.06.1859 | 285 | XIV | 252 |
| Zaberfeld | Kaufmann, Sara | 18.09.1850 | 10.02.1909 | 388 | XVIII | 229 |
| Zaberfeld | Kaufmann, Viktor (Avigdor) | | 24.10.1917 | 414 | XXI | 267 |
| Zaberfeld | Kauffmann, Bela | 1780 | 06.03.1840 | 156 | IX | 125 |
| Zaberfeld | Levi, Gundel | | | 187 | IX | 236 |
| Zaberfeld | Mosbacher, Sara (Zartel) | 28.06.1813 | 03.04.1870 | 222 | XI | 167 |
| Zaberfeld | Strauß, Jeanette (Scheindel) | 02.04.1810 | 23.10.1885 | 297 | XIII | 204 |
| Zaberfeld | Strauß, Lazarus (Elieser) | 18.02.1853 | 27.02.1855 | 284 | XIV | 77 |
| Zaberfeld | „  ", Fradel | 1753 | 24.01.1824 | 59 | III | 82 |
| Zaberfeld | „  ", Hindl | | 28.10.1833 | 86 | IV | 70 |
| Zaberfeld | „  ", Jehuda | | 18.08.1879 | 266 | XII | 183 |
| Zaberfeld | „  ", Jitzchak | | 30.07.1917 | 399 | XIX | 240 |
| Zaberfeld | „  ", Lea | | 19.09.1836 | 88 | IV | 97 |
| Zaberfeld | „  ", Lea Jendle | | 12.10.1842 | 95 | IV | 101 |
| Zaberfeld | „  ", Zwi Hirsch | | 05.06.1848 | 125 | VII | 115 |
| Zolower | Laser, Bernhard (Berme) | 06.09.1853 | 05.03.1895 | 343 | XVI | 233 |

Die Deutsche Bibliothek - CIP-Einheitsaufnahme
**Der jüdische Friedhof in Freudental /**
(Hrsg.: Pädagogisch-Kulturelles Centrum Ehemalige Synagoge Freudental e.V.)
Von Ludwig Bez ... Mit Zeichnungen von Dan Rubinstein.
(Übers. der hebr. Texte: Situtunga Michal Antmann ; Haim Goren). -
Stuttgart ; Berlin ; Köln : Kohlhammer, 1996
ISBN 3-17-014161-9

NE: Bez, Ludwig; Rubinstein, Dan (Ill.); Antmann, Situtunga Michal (Übers.);
Pädagogisch-Kulturelles Centrum Ehemalige Synagoge Freudental

Alle Rechte vorbehalten
(C) 1996 Pädagogisch-Kulturelles Centrum
Ehemalige Synagoge Freudental e.V., Freudental
Verlag: W. Kohlhammer GmbH
Stuttgart Berlin Köln
Verlagsort: Stuttgart
Grafische Gesamtkonzeption, Satz und Repro:
Studio bkf, B. Kasparek-Feuerstein, Freudental
Umschlag: Data Images
audiovisuelle Kommunikation GmbH Stuttgart
Herstellung: W. Kohlhammer Druckerei GmbH + Co. Stuttgart
Printed in Germany

Dan Rubinstein 25.3.1996 Freudental